열두 족장의 유언

열두 족장의 유언

초 판	2025년 11월 29일
글쓴이	육에녹
펴낸이	육에녹
본문번역	고대 히브리관점 연구소(AHPI) 번역팀
펴낸곳	도서출판 진리의집
편 집	백진영

출판등록	제2023-000005호(2020.09.02)
주 소	(03723)서울시 서대문구 연희로174, 201호
전자우편	houseoftruth832@naver.com
홈페이지	www.AHPI.space
유튜브	진리의집
네이버카페	http://cafe.naver.com/houseoftruth
온라인몰	네이버 진리의집_http://smartstore.naver.com/housoftruth
영업, 관리	백진영(010-5164-2593)

ISBN 979-11-987933-6-2
정가 35,000원

* 모든 도서는 진리의 집 온라인 몰, 전국 온라인, 오프라인 서점을 통해 구매 가능합니다.
* 이 책의 전부 또는 일부를 다시 사용하려면 저작권자의 동의를 받아야 합니다.

Testaments of the Twelve Patriarchs

열두 족장의 유언
צַוָּאוֹת הַשְּׁבָטִים

저자 **육에녹**

장로회신학대학교 신학대학원 (M.div)
Israel Bar Ilan University Biblical Studies (M.A.)
예루살렘 진리의 집 공동체 목사
고대 히브리관점 연구소(AHPI) 대표

◁HPI
고대히브리관점연구소 (Ancient Hebrew Perspective Institute)

The Ancient Hebrew Perspective Institute is a non-profit organization that studies the Hebrew perspective of the Bible and the ancient literature that is the background of the Bible in order to understand and interpret the Bible correctly. Through seminars and publications, the Institute seeks to convey the Hebrew perspective of the Bible and to contribute to Israel and the Church by realizing the precious values that have been realized through truth.

고대히브리관점연구소는 성경을 바르게 이해하고 해석하기 위해 성경과 성경의 배경이 되는 고대 문헌들의 히브리관점을 연구하는 기관입니다. 세미나와 출판을 통해 성경의 히브리관점을 전달하며 진리를 통해 깨달은 보석같은 가치들을 실현하기 위해 이스라엘과 교회에 공헌하고자 하는 비영리단체입니다.

www.ahpi.space

우리는 우주와 인류의 역사에서 예루살렘의 중심성을 연구하고 홍보하며, 땅의 중앙에 있는 시온의 영광의 회복을 위해 노력합니다(이사야 62:1-7)

주님 오심을 기다리며

쿰란 제1동굴에서 발굴된 항아리를 들고 있는 롤랑 드 보(Roland de Vaux).

머리말

'시간의 감옥'에 갇혀있던 고대 문헌을 해방시켜 주면서...

현대 성서학계는 에녹서, 열두 족장의 유언, 희년서와 같은 위대한 고대 문헌들을 주전 3세기에서 1세기 사이라는 '시간의 감옥'에 가두어 놓았다. 이 견고한 틀 안에서, 이 책들은 제2성전 시대의 어떤 무명의 저자가 과거의 위인들의 이름을 빌려 창작한 '위경'으로만 해석되며, 그들의 신학적, 역사적 가치는 특정 시대의 산물로 제한되고 말았다. 그러나 이제 우리는 이 고대의 증언들을 이 시간의 감옥에서 '탈옥'시켜주려 한다.

가장 먼저 우리는 '사본의 연대'와 '원본의 연대'를 명확히 구분해야 한다. 현재 발견된 사본들의 연대가 주전 3-1세기인 것은 사실이다. 하지만, 그것은 발견된 그 사본의 나이일 뿐, 에녹과 족장들이 직접 기록한 원본의 연대를 증명하는 것은 아니다. 학계는 이 둘을 동일시하는 오류를 범함으로써, 이 문헌들이 담고 있는 고대의 목소리들을 스스로 차단하고 있다.

이 고대 문헌들을 시간의 감옥에서 해방시켜 줄 때, 비로소 그 진정한 가치가 드러나게 된다. 이 책들은 더 이상 특정 시대 유대교의 편집된 사상을 보여주는 역사 자료가 아니라, 모세의 토라 이전부터 존재했던 족장들의 기록이며, 아브라함 이전부터 존재했던 토라에 대한 증거이자, 창세부터 이어져 온 하나님의 구원 계획의 거대한 맥을 보여주는 살아있는 증언이다.

이 문헌들을 시간의 감옥에서 풀어주는 것은 단순한 학술적 논쟁을 넘어서는 시대적 사명을 가진다. 이 문헌들의 참된 가치가 회복될 때, 이것은 마지막 때에 유대인과 이방인의 하나됨이라는 신학적 근거를 든든하게 제공하며, 분열되어 있는 신학을 하나로 묶어 주는 통합적인 체계가 될 것이다. 그리하여 마침내 예수님의 다시 오실 대로를 수축하는 마지막 세대를 일으키는 데 결정적인 기여를 하게 될 것이다.

CONTENTS

제1부: 『열두 족장의 유언』 이해하기 — 13

- 서론: 잊혀진 거룩한 유산 『열두 족장의 유언』 — 14
- 텍스트의 역사적 여정: 번역과 사본의 복잡성을 이해하기 — 15
- 신뢰성과 진정성: — 18
  고대 유언서에서 기독교 창작물로, 그리고 다시 거룩한 유산으로
- '기독론적 요소에 대한' 논쟁 재고찰: 신학적 번역, 교정, 조화 — 22
- 신학적 번역 (Theological Translation) — 23
- 신학적 교정 및 조화의 예: '에녹의 토라'와 '모세의 토라' — 27
- 결론: 잊혀진 유산의 가치를 재발견하며 — 28
- AHPI 한글 번역판에 대하여 — 29
- 감사의 글 — 30

제2부: 『열두 족장의 유언』　　　　　　　　31

1	르우벤의 유언	32
2	시므온의 유언	48
3	레위의 유언	64
4	유다의 유언	112
5	잇사갈의 유언	151
6	스불론의 유언	166
7	단의 유언	184
8	납달리의 유언	201
9	갓의 유언	218
10	아셀의 유언	232
11	요셉의 유언	252
12	베냐민의 유언	292

제3부: 주제 글 323

- 유언 문학과 성경의 관계 324
- 각 유언의 핵심 주제와 구조 분석 326
- 메시아의 초림에 대한 예언 335
- 헤브론에 뿌리내린 부활의 소망 339
- 종말론 1: 예언의 눈으로 본 민족의 미래사 341
- 종말론 2: 이스라엘의 고난과 이방인의 구원 & 344
  메시아의 강림과 첫째 부활 & 나중 부활
- 종말론 3: 완성의 때(קֵץ / συντέλεια)의 다층적 의미 349
- 열두 족장들이 읽은 에녹의 토라: 모세 이전의 거룩한 전승 351
- 세겜 학살 사건: 저주받을 폭력인가, 거룩한 심판인가? 356
- 요셉의 삶을 통해 본 메시아의 이미지: 고난받는 구원자 358
- '은혜의 알리바이'와 '이스라엘의 간곡한 맹세': 361
  요셉의 중보자적 용서와 그리스도 예표론
- 혼론(魂論), 죄론(罪論), 덕론(德論): 혼의 구원을 통한 전인적 구원 365
- 벨리알과 영적 전쟁(개인적 차원과 인류적 차원) 369
- 이스라엘의 두 기둥: 레위와 유다의 역할과 메시아 예언 375
- 이방인 중에서도 제사장을 세우는 제3의 제사장 직분 388
  세 가지 제사장 체계: 멜기세덱, 레위, 그리고 새 언약
- 『열두 족장의 유언』이 이스라엘 역사에서 금서가 된 이유 391
- 『열두 족장의 유언』이 교회에서 금서처럼 된 이유 395

제4부: 부록   403

부록 1. 고핫의 유언과 아므람의 유언 레위에서 아론과 모세까지   404

부록 2. 오류로 가득한 연대기: 410
고대 히브리 문헌의 존재를 부정하는 학문적 프레임워크의 모순

에필로그   1. 믿는 것과 아는 것의 분리, 그 영적 성장의 덫   418

2. 이스라엘을 향한 교회의 적극적 지지: 구속사적 관점   420

3. 그들의 이야기, 우리가 새 예루살렘이 되는 이야기   424

참고문헌   426

납달리의 유언 **4Q215-4Q TNaph** 적외선 이미지

쿰란 제4동굴에서 발견된 사본 4Q215는 양피지에 헤롯 시대의 정자체 히브리어로 기록된 스크롤이며, 『열두 족장의 유언』 중 『납달리의 유언』의 히브리어 원형 텍스트로 확인되었다. 족장 납달리의 관점에서 그의 어머니 빌하의 계보를 서술하는 내용을 담고 있는 4Q215 조각의 학문적 의의는 4Q215이 헬라어 『열두 족장의 유언』의 셈어 원전 중 하나라는 점이다.

7행에서 בלהה 빌하를 אמי 아미(나의 어머니)라고 지칭하는 표현을 통해 화자가 단과 납달리 중 하나임을 알게 해주며, 8행에서 דן אחי 단 아히(내 형제 단)이라는 표현을 통해 화자가 납달리인 것이 확인된다.

제1부

『열두 족장의 유언』 이해하기

For from Levi and Judah shall the Lamb of God arise,
who takes away the sin of the world, and saves all the Gentiles and Israel.

이는 유다와 레위로부터 하나님의 어린 양이 일어나 세상의 죄를 제거하고
모든 이방인들과 이스라엘을 구원하실 것이기 때문이다.
- 요셉의 유언 19:11 -

서 론

잊혀진 거룩한 유산 『열두 족장의 유언』

　구약과 신약의 배경이 되어주었으며 초대 교회가 사랑했던 필독서였으나 오랜 시간 잊혀졌던 거룩한 유산, 『열두 족장의 유언』의 한국어 번역판(AHPI version)과 주해를 한국 독자들에 내놓는다. 이 책은 야곱의 열두 아들들이 죽음을 앞두고 자녀들에게 남긴 마지막 말들을 기록한 유언서다. 이 유언서에는 구약 정경에는 기록되지 않은 그들 생애에 대한 개인적인 이야기와 함께 죄에 대한 깊은 심리학적 통찰, 그것을 이겨내는 실천적인 윤리, 이스라엘의 미래에 대한 비극적인 예언, 그리고 그 모든 절망을 넘어서는 영광스러운 메시아 대망 사상이 장엄한 파노라마처럼 펼쳐져 있다.
　이 책은 믿음으로 살아가는 성도들에게 거룩한 삶을 살아가도록 따뜻한 감성으로 기록된 편지 모음과도 같다. 이 글을 읽을 때 당신은 족장들의 목소리가 생생한 증인이 되어 바로 당신 앞에서 그들의 삶이 연출되는 것을 체험하게 될 것이다. 이처럼 이 족장들의 유언은 고대 이스라엘인들의 신앙과 사상, 그리고 신약성경의 배경을 이해하는 데 있어서 그 어떤 문헌보다 귀중한 가치를 지닌다.
　오늘날 우리는 설교나 신학 강의, 성경 강좌에서 정경 외의 다양한 자료들을 인용하는 것에 익숙하다. 일반 문학이나 타 종교의 경전, 고대 근동의 고고학적 발굴 자료를 소개하는 것은 종종 학문적으로 높게 그리고 포용적인 태도로 평가받는다. 그러나 『에녹서』나 『열두 족장의 유언』, 『희년서』와 같이 고대 이스라엘 야훼 종교에서 매우 높이 평가받으며 그들에게 '토라' 또는 '유언서'라고 여겨졌던 문헌들을 언급할 때는, 교회 안에 편만하게 퍼져 있는 '위험하다', '조심해야 한다'는 경계의 촉각을 마주하게 된다. 이러한 이중적인 잣대는 어디에서 비롯된 것일까?

물론 이 문헌들에 대한 낯설음과 과거의 부정적인 평가나 일부의 오용 사례들 때문에 그럴 수 있다. 그러나 그렇기 때문에 우리는 이 귀한 문헌들을 외면할 것이 아니라, 오히려 더 조심스럽고 전문적인 자세로 귀하게 다루어야 할 책임이 있다. 성경을 기록하고 보존해 온 고대 이스라엘 사람들과 유대인들이 어떤 관점과 세계관으로 지금 우리가 읽고 있는 성경을 기록하고 거룩하게 받들었으며, 인류 구속사의 큰 흐름을 이해하고 있었는지를 깨닫게 될 때, 마지막 때를 살아가는 우리에게 영감이 넘치는 많은 유익을 얻을 수 있게 될 것이다.

텍스트의 역사적 여정: 번역과 사본의 복잡성을 이해하기

오늘날 우리가 한국어로 여러 종류의 성경 번역본(개역개정, 새번역, 새한글성경, 우리말 성경, KJV계열, 쉬운성경, 바른성경, 메시지 성경…등)을 접할 수 있는 것은, 원문의 깊은 의미를 다양한 각도에서 독자들에게 전달하려는 성경학자들의 친절한 노력의 결과들이다. 번역은 단순히 한 언어를 다른 언어로 바꾸는 기계적인 작업이 아니라, 원문이 가진 신학적, 문학적, 역사적 뉘앙스를 해석하고 가장 적절한 표현을 선택하는 창의적·해석적 과정이다.

그러나 이 모든 번역의 기반이 되는 구약 39권과 신약 27권의 히브리어 및 헬라어 원본 자체는 현존하지 않는다. 우리에게 남겨진 것은 수 세기에 걸쳐 필사된 수많은 사본들이며, 이 사본들 사이에는 크고 작은 차이점, 즉 '텍스트 변이'(variant readings)가 존재한다.

구약성경 연구에서, 1947년 사해 두루마리 발견 이전까지 학자들은 주로 중세기의 마소라 본문(MT)에 의존해 왔다. 그러나 사해 두루마리의 출현은 제2성전 시대에 단일한 표준 본문이 존재했던 것이 아니라, 마소라 본문의 원형을 비롯해 칠십인역(LXX)과 사마리아 오경(SP)의 기원이 된 다양한 본문 전통이 나란히 공존했음을 분명히 입증했다. 신약성경의 경우는 훨씬 더 극적이다. 초기 기독교 공동체가 박해 속에서 급속히 확장되면서, 신약의 책들은 구약성경과는 달리 전문 서기관이 아닌 여러 사람에 의해 '통제되지 않은' 방식으로 복제되었다. 그 결과 현재까지 5,800개가 넘는 헬라어 사본을 포함해 수많은 고대 번역본 사본들이 존재하게 되었고, 이는 방대한 양의 텍스트 변이를 낳았다.

이러한 텍스트 변이의 대다수는 전체적인 내용에 영향을 주지 않는 사소한 철자 오류나 단어 순서의 차이와 같은 것들이다. 하지만 때로는 사본들 간에 매우 의미 있는 차이점들도 발견된다. 예를 들어, 구약의 예레미야서는 사해 두루마리(DSS)와 칠십인역(LXX)의 본문이 우리가 아는 마소라 본문(MT)보다 약 8분의 1(약 20%)이나 짧다. 사무엘서와 같은 책들도 고대에는 서로 다른 내용과 길이를 가진 문학적 판본들이 함께 존재했었다.

이러한 차이는 때로 중요한 신학적 뉘앙스를 담고 있기도 하다. 신명기 32장 8절의 경우, 마소라 본문은 하나님께서 '이스라엘 자손의 수효대로' 민족들의 경계를 정하셨다고 말하지만, 사해 사본과 칠십인역은 '하나님의 아들들의 수효대로' 정하셨다고 기록하여, 각 민족이 다른 천사적 존재에게 맡겨졌다는 세계관을 보여준다. 더 나아가, 본문의 순서 자체가 다른 경우도 있다. 여호수아 8장 30-35절의 에발산 제단 사건은 마소라 본문에서는 아이 성 정복 직후에 나오지만, 칠십인역에서는 9장 1-2절 뒤에, 그리고 쿰란에서 발견된 여호수아 사본(4QJosh^a)에서는 훨씬 앞선 5장 1절과 2절 사이(여리고성 작전 전)에 위치한다. 이처럼 고대의 본문들은 단순히 단어나 문장이 다른 것을 넘어, 때로는 신학적 관점이나 사건의 배열 자체가 다른 형태로 공존하고 있었음을 알 수 있다.

신약에서는 마가복음의 마지막 열두 구절(막 16:9-20)이나 요한복음의 간음한 여인 이야기(요 7:53-8:11)와 같이 널리 알려진 본문들이 가장 오래되고 우수한 사본들에는 나타나지 않는 경우가 있다.

따라서 우리가 오늘날 읽는 한글 성경들은 특정 사본 하나를 그대로 반영한 것이 아님을 알아야 한다. 그것은 '본문 비평'이라는 학문적 과정을 거쳐 탄생한 결과물이다. 본문 비평가들은 현존하는 모든 사본들의 증거들을 비교하고 분석하여 원 저자가 기록했을 가장 초기 형태의 본문을 재구성했다. 우리가 최종적으로 읽고 있는 구약 본문은 비블리아 헤브라이카 슈투트가르텐시아(BHS), 신약 본문은 네슬레-알란트(NA28)와 같은 비평 본문(Critical Edition)을 기반으로 번역한 본문이다. 즉, 본문 비평가들이 수많은 텍스트 변이들을 이미 검토했고 그들이 원문에 가장 가깝다고 판단하고 결정한 그 본문을 우리는 다시 한글로 번역해서 읽고 있는 것이다.

우리가 정경으로 여기는 본문에 대한 이러한 이해는 구약 정경 바깥에 있는 고대 문헌, 특히 오랜 세월 동안 복잡한 전승 과정을 거친 『열두 족장의 유언』을 접할 때 매우 중요하다. 꾸준히 사랑받고 많은 필사본을 가지고 있으며 본문이 비교적 안정적으로 보존된 정경과 달리, 극소수에게만 읽혔고 대다수에게는 오랫동안 잊혀졌으며 그 전승 과정이 더 복잡했던 이 책의 사본들 사이에는 당연히 차이점들이 존재하기 마련이다. 『열두 족장의 유언』이 우리 손에 이르기까지의 여정은 그 자체로 이 책의 중요성과 복잡성을 증명하는 흥미로운 탐정 소설과 같다. 그 여정은 다음과 같다.

1) 아람어나 히브리어로 기록된 최초의 유언 원본이 이집트 고센 땅에서 작성되었고 각 지파별로 가문의 가보처럼 보관 관리되었다.
2) 시간이 흘러 복사본이 만들어지며 이미 오래되어 낡은 원본은 귀중하게 보관되었다(1차 성전 시대 초기인 다윗 또는 솔로몬).
3) 후대의 편집자들의 손을 거쳐 서론과 결론이 추가되고, 각 지파에 흩어져 있던 12 유언의 스크롤들이 모였다(2차 성전 시대: 단의 유언7:3의 주해 참고하라).
4) 제2성전 시대, 주전 3세기 중반~주전 2세기 중반 어느 시점에 최초로 이방 언어인 헬라어로 번역 작업이 진행되었다. 비슷한 시기에 이미 모세 오경, 그리고 네비임(예언서)과 케투빔(성문서)도 헬라어로 번역작업이 진행되었다. 그후에 다른 헬라어 복사본들도 필사되었다.

오늘날 우리가 접하는 주요 본문은 대부분 이 헬라어 사본들에 기반하고 있으며, 이 헬라어 사본들은 대표적 사본인 케임브리지 대학교 도서관 소장 Ff.1.24 사본을 포함하여 약 15개의 사본이 확인되며, 크게는 두 그룹으로 분류되지만 그 특징은 복잡하다.

알파(α) 계열: 종종 신학적으로 중요한 구절에서 더 상세하고 확장된, 즉 더 긴 본문을 가지고 있는 경향이 있다 (예: 베냐민의 유언 3:8).

베타(β) 계열: 상대적으로 더 간결한 본문을 보여준다. 그러나 이는 절대적인 규칙이 아니며, 때로는 베타 그룹이 더 긴 내용을 보존하고 알파 그룹이 특정 내용을 생략하는 경우도 있다 (예: 요셉의 유언 19:3-7).

이 외에도 초기 교부 시대(주후 2~4세기 초반) 헬라어 사본들을 바탕으로 번역된 아르메니아어 번역본 70개 이상과 시리아어 단편들이 있었고, 중세 중기에 번역된 교회 슬라브어, 세르비아어, 라틴어(약 130개) 번역본들이 현존한다.

이처럼 수백, 수천 년에 걸친 필사와 번역의 과정에서 여러 유형의 텍스트 변이가 발생하는 것은 지극히 자연스러운 현상이다. 단순한 필사 오류부터 직역과 의역 사이에서 발생하는 번역자의 해석 개입, 그리고 드물게는 특정 의도를 가진 내용의 추가나 생략까지 다양한 차이점들이 사본들 사이에 존재한다.

예를 들어, 어떤 사본 계열에서는 기독교적 용어로 의역되기도 하며(요셉 19:8; 베냐민 3:8), 어떤 경우에는 문장에 부정사 οὐκ(not)의 유무에 따라 정반대의 내용을 전하기도 하고(단 6:6), 권위의 출처가 되는 책의 이름(에녹의 토라 vs 모세의 토라, 스불론 3:4), 인물의 이름(첩 세토 vs 아스테호, 요셉 7:5), 나이(납달리의 사망 나이 132세 vs 130세, 납달리 1:1), 난해한 동물 묵시의 다섯 구절이 생략된 경우(요셉 19:3-7)도 나타난다.

이러한 '텍스트 변이'는 이 책 전체의 가치를 훼손하는 '오류'나 '문제점'이 아니다. 오히려 이것은 『열두 족장의 유언』이 수백 년에 걸쳐 여러 다른 신앙 공동체(유대교의 분파, 초기 기독교 공동체 등)에 의해 읽히고 사랑받고 필사되고 때로는 그들의 신앙고백을 담아 재해석되면서 살아 움직여 온 역동적인 텍스트임을 보여주는 증거이다.

따라서 우리는 이 책을 읽으며 사본들 간의 차이를 마주할 때, 다음과 같은 질문을 던져야 한다. "왜 이 필사자는 이 부분을 이렇게 다르게 기록했을까? 이 차이는 어떤 신학적, 역사적 배경을 반영하고 있는가?" 이 질문을 통해 우리는 텍스트의 표면을 넘어 그 이면에 숨겨진 고대 신앙 공동체들의 치열한 신학적 고민과 역동적인 신앙의 흔적들을 발견하게 될 것이다. 우리는 이러한 복잡성을 인정하고 이 책의 텍스트에 접근해야 하지만, 이러한 변이들이 책의 전반적인 내용과 핵심 메시지를 훼손할 정도는 아니라는 사실을 아는 것이 중요하다.

신뢰성과 진정성: 고대 유언서에서 기독교 창작물로, 그리고 다시 거룩한 유산으로

『열두 족장의 유언』이 우리 손에 이르기까지의 여정은 그 자체로 이 책의 중요성과 복잡성을 증명하는 흥미로운 탐정 소설과 같다. 이 책의 역사적 신뢰성과 진정성을 이해하기 위해서는 주후 2-4세기 교부 시대의 인식과 근현대 학계의 관점을 구분하여 살펴볼 필요가 있다.

결론부터 말하면, 주후 3-4세기 니케아 이전 교부 시대(Ante-Nicene Period)의 주요 교부들은 이 책을 '초기 기독교 공동체의 창작물'로 여긴 것이 아니라, 오히려 실제로 야곱의 열두 아들들이 남긴 그리스도의 초림과 재림을 예언하는 고대 이스라엘의 거룩한 문헌으로 인식하고 매우 권위 있게 여겼다.

이러한 영향은 2세기 후반의 교부들로부터 이미 찾아볼 수 있는데 리옹의 이레네우스(Irenaeus of Lyons)는 그의 주요 저술 『이단 반박』에서 이 책을 직접 인용하지는 않았지만, 기독론과 구약의 해석 등에서 매우 유사한 사상과 표현을 공유하며 이 책에 친숙했음을 보여준다. 카르타고의 터툴리안(Tertullian of Carthage) 역시 그의 저서 『마르키온 반박』에서 율법과 선지자의 조화를 설명하는 등 이 유언서와 유사한 논증 방식을 사용하여 이 책을 중요한 신학적 자료로 활용했음을 암시한다. 이러한 흐름은 3세기의 오리겐(Origen)에게서 가장 명확하게 확인된다. 그는 자신의 저서 『여호수아 강해』에서 『열두 족장의 유언』이라는 책의 이름을 직접 언급하며 납달리의 유언에 나오는 한 구절을 인용한다. 그는 이 책이 비록 정경은 아닐지라도 믿을 만한 가치가 있고 영적인 진리를 담고 있으며 권위 있는 고대 문헌으로 취급했다.

그들에게 이 책의 가장 큰 가치는 그리스도의 초림이 있기 전에 이스라엘의 족장들이 메시아의 성육신, 수난, 죽음, 부활, 이스라엘의 디아스포라, 이방인의 구원, 그리스도의 재림, 부활, 심판 그리고 예루살렘을 중심으로 한 전지구적 메시아 왕국까지 놀라울 정도로 명확하게 예언했다는 사실에 있었다. 만약 이 책이 기독교인의 창작물이라면 그 예언들은 아무런 가치가 없는 '사후(事後) 예언'에 불과하지만, 이것이 고대 이스라엘 문헌이라면, 예슈아가 참된 메시아임을 증명하는 데 있어 유대인들을 향한 가장 강력한 변증의 도구가 된다.

이 책은 13세기 중반, 영국의 위대한 개혁가 중 한 사람이었던 링컨의 주교 로버트 그로세테스테(Robert Grosseteste)에 의해 헬라어에서 라틴어로 번역되면서 서유럽에 다시 알려지기 시작했다. 당시의 연대기 작가 매튜 패리스(Matthew Paris)에 따르면, 이 문서는 그리스도에 대한 명시적인 예언들 때문에 수세기 동안 유대인들에 의해 의도적으로 숨겨져 왔다고 한다.

그러나 4세기 후반, 니케아 이후 교부 시대(Post-Nicene Period)의 히에로니무스(Jerome)와 같은 인물들이 이 책을 외경(Apocrypha)으로 분류하면서 서방 교회는 점차 이 책을 공식적인 논의에서 멀리하게 되었다.

이후 오랫동안 잊혀졌던 이 책은 17세기 이후 근대 본문 비평학(Textual Criticism)[1] 이 발달하면서 본문 비평적인 방법으로 연구되기 시작했는데, 19세기 학자인 로버트 싱커(Robert Sinker)는 당시의 학풍에 따라 이 책이 예루살렘 멸망(AD 70) 이후에 기록되었으며, 2세기의 예수를 믿는 유대인이 헬라어로 창작했을 것이라고 결론을 내렸다. 이때부터 학자들은 헬라어 사본에 나타나는 매우 구체적이고 발전된 기독론적 표현들을 분석하며, 이것이 과연 기원전 유대인이 기록할 수 있었을까에 대한 의문을 품게 되었고, '이 책이 초기 기독교인의 창작물'이라는 관점은 이후 R. H. Charles와 같은 학자들이 '유대교 저작-기독교 첨가설'을 주장하기 전까지 학계에서 오랫동안 큰 영향력을 미쳤다.

이러한 학계의 오랜 논쟁에 결정적인 단서를 제공한 것은 고고학적 발견이었다. 1896년경, 이집트 카이로의 한 유대교 회당 창고(게니자 Genizah)에서 「아람어 레위 문서(Aramaic Levi Document)」의 단편들이 발견되었고, 마침내 1947년부터 사해 인근의 쿰란 동굴에서 기원전 1-2세기의 것으로 추정되는 「아람어 레위 문서」의 더 많은 단편들과 「납달리의 유언」의 히브리어 단편(4Q215) 등이 발견되었다. 이 발견을 통해 『열두 족장의 유언』에 대한 더 깊은 비교 연구가 가능해졌고, 이 유언서들이 본래 고대 이스라엘 공동체의 작품에 그 뿌리를 두고 있었으며, 기독교 공동체는 이 유언서들의 헬라어 사본들을 읽고 다시 필사할 때 그들이 이해할 수 있는 번역본으로 재생산했음을 알 수 있게 되었다.

현재까지 발견되어 확인된 아람어/히브리어 열두 족장의 유언 고대 사본은 아래와 같다.

쿰란 사본

Testament of Jacob(?): 4Q537

Aramaic Levi Document: 1Q21; 4Q213; 4Q213a; 4Q214

Testament of Judah(?): 3Q7 히

---

1. Textual Criticism(본문 비평) 본문 비평은 고대 문헌이나 성경 등의 필사본을 비교 분석하여 원문에 가까운 형태를 복원하려는 학문적 작업으로, 텍스트의 정확성과 신뢰성을 높이는 데 크게 기여한다. 다양한 사본을 체계적으로 분석함으로써 필사자의 오류와 실수를 최대한 바로잡고 문서의 본래 의미를 더 깊이 이해할 수 있게 해주며, 언어학·문헌학·역사학·고고학 등 여러 분야의 방법론을 활용해 학문적 객관성을 확보할 수 있다.
그러나 본문 비평의 최종 해석과 평가에는 평가자의 종교관·세계관·민족성·성향·영성 등 주관적인 요소가 깊이 작용한다. 이러한 인간적 요인들은 본문 비평의 결과를 받아들이는 방식에 영향을 미치며, 때로는 신앙적 충돌이나 해석학적 편향을 불러일으킬 수 있다.

Testament of Joseph: 4Q539

Testament of Benjamin: 4Q538

Testament of Naphtali: 4Q215 히

Testament of Qahat: 4Q542

Visions of Amram: 4Q543; 4Q544; 4Q545; 4Q546; 4Q547; 4Q548; 4Q549

Testament(?): 4Q526 히; 4Q580; 4Q581; 4Q582 히

카이로 게니자

아람어 레위 문서가 최소 다섯 개 조각에서 확인되었으며, 납달리의 유언은 한 개 사본에서 발견되었다

'히'는 히브리어 사본이며 표시 없으면 아람어 사본이다.

레위의 유언(아람어 레위 문서) **4Q213ALD**

4Q213a 사본에서 채취한 샘플이 취리히 AMS 연구소에서 분석한 결과, 연대 범위는 기원전 344-324년으로 나타났다. 이 부분은 레위의 유언 2장의 '레위의 기도문'과 레위의 하늘 체험의 일부에 해당하며, 이 기도문은 레위의 유언의 그리스어 판본 추가 부분에도 보존되어 있다.

'기독론적 요소에 대한' 논쟁 재고찰: 신학적 번역, 교정, 조화

현대 학자들이 텍스트 변이 문제에서 가장 논쟁적으로 다루는 부분은 이 책에 나타나는 명백한 메시아 예언, 특히 메시아의 초림과 대속적 죽음과 이방인의 구원 대한 구절들이다. 많은 학자들은 이것이 후대의 기독교 필사자들이 원본에 없던 내용을 의도적으로 삽입한 '기독교적 첨가'(Christian Interpolation)라고 추정해왔다.

그러나 이러한 주장을 접할 때, 우리는 몇 가지 중요한 질문을 던져야 한다.

1. 신학적 일관성: 메시아의 초림에 대한 사상은 이 책의 특정 구절에만 나타나는 것이 아니라 책 전체 내용에 깊이 영향을 미치고 있는 핵심 주제 중에 하나다. 만약 이 구절들을 모두 후대의 '첨가'로 보고 제거한다면 책 전체의 신학적 일관성과 구조적 통일성은 심각하게 훼손된다.

일부 현대 학자는 초림과 이방인 구원에 관한 구절들을 모두 후대의 삽입 구절로 미리 규정하고 본문에서 제외하는 경우가 있으나, 우리는 신중하게 질문해야 한다. 과연 현존하는 다수의 헬라어 사본들이 모두 동일한 방식으로 오염되었다고 보는 것이 타당한가? 특정 학자가 자신의 학문적 전제를 바탕으로 본문을 선별적으로 배제하는 것은 또 다른 형태의 '해석학적 보간'(補間 interpolation)의 사례(事例)가 아닌가?

2. 제2성전기 유대교의 사상: 예수님 이전 시대의 다른 유대 분파, 예를 들어 쿰란의 야하드 공동체는 기독교의 메시아관과 놀라울 정도로 유사한 사상을 이미 가지고 있었다. 그들은 '레위(아론) 계열 제사장 메시아'와 '유다(다윗) 계열 왕 메시아'라는 두 메시아 사상을 가지고 있었으며, 이는 『열두 족장의 유언』의 핵심 주제와 정확히 일치한다. 또한, 에녹서의 '인자(Son of Man)'는 심판의 권세를 가진 신적인 존재로 묘사되고, 멜기세덱 문서 11Q13의 멜기세덱은 속죄와 심판을 주관하는 하늘의 제사장적 존재로 묘사된다. 고난받는 의로운 지도자상 역시 쿰란의 '의의 교사'의 모습에서 찾아볼 수 있다.

후대의 랍비 유대교에서는 마지막 때에 나타날 메시아의 두 가지 역할, 즉 고난과 승리를 설명하기 위해 '요셉의 아들 메시아'(고난받는 자)와 '다윗(유다 지파)의 아들 메시아'(승리하는 자)라는 두 메시아 사상을 구체화시키기도 했다. 『열두 족장의 유언』은 이러한 단어를 직접적으로 제시하지는 않지만, 야곱의 아들인 요셉의 삶 전체를 장차 오실 메시아가 겪게 될 대속적 고난과 최종적인 영광을 미리 보여주는 가장 완벽한 예표이자 원형으로 설명하고 있다(베냐민의 유언 3:8). 이 모든 것은 『열두 족장의 유언』에 나타난 '고난받는 신적인 메시아'라는 관념이 결코 기독교만의 독점적인 창작물이 아니라 예수님 시대 이전에 이미 존재했던 풍성하고 다양한 이스라엘의 메시아 대망 사상의 한 부분이었음을 명확히 보여준다.

3. 구약 예언과의 연속성: 학자들이 '후대에 기독교의 첨가'라고 문제 삼는 주제들은 대부분 이사야서나 시편과 같은 구약 정경에서도 이미 다루어져 왔던 내용들이다. 예를 들어, 메시아의 초림과 그의 대속적 고난에 대한 예언(베냐민 9:3, 레위 4:1), 그리고 이방인의 구원에 대한 보편적 구원론(시므온 7:2, 납달리 8:3, 아셀 7:3) 등은 이미 구약 시대의 선지자들이 선포했던 주제들과 그 맥락을 같이 한다. 만약 『열두 족장의 유언』의 메시아 예언이 후대의 첨가라면, 구약 선지서에 나타난 메시아의 초림과 대속적 고난과 이방인을 포함한 보편적 구원에 대한 예언들은 어떻게 설명할 것인가?

4. 신학적 번역의 가능성: 이러한 점들을 고려할 때, 우리는 '첨가'라는 단정적인 결론 대신 후대의 기독교 필사자나 번역가가 원본에 없던 새로운 내용을 '삽입'한 것이 아니라, 원본에 이미 존재했던 유대교적 메시아 예언을 자신들에게 익숙한 기독론적 신학 용어로 옮기는 과정에서 발생한 신학적 번역(Theological Translation), 낯선 개념을 더 권위 있는 개념으로 바로잡으려는 신학적 교정(Theological Correction), 그리고 기존의 권위 있는 문헌과 내용을 일치시키려는 신학적 조화(Theological Harmonization)의 결과물로 보아야 할 것이다.

신학적 번역 (Theological Translation)

모든 번역, 특히 성경과 같은 경전의 번역은 본질적으로 해석학적이며 신학적인 행위이다. 종종 번역가는 중립적인 정보 전달자가 아니라 독자에게 의미를 정확하게 전달하려는 과정에 적극적으로 참여하는 주체이다. 번역가가 어떻게 이해하느냐는 어휘 선택과 문장 구조 결정에 필연적으로 영향을 미친다.

신학적 번역(Theological Translation)이란, 원문이 가진 아람어/히브리어적 개념을 번역이 이루어지던 당시의 공동체에게 특별한 신학적 의미를 가지는 특정 헬라어 용어로 대체하여 번역하는 현상을 의미한다. 이 과정을 통해 원문의 예언은 번역하는 공동체의 신앙 고백에 맞추어 더 구체적이고 선명한 신학적 색채를 띠게 되지만, 때로는 원문이 가졌던 본래의 정교한 뉘앙스나 구조가 흐려지기도 한다. 『열두 족장의 유언』은 이러한 텍스트 발전과 신학적 번역의 과정을 탐구할 수 있는 매우 중요한 사례를 제공한다.

1. 텍스트 발전의 가설: 원전에서 신학적 번역까지

『열두 족장의 유언』이 우리에게 전해지기까지의 여정은 여러 시대와 신앙 공동체의 손길을 거치며 형성된 복잡한 텍스트 발전의 역사를 보여준다. 책의 첫머리가 "이는 누구의 유언의 사본이니"라고 시작하는 것에서 알 수 있듯, 이 텍스트는 누군가 원본을 보고 정리한 흔적을 담고 있다. 이 편집이 각 지파에 흩어져 있던 원본들을 모으는 과정에서 이루어졌는지, 혹은 셈어 원전에서 헬라어로 번역되는 과정에서 이루어졌는지는 현재로서는 단정할 수 없다. 그러나 그 발전 과정은 다음과 같은 네 단계로 재구성해 볼 수 있다.

1단계 (셈어 원전): 각 유언의 시작점에는 아람어나 히브리어로 기록된 원전이 있었다. 이 원전에는 장차 올 메시아적 인물에 대한 다양한 예언적 묘사가 담겨 있었고, 이 예언들은 당시 이스라엘 민족의 역사적, 신학적 맥락 안에서 이해되었고 발전되었다.

2단계 (초기 헬라어 번역): 초대 교회가 시작되기 이전인 기원전 3세기에서 2세기 어느 시점에 이 셈어 원전이 헬라어로 번역되었다. 이 초기 번역본에는 아직 의도적인 기독교적 색채가 가미되지 않았다. 번역가들은 이미 번역되어 있던 70인역(LXX)의 선례를 따라 히브리어의 단어와 개념들을 당시의 헬라어 용어로 옮겼고, 그 결과 원전에 담겨 있던 다양한 메시아의 이미지들이 예수 그리스도를 통해 성취될 것을 예견하지 못한 채로 헬라어 본문에 담기게 되었다.

3단계 (초기 기독교의 수용과 재해석): 주후 1세기 중후반, 초기 기독교 공동체는 이미 헬라어로 번역된 이 『열두 족장의 유언』을 접하고 읽기 시작했다. 그들은 이 텍스트에 담긴 예언적 용어들을 자신들의 신앙고백, 즉 그리스도론적(Christological) 관점에서 읽어내며 새롭게 재해석하기 시작했다. 이 단계에서 텍스트의 단어 자체가 바뀌기보다는 그 의미가 그리스도를 통해 성취되었다는 신학적 색채가 더해졌다.

4단계 (필사본을 만드는 과정에서의 신학적 번역): 마지막으로 초기 교부 시대의 필사자들이 필사본을 더 제작하는 과정에서 한 단계 더 나아갔다. 그들은 기존 헬라어 본문의 특정 단어들을 이미 교리적으로 확립된 더욱 명시적인 그리스도론적 용어로 대체하거나 수정하는 '신학적 번역'을 수행했다. 이는 단순한 언어적 변환이 아니라 자신들의 신앙을 텍스트 자체에 보다 선명하게 각인시키려는 해석학적 행위였다.

2. 신학적 번역의 과정: '모노게네스'(μονογενής)의 함정

이러한 신학적 번역의 핵심 사례는 베냐민의 유언 9장 2절에서 발견된다. 이 구절은 "지극히 높으신 이가 독생자 선지자(προφήτου μονογενοῦς)의 오심을 통해 그의 구원을 보내실 때까지"라고 예언한다. 이 문장에는 신학적 번역의 과정을 볼 수 있는 개념적 단어 '모노게네스'(μονογενής)가 있다.

70인역 번역자는 이미 히브리어 '야히드'(יָחִיד)를 헬라어 '모노게네스'(μονογενής)나 '아가페토스'(ἀγαπητός)로 번역한 사례를 만들었다. 이 용어의 신학적 중요성은 요한복음에서 절정에 달한다. 요한은 '모노게네스'를 예수와 하나님 아버지의 관계를 규정하는 핵심적인 그리스도론적 칭호로 사용함으로써, 예수가 다른 모든 '하나님의 아들들'과 질적으로 다른 신적 본성을 공유하는 유일무이한 아들이심을 선언한다. 이로써 '모노게네스'는 단순한 '독특함'을 넘어 '신적 기원과 본질의 유일성'을 의미하는 '독생자'라는 기독론 용어로 자리 잡게 되었다.

베냐민의 유언 9장 2절의 '모노게네스'라는 단어는 헬라어 독자에게 요한 신학에 깊이 각인된 '독생자 예수 그리스도'로 읽히게 된다. 그러나 흥미로운 점은 '모노게네스'가 아들(υἱός)이 아닌 선지자(προφήτης)를 수식한다는 사실이다. 이는 대부분의 해석가들이 '모노게네스'라는 단어의 신학적 무게에 눌려 이 예언이 묘사하는 정교한 구조를 놓치고 '선지자'를 예수님으로 해석하는 오류를 범하게 만드는 원인이 되었다.

1. 가장 오래된 사본 그룹(b 계열)의 증언: προφήτου μονογενοῦς (프로페투 모노게누스)
- 헬라어: ...ἐν ἐπισκοπῇ προφήτου μονογενοῦς
- 의미: ...하나뿐인/유일한 선지자의 오심(사역) 안에서

- 특징: H. C. Kee가 복원한 바로 그 표현이다. 여기서는 '모노게네스'가 '선지자'(προφήτου)를 분명하게 수식하고 있다. 이것이 현재 학계에서 가장 신뢰도 높은 사본들이 증언하는 원문에 가장 가까운 형태이다.

2. **후대 사본 및 편집본의 증언:** μονογενοῦς (모노게누스) – '선지자'의 삭제
   - 헬라어: …ἐν ἐπισκοπῇ μονογενοῦς
   - 의미: …독생자의 오심(사역) 안에서
   - 특징: R. H. Charles가 사용한 버전이다. 그는 '선지자'(προφήτου)가 후대의 첨삭이라 믿고 의도적으로 삭제했다. 그 결과, '모노게네스'만 남게 되어 자연스럽게 '독생자 예수'를 가리키는 것으로 해석되었다. 많은 영어 번역본들이 이 편집본을 따랐다.

3. **명백한 기독교적 첨삭 사본의 증언:** υἱοῦ μονογενοῦς (휘우 모노게누스)
   - 헬라어: …ἐν ἐπισκοπῇ υἱοῦ μονογενοῦς
   - 의미: …독생자 아들의 오심(사역) 안에서
   - 특징: 일부 후대 사본들(예: manuscript c)에서는 논란의 여지를 없애기 위해 아예 '선지자'(προφήτου)를 '아들'(υἱοῦ)로 바꾸어 버렸다. 이는 예언의 대상을 예수 그리스도로 명확하게 못 박으려는 가장 적극적인 '신학적 번역'의 증거이다.

3. 구조를 통해 드러나는 진실

이 구절에 대한 H. C. Kee의 번역은 그의 창작이 아니라 구세대 학자들이 편집 과정에서 삭제했던 단어를 가장 중요한 사본에 근거하여 복원하고, '모노게네스'라는 단어를 문맥에 가장 충실한 의미로 번역한 매우 정확하고 신중한 학문적 선택의 결과물이다.

이 복원된 번역을 통해 우리는 베냐민의 유언이 가진 본래의 예언 구조를 볼 수 있다.

첫째, 사역자의 등장: "지극히 높으신 분께서 유일한 선지자를 통해…"

둘째, 본체의 도래: "…그의 구원(His salvation יְשׁוּעָתוֹ 예슈아토)을 보내실 때까지니라."

이것은 '독특한 선지자(엘리야/세례 요한)의 사역을 통해 예수아(구원)께서 오실 것'이라는 말라기서와 복음서의 가르침과 일치하는 구속사의 순서이다. 결국 '신학적 번역'의 겹겹을 걷어내고 원문의 구조를 면밀히 살필 때, 우리는 단어 하나의 의미에 매몰되었을 때 놓쳤던 더 깊고 풍성한 진리를 발견하게 된다.

신학적 교정 및 조화의 예: '에녹의 토라'와 '모세의 토라'

스불론의 유언 3장 4절에 나타나는 '에녹의 토라'와 '모세의 토라'의 차이는 단순히 이름 하나가 바뀐 것을 넘어 『열두 족장의 유언』의 원본이 어떤 사상적 배경에서 기록되었으며, 후대에 어떻게 수정되었는지를 보여주는 매우 중요한 단서이다. 이는 후대의 기독교 번역자가 원문에 없던 내용을 '첨가'한 것이 아니라 기존에 있던 개념을 자신에게 익숙한 권위 체계로 수정한 '신학적 교정'(Theological Correction)의 대표적인 사례이다.

더 오래되고 원형에 가까운 독법: '에녹의 토라': 학계에서 가장 오래되고 신뢰성 높은 것으로 평가받는 헬라어 사본 그룹(알파 그룹)은 모두 이 부분을 '에녹의 토라'로 명확하게 기록하고 있다. 이는 이 유언서의 원저자와 초기 공동체가 에녹서를 매우 권위 있는 하나님의 말씀으로 여기고 있었음을 보여주는 강력한 증거이다. 주목할 점은 『열두 족장의 유언』에서 야곱의 아들들이 하나님의 뜻과 미래에 대한 예언을 알기 위해 의존하는 권위의 출처가 '모세의 토라'가 아닌 다른 고대의 기록들이라는 점이다. 야곱의 아들들은 글을 읽었고, 그들에게는 조상들로부터 전수받은 책이나 글이 있었으며, 특히 에녹의 책을 토라로 여기며 읽고 그 내용을 인용하여 자신들의 유언을 남기고 있다(시므온 5:4; 레위 10:5, 14:1, 16:1; 유다 18:1; 단 5:6; 납달리 4:1; 아셀 7:5 등). 이는 모세의 토라 이전에 이미 '에녹의 토라'로 대표되는 또 다른 거룩한 계시의 전승이 존재했었다는 강력한 증거가 된다.

후대의 수정 '모세의 토라': 그러나 시간이 지나고 특히 주류 랍비 유대교와 초기 기독교에서 '토라'라는 개념이 오직 '모세오경'만을 가리키는 것으로 굳어지면서, 후대의 필사자들은 '에녹의 토라'라는 표현을 매우 낯설거나 심지어 이단적인 것으로 여겼을 가능성이 높다. 그들은 원문을 훼손하려는 악의가 아니라 오히려 '이 잘못된 부분'을 자신들이 아는 유일하고 절대적인 권위, 즉 '모세의 토라'로 바로잡으려는 경건한 의도를 가지고 이 단어를 수정했을 것이다. 이는 낯설고 권위가 약해 보이는 표현을 독자들이 받아들일 만하고 신학적으로 안전한 표현으로 바꾸는 일종의 신학적 조화(Theological Harmonization) 작업이었다.

결론: 잊혀진 유산의 가치를 재발견하며

『열두 족장의 유언』에 나타나는 기독론적 요소들은 단순한 '첨가'라는 획일적인 개념으로 설명할 수 없는 복잡하고 다층적인 현상이다. 그것은 종종 이미 존재했던 풍부한 이스라엘의 메시아 사상과 예언적 개념들을 초기 기독교 공동체가 자신들의 신앙고백과 신학적 용어를 통해 번역하고(신학적 번역), 때로는 자신들의 권위 체계에 맞게 수정하고 조화시키는(신학적 교정 및 조화) 역동적인 과정의 결과물로 이해할 때 그 진정한 가치가 드러난다.

『열두 족장의 유언』은 구약 정경만큼이나 그 유대교적 원본의 핵심 메시지와 윤리적 가르침을 충분히 보존하고 있는 신뢰할 만한 고대 문헌이다. 이제는 이 중요한 작품이 단순히 후대의 창작물이나 변개된 문서로만 치부될 것이 아니라 그 본래의 가치를 제대로 평가받아야 할 때이다. 특히 이 책에 담긴 예언들은 이미 일어난 사건을 예언처럼 꾸민 '사후(事後) 예언'이라는 문학 장치로만 볼 것이 아니라 실제로 족장들이 성령의 영감으로 내다본 미래에 대한 진정한 예언으로 받아들일 때, 그 안에 담긴 놀라운 계시와 마주하게 될 것이다.

AHPI 한글 번역판에 대하여

고대히브리관점연구소(AHPI)에서 번역한 『열두 족장의 유언』 본문의 뼈대는 R. H. Charles의 영문 번역본(1917년)을 기본으로 사용하였고, 더 정확한 단어와 문장 구조를 위한 사본 대조 작업을 위해서 참고한 번역본은 아래와 같다.

The Testaments of the Twelve Patriarchs (1886)

The Testaments of the Twelve Patriarchs (1917)

The Old Testament Pseudepigrapha, Volume 1 (1983)

The Testaments of the Twelve Patriarchs: A Commentary (1985)

Outside the Bible: Ancient Jewish Writings Related to Scripture (2013)

또한 헬라어 사본 대조와 아르메니아어 사본 대조를 통해서 단어와 문장을 결정해야 할 때, 사본들을 비교하여 재구성한 비평 본문 자료로 M. de Jonge의 *The Testaments of the Twelve Patriarchs: A Critical Edition of the Greek Text* (1978)와 Michael E. Stone의 *The Armenian Version of the Testaments of the Twelve Patriarchs: Edition, Apparatus, and Indexes*(1981)를 중요한 지침으로 사용하였다.

한글 번역을 완성하는 과정에서 사본 간 차이를 보이는 단어나 문장 구조는 접근 가능한 고대 사본들을 면밀히 대조하여 가장 히브리적 관점에 충실하게 복원하고자 노력했다. 그럼에도 불구하고 연구의 한계로 인해 놓친 부분이 있을 수 있으니 앞으로도 계속될 연구를 통해 부족한 점은 다음 개정판에 반영하겠다.

감사의 글

먼저 우리가 이스라엘에서 이 모든 일을 할 수 있도록 우리 가정을 신뢰하며 지원해주시는 모든 분들께 감사드립니다.

이스라엘에서 든든한 동역으로 우리와 함께 해주는 가족 같은 Jon과 Ain에게 고마운 마음을 전합니다. 고대히브리관점연구소 운영진과 회원들께 감사의 마음을 전합니다. 기존 학문의 틀에 안주하지 않고 잊혀진 고대의 지혜를 되찾으려는 연구소의 비전을 믿고 이 길의 가치를 알아주며 이 외로운 길을 기꺼이 함께 동행해주는 여러분의 따뜻한 마음과 신실한 지원이 없었다면 이 책은 세상에 나올 수 없었을 것입니다.

이 책의 한글 번역과 출판을 위해 많은 시간과 노력을 투자해 주신 AHPI의 연구팀, Hana Im 책임 연구원과 Ahra Jo 연구원에게 깊은 감사를 드립니다.

진리의 집 출판사의 모든 책이 나올 수 있도록 북디자인에서부터 시작과 끝을 책임져 주며 가장 많이 보이지 않는 수고를 하고 있는 백진영 대표에게 깊은 고마움을 전합니다. 최종 교정은 Ain, Jon, 조이, 다니엘라가 도와주었습니다.

이 책이 나오기까지 저의 일상과 리듬을 온전히 책임지며 모든 것을 헌신적으로 돌봐주고 완벽한 울타리가 되어준 사랑하는 아내 에스더 목사에게 깊은 감사의 마음을 전합니다. 언제나 나의 가장 좋은 친구이자 지적인 동반자인 아내는 나의 첫 번째 독자이자 가장 다정한 비평가입니다. 이 책을 완성할 수 있었던 모든 용기와 지혜를 나의 영원한 돕는 베필 עֵזֶר כְּנֶגְדִי 당신께 돌립니다.

그리고 영원전부터 나로 이 일을 하도록 예정하신 하나님의 뜻을 따라 이 열매가 나타나도록 모든 여정의 시작과 끝이 되시는 삼위 하나님께 영원히 감사드립니다.

제2부

『열두 족장의 유언』

족 장	장수	절수
르우벤의 유언	7	66
시므온의 유언	9	53
레위의 유언	19	161
유다의 유언	26	163
잇사갈의 유언	7	55
스불론의 유언	10	76
단의 유언	7	54
납달리의 유언	9	67
갓의 유언	8	54
아셀의 유언	8	45
요셉의 유언	20	138
베냐민의 유언	12	74
총 계	142	1006

르우벤의 유언

제1장

음란의 죄와 그 결과

1 이것은 '르우벤의 유언'의 사본이니 그가 125세에 죽기 전에 그의 아들들에게 내린 명령이다.

2 르우벤의 동생 요셉이 죽은 지 2년 후, 르우벤이 병들자 그의 아들들과 손자들이 함께 모여 그를 문병하러 왔다.

3 르우벤이 그들에게 말했다. "나의 자녀들아, 보라, 나는 죽어 내 조상들의 길로 가노라."

4 그의 형제들인 유다와 갓과 아셀이 거기에 있는 것을 보고 그가 그들에게 말했다. "나를 일으켜다오. 내가 나의 형제들과 자녀들에게 내 마음에 감추어 둔 것을 말하려 하노라. 보라, 이제 나는 너희를 떠나려 하노라."

5 그가 일어나 그들에게 입 맞추고 울며 말했다. "나의 형제들아, 들으라. 나의 자녀들아, 너희 아버지 르우벤이 너희에게 명령하는 것에 귀를 기울이라.

6 보라, 내가 오늘 하늘의 하나님을 증인으로 삼고 너희에게 증언하노니, 너희는 젊은 시절의 무지함와 음행의 길을 걷지 말아라. 내가 그 가운데 빠져 내 아버지 야곱의 침상을 더럽혔노라.

7 내가 너희에게 말하노니 하나님께서 내 허리에 심한 병을 일으키셔서 7개월

동안 나를 치셨느니라. 만약 나의 아버지 야곱이 나를 위하여 여호와께 기도하지 않았더라면 여호와께서는 나를 죽이려고 하셨기 때문에 나는 죽었을 것이다.

8 여호와 앞에서 이 악을 저질렀을 때 나는 서른 살이었으며 그후 7개월 동안 죽을 병에 걸려 고통을 겪었다.

9 이후 나는 내 혼의 굳은 결심에 따라 여호와 앞에서 7년 동안 회개하였다.

10 나는 포도주나 독주를 마시지 않았으며, 고기도 입에 대지 않았고, 즐겨 먹던 음식도 먹지 아니하였다. 나는 내 죄로 인하여 슬퍼하며 애통하였으니 이는 내 죄가 심히 크고 무거웠기 때문이다. 이와 같은 일이 이스라엘에서 다시는 일어나지 않아야 하리라.

· ·

르우벤의 유언 1장은 『열두 족장의 유언』 전체의 서막을 여는 중요한 부분으로 맏아들 르우벤이 자신의 가장 부끄러운 죄(빌하와의 동침, 창 35:22)를 정면으로 고백하며, 죄의 파괴적인 결과와 참된 회개의 길이 무엇인지를 후손들에게 유언으로 남기며 시작한다.

공적(公的) 고백의 장 (1-5)

르우벤의 유언은 단순히 자신의 아들들과 손자들만을 대상으로 하지 않는다. 그는 자신의 형제들인 유다, 갓, 아셀이 함께 있는 자리에서 '마지막 말'을 남긴다. 이는 그의 고백이 사적인 참회만이 아니라, 이스라엘 공동체 전체를 향한 공적인 증언임을 보여준다. 장자로서 저지른 자신의 죄가 온 가족과 공동체에 어떤 영향을 미쳤는지를 인식하고, 모든 자녀들과 형제들 앞에서 자신의 과오를 인정함으로써 유언의 진실성과 무게를 더하고 있다.

죄의 실체와 하나님의 심판 (6-8)

르우벤은 자신의 죄를 '젊은 시절의 무지함과 음행'이라고 규정하며, 창세기에는 기록되지 않은 죄의 구체적인 결과를 상세히 묘사한다. 하나님께서는 그의 죄에 대해 즉각적이고 물리적인 심판을 내리셨고, 그는 허리에 심한 병이 임하여 7개월 동안 죽을 고통을 겪었다.

아버지의 중보기도: 그의 생명을 구한 것은 자신의 회개가 아니라 '아버지 야곱의 기도'

였다. 이는 아버지의 중보기도가 자녀를 향한 하나님의 심판을 돌이킬 만큼 강력한 힘을 가졌음을 보여주는 동시에 르우벤의 죄가 아버지의 용서와 중보기도를 통해서만 해결될 수 있었던 심각한 범죄였음을 강조한다.

7년 작정 회개 (9-10)

르우벤의 회개는 감정적인 뉘우침에 그치지 않는다. 그의 회개는 7년이라는 긴 시간 동안 지속된, 구체적인 행동이 따르는 전인적인 과정이었다.

혼의 교정을 위한 금욕적 실천: 그는 '포도주와 독주, 고기, 즐겨 먹던 음식'을 모두 끊었다. 이는 죄를 낳았던 육체적 쾌락과 욕망을 통제하면서 자신의 혼을 온전히 바로잡으려는 자기 절제와 영성 훈련의 실천이다.

공동체를 향한 교훈: 그는 자신의 비참한 경험이 다시는 이스라엘 공동체 안에서 반복되어서는 안 된다는 강력한 경고, 즉 "이와 같은 일이 이스라엘에서 다시는 일어나지 않아야 하리라"는 공적인 교훈으로 마무리한다. 이로써 그의 개인적인 유언은 이스라엘 전체를 위한 거룩한 명령이 된다.

제2장

인간을 구성하는 일곱 영과 일곱 미혹의 영

1   이제 나의 자녀들아, 너희는 내게 귀를 기울여 내가 회개하는 동안 보았던 일곱 가지 미혹의 영들에 관하여 들으라.

2   벨리알[2]에 의해 이 일곱 영은 사람을 대적하도록 지정되었으며 그들은 젊은 이들의 행위를 이끄는 근원이다.

3   또한 사람이 창조 될 때 일곱 가지 다른 영이 사람에게 주어졌으니 이는 그

---

2. 『열두 족장의 유언』에서 총 28회 언급되는 '벨리알'(בְּלִיַּעַל, 블리야알)이라는 히브리어 단어는 '없다' 또는 '~없이'를 의미하는 '블리'(בְּלִי)와 '가치', '유익'을 의미하는 '야알'(יַעַל)의 합성어다. 그 단어 자체의 의미는 '무가치함', '쓸모없음' 으로, 도덕적 타락과 사회적 무질서를 야기하는 파괴적인 상태나 특질을 가리킨다. 벨리알은 인간의 가장 깊은 내면에서부터 우주적 차원에 이르기까지 모든 영역에서 활동하는 악의 총체(總體)다. 자세한 분석은 제3부 주제 글의『벨리알과 영적 전쟁(개인적 차원과 인류적 차원)』을 참고하라.

영들을 통해서 사람의 모든 행위가 이루어지도록 하기 위함이다.

4 첫 번째 영은 생명의 영으로 이 영을 통해 인간의 체질이 창조된다. 두 번째 영은 시각의 영으로 이 영을 통해 욕망이 일어난다.

5 세 번째 영은 청각의 영으로 이 영을 통해 가르침을 얻는다. 네 번째 영은 후각의 영으로 이 영이 공기를 들이마시며 숨을 쉬게 하고 맛을 느끼게 한다.

6 다섯 번째 영은 언어 능력의 영으로 이 영을 통해 지식이 온다.

7 여섯 번째 영은 미각의 영으로 이 영을 통해 음식과 음료의 섭취가 이루어지며 이로 인해 힘이 생긴다. 이는 음식이 힘의 기초가 되기 때문이다.

8 일곱 번째 영은 생식과 성적 교류의 영으로 이 영을 통해 쾌락에 대한 사랑으로 인해 죄가 들어온다.

9 그렇기 때문에 이것은 창조의 순서에서는 마지막이지만 젊음의 순서에서는 처음이다. 왜냐하면 그것(일곱번째 영)은 무지함으로 가득 차 있으며 맹인을 구덩이로 이끄는 것처럼, 짐승을 절벽 아래로 이끄는 것처럼 젊은이를 이끌기 때문이다.

· ·

2장은 인간의 본성과 죄의 기원에 대한 고대의 독특한 심리적, 영적 분석을 제시한다. 르우벤은 '일곱'이라는 숫자를 사용하여 '인간을 구성하는 일곱 영들'과 인간을 공격하는 '일곱 미혹의 영들'이라는 두 가지 대립적인 체계를 설명한다.

두 종류의 일곱 영 (1-3)

르우벤은 자신의 죄를 분석하며, 인간에게 영향을 미치는 두 종류의 '일곱 영'이 있음을 밝힌다. 하나는 창조 때에 하나님께서 주신, 인간의 모든 활동의 근원이 되는 '일곱 영'이다. 다른 하나는 벨리알에게 속하여 인간을 대적하고 젊은이들을 타락으로 이끄는 '일곱 미혹의 영'이다. 이는 인간의 모든 감각과 기능이 근본적으로는 선하게 창조되었으나, 벨리알의 미혹하는 영들이 이 각 기능들을 통로 삼아 공격한다는 영적 세계관을 보여준다.

인간의 일곱 영: 인간의 일곱 가지 기능 (4-8)

여기에 나열된 일곱 가지 영은 외부적인 영적 존재라기보다는, 인간을 구성하는 일곱 가지 핵심적인 기능 또는 감각 기관으로 이해해야 한다.

1. **생명의 영**: 생명력과 신체 구조 자체
2. **시각의 영**: 보는 기능과 그것을 통해 일어나는 욕망
3. **청각의 영**: 듣는 기능과 그것을 통한 배움
4. **후각의 영**: 호흡과 맛을 느끼는 기능
5. **언어의 영**: 말하는 기능과 그것을 통한 지식의 발현
6. **미각의 영**: 먹고 마시는 기능과 그것을 통한 힘의 획득
7. **생식의 영**: 생식과 성적 결합의 기능

타락의 통로: 일곱 번째 영 (8-9)

르우벤은 이 일곱 기능 중, 일곱 번째인 '생식의 영'이 '쾌락에 대한 욕구'와 연결되어 죄가 들어오는 가장 첫 번째 통로라고 지적한다. 생식의 능력은 인간 창조 순서에서는 성숙의 단계인 마지막이지만, 유혹을 받는 젊은이에게는 가장 먼저 공격받는 처음이 된다. 이것이 지혜와 분별력이 자리 잡기 전의 무지함과 본능적 충동에 가장 큰 영향을 받기 때문이며, 벨리알은 이 통로를 통해 젊은이들을 쉽게 파멸로 이끈다.

9절은 이 역설을 명확히 설명한다. 생식의 능력은 인간 창조의 순서에서는 마지막이지만(성숙의 단계), 유혹을 받는 '젊음의 순서'에서는 가장 먼저 공격받는 처음이 된다는 것이다. 왜냐하면 이 능력은 지혜와 분별력이 자리 잡기 전에 '무지함'과 본능적인 충동에 가장 큰 영향을 받기 때문이다. 따라서 벨리알은 이 통로를 통해 마치 눈먼 사람을 구덩이로 이끌듯, 아직 미성숙한 젊은이들을 쉽게 파멸로 이끌 수 있다.

결론적으로 2장은 르우벤 자신의 죄(음행)가 결코 특수한 사례가 아님을 보여준다. 그것은 하나님께서 선하게 창조하신 인간의 본성(생의 기능)을, 벨리알의 미혹하는 영이 '쾌락에 대한 사랑'과 '무지함'을 이용하여 공격한 결과라는 보편적인 원리로 설명한다. 이는 죄의 책임이 인간에게 있음을 인정하면서도, 그 배후에 있는 치열한 영적 전쟁의 실체를 폭로하는 것이다.

제3장

혼을 공격하는 일곱 미혹의 영들

1 이 모든 영들 외에도 인간 본성의 무의식 상태와 죽음의 형상을 불러오는 여덟 번째 영인 수면의 영이 있다.

2 이러한 영들에는 기만의 영이 섞여 들어온다.

3 첫째는 음란의 영으로 이는 본성과 감각 속에 자리 잡고 있다. 둘째는 만족할 줄 모르는 영으로 이는 배 속에 있다.

4 셋째는 싸움의 영으로 이는 간과 쓸개 속에 있다. 넷째는 아첨과 속임의 영으로 이는 과장된 태도로 겉으로는 공정하게 보이게 한다.

5 다섯째는 교만의 영으로 이는 자랑하고 스스로를 높이게 한다. 여섯째는 거짓의 영으로 이는 질투와 타락에서 비롯되어 속이고 숨기며 심지어 자신의 가족과 친족에게조차 진실을 감추게 한다.

6 일곱째는 불의의 영으로 이는 도둑질과 약탈 행위를 통해 사람의 마음의 욕망을 이루게 한다. 불의는 뇌물을 받아들이는 것을 통해 다른 영들과 함께 활동한다.

7 그리고 이 모든 영들에 기만과 환상을 일으키는 수면의 영이 합세한다.

8 그리하여 모든 젊은이가 진리로부터 떠나 그의 마음을 어둡게 하며 하나님의 법을 이해하지 못하고 아비들의 권고를 따르지 않게 되어 멸망한다. 나 역시 젊었을 때 그러하였다.

9 이제 나의 자녀들아, 진리를 사랑하라. 그리하면 진리가 너희를 지키리라. 너희 아비 르우벤의 말을 들으라.

10 여인의 얼굴에 주의를 기울이지 말고, 다른 남자의 아내와 어울리지 말며, 여인의 일에 관여하지 말라.

11 빌하가 가려진 장소에서 목욕하는 것을 내가 보지 않았더라면 이 큰 죄악에 빠지지 않았을 것이다.

12 여인의 나체에 대한 생각이 내 마음을 사로잡아 이 가증한 일을 저지를 때까지 잠들지 못하도록 나를 괴롭혔다.

13 우리 아버지 야곱이 그의 아버지 이삭을 방문하러 갔을 때 우리는 베들레헴 에브랏 근처에 있는 에데르에 있었는데 빌하가 술에 취해 그녀의 방에서 벌거벗은 채 잠들어 있었다.

14 그래서 내가 들어가 그녀의 벗은 몸을 보고 그녀가 알아차리지 못하게 그녀가 자는 동안 그 불경건한 일을 저지르고 떠났다.

15 곧 하나님의 천사가 나의 불경건에 관하여 내 아버지에게 계시하였고 아버지는 오셔서 나를 위해 애통해 하셨으며 다시는 그녀를 가까이하지 않으셨다.

··························

3장은 인간 창조 때 부여된 '일곱 영들'에게 '일곱 미혹의 영들'이 어떻게 인간의 내면과 신체를 통로 삼아 역사하는지를 설명한 뒤, 자신의 구체적인 범죄 사례를 통해 그 위험성을 생생하게 증언하는 구조로 되어 있다.

여덟 번째 영인 수면의 영과 미혹의 영 (1, 7)

르우벤은 2장에서 언급한 인간의 일곱 영 외에, 이 모든 것을 아우르는 여덟 번째 영으로 '수면의 영'을 제시한다. 수면의 영은 인간을 잠들게 하여 의식의 기능을 저하시킴으로써 수동적인 상태로 만든다. 이러한 무방비 상태에서 기만의 영이 혼의 열린 틈으로 들어와 그 사람의 생각과 감정에 영향을 미칠 수 있다. 그 결과, 다른 영들이 활동할 수 있는 기반을 제공하는 총괄적인 악의 영으로 작용한다.

신체 기관과 일곱 미혹의 영 (2-6)

'일곱 영들'이 각 신체 기관과 연결되었듯이, '미혹의 영들' 역시 특정 신체 부위와 감정을 통로 삼아 역사한다고 설명된다.

1. 감각과 생식 ↔ 음행의 영

감각과 생식은 생육하고 번성하는 창조의 축복을 이루는 거룩한 통로이다.

그러나 절제되지 않은 쾌락의 추구는, 이 기능을 하나님과의 관계를 멀어지게 하여 우상숭배로 빠지게 하는 파괴적인 힘으로 변질시킨다.

2. 소화와 섭취 ↔ 만족할 줄 모르는 영

소화와 섭취는 음식을 통해 생명을 유지하고 힘을 얻는 필수적인 기능이다.

그러나 통제를 잃으면, 육체적 탐식을 넘어 결코 채워지지 않는 정신적 공허함과 탐욕의 지배를 받게 된다.

3. 분노와 결단 ↔ 싸움의 영

분노와 결단은 불의에 맞서 자신과 공동체를 지키는 의로운 분노와 용기의 원천이다.

그러나 제어되지 않으면, 의분이라는 명분으로 분쟁과 공격성으로 변질되어 공동체의 질서를 파괴한다.

4. 사회성과 공정함 ↔ 아첨과 속임의 영

사회성과 공정함은 칭찬과 공정함을 통해 공동체의 조화를 이루는 능력이다.

그러나 왜곡되면, 진심 어린 칭찬은 '아첨'으로, 공정한 태도는 '속임수'로 변질되어 관계 안에서 신뢰를 무너뜨린다.

5. 자기 존중감 ↔ 교만의 영

자기 존중감은 자신에게 주어진 가치를 인정하고 당당하게 살아가는 자신감의 기초가 된다.

그러나 도를 넘으면, 타인과 비교하고 자신을 높이는 오만함이 되어 건강한 권위구조를 파괴한다.

6. 언어와 소통 ↔ 거짓말의 영

언어와 소통은 진실을 전하고 신뢰 관계를 세우는 기반이다.

그러나 질투와 타락에 빠지면, '기만과 은폐'의 수단이 되어 공동체를 속이고 분열을 조장한다.

7. 소유와 성취 ↔ 불의의 영

소유는 삶의 발전을 위한 동력이며, 정당한 성취는 축복이다.

그러나 통제를 잃으면, 도둑질과 약탈을 통해 욕망을 채우려 하며, 특히 뇌물과 결합하여 사회 전체의 공의를 무너뜨린다.

이 목록은 죄가 추상적인 개념이 아니라, 인간의 구체적인 신체와 감정, 그리고 사회적 관계 속에서 실제로 역사하는 영적인 실체임을 보여준다.

르우벤의 고백: 죄의 과정에 대한 상세 분석 (8-15)

르우벤은 이 모든 영적 원리의 실제적인 예시로서, 창세기 35장에 단 한 줄로 기록된 자신의 범죄(빌하와의 동침)를 매우 상세하게 고백한다.

유혹의 시작 (11): 모든 죄의 시작은 보는 것이었다. "빌하가 가려진 장소에서 목욕하는 것을 보지 않았더라면" 죄에 빠지지 않았을 것이라는 그의 고백은 시각적 유혹이 어떻게 죄의 문을 여는지를 보여준다.

내면의 투쟁 (12): 그 한번의 시각적 유혹은 '여인의 나체에 대한 생각'으로 발전하여,

그가 잠들지 못하도록 괴롭히는 집요한 내적 충동이 되었다.

기회와 범죄 (13-14): 아버지 야곱의 부재와 빌하가 '술에 취해 벌거벗고 잠든' 상황은 그의 내적 욕망이 외부적인 범죄로 이어질 수 있는 기회를 제공했다.

결과 (15): 그의 은밀한 죄는 하나님의 천사에 의해 즉시 아버지에게 계시되었고, 그 결과 아버지 야곱은 그를 위해 애통해 하면서, 빌하를 "다시는 가까이하지 않았다". 이는 르우벤의 죄가 단지 개인적인 실수를 넘어 가족 공동체 전체의 신뢰와 질서를 파괴하는 심각한 결과를 낳았음을 보여준다.

희년서의 서술과 차이 비교(13-14)

『르우벤의 유언』과 『희년서』는 르우벤과 빌하의 사건을 동일하게 다루지만, 그 서술에는 몇 가지 차이점이 있다.

첫째, 르우벤의 유언은 빌하가 술에 취해 벌거벗은 채 깊이 잠들어 있어 아무것도 알아차리지 못하는 무방비 상태였다고 기록한다. 반면, '희년서'에서는 빌하가 술에 취했다는 언급은 없다.

둘째, 사건 직후의 상황 묘사가 다르다. 르우벤의 유언은 르우벤이 불경건한 일을 저지르고 떠났다고 간결하게 서술한다. 그러나 『희년서』는 더 구체적인 상황을 설명하는데, 빌하가 뒤늦게 깨어나 소리지르며 그를 붙들고, 그가 누구인지 알아차린 후 수치심에 손을 놓자 르우벤이 도망쳤다고 기록한다.

제4장

아버지 야곱의 애통함으로 인한 르우벤의 돌이킴

1 그러므로 내 자녀들아, 여인의 아름다움에 주의를 기울이지 말고, 여인들의 일에 마음을 두지 말며, 오직 여호와를 경외하는 한 가지 일에 마음을 쏟으라. 하나님께서 너희에게 아내를 주실 때까지 선한 일을 하고, 기록된 것들을 탐구하며, 양 떼를 돌보는 것에 힘쓰라. 그리하면 너희는 내가 겪었던 고통을 겪지 않게 될 것이다.

2 내 아버지가 돌아가실 때까지 나는 수치심 때문에 아버지의 얼굴을 똑바로

볼 용기도, 내 형제들에게 말할 용기도 없었다.

3   지금까지도 내 양심은 나의 불경건함으로 인해 나를 괴롭힌다.

4   그러나 내 아버지는 나를 크게 위로하셨고 여호와의 진노가 나에게서 떠나가도록 여호와께 나를 위해 기도하셨으며 그 기도대로 여호와께서는 내게 자비를 보이셨다. 그 이후로 지금까지 나는 내 자신을 경계하며 죄를 짓지 않았다.

5   그러므로 내 자녀들아, 내가 너희에게 명령하는 모든 것을 지키라. 그리하면 너희는 죄를 짓지 않을 것이다.

6   음란의 죄는 혼에게 함정이 되어 하나님으로부터 멀어지게 하고 우상들에게 가까이 가게 하며 마음과 생각을 속여 그들의 때가 이르기 전에 청년들을 지옥으로 끌어내린다.

7   음란은 많은 사람을 파멸시켰으니 이는 사람이 늙었든, 귀족이든, 부자든, 가난하든, 사람들 가운데 수치를 당하게 하며 벨리알에게 조롱거리가 되게 한다.

요셉의 정결함에 대한 교훈

8   너희는 요셉에 대해 들으라. 그는 여인으로부터 자신을 지켰고, 모든 음란함으로부터 그의 생각을 정결케 하였으며, 하나님과 사람들 앞에서 은총을 얻었다.

9   이집트 여인은 그에게 여러 가지를 시도하였으며 마술사를 불러 사랑의 묘약을 내밀기도 했지만 그의 혼은 어떤 악한 욕망도 허락하지 않았다.

10   그러므로 너희 조상의 하나님께서 모든 보이는 죽음과 보이지 않는 죽음에서 그를 건지셨다.

11   음란이 너희 마음을 이기지 못한다면 벨리알도 너희를 이길 수 없을 것이다.

• •

4장은 자신의 죄에 대한 개인적인 참회를 넘어 후손들에게 음행의 죄를 피할 수 있는 구체적인 방법과 그 죄가 가져오는 끔찍한 결과, 그리고 그 죄를 이겨낸 모범 사례(요셉)를 제시하는 실천적인 교훈의 장이다.

죄의 예방: 시선과 마음의 관리 (1)

르우벤은 죄를 예방하는 첫 번째 단계가 '보지 않고 마음을 두지 않는 것'임을 강조한다. 그는 '여인의 아름다움'과 '여인들의 일'에 대한 불필요한 관심을 차단하고, 대신 그 에너지를 '여호와를 경외하는 일', '선한 일', '학문', '목축'과 같은 건설적인 일에 쏟으라고 구체적으로 권면한다. 이는 유혹의 시작점인 시각과 마음을 선제적으로 관리하는 것이 죄를 이기는 가장 중요한 방법임을 가르치는 것이다.

죄의 결과: 수치심과 양심의 가책 (2-4)

르우벤은 자신의 죄가 낳은 가장 큰 고통이 '수치심'과 '양심의 가책'이었음을 고백한다. 그는 아버지와 형제들 앞에서 얼굴을 들지 못할 정도로 깊은 수치심에 사로잡혔다. 그러나 이 고통 속에서, 그는 아버지 야곱의 '위로'와 '중보기도'를 통해 하나님의 진노에서 벗어나는 은혜를 경험한다. 이는 죄의 문제가 개인의 노력을 넘어 공동체의 사랑과 권위자의 용서와 중보를 통해 치유될 수 있음을 보여준다.

음행의 본질: 우상숭배와 파멸 (6-7)

르우벤은 음행이 단순한 윤리적 실패가 아니라, 하나님에게서 멀어져 우상에게 가까이 가게 하는 심각한 영적 범죄임을 밝힌다. 그것은 신분고하를 막론하고 모든 사람을 '수치'와 '벨리알의 조롱거리'로 만드는 파멸의 길이다. 특히 '그들의 때가 이르기 전에 청년들을 지옥으로 끌어내린다'는 표현은, 음행의 죄가 젊은이들의 가능성과 미래를 송두리째 파괴하는 치명적인 함정이 되는 것을 경고한다.

승리의 모델, 요셉 (8-11)

르우벤은 이 모든 음행의 유혹을 이겨낸 완벽한 모델로서 자신의 동생 요셉을 제시한다. 요셉은 '사랑의 묘약'과 같은 마술적인 유혹까지도 이겨냈으며, 그 승리의 근원은 그의 혼이 '어떤 악한 욕망도 허락하지 않았기' 때문이다. 그 결과, 하나님께서는 그를 '보이는 죽음'(물리적 위협)과 '보이지 않는 죽음'(영적 타락) 모두에서 건져내셨다. 마지막으로 르우벤은 "음행이 너희 마음을 이기지 않는다면, 벨리알도 너희를 이길 수 없을 것이다"라는 핵심 원리를 선언하며, 마음의 정결함이 모든 영적 전쟁에서 승리하는 열쇠임을 역설한다.

제5장

음녀의 계략

1 나의 자녀들아, 남자를 지배할 힘이나 능력이 없기 때문에 외적인 매력으로 교활한 수를 쓰며 남자를 자신에게 끌어들이려는 여자들은 악하니라.

2 그들은 육체적 매력으로 남자를 현혹하지 못하면 간교함으로 남자를 정복하려 하느니라.

3 또한 여호와의 천사가 이에 관하여 내게 말하고 가르치기를 여자가 남자보다 음란의 영에 더 쉽게 지배를 받으며 마음속으로 남자를 함정에 빠뜨릴 계략을 꾸민다고 하였느니라. 그들은 자신을 치장함으로 먼저 남자들의 마음을 속이고 눈길로 독을 스며들게 한 다음 마침내 능수능란한 행위로 그들을 사로잡는다.

4 여자가 남자를 대놓고 강제로 지배할 수는 없지만 음탕한 자태로 남자를 유혹한다.

5 그러므로 내 자녀들아, 음란을 피하고 너희 아내와 딸들에게도 명하여 마음을 속일 목적으로 머리와 얼굴을 꾸미지 못하게 하여라. 이런 꾀를 쓰는 모든 여자는 영원한 형벌을 받도록 예정되었기 때문이다.

감찰자들과 여자들 사이의 음행의 과정

6 여자들이 대홍수 이전에 감찰자들을 이렇게 유혹하였다. 감찰자들이 그러한 여자들을 끊임없이 바라보다 욕망에 사로잡혔고 마음에 그 행위를 품고 남자의 모습으로 변해 여자들이 그들의 남편과 동침하고 있을 때 그들에게 나타났다.

7 그 여자들은 감찰자들의 외모에 대한 욕망으로 마음 속에 음욕을 품고 거인들을 낳았으니 이는 감찰자들이 하늘에 닿을 만큼 높은 존재처럼 여인들에게 나타났기 때문이다.

....

5장은 4장에 이어 '음행의 죄'라는 주제를 더 깊이 파고든다. 특히 이 장은 죄의 유혹이 일어나는 과정에서 여성이 어떻게 주체적인 역할을 하는지에 대한 고대 사회의 시각과, 그 죄악의 원형과 끔찍한 결과를 타락한 감찰자들의 이야기에서 찾고 있다는 점에서 매우 중요하다.

유혹의 기술: 음녀의 계략 (1-5)

이 단락은 '음란한 여자'가 남자를 유혹하는 구체적인 기술을 단계적으로 분석한다.

동기: 그들은 '남자를 지배할 힘이나 능력'이 없기 때문에, 유혹을 통해 남자를 지배하려 한다.

단계: (1)'외적인 매력(치장)'으로 먼저 남자의 마음을 사로잡는다. (2)'눈길'로 정욕의 '독'을 주입한다. (3)'능수능란한 행위'로 최종적으로 남자를 사로잡는다.

천사의 경고: 르우벤은 이 가르침이 자신의 생각이 아니라 '여호와의 천사'에게서 받은 계시임을 밝힘으로써 그 내용에 권위를 부여한다.

감찰자들의 타락 (6-7)

르우벤은 이 유혹의 원형을 홍수 이전 시대의 감찰자들의 타락 사건에서 찾는다. 이는 가장 끔찍한 결과로 나디난 선례로써 조상들로부터 듣고 배운 역사와 에녹의 책의 내용을 인용한 것이다.

상호적인 유혹: 흥미롭게도, 이 구절은 감찰자들의 타락이 단순히 그들의 일방적인 욕망 때문만이 아니라고 설명한다. '여자들이 감찰자들을 유혹했고', 그 결과 '감찰자들이 욕망에 사로잡혔다'고 말함으로써, 감찰자의 타락이 욕망의 상호적인 작용의 결과였음을 보여준다.

욕망의 결과, 거인: 여자들은 하늘에서 온 존재처럼 보이는 감찰자들의 외모를 탐했고, 그 결과로 비정상적인 존재인 거인(네필림)을 낳았다. 이는 하나님의 창조 질서를 어긴 음행의 결과가 얼마나 기형적이고 파괴적인지를 보여준다.

제6장

음란을 피하는 길

1 그러므로 음란을 조심하라. 마음의 순결을 유지하려면 모든 여자로부터 너희의 감각을 지켜라.

2 마찬가지로 여자들에게도 명하여 남자와 어울리지 말며 그들도 마음의 순결을 유지하게 하라.

3 비록 불경건한 행위가 일어나지 않는다 할지라도 지속적인 만남은 여인에게는 돌이킬 수 없는 질병이 되며 남자에게는 벨리알이 놓은 함정이 되어 영원한 치욕이 된다.

4 음행에는 깨달음도 없고 경건함도 없으며 모든 시기와 질투는 음행에 대한 욕망 속에 깃들어 있다.

레위와 유다에게 부어진 권위와 예언

5 그러므로 내가 너희에게 말하노니 너희는 레위 자손을 시기하여 그들보다 높아지려 할 것이나 너희는 결코 그렇게 할 수 없을 것이다.

6 하나님께서 그들을 대신하여 직접 응징하실 것이니 너희가 끔찍한 죽음을 당하게 될 것이다.

7 하나님께서 레위에게 지도력을 주셨고, 유다에게도 주셨으며, 또한 그들과 함께 나와 단과 요셉에게도 각각 지도력을 주셔서 우리가 함께 다스리는 자들이 되게 하셨다.

8 그러므로 내가 너희에게 명령하니 너희는 레위의 말을 들으라. 그는 여호와께서 말씀하신 기름 부음 받은 대제사장의 시대가 완성될 때까지 여호와의 토라를 알 것이며 모든 이스라엘 자손을 위한 판결과 희생제사에 대한 규례를 가르칠 것이기 때문이라.

9 내가 하늘의 하나님을 두고 너희로 맹세하게 하며 엄히 명하노니 너희는 각각 이웃에게 진실하게 행하며 형제에게 사랑을 베풀어라.

10 겸손한 마음으로 레위에게 가까이 나아가라. 그리하면 그의 입에서 나오는 축복을 받게 되리라.

11 그는 이스라엘을 축복할 것이며 특별히 유다를 축복하리니 이는 여호와께서 유다를 모든 민족들을 다스릴 자로 택하셨기 때문이다.

12 유다의 후손(씨) 앞에 엎드려 절하라. 이는 그의 씨가 우리를 대신하여 보이는 전쟁과 보이지 않는 전쟁에서 죽을 것이며 너희 가운데 영원한 왕이 될 것임이라."

6장은 음행을 피하기 위한 구체적인 지침과 함께, 이스라엘의 영적, 정치적 질서의 중심이 될 레위와 유다의 권위에 대한 중요한 예언을 담고 있다.

음란을 피하는 길 (1-4)
르우벤은 음란을 피하는 길로써, 남녀 모두에게 감각을 지키고(1절) 불필요한 어울림을 피하며(2절) 마음의 순결을 유지하라고 명령한다. 3절은 실제적인 죄의 행위가 없더라도, 지속적인 만남 자체가 영적인 '함정'과 '질병'이 될 수 있다는 실질적 지침을 준다. 4절은 음행이 모든 영적 깨달음과 경건함을 파괴하며, 그 뿌리에는 시기, 질투가 있음을 지적한다.

레위와 유다의 권위 (5-7)
르우벤은 자신의 장자권 상실을 인정하며, 후손들에게 결코 레위 지파를 시기하여 그들보다 높아지려 하지 말라고 강력하게 경고한다. 이는 하나님께서 레위에게 특별한 권위를 주셨음을 인정하는 것이다. 7절은 이스라엘의 지도력이 다섯 지파에게 분배되었음을 언급하지만, 먼저는 레위이고 그 다음은 유다이다. 또한 르우벤, 단, 요셉에게도 지도력을 주신 이유는 최종적인 권위를 가진 레위의 권위 아래서 서로 잘 협력하도록 하심이다. 다음 구절에서 먼저는 레위의 역할을, 그 다음으로는 유다의 역할을 강조함으로써 이 두 지파가 지도력의 핵심 축임을 분명히 한다.

레위와 유다를 통한 구원 예언 (8-12)
레위의 역할 (8, 10): 레위 지파는 '여호와의 토라'를 알고, 재판과 제사의 규례를 가르치는 영적 지도자의 역할을 할 것이다. 따라서 후손들은 겸손한 마음으로 레위에게 나아가 그의 가르침과 축복을 받아야 한다.

유다의 역할 (11): 레위는 이스라엘 전체를 축복하지만, 특별히 유다를 축복할 것이다. 이는 여호와께서 유다를 '모든 민족들을 다스릴 자'로 택하셨기 때문이다.

대속적 죽음을 통과한 영원한 왕 (12): 유다의 후손, 즉 메시아에 대한 놀라운 예언이다. 유다의 후손은 우리를 대신하여 '보이는 전쟁과 보이지 않는 전쟁에서 죽을 것'이며, 마침내 '영원한 왕'이 될 것이다. 이는 메시아의 대속적 죽음과 영원한 왕으로서 통치에 대한 예언이다.

제7장

헤브론에 장사된 르우벤

1 르우벤은 그의 아들들에게 이 명령을 내리고 죽었다.

2 그들은 그를 관에 넣어 이집트에서 그를 옮길 때까지 보관하다가 이후에 그의 아버지가 묻힌 헤브론에 있는 동굴에 묻었다.

....

이 마지막 장은 르우벤의 죽음과 장례를 간결하게 기록하며 그의 유언의 마지막을 장식한다. 이집트에서 죽어 장례를 치르게 된 족장들의 뼈는 후에 헤브론으로 이장된다. 베냐민이 열두 형제들 중 마지막으로 죽은 지 1년 후, 요셉의 뼈를 제외한 열한 족장의 뼈는 한 번에 헤브론 막벨라 굴로 이장되었다 (시므온 8:2 갓 8:5, 베냐민 12:3).

시므온의 유언

제1장

요셉의 죽음과 시므온의 유언

1 이것은 '시므온의 유언'의 사본이니 요셉이 죽던 그 해, 그가 120세가 되어 죽기 전에 그의 아들들에게 한 말이다.

2 시므온이 병들었을 때 그의 아들들이 그를 문병하러 왔고 그는 힘을 내어 일어나 앉아 그들에게 입을 맞추며 말하였다.

....

1장은 유언의 배경과 시점을 설정하는 간결한 서론이다. 시므온의 유언은 그가 120세에, 요셉이 죽던 그 해에 이루어진다. 이는 매우 중요한 설정이다. 시므온은 젊은 시절 자신의 질투의 대상이었던 요셉의 죽음을 목도하며 그의 삶을 회고하고 자신의 유언을 남기고 있다. 이는 그의 유언 전체를 관통하는 '질투'라는 죄의 무게와 그로 인한 고통스러운 삶을 암시하며, 그의 회개가 얼마나 절실했는지를 보여준다. 병든 시므온은 힘을 내어 일어나 앉아 자녀들에게 다정하게 입을 맞추며 유언을 시작한다.

제2장

시므온의 기질: 강인함과 무자비함

1 "나의 자녀들아, 너희 아버지 시므온의 말을 들으라. 내가 마음속에 품고 있는 것들을 너희에게 말하리라.

2 나는 내 아버지 야곱의 둘째 아들로 태어났고, 나의 어머니 레아는 나를 시므온이라 불렀다. 이는 여호와께서 어머니의 기도를 들으셨기 때문이다.

3 나는 매우 강인한 자가 되었고 어떤 일도 주저하지 않았으며 어떤 것에도 두려워하지 않았다.

4 이는 내 마음이 딱딱했고 내 간은 움직이지 않았으며 내 창자에는 자비가 없었기 때문이다.

5 용기는 지극히 높으신 분께서 남자의 혼과 몸에 주신 것이다.

죄의 고백: 질투, 분노, 살기(殺氣)

6 젊은 시절 나는 요셉을 여러 가지로 질투하였으니 이는 우리 아버지가 그를 누구보다도 사랑하였기 때문이다.

7 나는 그를 죽이기로 마음에 결심했고[3] 미혹의 군주가 질투의 영을 보내 내 마음을 어둡게 하여 나는 그를 형제로 여기지 않았고 아버지 야곱도 아끼지 않았다.

8 그러나 그의 하나님, 그의 열조의 하나님께서 그분의 천사를 보내셔서 그를 내 손에서 건지셨다.

9 이는 내가 양 떼를 위한 기름을 구하러 세겜으로 갔고 르우벤은 우리에게 필요한 양식과 온갖 물품이 있는 도단으로 갔을 때 나의 동생 유다가 그를 이스마엘 사람들에게 팔아넘겼음이라.

10 르우벤이 돌아와 이 일을 듣고 몹시 마음 아파했으니 그는 그를 아버지께 안전하게 돌려보내고 싶었기 때문이었다.

11 그러나 나는 그 말을 듣고 유다가 그를 산 채로 보낸 것 때문에 유다에게 몹시 분노했으며 5개월 동안 그에게 분노를 품었다.

---

3. 마음에 결심했고: 직역하면 '내 간이 그를 대적하도록 두었다'는 뜻이다.

묶임, 마비, 회개, 깨달음

12 그러나 여호와께서 나를 결박하시고 내 손이 움직이지 못하게 하셨으니 이는 내 오른손이 7일 동안 반쯤 마비되었음이라.

13 자녀들아, 나는 이 일이 요셉 때문에 내게 일어났다는 것을 깨닫고 회개하며 울었다. 그리고 나의 손이 회복될 수 있도록, 또한 모든 더러움과 질투와 어리석음에서 멀어질 수 있도록 주 하나님께 간구했다.

14 내가 여호와와 내 아버지 야곱 앞에서 악한 일을 품고 계획하였던 것은 내가 내 아우 요셉을 시기하였기 때문임을 깨달았노라.

• •

2장은 시므온이 자신의 타고난 기질을 분석하고, 그 기질이 어떻게 '질투'라는 죄와 결합하여 파멸적인 결과를 낳았는지를 정직하게 고백하는, 그의 유언의 핵심 부분이다.

기질 분석: 장점과 약점 (1-5)

시므온은 자신을 '강인하고 주저함이 없으며 두려워하지 않는 자'로 묘사한다. 그는 이러한 '용기'가 하나님께서 주신 선한 것임을 인정한다(5절). 그러나 동시에, 자신의 '마음이 딱딱했고, 간은 움직이지 않았으며, 창자는 자비가 없었다'고 고백하며, 자신의 용기가 '무자비함'이라는 치명적인 약점과 연결되어 있었음을 분석한다.

죄의 고백과 영적 분석 (6-11)

죄의 동기는 아버지의 편애로 인해 요셉에게 품게 된 질투였다. 질투는 속삭이는 감정이다. "왜 너만?", "왜 너는?", "너가 가진 특권은?", "너가 받는 사랑은?" 건전한 수준의 가벼운 질투는 때로 건강한 경쟁을 유발하여 성장을 도모할 수 있지만, 그 선을 넘어서면 하나님의 주권을 인식하지 못하게 하고, 자아 중심적인 사고에 사로잡히게 만든다.

영적 배경: 그는 자신의 죄가 단순히 심리적인 문제를 넘어 '미혹의 군주(벨리알)가 보낸 질투의 영'에 의해 마음이 어두워진 영적인 사건이었음을 분명히 한다. 질투의 영이 미혹하면 그 영역에 마음이 어두워지고, 그 영역의 마음이 어두워질수록 더욱 미혹의 영이 강력하게 역사하는 악순환이 시작된다. 형제든 부모든 누가 무슨 말을 해도 듣지 않게 되며, 이전에 어떤 관계를 맺고 살았는지 돌아보지 않은 채 시기와 질투의 영에 마음을 내주게 된다. 그러면 이 영들의 음성이 들리기 시작하여(단의 유언 1:6 질투와 헛된 영광의 영이 내게 말

하기를 "너도 그의 아들이니라"고 하였다) 참된 관계의 목소리를 완전히 차단해 버린다. 질투의 영은 그로 하여금 요셉을 형제로, 야곱을 아버지로 인식하지 못하게 하여 관계를 파괴하는 힘을 가지고 있었다.

하나님의 개입: 그가 요셉을 직접 죽이지 못한 것은 자신의 변심 때문이 아니라, 오직 하나님께서 천사를 보내 그를 건지셨기 때문이라고 고백하며 하나님의 주권을 인정한다.

지속되는 분노: 심지어 그는 요셉이 죽지 않고 팔려간 것에 대해, 그 일을 주도한 유다에게까지 '5개월 동안 분노를 품었다'고 고백하며, 자신의 증오가 얼마나 집요하고 비이성적이었는지를 드러낸다.

심판과 회개 (12-14)

죄에 대한 하나님의 심판은 즉각적이고 상징적이었다. 요셉을 해하려 했던 그의 '오른손이 반쯤 마비'되는 형벌을 받는다. 이 육체적 심판을 통해 그는 비로소 자신의 죄가 요셉 때문이었음을 '깨닫고 회개하고 울게' 된다. 그의 회개는 자신의 죄의 근원이 '요셉에 대한 시기심'이었음을 인정하는 정직한 고백으로 이어진다.

제3장

기만의 영과 질투의 영

1 이제 나의 자녀들아, 나의 말을 듣고 기만과 질투의 영을 경계하라.

2 질투는 사람의 온 마음을 지배하여 그로 하여금 먹지도 마시지도 못하게 괴롭히며 어떤 선한 일도 행하지 못하게 한다.

3 질투는 그가 질투하는 자를 해치려는 생각을 끊임없이 부추기며 질투받는 자가 번영하는 동안 질투하는 자는 쇠퇴하게 된다.

주를 경외함으로 하는 금식과 혼의 절제를 통한 자가축사

4 그러므로 나는 2년 동안 여호와를 경외함으로 금식하며 내 혼을 괴롭게 했다. 그 후에 나는 질투에서 벗어나는 것은 여호와를 경외하는 데서 나온다는 것을 알게 되었다.

5 사람이 여호와께 피하면 악한 영은 그에게서 떠나가고 그의 정신은 밝아지

며 가벼워진다.

6 그때부터 그는 자기가 질투하던 그 사람을 긍휼히 여기며 그를 사랑하는 사람들을 정죄하지 않음으로 질투하는 마음을 멈추게 된다.

••••••••••••••••••••••

3장은 2장에서 고백한 자신의 경험을 바탕으로, '질투의 영'의 파괴적인 본질을 분석하고, 그것을 이겨내는 구체적인 영적 실천 방법을 제시한다.

질투의 본질과 자기 파괴성 (1-3)

인격적 실체인 '기만의 영과 질투의 영'의 특징은 다음과 같다.

완전한 지배: 질투는 사람의 온 마음을 지배하여 그의 일상(먹고 마시는 것)과 선한 행위 모두를 마비시킨다.

자기 파괴성: 자기 파괴적 본질을 가진 질투는 질투받는 자가 번영하는 동안, 질투하는 자는 쇠퇴하게 만든다. 타인을 파괴하려는 에너지가 결국 자기 자신을 파괴하는 비극적인 결과를 낳는다는 것이다.

질투를 이기는 길: 하나님 경외와 금식 (4-6)

시므온은 질투를 이겨낸 자신의 경험을 통해 구체적인 해법을 제시한다.

혼 복종 훈련: 그는 2년 동안 여호와를 경외함으로 금식하며 내 혼을 괴롭게 했다고 말한다. '혼을 괴롭게 했다'는 것은 자신의 죄악된 욕망과 싸우며 자신을 쳐서 복종시키는 과정을 의미한다.

영적 해방: 이 훈련의 결과는 놀랍다. "사람이 여호와께 피하면 악한 영은 그에게서 떠나가고, 그의 정신은 밝아지며 가벼워진다." 이는 죄의 문제가 인간적인 노력만으로는 해결될 수 없으며, 하나님께 피하는 행위, 즉 하나님의 권위 아래로 들어갈 때 비로소 악한 영의 지배에서 벗어나는 영적 해방이 일어남을 보여준다.

관계의 회복: 영적 해방의 최종적인 증거는 관계의 회복으로 나타난다. 증오의 대상이었던 사람을 긍휼히 여기게 되고, 그를 사랑하는 사람들마저 정죄하던 왜곡된 시선에서 벗어나게 된다.

제4장

정당한 고난의 수용과 아버지의 슬픔

1 내 아버지께서 내가 슬퍼하는 것을 보시고 내게 물으셨다. 나는 아버지께 "제 간이 아픕니다"라고 말씀드렸다.

2 내가 다른 형제들보다 더 슬퍼했던 이유는 요셉을 파는 일에 죄책감을 가지고 있었기 때문이다.

3 우리가 이집트로 내려갔을 때 요셉은 나를 정탐꾼으로 결박했지만 나는 내가 정당하게 고난받고 있음을 알았기에 슬퍼하지 않았다.

요셉의 성품과 온전한 용서

4 요셉은 선한 사람이었고 하나님의 영이 그의 안에 있었다. 그는 자비롭고 불쌍히 여기는 사람이었으며 나에게 악의를 품지 않았고 다른 형제들을 사랑한 것처럼 나를 사랑했다.

5 그러므로 내 자녀들아, 모든 질투와 시기를 경계하고 순전하고 한결같은 혼과 선한 마음으로 행하며 너희 아버지의 아우 요셉을 기억하라. 그러면 하나님께서 너희에게도 은혜와 영광을 베푸시고 축복을 너희 머리 위에 내리시리니 이는 너희가 요셉의 경우에서 본 것과 같으리라.

6 그는 평생 이 일에 대해 우리를 책망하지 않았으며 우리를 자신의 혼처럼 사랑했고 자신의 아들들보다도 우리를 영화롭게 하여 우리에게 재산과 가축과 열매를 주었다.

질투의 결과

7 그러니 내 자녀들아, 각자 형제를 선한 마음으로 사랑하라. 그러면 질투의 영이 너희로부터 떠나가리라.

8 이는 질투가 혼을 잔인하게 만들고 육체를 파괴하며, 생각에 분노와 전쟁을 일으켜 유혈행위를 부추기고, 마음을 광기에 빠뜨리며, 사람이 신중하게 행동하지 못하게 할 뿐 아니라 잠을 빼앗고 혼을 요동치게 하여 혼란에 빠뜨리며 육체를 떨게 만들기 때문이다.

9 심지어 잠을 자는 동안에도 악한 질투는 사람을 미혹하여 환상을 일으키며 그의 혼을 갉아먹으며 괴롭히고, 사악한 영들로 그의 혼을 혼란스럽게 하여 그의 몸을 공포로 사로잡게 하며, 정신이 혼란한 상태에서 잠에서 깨어나게 한다. 그리고 질투는 사람들에게는 악하고 독이 있는 영처럼 보인다.

1. 정당한 고난의 수용 (1-3)

시므온은 요셉을 판 일에 대해 다른 형제들보다 더 큰 죄책감을 느끼고 있었다. 이는 그가 레위와 함께 세겜 학살을 주도했던 것처럼, 요셉을 해하려는 계획에서도 주도적인 역할을 했기 때문이다. 그가 이집트에서 요셉에 의해 정탐꾼으로 몰려 결박당했을 때, 그는 저항하거나 억울해하지 않았다. 오히려 그는 내가 정당하게 고난받고 있음을 알았기에 슬퍼하지 않았다고 고백한다. 이는 자신의 현재 고난이 과거에 지은 죄에 대한 하나님의 공의로운 대가임을 인정하고 뉘우치는 태도를 보여준다. 그는 자신의 고난을 통해 하나님의 공의를 배우고 있었던 것이다.

요셉의 성품: 용서와 사랑 (4, 6)

시므온은 자신을 결박한 요셉을 악인으로 보지 않는다. 오히려 그는 요셉을 '선한 사람, 하나님의 영이 그의 안에 있는 사람, 자비롭고 불쌍히 여기는 사람'으로 평가한다. 그는 요셉이 자신에게 악의를 품지 않았고, 원수인 자신을 다른 형제들처럼 사랑했다고 증언한다. 6절은 이 사랑이 일시적인 것이 아니라, 요셉이 평생에 걸쳐 한 번도 그들의 죄를 책망하지 않고, 오히려 자신의 아들들보다 형제들을 더 영화롭게 하며 모든 것을 베푸는, 완전하고 지속적인 사랑이었음을 보여준다.

마지막 권면: 요셉을 기억하라 (5, 7-9)

이 모든 경험을 바탕으로, 시므온은 후손들에게 마지막 권면을 남긴다. "모든 질투와 시기를 경계하고 순전하고 한결같은 혼과 선한 마음으로 행하며... 너희 아버지의 아우 요셉을 기억하라." 질투를 이기는 길은, 질투의 화신이었던 자기 자신을 따르는 것이 아니라, 용서의 본보기였던 요셉을 기억하고 본받는 것이다.

질투의 파괴성에 대한 상세 분석 (8-9)

마지막으로 그는 질투가 어떻게 혼과 육체를 파괴하고, 분노와 전쟁, 유혈을 부추기며, 심지어 잠자는 동안까지 환상으로 괴롭히는 '악하고 독이 있는 영'인지를 생생하게 묘사한다. 이는 자신이 직접 겪었던 고통스러운 경험에서 비롯된 경고로, 질투라는 죄를 결코 가볍게 여겨서는 안 된다는 간절한 호소이다.

제5장

음행으로 인한 타락과 시므온 지파에 대한 예언

1 요셉은 용모가 아름답고 보기에 좋았으니 이는 그 안에 어떠한 악도 거하지 않았기 때문이다. 영의 근심과 괴로움은 얼굴에 나타나기 마련이다.

2 이제 나의 자녀들아, 너희 마음을 여호와 앞에서 선하게 하고 너희 행위를 사람들 앞에서 곧게 하라. 그러면 너희는 여호와와 사람들 앞에서 은혜를 얻게 되리라.

3 그러므로 음란한 방탕에 주의하라. 음란한 방탕은 모든 악의 어머니이며 사람을 하나님으로부터 멀어지게 하고 벨리알의 세력에게 가까이 가게 한다.

4 내가 에녹의 책에 기록된 것을 보았노니 너희 아들들은 음란한 방탕에 빠져 타락할 것이며 레위의 아들들에게 칼로 해를 입힐 것이다.

5 그러나 그들은 레위를 이기지 못하리니 이는 레위가 여호와의 전쟁을 수행하며 너희 모든 군대를 물리칠 것임이라.

6 그들의 수는 적어질 것이며 레위와 유다로 나뉘게 될 것이다. 너희 중 어느 누구도 통치권을 가질 수 없으리니 이는 우리 아버지 야곱이 그의 축복에서 예언하신 바와 같으니라.

· ·

5장은 시므온의 유언에서 주제의 중요한 전환이 일어나는 부분이다. 그는 자신의 죄였던 질투에 대한 긴 고백을 마무리하고, 이제 이스라엘 공동체를 위협할 또 다른 큰 죄악, 즉 음행에 대해 경고한다.

요셉의 아름다움: 내면의 거룩함의 외적 표현 (1)

시므온은 '음행'이라는 주제를 도입하기 위해, 다시 한번 요셉을 모델로 제시한다. 그는 요셉의 외적인 아름다움이 단순히 육체적인 것을 넘어 그 안에 어떠한 악도 거하지 않았기 때문이라고 해석한다. 이는 "혼의 근심과 괴로움은 얼굴에 나타나기 마련"이라는 격언을 통해 내면의 상태와 외면의 모습이 직접적으로 연결되어 있다는 히브리적 사고를 보여준다. 요셉의 아름다움은 그의 내면적 순결과 거룩함이 밖으로 드러난 것이었다.

음행에 대한 경고와 그 본질 (2-3)

시므온은 후손들에게 마음을 선하게 하고 행위를 곧게 하라고 권면한 뒤, 그들이 특별히 주의해야 할 죄로 음행을 지목한다. 그는 이 죄를 '모든 악의 어머니'라고 규정하며, 그 심각성을 강조한다. 음행은 단순히 육체적인 죄가 아니라, (1) 하나님에게서 멀어지게 하고 (2) 벨리알에게 가까이 가게 하는, 근본적인 영적 배교 행위라는 것이다.

시므온 지파에 대한 예언 (4-6)

시므온은 에녹의 책을 인용하여, 자신의 후손인 시므온 지파가 장차 음행의 죄에 깊이 빠지게 될 것을 예언한다.

레위에 대한 공격: 그들은 타락하여, 제사장 지파인 레위의 아들들에게 칼로 해를 입힐 것이다. 이는 시므온 지파가 하나님의 영적 권위에 도전하고, 거룩한 공동체를 파괴하려는 시도를 하게 될 것을 암시한다.

패배와 쇠락: 그러나 이 시도는 실패할 것이다. 레위 지파는 '여호와의 전쟁을 수행'하여 그들을 물리칠 것이며, 시므온 지파의 수는 적어질 것이다.

통치권 상실: 결국 시므온 지파는 레위 지파와 유다 지파로 흡수될 것이며, 그들 중 어느 누구도 이스라엘의 통치권을 가질 수 없게 될 것이다. 이는 야곱이 창세기 49장 5-7절에서 시므온과 레위의 폭력성을 저주하며 "그들을... 이스라엘 중에서 흩으리로다"라고 한 예언의 성취이다. 시므온은 자신의 유언을 통해 아버지 야곱의 저주가 자신의 후손들에게 그대로 임하게 될 것을 확인하고 있다.

제6장

회개를 통한 종말론적 회복과 소망

1 보라, 내가 너희에게 모든 것을 미리 알려주었으니 이는 너희 죄에 대해 내가 무죄하기 위함이라.

2 이제 너희가 너희의 시기심과 모든 완고함을 버린다면 나의 뼈는 이스라엘에서 장미꽃처럼 피어날 것이며 나의 살은 야곱 가운데 백합꽃처럼 피어나리라. 나의 향기는 레바논의 향기와 같을 것이며 거룩한 자들이 나로부터 백향목

같이 영원히 번성할 것이고 그들의 가지들은 멀리 뻗어 나가리라.

3 그때 가나안의 씨는 멸망할 것이며 아말렉에게는 남은 자가 없으리라. 모든 갑바도기아 사람들은 멸망할 것이며 모든 헷 족속은 완전히 멸절되리라.

4 그때 함의 땅은 쇠망할 것이며 그 백성 모두가 멸망하리라. 그때 온 땅이 고통에서 안식하며 하늘 아래 모든 세계가 전쟁에서 쉬게 되리라.

5 그때 셈이 영화롭게 되리니 이는 주 하나님, 곧 이스라엘의 전능하신 분께서 땅 위에 사람으로 나타나셔서 친히 아담을 구원하실 것이기 때문이라.

6 그때 모든 속임의 영들이 발아래 짓밟히게 될 것이며 사람들은 악한 영들을 다스리게 되리라.

7 그때 나는 기쁨으로 일어나 하나님께서 놀라운 일을 행하셨음으로 인해 지극히 높으신 분을 송축하리니 이는 그분께서 육신을 입으시고 사람들과 함께 먹고 사람들을 구원하셨기 때문이라.

· ·

6장은 시므온의 유언 전체의 분위기를 반전시키는, 영광스러운 종말론적 회복과 소망의 장이다. 앞선 장들이 죄와 심판, 쇠락이라는 어두운 주제를 다루었다면, 6장은 후손들의 회개를 조건으로 주어질 놀라운 축복과 메시아를 통해 성취될 우주적인 구원의 비전을 제시한다.

회개를 통한 개인의 부활과 번성 (1-2)

시므온은 자신의 모든 고백이 후손들의 죄에 대한 책임을 면하기 위함임을 밝힌 후, 만일 후손들이 시기심과 완고함을 버리고 회개한다면, 죽었던 자신의 뼈와 살이 장미꽃과 백합꽃처럼 다시 피어날 것이라며 매우 아름다운 시각적인 언어로 부활에 대한 소망을 묘사한다. 더 나아가, 그의 후손들은 레바논의 백향목처럼 견고하고 영광스럽게 번성하여 온 세상에 영향을 미치게 될 것이다. 이는 각자의 연약함과 죄에 대한 철저한 회개가 개인의 구원을 넘어 공동체적 부활로 이어진다는 것을 보여준다.

종말론적 심판과 지구적 안식 (3-4)

이스라엘의 회복은 동시에 이방 악의 세력에 대한 심판을 동반한다. 가나안, 아말렉, 갑바도기아, 헷 족속, 함의 땅 등, 역사적으로 이스라엘을 괴롭혔던 모든 대적들이 완전히 멸망할 것이다. 이 심판의 결과로, 온 땅은 마침내 모든 고통과 전쟁에서 벗어나 참된 '안식'을 누리게 될 것이다.

갑바도기아, 메섹과 두발, 곡과 마곡 그리고 종말 전쟁

갑바도기아는 현재 튀르키예(터키)의 아나톨리아 중앙 고원 지대를 일컫던 고대 지명 중 하나다. 이곳은 히타이트 제국의 중심지였으며, 페르시아 제국 시대에는 '카트파투카(Katpatuka)', 즉 '아름다운 말들의 땅'으로 불렸다. 고대 그리스인들은 이 지역 주민을 '백색 시리아인(White Syrians)'이라고 칭하기도 했다.

구약성경에 갑바도기아라는 지명이 직접 등장하지는 않지만, 고대 문헌들은 이곳을 창세기 10장에 나오는 야벳의 아들들인 '메섹'과 '두발'의 땅과 지리적으로 동일시한다. 역사가 요세푸스를 비롯한 많은 이들이 이 지역의 고대 민족인 '무스키(Mushki)'와 '타발(Tabal)'을 각각 성경의 메섹과 두발로 연결했다. 이러한 인식은 갑바도기아를 성경의 지정학적 구도 안으로 편입시키는 중요한 근거가 된다.

이 지리적 연결은 갑바도기아를 자연스럽게 에스겔서에 예언된 '곡과 마곡'의 종말론적 전쟁과 연결시킨다. 에스겔 38장 2절은 하나님께서 선지자에게 "메섹과 두발의 최고 통치자인 마곡 땅의 곡에게로 얼굴을 향하라"고 명령한다. 이 구절은 곡이 바로 메섹과 두발, 즉 갑바도기아 지역을 다스리는 최고 지도자임을 명시한다.

따라서 갑바도기아 고원 지대는 종말에 이스라엘을 대적하기 위해 북쪽에서 일어나는 거대한 연합 세력의 핵심 근거지 중 하나로 볼 수 있다. 더 나아가, 곡(גוג)이라는 이름 자체에 '높은 곳'이나 '지붕'을 의미하는 어근이 포함되어 있는데, 이는 고원지대인 갑바도기아의 지리적 특성과도 의미상 연결된다. 신약성경의 사도행전(2:9)과 베드로전서(1:1)에서 갑바도기아가 언급된다. 이 본문에서는 갑바도기아를 이스라엘의 종말론적 대적 중 하나로 언급한다.

메시아의 강림과 우주적 구원 (5-7)

이 모든 회복과 심판의 정점에는 메시아의 재림이 있다.

셈의 영화: 셈은 아브라함과 이스라엘 민족의 조상으로서, 그의 혈통을 통해 오실 구원자의 구속 사역이 완성될 때 그의 영광이 온전히 드러날 것을 의미한다. 일부 사본에는 '셈' 대신 '셋'으로 되어 있는데, 이는 인류의 경건한 계보 전체가 이 구원의 사건을 통해 영광을 받게 됨을 암시한다.

땅 위에 사람으로 나타나셔서 (5): 이 표현은 예수님의 초림(성육신)에 대한 묘사라고 오해하기 쉽다. 그러나 5절에서의 이 표현은 예수님의 재림에 대한 묘사이다. 반면, 7절에서는, 초림으로 오신 "그분께서 육신을 입으시고 사람들과 함께 먹고 사람들을 구원하셨기 때문에" 결국 인류를 구원하셨다는 사실로 인해 주님의 놀라운 구원을 송축하게 될 것을 묘사하고 있다.

구원의 범위: 그의 구원은 이스라엘을 넘어 인류의 시조인 아담까지 구원하는, 시간을 초월하는 우주적인 구원이다.

최종 승리: 그의 나타나심으로 '모든 속임의 영들'은 멸망하고, 오히려 구원받은 사람들이 악한 영들을 다스리는 권세의 역전이 일어날 것이다.

시므온의 부활과 찬양: 시므온은 이 모든 영광스러운 광경을 보고, 자신 또한 기쁨으로 일어나 이 놀라운 구원을 행하신 하나님을 송축하게 될 것이라고 고백하며, 자신의 개인적인 부활 소망을 다시 한번 확인한다.

제7장

레위와 유다를 통해 올 구원자

1 이제 나의 자녀들아, 레위와 유다에게 순종하고 이 두 지파를 대적하여 그들 위에 너희 스스로를 높이지 말라. 이는 이 두 지파로부터 하나님의 구원이 너희에게 나타날 것이기 때문이다.

2 여호와께서 레위로부터 대제사장을, 유다로부터 왕을 일으키시리니, 그는 하나님이자 사람으로서 모든 이방인들과 이스라엘 민족을 구원하시리라.

3 그러므로 내가 너희에게 이 명령을 주는 것은 너희도 너희 자손들에게 이 명령을 전하여 그들이 대대로 이를 지키게 하려는 것이다."

· ·

7장은 시므온의 유언의 최종적인 결론이자 가장 중요한 명령을 담고 있다. 그는 후손들이 장차 임할 구원에 참여하기 위해 반드시 지켜야 할 단 하나의 핵심 원리, 즉 레위와 유다의 권위에 순종하고 그들과 연합하는 것을 명령한다.

두 지파에 대한 순종 명령 (1)

시므온은 자신의 후손들에게 레위와 유다를 대적하거나 그들보다 높아지려 하지 말라고 엄중히 경고한다. 이는 그가 과거에 저질렀던 죄의 근원, 즉 다른 형제(요셉)를 향한 질투와 경쟁심이 그의 후손들에게서도 반복될 수 있음을 예견하고, 그 길을 사전에 차단하려는 의도이다. 그는 이스라엘의 구원이 다른 지파가 아닌, 오직 이 두 지파를 통해 나타날 것임을 명확히 선언한다.

두 직분과 한 분의 구원자 (2)

두 직분의 연합: 여호와께서는 레위로부터 대제사장을, 유다로부터 왕을 일으키실 것이다. 이는 이스라엘의 구원이 제사장권(영적 권위)과 왕권(정치적 권위)이라는 두 가지 핵심적인 직분의 연합을 통해 이루어질 것임을 의미한다.

한 분의 메시아: 그러나 이 두 직분은 두 명의 다른 메시아를 통해 성취되는 것이 아니다. 시므온은 이 두 직분을 성취할 이가 바로 '하나님이자 사람이신 한 분'이라고 선언한다. 이는 제사장적 메시아와 왕적 메시아가 한 분, 즉 신성과 인성을 모두 가진 한 분안에서 통일될 것이라는 사상을 보여준다.

전인류적 구원: 이 구원자의 사역은 '모든 이방인들과 이스라엘 민족을 구원'하는 전인류적 성격을 띤다.

세대를 위한 명령 (3)

모든 이방인들과 이스라엘을 구원할 '하나님-사람'(神人)이신 그분이 레위와 유다로부터 오실 것이니 레위와 유다에게 순종하라 명령한 이 명령은 단지 자신의 아들들에게만 해당되는 것이 아니라, 그들의 자손 대대로 영원히 지켜져야 할 가장 중요한 유언임이 강조되며 시므온의 유언은 마무리된다.

제8장

시므온의 죽음과 요셉의 뼈에 얽힌 비밀

1 시므온이 아들들에게 명령하기를 마치고, 그의 나이 120세에 잠들어 그의 조상들에게로 돌아갔다.

2 그들은 그의 뼈를 헤브론으로 가지고 올라가기 위해 부패하지 않는 나무로 만든 관에 안치하였다. 그리고 이집트인들과의 전쟁 중 비밀리에 그의 뼈를 옮겼으나

3 요셉의 뼈는 이집트인들이 왕들의 무덤에 보관하고 있었다.

4 이는 마술사들이 이집트인들에게 말하기를 요셉의 뼈가 떠날 때 온 땅에 어둠과 침울함이 임할 것이며 이집트인들에게 매우 큰 재앙이 닥쳐 등불을 켜고도 사람이 자기 형제를 알아보지 못할 정도의 흑암이 있을 것이라고 하였기 때문이다.

• •

8장은 시므온의 죽음과 장례를 기록하며, 다른 성경에서는 찾아볼 수 없는 요셉의 뼈에 관한 독특한 전승을 소개한다.

시므온의 죽음과 장례 준비 (1-2)

시므온은 120세에 평화롭게 잠든다. 그의 아들들은 그의 뼈를 약속의 땅 헤브론으로 옮길 준비를 한다.

조상들의 비밀 이장(移葬) (2절 후반부)

출애굽 이전에 이미 조상들의 뼈를 헤브론으로 옮기는 비밀스러운 이장(移葬) 사건이 있었다(베냐민의 유언 12:3, 아므람의 유언, 희년서). '이집트인들과의 전쟁 중'에 열한 족장의 뼈가 비밀리에 이장이 된 이유를 희년서 46:5-11에서는 아래와 같이 설명한다. "당시 가나안 왕들과 이집트 사이에 잦은 전쟁이 있어서 국경이 한동안 폐쇄되어 있었다. 베냐민이 마지막으로 죽고 장례을 치른 다음 해에 이집트 왕이 가나안 왕을 치러 출전하여 전쟁하는 동안 잠시 국경이 열려서, 그때 이스라엘 남자들이 열한 족장들의 뼈를 메고 헤브론으로 올라가서 막벨라 굴에 유골을 묻고 돌아온다."

요셉의 뼈에 대한 특별 전승 (3-4)

요셉의 뼈는 이집트인들에 의해 '왕들의 무덤'에 보관되고 있었다. 요셉의 죽음 이후 약 20년 동안 나머지 열한 형제가 죽는데 마지막은 베냐민이었다. 베냐민이 죽은 다음 해에 국경이 잠시 열리자 전쟁의 틈에 열한 형제의 뼈는 비밀리에 헤브론으로 옮겨진다.

마술사들의 예언: 이집트인들이 요셉의 뼈를 지키는 이유는 이집트의 마술사들이 "요셉의 뼈가 이집트를 떠날 때 온 땅에 어둠과 큰 재앙이 임할 것"이라고 예언했기 때문이다. 이 어둠은 출애굽기에 나타나는 아홉 번째 재앙인 '흑암 재앙'을 연상시킨다.

> "내 뼈가 그곳으로 옮겨질 때, 여호와께서는 빛 가운데 너희와 함께 계실 것이요,
> 벨리알은 어둠 가운데 이집트인들과 함께 있을 것이다"(요셉의 유언 20:2)

요셉의 뼈는 이스라엘에게는 빛과 하나님의 임재를 상징하는 보호의 징표인 동시에, 이집트에게는 어둠과 심판을 불러오는 두려움의 대상이었다. 이집트인들은 요셉의 뼈를 붙잡아 둠으로써, 어둠과 심판의 재앙을 피하려 했던 것이다. 후에 요셉의 뼈를 에브라임 지파와 므낫세 지파의 경계인 세겜에 두게 된 이유도 두 지파가 빛과 임재와 전투력과 보호의 상징인 요셉의 뼈를 자기들의 영지에 붙잡아 두기를 원해서였다.

희년서 46:6에 의하면 요셉도 이집트 사람들이 자기 뼈를 가나안 땅에 묻지 않으려고 할 것을 미리 알고 있었다.

제9장

출애굽을 향한 기다림

1 시므온의 아들들은 그들의 아버지를 애도하였다.
2 그 후 그들은 모세의 손에 의해 떠나는 그 날까지 이집트에 머물렀다.

• •

이 마지막 장은 시므온의 유언을 마무리하는 간결한 에필로그이다. 시므온의 아들들은 아버지를 위해 애도하며, 그의 유언을 마음에 새기고 이집트에서의 시간을 보낸다. 그들

의 긴 기다림은 마침내 "모세의 손에 의해 떠나는 그 날", 즉 출애굽의 날에 끝이 난다.

시므온을 1인칭 화자로 하는 시므온의 유언은 2장 1절에서 시작하여 7장 3절에서 끝난다. 1장 1-2절과 8장 1-4절과 9장 1-2절은 3인칭 화자가 시므온의 유언(2:1-7:3)의 앞과 뒤에 서론과 결론을 추가한 부분이다. "모세의 손에 의해 떠나는 그 날까지"라는 문구를 통해서 이 3인칭 화자는 출애굽 이후 어느 시점에 시므온의 유언 원문을 가지고 필사 작업을 한 것이라는 사실을 알 수 있다. 단의 유언 7:3의 주해를 참고하라.

레위의 유언

제1장

유언의 서론

1 이것은 '레위의 유언'의 사본이니 그가 그의 아들들에게 그들이 행해야 할 모든 일과 심판의 날까지 그들에게 일어날 일들을 전해준 말이다.

2 그가 자녀들을 불러 그에게 오라고 했을 때 그는 건강한 상태였다. 그러나 그가 죽을 것이라는 것이 그에게 계시되었기에 자녀들이 함께 모였을 때 그는 그들에게 말했다.

···················

레위의 유언 1장은 이 유언 전체의 성격과 권위를 규정하는 중요한 서론이다.

유언의 이중적 성격: 교훈과 예언 (1)

레위는 그의 유언이 두 가지 핵심적인 내용을 담고 있음을 밝힌다.

행해야 할 모든 일-윤리적 교훈: 이는 제사장권을 이어받은 혈통으로써 그들이 지켜야 할 거룩한 삶의 규범과 윤리적 지침을 포함한다.

심판의 날까지 그들에게 일어날 일들: 종말론적 예언: 개인의 삶을 넘어 이스라엘의 역사와 마지막 때에 대한 거시적인 예언이 담겨있다.

이처럼 이 레위의 유언은 교훈(토라)과 예언(묵시)이라는 두 가지 성격을 모두 가진 이스라엘 공동체 전체를 위한 중요한 말씀으로 제시되어, 이스라엘 역사 속에서 레위의 자손들에게와 이후 사독 계열 제사장들과 쿰란의 야하드 공동체에게 매우 귀중한 문서로 다루어졌었다.

계시된 죽음 (2)

그는 건강한 상태였다: 레위는 노쇠하거나 병들어 정신이 또렷하지 않은 상태에서 유언을 남기지 않았다. 그의 말은 건강한 몸과 온전한 정신을 가지고 선포되는 명료하고 의도적인 가르침이었다.

그에게 계시되었기에: 그가 죽음을 준비하고 아들들을 모은 이유는 자연적인 노화나 질병 때문이 아니라, 하나님께서 그가 곧 죽을 것을 직접 계시해 주셨기 때문이다. 이는 그의 유언이 시작되는 첫 단추부터가 신적인 개입의 결과임을 보여준다.

제2장

죄악의 현실과 제사장의 기도

1 "나 레위[4]는 하란에서 태어났고, 후에 나의 아버지와 함께 세겜으로 갔다.

2 내가 형 시므온과 함께 여동생 디나를 위해 하몰에게 복수했을 때 나는 18세[5] 정도로 어린 나이였다.

3 내가 아벨마임에서 양 떼를 먹이고 있을 때 여호와의 명철의 영[6]이 내게 임했다. 모든 사람이 그릇 행하는 것[7]과 불의가 자신을 위한 성벽들을 쌓고 불법이 망대들 위에 올라 앉아 있는 것을 보았다[8].

---

4. 1인칭 서술자가 레위로 전환된다. 1:1-2, 19:2-5는 레위를 3인칭으로 서술하고 2:1-19:1은 레위가 1인칭 서술자로 나온다.
5. 12:5 18세
6. 히브리어 용례를 볼 때 이사야 11:2과 같이 루아흐 다알דעת רוח로 사용되었을 경우 다알דעת의 뜻을 반영하면 지식, 명철, 앎, 깨달음. 통찰 insight의 영이라고 이해된다.
7. 문자적 의미로는 '그들의 길을 부패하게 하며 망치고 있는 것'이다. השחיתו את דרכם
8. 【에녹1서42:3】 "불의가 그녀(불의)의 방들로부터 나왔고 그녀는 자기가 찾지도 않았던 자들을 발견했고 사막에 내리는 비처럼, 메마른 땅을 덮는 이슬처럼 그들 중에 거하였다"

4 나는 아담의 후손들로 인해 몹시 가슴 아파하며 내가 구원받을 수 있도록 여호와께 기도하였다.

· ·

소명의 배경: 죄에 대한 아픔 (1-4)

레위의 소명은 세상의 죄악에 대한 깊은 슬픔과 기도로부터 시작된다. 그는 모든 사람이 그릇 행하는 것을 보고 몹시 가슴 아파하며 기도한다. 이는 참된 제사장의 첫 번째 자질이 타인의 죄를 함께 아파하고 그들의 구원을 위해 기도하는 마음임을 보여준다.

아람어 사본에는 אֲבֵל מַיִן(아벨마인)으로, 그리스 사본에는 Αβελμαούλ(아벨마울)로 음역되어 나타난다. 여기서 우리는 이 지명을 아람어 사본의 아벨마인(히브리어로 아벨마임)으로 택한다. 아벨마임 אֲבֵל מַיִם은 '물의 초원'이라는 뜻으로 아벨벳마아가와 동일한 지역으로 소개된다(삼하20:14-15; 왕상15:20; 왕하15:29; 대하16:4). 이 지역은 상부 갈릴리에 비옥한 곡창지대인 훌라 חוּלָה 평야에서 북쪽으로 올라가면 나오는 헤르몬산의 밑자락의 물근원들 주변 지역이다. '아벨마임'은 상부 요단강의 네 개의 물근원 중에서 가장 서쪽에서부터 흘러내리는 물줄기로 인해 형성된 '물의 초원'으로써 그 물줄기를 נַחַל עִיּוֹן(나할 아윤: 아윤 시내)이라 부른다.

레위가 물이 풍부한 초원으로 양 떼를 인도하던 장소는 헤르몬산 밑자락의 물근원들이 모여 있는 목초지 근처였다. 레위는 헤르몬산 밑자락에서 하늘을 방문하게 된다.

아람어로는 '아벨마인'이라 불리는 이 장소는 에녹이 불순종한 감찰자들의 요청으로 그들을 위한 탄원서를 작성하고 읽다가 하늘 체험을 하게 된 장소이기도 하다(에녹1서13:7-10). 에녹은 '아벨마임'에서 하늘을 방문하며 시공간을 오가는 체험을 하였는데(에녹1서 12장부터 36장까지) 레위도 같은 장소에서 하늘 체험을 한다.

성경에는 이와 이름이 유사하지만 지리적으로 전혀 다른 장소가 등장하는데, 바로 '아벨 므홀라'(אָבֵל מְחוֹלָה)이다. '아벨 므홀라'는 '춤의 초원'이라는 뜻으로, 북쪽의 아벨마임과 달리 요단 계곡 중부, 벳산의 요단 동편에 위치한 지역이다. 이곳은 선지자 엘리사의 고향으로 명확히 언급된다(왕상 19:16). 또한 기드온이 미디안을 물리칠 때 그들의 도주 경로로 등장하기도 한다(삿 7:22; 왕상 4:12).

> ## 레위의 기도문 [9]
>
> 1. 그리하여 나는 내 옷들을 세탁했고, 정결한 물로 그것들을 깨끗하게 했다. 나는 또한 흐르는 물로 온 몸을 씻었으며, 나의 모든 절차를 올바르게 했다.[10]
> 2. 그리고 나는 내 눈과 내 얼굴을 하늘을 향해 들었고, 내 입을 열어 말하였다. 나는 내 손가락을 거룩한 하늘 성소를 향하여 진실되게 뻗으며 기도했다.[11]
> 3. "오 만물의 주님이시며, 모든 세대의 왕이시여, 당신께서는 모든 마음의 중심을 아시며 마음의 모든 생각을 아시나이다.
> 4. 이제 저에게 제 자녀들이 있으며 그들이 당신의 목전에 서 있사오니, 이제 저에게 당신의 모든 의의 길을 허락하소서.

---

9. Athos 사본(Koutloumousiou 39)은 레위의 유언 2장 3절 다음에 다른 그리스어 아르메니아 사본에는 없는 '레위의 기도문'을 포함하고 있다. 이 기도문은 쿰란에서 발견된 문서 중에서 가장 오래된 문서 중에 하나인 '아람어 레위 문서'(4QTLevi)의 기도문과 내용상 거의 완벽하게 일치한다. 이는 아토스 사본의 편집자가 고대의 아람어 원본을 참조하여 기도문을 삽입했음을 강력하게 시사한다. 다른 사본들에는 이 기도문이 없어, 레위가 기도했다는 사실만 언급될 뿐 그 내용은 알 수 없다.

레위의 유언 18장에서 새로운 제사장의 도래가 예언된 후, 아토스 사본에는 18:2 이후에 또 다른 긴 단락이 삽입되어 있다. 이 '이삭의 가르침' 부분은 레위가 그의 할아버지 이삭에게 찾아가 제사장의 직무, 즉 제물로 바칠 나무의 종류, 제사 규정, 정결법 등 구체적인 '제사장 토라'(Priestly Torah)에 대해 가르침을 받는 내용을 상세히 서술한다. 이 단락은 쿰란과 카이로 게니자에서 발견된 '아람어 레위 문서(Aramaic Levi Document)'의 내용과 상당 부분 일치하며, 고대 제사장 전승의 중요한 세부 사항을 담고 있다.

이 '레위의 기도문'을 4QTLevi와 대조 복원해서 소개한다. Jonas C. Greenfield; Esther Eshel et al., eds., The Aramaic Levi Document: Edition, Translation, Commentary, Studia in Veteris Testamenti Pseudepigrapha 19 (Leiden: Brill, 2004), 59–63.

10. 정결 예식: 기도를 위한 준비: 레위가 "모든 절차를 바르게 했다"고 말한 것은, 이 예식이 즉흥적인 행위가 아니라 이미 정해진 순서와 규례가 있는, 체계화된 전통이었으며, 조상들로부터 전수받은 거룩한 절차가 있었음을 보여준다. 옷을 세탁한 후 행구는 행위는 외적인 더러움을 제거하는 것을 넘어, 하나님 앞에 나아가기 위해 내면의 정결함을 추구하는 것을 상징한다. 특히 흐르는 물(히브리어로 마임 하임 מַיִם חַיִּים 생수)로 온몸을 씻는 것은 매우 중요하다. 고인 물이 아닌 흐르는 물은 생명력과 정화의 능력을 상징하며, 죄와 부정함이 씻겨 내려가는 완전한 정결을 의미한다.

11. 하늘 성소를 향하는 기도의 자세: 정결 예식을 마친 레위의 기도 자세가 시각적으로 묘사된다. 눈과 얼굴을 하늘을 향해 드는 것은 오직 하늘에 계신 창조주 하나님께만 시선을 고정하고 그분의 처분과 응답을 구하는 행위이다. 손가락을 거룩한 하늘 성소를 향하여 진실되게 뻗는 모습은 이 기도문의 핵심적인 부분이다. 이는 지상에 성막이나 성전이 세워지기 이전에, 레위와 같은 족장들이 이미 '하늘에 있는 원형 성소'의 존재를 인식하고 있었음을 보여준다. 그의 기도는 막연한 하늘이 아닌, 하나님의 보좌가 있는 구체적인 '하늘 성소'를 향하고 있다. 손가락을 뻗는 행위는 간절함과 열망을, '진실되게'라는 표현은 마음의 중심이 담긴 순전한 기도를 의미한다. 이는 단순한 제스처가 아니라, 자신의 온 존재를 하나님께 의탁하며 연결되기를 갈망하는 영적인 행위이다.

5. 오 나의 주님, 불의의 영과 악한 생각과 음행이 나로부터 멀어지게 하시고 거만함이 내게서 떨어져 나가게 하소서.

6. 오 나의 주님, 여호와의 영이시여, 나에게 계시하여 보여주시고, 모략과 지혜와 지식과 능력을 내게 허락하소서.

7. 나로 당신이 기뻐하시는 것을 행하며 당신 앞에서 은총를 입고, 당신의 말씀을 찬양하게 하소서. 주님, 그것이 당신 앞에서 열납되는 선한 것이기 때문입니다.

8. 그리고 어떤 사탄도 나에게 권력을 행사하지 못하게 하시고 나로 당신의 길에서 벗어나게 하지 못하게 하소서.

9. 나의 주님, 내게 자비를 베풀어주시고, 당신 앞으로 가까이 이끄시어 내가 당신의 종이 되어 당신을 잘 섬기게 하소서.

10. 그래서 당신의 평화의 벽이 나를 둘러싸게 하시고, 당신의 능력의 피난처가 모든 악으로부터 나를 보호하게 하소서.

11. 그리하여, 불법의 뿌리까지도 뽑아 버리셔서, 불법을 하늘 아래에서 쓸어버리시고 지면에서 불법을 끝내소서.[12]

12. 오 주님, 제 마음을 모든 불순함으로부터 정결하게 하시고, 제 자신이 당신께 들어 올려지게 하소서.

13. 그리고 당신의 얼굴을 당신의 종 야곱의 아들로부터 돌리지 마소서. 오 여호와, 당신은 나의 조부 아브라함과 나의 조모 사라를 축복하셨으며 당신은 그들에게 영원히 복된 의인의 씨를 주시겠다고 말씀하셨나이다.

14. 당신의 종 레위가 당신 곁에 가까이 있게 해 달라는 이 기도도 들어 주소서.

15. 그리고 나로 당신의 말씀 안에 동참하는 자 되게 하셔서 매순간 진리의 판단과 분별을 하게 하소서.

16. 나와 내 자녀들이 모든 시대의 모든 세대 동안 그렇게 되게 하소서. 세상의 모든 날들이 지나는 동안 당신의 종의 자녀를 당신의 면전에서 제외시키지 마소서.

---

12. 【에녹1서 91:5-11】 5 모든 불의가 끝나게 될 것…불의가 그 뿌리들로부터 잘려 나갈 것이며 불의의 전 체계가 사라져 버릴 것이다… 8 그 날들에 사나운 폭력이 그 뿌리들로부터 잘려 나갈 것이며 불의의 뿌리들도 거짓 속임과 함께 하늘 아래에서 멸절될 것이다… 11 의로운 자들… 사나운 폭력의 기초들과 그 안에 있는 거짓과 미혹의 구조(체제)를 뿌리째 뽑아 심판을 집행할 것이다.

17. 그리고 나는 잠잠하게 계속 기도하고 있었다.[13]

첫번째 꿈환상[14]
레위의 하늘 방문과 제사장 직분[15] (2:5-6:2)

5 그 때 나에게 깊은 잠이 쏟아졌다.[16] 내가 높은 산을 보자마자 내가 바로 그 산 위에 있었다.

6 보라, 하늘들이 열려 있었고 하나님의 한 천사가 내게 말했다. "레위야, 들어오라."

7 나는 첫째 하늘에서 둘째 하늘로 들어갔고 거기서 첫째 하늘과 둘째 하늘 사이에 매달려 있는 큰 바다[17]를 보았다.

---

13. 레위의 이 진실된 회개와 결단과 헌신의 기도를 받으신 주님은 레위에게 하늘 방문을 허락하시고, 천사의 안내로 주님의 보좌 앞에 이른 레위에게 주님은 "레위야, 내가 너에게 제사장 직분의 복들을 주었노라."라고 선포하신다. 이 기도 후에 하나님께서는 레위와 언약을 맺었고 '레위와 맺은 이 언약'은 레위의 자손들에게 대대로 계속 이어졌다. 희년서 12:16-27에 의하면 아브라함도 하란에서 회개와 결단과 헌신의 기도 후에 하나님의 명령을 받은 천사가 방문하여 특별 계시들이 전해졌다.

14. 꿈환상은 꿈을 꾸는 것처럼 영 안에서 보는 환상이다

15. 아담은 에덴-동산에서 7년 동안 제사장 직무를 수행할 수 있도록 모든 제반 사항을 배우고 익혔으며 에덴-동산으로 쫓겨난 후 바로 제단을 쌓고 분향했다【희년서 3:27】. 즉, 아담은 제1대 땅의 제사장이었다. 아담은 가인과 아벨에게 그 지식을 가르쳤다. 아담의 제사장 직분은 아담에서 에녹, 노아, 셈, 아브라함, 이삭 그리고 레위까지 끊어지지 않고 이어져 왔으며 희생제사와 관련된 모든 세부 사항들이 전달되었다. 이런 제사장의 세대간의 연결고리(The Lineage of Priests)에 대한 개념은 아람어 레위 문서 5:4, 5:8-9:18, 10:3,10…, 희년서와 레위의 유언 9:6-14과 고핫의 유언, 아므람의 비전에서 나타난다.

16. 【레위의 유언 8:18】 내가 깨어났을 때, 나는 이것이 첫 번째 꿈과 같다고 이해했다.
타르데마הַתַּרְדֵּמָה는 깊은 잠deep sleep을 의미하며, trance(삶에서 죽음으로 이동됨, 땅에서 하늘로 이동됨), 무아지경(ecstasy 사람을 의식 밖에 놓음)의 의미로도 이해되고 구약성경에서 7회 나온다. 창 2:21에서 처음 이 단어가 쓰였고, 그 뜻은 '죽은 듯한 잠' a deep sleep의 의미로 아담을 깊이 잠들게 하신 후 하와를 만드실 때였다. 두번째로 창 15:12에서, 아브람이 깊이 잠든 중에 땅에 주시겠다고 횃불 언약(이집트 강에서부터 큰 강 유브라데까지)을 세우실 때 사용되었다.
나머지는 다음 본문들에서 사용되었다. 다윗과 아브넬이 밤에 사울의 군대 진영으로 들어갔다 나올 때 여호와께서 사울의 군대를 깊이 잠들게 하셨다(삼상 26:12). 사 29:10에서는 영의 무감각을 표현한다. "대저 여호와께서 깊이 잠들게 하는 영을 너희에게 부어주사 너희의 눈을 감기셨음이니 눈은 선지자요 너희 머리를 덮으셨음이니 머리는 선견자라." 욥 4:13, 욥 33:15에서는 밤에 꿈이상을 보는 것과 연결된 깊은 잠을 의미하며, 잠19:15에서는 "게으름은 사람을 깊은 잠에 빠지게 한다"고 한다.

17. 첫째 하늘에 있는 이 물 층은 창세기 1:7에서 궁창 위에 있는 물을 의미한다. 에녹2서에서 에녹은 천사들의 안내로 첫째 하늘에서 일곱째 하늘에 이르기까지 이동하는 과정에서 첫째 하늘에서 구름, 궁창 그리고 매우 넓은 바다를 보았다고 증언한다. [에녹2서 3:1] "그들은 나를 첫째 하늘에 두었고 땅에 있는 바다보다 더 큰 아주 넓은 바다를 나에게 보여 주었다" [시편148:4] "하늘의 하늘도 그를 찬양하며 하늘 위에 있는 물들도 그를 찬양할지어다"

8 또 나는 첫째 하늘과 둘째 하늘보다 훨씬 더 밝고 찬란한 셋째 하늘을 보았다. 그곳의 높이는 끝이 없었다.

9 나는 천사에게 물었다. "이곳은 어찌하여 이렇게 밝은 것입니까?" 그러자 천사가 내게 대답했다. "이것에 놀라지 말라. 너는 이보다 더 찬란하고 비교할 수 없는 다른 네 하늘을 보게 될 것이다.

10 그곳에 올라가면 너는 여호와 곁에 서게 될 것이며 그분을 섬기는 그분의 제사장이 되어 그분의 신비들[18]을 사람들에게 전하고[19] 이스라엘을 구속하실 그분에 대해 선포하게 될 것이다.

11 너와 유다로 말미암아 여호와께서 사람들 가운데 나타나셔서 모든 민족을 구원하시리라.

12 그리고 너의 생계는 여호와의 분깃(몫)에서 나올 것이며 그분께서 네 밭과 포도원과 과실들과 금과 은이 되실 것이다.[20]

· ·

레위의 유언 2장 5-12절은 그의 제사장직 소명이 땅이 아닌 하늘로부터 비롯되었음을 보여주는 장엄한 하늘 여행 체험이다.

하늘 여행과 천상계의 구조 (5-9)

레위는 꿈환상 중에 천사의 인도를 받아 여러 하늘을 통과하는 신비로운 경험을 한다. 히브리적 세계관은 하늘을 일곱 하늘로 또는 열 하늘(일곱째 하늘에 세 하늘을 추가한)로 구분하는 다층적(多層的) 천상계를 반영한다. 레위가 아래 하늘에서 위 하늘로 올라갈수록 점점 더 밝고 찬란해지는 것을 목격하는 것은 하나님의 영광에 가까워질수록 그 거룩함이 얼마

---

18. 【단2:28, 47】 은밀한 것들, 은밀한 일들 רזין(라진)

19. 【신 33:10】 주의 법도를 야곱에게, 주님의 토라를 이스라엘에게 가르치며 주 앞에 분향하고 온전한 번제를 주의 제단 위에 드리리로다

20. 신명기 18:1 레위 사람 제사장과 레위의 온 지파는 이스라엘 중에 분깃도 없고 기업도 없을지니 그들은 여호와의 화제물과 그 기업을 먹을 것이라 2 그들이 그들의 형제 중에서 기업을 가지지 않을 것은 여호와께서 그들의 기업이 되심이니 그들에게 말씀하심 같으니라 3 제사장이 백성에게서 받을 몫은 이러하니 곧 그 드리는 제물의 소나 양이나 그 앞다리와 두 볼과 위라 이것을 제사장에게 줄 것이요 4 또 네가 처음 거둔 곡식과 포도주와 기름과 네가 처음 깎은 양털을 네가 그에게 줄 것이니 5 이는 네 하나님 여호와께서 네 모든 지파 중에서 그를 택하여 내시고 그와 그의 자손에게 항상 여호와의 이름으로 서서 섬기게 하셨음이니라

나 압도적인지를 보여준다. 천사가 "이것에 놀라지 말라. 너는 이보다 더 찬란한 다른 네 하늘을 보게 될 것"이라고 말하는 것은 인간이 상상할 수 있는 영광을 초월하는 더 높은 차원의 천상의 세계가 존재함을 말해준다.

제사장의 사명 (10)

천사는 레위의 사명이 (1)여호와 곁에 서서 그분을 섬기고, (2)그분의 신비(계시)를 사람들에게 전하며 (3)장차 이스라엘을 구속하실 메시아에 대해 선포하는 것임을 명확히 한다.

레위와 유다 (11)

레위(제사장권)와 유다(왕권) 두 지파를 통해 하나님께서 인간의 모습으로 나타나셔서 세상을 구원하실 것이라는 예언은 『열두 족장의 유언』 전체를 관통하는 가장 핵심적인 주제 중 하나다. 이 사상은 여러 족장의 유언에서 반복적으로 나타나며, 이 문헌의 독특한 메시아론을 형성한다(르우벤 6:11-12; 시므온7:2; 레위 2:11; 유다 21:1-5; 잇사갈 5:7; 단 5:10; 납달리 8:2-3; 갓 8:1; 베냐민 10:7).

제사장의 분깃 (12)

그의 생계가 땅의 기업이 아닌 '여호와의 분깃'에서 나올 것이라는 선언은 민수기 18:20에서도 그대로 반영되며, 제사장의 삶이 전적으로 하나님께 의존하는 삶이며 하나님께서 공급하시는 삶임을 보여준다.

제3장

아래 하늘들: 심판의 장소

1 그러므로 네게 보여진 일곱 하늘에 대해 들으라. 가장 낮은 하늘이 네게 어두워 보이는 것은 인간의 모든 불의한 행위를 내려다보고 있기 때문이다.

2 둘째 하늘에는 불과 눈과 얼음이 하나님의 공의로운 심판을 위해, 예비하신 그 날을 위해 준비되어 있으며 그 안에는 악인들에게 보복하기 위한 온갖 징벌의 영들이 있다.

3 셋째 하늘에는 심판의 날에 미혹의 영들과 벨리알의 군대에게 보복을 집행

하기 위해 임명된 천사들의 군단들이 정렬되어 있다.

위 하늘들: 천상 예배와 중보의 체계

4 그리고 그들 위 넷째 하늘부터는 거룩하다. 가장 높은 하늘에는 '위대한 영광'이신 분께서 어떤 거룩함보다 더 거룩한 지성소 안에 거하신다.

5 그 가장 높은 하늘에 그분 곁에는 여호와의 얼굴(임재)의 천사들[21]이 있으니 그들은 의인들이 부지중에 지은 모든 죄들을 속죄하는 직무로 여호와 앞에서 섬기고 있다.[22]

6 그들은 주께 감미로운 향기, 곧 영적이며 피 흘림 없는 제사를 드린다.[23]

7 그리고 그 아래 있는 하늘에는 여호와의 얼굴의 천사들에게 회개의 응답을 전달하는 천사들이 있다.

---

21. 여러 등급의 천사들이 존재한다. 가장 높은 등급의 천사들의 무리는 '얼굴(임재)의 천사들'로 분류되고 그 다음은 '거룩의 천사들'(사6:3)이다. 얼굴(임재)의 천사들은 하늘 보좌에 가장 가까이에서 여호와의 얼굴을 언제든지 마주 대하며 섬기는 특권을 누리는 자들이다. '그 분 가까이에'는 '그 분 다음 서열인'라고도 번역되어질 수 있다.
【희년서 2:18】 "모든 얼굴(임재)의 천사들과 거룩의 천사들, 이 두 부류의 위대한 천사들인 우리에게, 그분께서는 우리가 그분과 함께 하늘과 땅에서 샤밭을 지키도록 명하셨다"(희년서 2:2도 참고).
그러나 더 낮은 단계의 천사들은 보좌 앞에 가까이 나아와서 여호와의 얼굴 앞에 알현하기 위해서 순번을 기다려야 한다.
【에녹2서 20:4】 "모든 하늘 군대들은 그들의 순위에 따라서 열 계단에 와서 서고 싶어하며 여호와께 무릎 꿇고 싶어한다. 그리고 다시 기쁘고 행복하게 그들의 각자의 자리로 돌아가서, 무한한 빛 안에서 작고 부드러운 목소리들로 노래들을 부르며 영광스럽게 그분을 섬긴다"
에녹1서 20장의 일곱 천사장의 이름과 직무와 40장의 네 천사장의 목소리와 직무가 인간의 구원과 영화에 관여되어 있음을 참고하라.

22. 부지중에: 의식하지 못한 채, 부지불식간에. 의로운 자들이라 할지라도 인식하지 못한 채 실수를 범할 수 있는데, 이러한 경우 속죄하는 일로 섬기고 있는 주님 곁에 있는 천사들이 얼굴(임재)의 천사들이 하는 역할이다. 이러한 개념은 하늘 제사장 시스템인 멜기세덱이라는 직분과도 연결된다.

23. 높은 계급의 천사들 중에서 하늘 제사장으로서 역할을 하는 존재들이 있는데, 하늘의 제사장 직분을 맡은 천사를 멜기세덱이라 부른다. 멜기세덱은 직분의 이름이다. 쿰란 사본 중 '아므람의 유언'(아므람의 비전) 참고.

8 그 옆에는 하나님께 끊임없이 찬양들을 올려드리는 보좌들과 주권들[24]이 있다.

우주적 경외와 인간의 무지

9 여호와께서 우리를 바라보실 때 우리 모두는 전율하며 진실로 하늘들과 땅과 깊은 곳들은 그분의 위엄 앞에서 저절로 떨게 된다.

10 그러나 인간들은 이러한 것들을 인식하지 못한 채 죄를 지으며 지극히 높으신 분을 진노케 한다.

·······················

3장은 2장에서 시작된 하늘 여행을 이어가며, '일곱 하늘'의 구조와 기능을 상세히 설명한다. 이는 우주와 하늘 세계가 하나님의 주권 아래 얼마나 정교하고 질서 있게 운영되는지를 보여준다.

아래 세 하늘: 심판의 체계 (1-3)

레위가 본 아래쪽 하늘들은 하나님의 공의로운 심판이 어떻게 준비되고 집행되는지를 보여주는 장소이다. 첫째 하늘은 인간 세상의 죄악을 반사하기에 어둡고, 둘째 하늘에는 심판의 날을 위한 '불, 눈, 얼음'과 '징벌의 영들'이 대기하고 있으며, 셋째 하늘에는 벨리알과 그의 영들에 대하여 심판을 집행할 '천사들의 군단'이 정렬해 있다. 이는 하늘까지 어

---

24. 【골 1:16】 "만물이 그에게서 창조되되 하늘과 땅에서 보이는 것들과 보이지 않는 것들과 혹은 보좌들이나 주권들이나 통치들이나 권세들이나 만물이 다 그로 말미암고 그를 위하여 창조되었고"
【엡 1:21】 "모든 정사와 권세와 능력과 주관하는 자와 이 세상뿐 아니라 오는 세상에 일컫는 모든 이름 위에 뛰어나게 하시고."
【에녹1서 61:10】 "그분은 하늘들의 모든 군대와 위에 있는 모든 거룩한 자들과 하나님의 군대들인 케루빔, 세라핌, 오파님, 그리고 모든 능력의 천사들과 모든 주권의 천사들과 택함 받으신 분과 또 마른 땅 위와 물 위의 다른 군대도 그 날에 소집하실 것이다."
【에녹2서 20:1】 "그 두 사람은 거기서 나를 들어 일곱째 하늘에 이르도록 올렸다. 나는 거기서 매우 큰 빛을 보았고 큰 천사장들의 불타오르는 군대들, 무형의 군사력, 주권들, 질서들, 통치들, 케루빔과 세라핌, 보좌들과 많은 눈을 가진 자들, 아홉 연대들, 빛의 은혜 정거장들(구역, 기지)을 보았다. 나는 두려워졌고 큰 공포로 떨기 시작했다. 그 사람들은 나를 그들 뒤로 옮기고 내게 말했다."
【계 4:4】 "또 보좌에 둘려 이십사 보좌들이 있고 그 보좌들 위에 이십사 장로들이 흰 옷을 입고 머리에 금관을 쓰고 앉았더라."
【계 20:4】 "또 내가 보좌들을 보니 거기에 앉은 자들이 있어 심판하는 권세를 받았더라."
보좌들은 주님의 보좌 가장 가까이에 둘러있으며 그 보좌들에 앉은/앉을 자들은 심판하는 권세를 받는다. 24보좌들에는 이미 24장로들이 앉아 있지만 다른 많은 보좌들은 보좌들만 보인다. 그 보좌들에 앉을 자들이 아직 앉지 않았지만, 그 날에 앉게 될 때 그들도 24장로들처럼 흰 옷을 입고 머리에 금관을 쓰고 심판하는 권세를 가질 것이다.

두워지게 하는 인간과 악한 영들의 죄와 악이 결코 하나님의 공의로운 심판을 벗어날 수 없으며, 땅에서 진행되는 인류 역사의 모든 방향이 심판의 날을 향하고 있음과, 그 심판이 이미 하늘에서부터 질서 정연하게 준비 완료되었음을 강조한다.

위의 네 하늘: 천상 예배와 중보의 체계 (4-8)

넷째 하늘부터는 거룩함의 영역에 속하며, 하늘의 성전과 그곳에서의 예배를 묘사한다.

가장 높은 하늘 (일곱째 하늘): 먼저 가장 높은 일곱째 하늘부터 설명한다. 이곳은 하나님의 '위대한 영광'이 거하시는 지성소이다. 그 곁에는 '얼굴의 천사들'이 있는데, 이들은 하늘 성소에서 섬기는 제사장들(멜기세덱들)로서, 의인들이 부지중에 지은 죄를 위해 속죄의 직무를 수행한다. 그들의 제사는 지상의 제사와 달리, '피 흘림은 없이' 분향하는 제사이며 영적인 제사이고, 이는 땅의 성전과 땅의 제사의 원형이다.

중보의 체계: 그 아래 하늘들에는 지상 백성들의 회개를 상위 천사들에게 전달하는 천사들(7절)과 끊임없이 하나님을 찬양하는 '보좌들'과 '권세들'(8절)과 같은 높은 계급의 천사들이 존재한다. 이는 하늘이 단순한 공간이 아니라, 예배와 중보, 소통과 통치가 이루어지는 매우 체계적이고 역동적인 곳임을 보여준다.

6-8절의 순서와 내용은 사본에 따라 매우 복잡하게 나타난다. 이 번역은 여러 사본의 내용을 종합한 후 가장 논리적인 순서(속죄 제사 → 회개 전달 → 보좌와 주권의 찬양)로 재구성한 것이다.

하나님의 위엄과 인간의 무지 (9-10)

온 우주 만물이 하나님의 위엄 앞에 떨지만, 오직 인간만이 그 사실을 인식하지 못하고 죄를 지어 하나님을 진노케 한다는 탄식으로 마무리된다. 이는 인간의 죄가 하나님의 우주적 질서를 거스르는 심각한 반역 행위임을 그려준다.

제4장

레위의 사명과 메시아 예언

1 그러므로 여호와께서 사람의 아들들에게 심판을 내리실 것을 알아라. 이는 바위가 갈라지고, 해가 어두워질 때에도 사람들은 믿지 않고 그들의 불법을 끝

까지 고집할 것이기 때문이다. 그러므로 그들은 형벌과 함께 심판을 받게 될 것이다.

2 그러므로 지극히 높으신 분께서 네 기도를 들으셨으니 이는 너를 불의에서 분리시켜 그분의 아들로 삼으시고 그분의 얼굴 앞에서 섬기는 종과 제사장이 되게 하려는 것이다.

3 너는 야곱 가운데 지식의 빛을 비출 것이며 모든 이스라엘 자손에게 태양과 같이 되리라.

4 네 자손이 그에게 손을 대어 그를 찌를 것이지만 너와 너의 모든 자손(씨)에게 복이 주어지리라. 여호와께서 그의 아들의 부드러운 자비로 모든 이방인들을 찾아가실 때까지 그러하리라.

5 그러므로 너에게 지혜와 명철이 주어졌으니 이는 네가 네 아들들에게 이 일에 대하여 가르치게 하려 함이다.

6 그분을 축복하는 자는 복을 받을 것이며 저주하는 자는 멸망할 것이다.[25]

••••••••••••••••••••••

4장은 하늘의 구조에 대한 설명을 마치고, 다시 레위 개인의 사명과 그를 통해 이루어질 하나님의 구원 계획을 구체적으로 설명한다.

메시아의 수난과 인간의 불신 (1)

이 구절은 메시아의 수난과 죽음의 순간에 일어날 우주적인 현상들을 예고한다. 바위가 갈라지고 해가 어두워지는 등의 묘사는 복음서에 기록된 예수님의 십자가 죽음의 순간을 연상케 한다. 후대 헬라어 사본 그룹(α 그룹)에만 추가되어 있는 "지극히 높으신 분의 수난으로 음부가 약탈당할 때에도"라는 표현은 그의 죽음이 사망의 권세를 깨뜨리고 사망과 음부의 열쇠를 취하신 승리의 사건이었음을 보여준다. 그럼에도 불구하고, 사람들은 이 모든 것을 보고도 믿지 않고 불법을 고집할 것이며, 그로 인해 결국 심판을 받게 될 것을 예언한다.

---

25. 【시편 2:12】 "그의 아들에게 입맞추라 그렇지 아니하면 진노하심으로 너희가 길에서 망하리니 그의 진노가 급하심이라 여호와께 피하는 모든 사람은 다 복이 있도다"

레위의 소명과 역할 (2-3)

이 어두운 불신의 세상 속에서 하나님께서는 레위를 부르신다. 그의 역할은 다음과 같다.

하나님의 아들이자 종, 제사장: 하나님께서는 그를 불의에서 분리시켜 구별하시고, 아들, 종, 제사장이라는 특별한 신분을 부여하신다.

지식의 빛, 태양: 그는 이스라엘 가운데 지식의 빛을 비추는 태양과 같은 존재가 될 것이다. 이는 제사장 지파의 가장 중요한 사명이 무지한 백성에게 하나님의 토라를 가르쳐 진리의 빛으로 인도하는 것임을 보여준다.

'그 아들'을 통한 전인류적 구원 (4)

메시아에 대한 이스라엘의 적대: '네 자손이 그에게 손을 대어 그를 찌를 것이지만' 이 구절은 장차 레위의 후손들이 하나님의 아들, 메시아를 죽음으로 몰아갈 것을 표현하는 언어이다. '손을 대어 찌른다'는 표현은 그리스도의 수난과 십자가를 통한 일회성 사건만이 아닌, 지속적인 거부와 공격적 태도로도 나타날 것임을 시사한다.

> "내가 다윗의 집과 예루살렘 주민에게 은총과 간구하는 심령을 부어 주리니 그들이 그 찌른 바 (나, 곧) 그를 바라보고 그를 위하여 애통하기를 독자를 위하여 애통하듯 하며 그를 위하여 통곡하기를 장자를 위하여 통곡하듯 하리로다"(슥 12:10)

역설적 축복과 언약의 신실성: '너와 너의 모든 자손(씨)에게 복이 주어지리라'는 구절은 앞선 적대 행위와 병치(竝置)되며 깊은 신학적 긴장감을 형성한다. 여기서의 복은 자손들의 배척과 거역에도 불구하고, 그들의 행위와 관계없이, 하나님께서 조상들과 맺으신 언약 자체는 파기되지 않는다는 하나님의 신실하심을 보여준다. 즉, 이스라엘의 실패에도 불구하고 하나님의 구원 계획과 그들을 향한 복의 약속은 여전히 유효하다는 것이다.

> "복음의 관점에서 판단하면, 이스라엘 사람들은 여러분이 잘 되라고 하나님의 원수가 되었지만, 택하심을 받았다는 관점에서 판단하면, 그들은 조상 덕분에 (여전히) 하나님의 사랑을 받는 사람들입니다."(롬 11:28 새번역)

시대의 전환점-이방인을 향한 자비: "여호와께서 그의 아들의 부드러운 자비로 모든 이방인들을 찾아가실 때까지 그러하리라"는 구절은 이스라엘의 적대 행위가 지속될 시간적

범위를 설정한다. 그 끝은 바로 '그의 아들'이신 메시아께서 자신의 자비를 유대인의 경계를 넘어 모든 이방인들에게까지 확장하시는 때이다. 이는 구속사의 중대한 전환점을 예고한다. 바로 "이스라엘의 넘어짐으로 구원이 이방인에게 이르러"(롬 11:11) 온 세상으로 확장되는 계기가 된다는 것이다. 바울이 '이 비밀'이라고 칭한 바와 같이, 이스라엘의 완악함은 '이방인의 충만한 수가 들어오기까지' 정한 기간동안만 지속될 것이며(롬 11:25), 이스라엘의 넘어짐이 세상의 부요함이 되고, 그들의 실패가 이방인의 부요함이 되었다(롬 11:12). 메시아의 '부드러운 자비'는 땅 끝의 모든 이방인들에게까지 찾아가는 은혜 시대의 정점을 향할 것이며, 그 정점을 기준으로 온 이스라엘이 구원을 얻는 시대적 전환점이 있을 것이고(롬 11:26), 이 '완성의 때'에 '이스라엘의 구원'이 임하는 이 사건은 포도주의 혼인 잔치(아 2:4 בֵּית הַיַּיִן 사 25:6)로 우리를 안내할 것이다(유다 22:2, 스불론 9:9).

지혜의 전수와 축복의 원리 (5-6)

레위는 이 모든 신비로운 계시를 깨달을 수 있는 '지혜와 명철'을 부여받았으며, 이것을 자신의 후손들에게 가르쳐야 할 사명이 있다. 마지막으로, 그가 전하는 축복의 핵심 원리, 즉 '그분(하나님/메시아)을 축복하는 자는 복을 받고, 저주하는 자는 멸망할 것'이라는 선언으로 마무리된다. 이는 창세기 12장 3절의 아브라함 언약을 연상케 한다.

제5장

두 번째 환상: 하늘에서 제사장으로 공식 임명됨

1 그 때에 그 천사가 하늘 문들을 내게 열어 주었고 나는 거룩한 성전과 영광스러운 보좌에 앉아 계신 지극히 높으신 분을 보았다.

2 그분께서 내게 말씀하셨다. "레위야, 내가 와서 이스라엘 가운데 거할 때까지 내가 너에게 제사장 직분의 복들을 주노라."

3 그 후 그 천사가 나를 데리고 땅으로 내려왔고 나에게 방패와 검을 주며 말했다. "네 누이 디나를 위해 세겜에 복수를 행하라. 여호와께서 나를 보내셨으니 내가 너와 함께하리라."

4 그리고 나는 그때 하늘의 돌판들에 기록된 대로 하몰의 아들들을 멸하였다.

5 내가 그에게 말하였다. "오 주여, 간청하오니 제가 환난 날에 당신을 부를 수 있도록 당신의 이름을 제게 말씀해 주소서."

6 그는 말했다. "나는 어느 누구도 이스라엘 백성을 완전히 멸망시키지 못하도록 이스라엘 백성 편에서 중재하는 천사이다. 이는 모든 악한 영들이 이스라엘을 공격하기 때문이다."[26]

7 이 일 후에 나는 깨어나 지극히 높으신 분을 송축하였고 이스라엘 민족과 모든 의인들을 위해 중보하는 그 천사를 축복하였다.

••••••••••••••••••••••

5장은 레위가 두 번째 환상을 통해 제사장으로서의 신적인 권위를 공식적으로 위임받고, 그의 지상에서의 첫 번째 임무를 부여받는 장면을 담고 있다.

하늘 성전에서의 임명 (1-2)

레위는 환상 속에서 하늘의 문이 열리고, '하늘의 성전'에 계신 지극히 높으신 하나님을 직접 뵙는 영광을 누린다. 그곳에서 하나님께서는 친히 "내가 너에게 제사장 직분의 복들을 주노라"고 말씀하시며, 그의 제사장직을 공식적으로 임명하고 축복하신다. "내가 와서 이스라엘 가운데 거할 때까지"라는 조건은 그의 제사장직이 장차 메시아가 오실 때까지 지상에서 하나님의 대리자 역할을 할 것임을 보여준다.

세겜 복수: 천사가 명령한 거룩한 임무 (3-4)

천사의 명령: 천사는 레위에게 '방패와 검'을 주며, 디나를 위한 복수를 직접 명령하고, 여호와께서 그와 함께하실 것이라고 약속한다.

하늘의 돌판들의 기록: 레위의 이 복수는 그의 혈기로부터 비롯된 것이 아니라, "하늘의 돌판들에 기록된"대로 하나님의 뜻을 이행한 것이다. 레위의 행위는 그가 단순히 잔인한 폭력을 행한 것이 아니라, 이방의 더러움으로부터 이스라엘의 거룩함을 지키기 위한 '하나님의 열심'에서 비롯된 의로운 심판 집행이었다.

---

26. 【다니엘 12:1】 "그 때에 네 민족을 호위하는 큰 군주 미가엘이 일어날 것이요"; [에녹1서] 20:5 "거룩한 천사들 중 하나인 미카엘, 인류의 최고 부분과 그 나라를 책임 맡은 자".

이스라엘의 수호천사 (5-7)

레위는 자신과 함께하는 천사에게 그 이름을 묻는다. 천사는 자신의 이름 대신 자신의 역할을 밝힌다. 그는 바로 이스라엘 백성 편에서 중재하는 천사이며, 모든 악한 영들의 공격으로부터 이스라엘이 완전히 멸망하지 않도록 보호한다. 이는 모든 악한 영들이 이스라엘 민족을 항상 공격하기 때문에 이스라엘에게 국가적인 수호천사가 있음을 보여주는 중요한 대목으로 이 천사는 종종 대천사장 미가엘과 동일시된다.

제6장

세겜에 대한 심판(6:1-7:4)

1 내가 내 아버지에게 가는 길에 나는 놋 방패를 발견하였는데 아빌라 남부 에발[27] 근처에 있는 그 산의 이름도 방패다.

2 나는 이 일들을 마음속에 간직하였다.

3 그 후 나는 내 아버지와 형 르우벤에게 하몰의 아들들이 할례를 받게 하지 말 것을 권하였다. 이는 그들이 내 누이에게 행한 가증한 일로 인해 내가 분개하였기 때문이었다.

4 내가 먼저 세겜을 죽였고 시므온은 하몰을 죽였다.

5 그 후에 내 형제들이 와서 칼날로 그 성읍을 쳤다.

6 아버지께서 이 일을 듣고 노여워하셨고, 그들이 할례를 받은 후에 죽임을 당했기 때문에 비통해하셨다. 아버지는 아들들을 축복하실 때 시므온과 나에게는 다르게 대하셨다.

7 우리가 아버지의 뜻을 거스르는 일을 행함으로 그에게 죄를 지었으므로 아버지는 그날로 병이 드셨다.

8 그러나 나는 세겜에 대한 하나님의 선고가 재앙이라는 것을 알고 있었다. 이

---

27. 지명이 헬라어로 음역되는 과정에서 히브리어 원지명과 차이가 나는 경우가 있다. 헬라어 사본에서 '게발'이라고 음역된 이 지명은 '에발'을 말하는 것으로 보인다. 칠십인역에서 '에발산'이 '가이발'로 음역되었다. עֵיבָל의 ע아인의 발음에는 목구멍 안에서 나는 'ㄱ' 발음이 섞여 들리기 때문이다.

는 그들이 우리 누이 디나에게 행했던 것처럼 사라와 리브가에게도 똑같은 짓을 하려했기 때문이다. 그러나 여호와께서 그들을 막으셨다.

9 그들은 나그네였던 우리 조상 아브라함을 박해하였고, 새끼를 배고 있는 그의 가축을 짓밟았으며, 그의 집에서 태어난 그의 종 에블래[28]를 심하게 학대하였다.

10 그들은 모든 나그네들에게 이런 식으로 대하며 그들의 아내들을 강제로 빼앗고 그들은 쫓아 내버렸다.

11 그러나 극에 달한 여호와의 진노가 결국 그들을 덮쳤다.

• •

6장은 레위의 유언에서 가장 논쟁적인 부분으로 '세겜 학살 사건'이 하나님의 공의로운 심판을 레위가 집행한 사건으로 증거된다.[29]

신적 정당성과 의분 (1-5)

5장에서 천사가 레위에게 '방패와 검'을 주며 복수를 명령했으며, 6장 1절에서 '놋 방패'를 발견한다. 이는 그의 사명이 신적인 보호와 권위 아래 있음을 상징한다.

아버지 야곱과의 갈등 (6-7)

레위는 자신의 행동이 아버지 야곱의 뜻을 거스르는 것이었으며, 이로 인해 아버지가 '노여워하고 비통해하며 병이 드셨다'고 인정한다. 이는 인간적인 관점(아버지의 뜻)과 하나님의 관점(하나님의 심판) 사이의 깊은 긴장과 갈등을 보여준다. 레위는 아버지의 슬픔을 이해하지만, 자신은 더 높은 차원의 하나님의 명령을 따랐음을 변호한다.

---

28. '에블래'의 음역도 사본 마다 차이가 난다(Eblae, Ieblae, Geblae, Iekblai…). 70인역의 창15:2에서는 '내 집에서 태어난 여종 메섹(마섹)의 아들인 다메섹 사람 엘리에셀'이라고 되어 있어, 집에서 태어난 여종 메섹(마섹)의 아들들과 관련이 있는 것으로 보인다. Ginzberg와 Kugel 등은 원문이 단순히 '그의 종'을 의미하는 '아브도'(עבדו)였고, 이것이 고유명사 '아블로'(Ablo)와 같은 형태로 오인된 후, 여러 사본을 거치며 '에블래' 등으로 변형되었다고 추정한다. 이는 "그의 집에서 태어난 종"라는 부연 설명과도 부합한다.

29. 자세한 내용은 책 뒷편 주제글 '세겜 학살 사건: 저주받은 폭력인가, 거룩한 심판인가?'를 참고하라.

세겜의 죄악에 대한 고발 (8-11)

레위는 세겜 족속이 저질러온 과거 죄악들을 고발한다. 그들의 죄는 디나를 욕보인 단회적인 사건이 아니라, 조상 아브라함 시대부터 나그네를 박해하고 약탈을 일삼아 온 뿌리 깊은 것이었다. 특히 아브라함의 아내 사라와 이삭의 아내 리브가까지 넘보려 했다는 주장은 그들의 죄악이 하나님의 언약 혈통 자체를 위협하는 심각한 것이었음을 보여준다. 따라서 그들에 대한 심판은 '극에 달한 여호와의 진노'의 결과이자, 필연적인 것이었다고 레위는 설명한다.

제7장

심판의 정당성과 벧엘로 이동

1 나는 아버지 야곱에게 말하였다. "아버지를 통해 여호와께서 가나안 족속을 멸하시고 그들의 땅을 아버지와 아버지의 뒤를 이을 후손에게 주시리니 노여워하지 마소서.
2 오늘부터 세겜은 '어리석은 자들의 성읍'이라 불리리니 이는 사람이 어리석은 자를 조롱하듯이 우리가 그들을 조롱하였기 때문이며,
3 또한 그들이 우리의 누이를 더럽힘으로 이스라엘에게 큰 어리석은 짓을 저질렀기 때문입니다."
4 그리고 우리는 거기서 우리 누이를 데리고 떠나 벧엘에 이르렀다.

• •

7장은 6장에 이어, 레위가 아버지 야곱을 설득하며 자신의 행위를 변호하고, 그 사건에 새로운 의미를 부여하는 내용으로 구성되어 있다.

가나안 정복의 예표로서의 심판 (1)

레위는 세겜 학살 사건을 장차 이스라엘이 가나안 땅 전체를 정복하게 될 하나님의 더 큰 계획의 예고편이자 시작으로 설득한다. '아버지를 통해 여호와께서 가나안 족속을 멸하실 것'이라는 그의 선언은 자신의 행동이 개인적인 복수가 아니라, 약속의 땅을 이스라

엘에게 주시기 위한 하나님의 큰 계획의 일부였음을 주장하는 것이다. 그는 이를 통해 아버지의 노여움을 달래고 자신의 행위에 정당성을 부여했다.

어리석은 자들의 성읍 (2-3)

레위는 세겜 성읍을 '어리석은 자들의 성읍'이라 명명한다. 여기서 어리석음은 단순한 지혜의 부족이 아니라, 하나님의 질서를 무시하고 공동체를 더럽히는 심각한 '도덕적, 영적 범죄'를 의미하는 표현이다. 이는 창세기 34장 7절의 "그들이 디나를 욕보여 이스라엘에게 부끄러운 일 곧 행하지 못할 일을 행하였음이더라"는 구절을 직접적으로 반영한다. 그는 세겜의 죄가 이스라엘 전체를 더럽힌 용서받지 못할 어리석음이었기에 그들의 멸망이 마땅했음을 역설한다.

제8장

두 번째 환상: 제사장 영적 위임(8:1-9:1)

1 우리가 그곳에서 70일을 보낸 후, 나는 앞서 본 것과 같은 환상을 다시 보았다.

2 나는 흰 옷을 입은 일곱 사람을 보았고 그들이 내게 말했다. "일어나라, 제사장의 예복을 입고, 의의 관을 쓰고, 분별의 판결 흉패와 진리의 겉옷을 두르고, 믿음의 금패와 머리를 두르는 두건과 예언을 위한 에봇을 입으라."

3 그들이 그것들을 각각 하나씩 가져와 내게 입히며 말했다. "이제부터 너와 네 후손은 영원히 여호와의 제사장이다."

4 첫째 사람은 거룩한 기름으로 나에게 기름부었고, 판결의 지팡이를 주었다.

5 둘째 사람은 나를 정결한 물로 씻기고, 가장 거룩한 떡과 포도주로 먹이고 마시게 하였으며, 거룩하고 영광스러운 옷으로 입혀주었다.

6 셋째 사람은 세마포로 만든 옷, 곧 에봇과 같은 예복을 내게 입혀주었다.

7 넷째 사람은 자주색 같은 띠를 허리에 둘러주었다.

8 다섯째 사람은 기름이 가득한 올리브 가지를 나에게 주었다.

9 여섯째 사람은 내 머리에 관을 씌워주었다.

10 일곱째 사람은 제사장의 띠를 내 머리에 둘러주고 내 양손에 향을 가득 채

워 내가 여호와 하나님의 제사장으로 섬기게 하였다.

11 그들이 내게 말하였다. "레위야, 네 후손은 장차 오실 여호와의 영광의 표징을 위해 세 가지 직분으로 나뉘게 될 것이다.

12 첫 번째 직분은 위대할 것이며 그보다 더 위대한 것은 없을 것이다.

13 두 번째 직분은 제사장 직분에 속할 것이다.

14 세 번째 직분은 새로운 이름으로 불릴 것이니 이는 유다로부터 한 왕이 일어나 모든 이방 민족을 위해 이방인의 방식에 따라 새로운 제사장 직분을 세울 것이기 때문이다.

15 그의 존재는 우리 조상 아브라함의 씨에서 나온 지극히 높으신 분의 선지자처럼 사랑받을 것이다.

16 이스라엘이 선망하는 모든 것들이 너와 네 후손에게 주어질 것이며 너는 모든 아름다운 소산들을 먹게 되고 너희 후손들은 여호와의 식탁에 함께 참여하게 될 것이다.

17 그들 가운데서 대제사장들과 재판관들과 서기관들이 나오리니 이는 성소가 그들의 지시에 따라 유지 관리될 것이기 때문이다."

18 그리고 내가 깨어났을 때 나는 이 꿈이 첫 번째 꿈과 비슷하다는 것을 깨달았다.

19 나는 이 꿈도 마음속에 간직하며 땅에 있는 그 누구에게도 말하지 않았다.

••••••••••••••••••••••••

8장은 레위가 두 번째 환상을 통해 제사장으로 위임받는 장면을 상세하게 묘사한다. 이는 영의 세계에서 이루어지는 거룩한 '제사장 위임식'이라 할 수 있다.

일곱 천사와 제사장 예복 (1-3)

'흰 옷을 입은 일곱 사람'(천사)이 나타나 레위에게 제사장의 예복을 입히는 상징적인 행위를 한다. 여기에 나열된 예복들(의의 관, 명철의 흉패, 진리의 겉옷 등)은 대제사장의 거룩한 의복들을 상징적으로 표현한 것이다. 이 예식을 통해 레위와 그의 후손이 '영원히 여호와의 제사장'이 될 것임을 선포한다.

위임식의 구체적인 절차 (4-10)

일곱 천사는 각각 위임식의 다른 절차를 담당하며, 레위에게 제사장으로서의 권위와 직무, 그리고 축복을 상징하는 물건들을 수여한다(기름 부음, 정결 예식, 성찬, 예복과 에봇 착용, 자주색 허리띠, 올리브 가지, 머리에 씌우는 제사장 관, 머리를 두르는 제사장 두건, 분향을 위한 향).

세 가지 제사장 직분에 대한 예언 (11-17)

영적 위임식의 마지막에 천사들은 레위의 후손들이 장차 '세 가지 직분'으로 나뉘게 될 것을 예언한다. 이는 매우 중요한 부분이다.

첫째 직분: 가장 위대한 첫 번째 직분은 하늘의 제사장직(멜기세덱 직분)이다.

둘째 직분: 레위의 혈통이 감당할 지상의 제사장 직분, 곧 레위 제사장 직분이다.

셋째 직분: 가장 놀라운 것은 세 번째 직분이다. 이것은 '새로운 이름'으로 불릴 것이며, 레위가 아닌 '유다로부터 한 왕이 일어나 모든 이방 민족을 위해 새로운 제사장 직분을 세울 것'이라고 예언한다. 이는 다른 유언들에서 반복된 '레위-유다 연합 사상'의 가장 구체적인 형태이다. 즉, 장차 유다 지파에서 오실 왕적 메시아가 레위의 제사장직과는 다른 '새로운 제사장직'을 세워 이방인까지 레위인과 제사장으로 세우게 될 것을 예언하고 있는 것이다.

이방인의 방식에 따라: '새로운 제사장 직분'이 '이방인의 방식에 따라' 세워진다는 것은, 이 제사장직이 레위 지파의 혈통이나 이스라엘의 율법적 정결 규례에 얽매이지 않는, 보편적(universal)인 성격을 가질 것임을 의미한다. '이방인의 방식'이란 이교도의 방식을 따른다는 부정적인 의미가 아니라, 이스라엘 민족 중에서도 레위 혈통에게만 주어졌던 제사장 직분이 이방 민족도 참여할 수 있는 새로운 모델의 '제사장직임'이라는 뜻이다.

> *"너희도 산 돌 같이 신령한 집으로 세워지고 예수 그리스도로 말미암아 하나님이 기쁘게 받으실 신령한 제사를 드릴 거룩한 제사장이 될지니라…9 그러나 너희는 택하신 족속이요 왕 같은 제사장들이요"*(벧전 5:5, 9)

레위 후손들의 역할 (16-17)

레위의 후손들은 하나님의 식탁에 참여하는 축복을 누릴 것이며, 그들 가운데서 대제사장, 재판관, 서기관이 나와 성전을 유지하고 백성을 가르치는 역할을 감당하게 될 것을 예언한다.

제9장

이삭으로부터 전수받은 제사장 직무와 토라

1 이틀 후에 나와 유다는 우리 아버지 야곱과 함께 우리 조부 이삭에게 올라갔다.

2 그리고 나의 할아버지는 내가 본 환상들의 모든 내용 그대로 나를 축복하였다. 그러나 그는 우리와 함께 벧엘로 가기를 원치 않았다.

3 우리가 벧엘에 돌아왔을 때 내 아버지 야곱은 내가 하나님의 제사장이 될 것이라는 나에 관한 환상을 보았다.

4 그는 아침 일찍 일어나 모든 것에 대한 십일조를 나를 통해서 여호와께 바쳤다.

5 그 후에 우리는 헤브론으로 가서 그곳에 거주하였다.

6 이삭은 여호와의 천사가 나에게 보여준 대로 내게 여호와의 토라[30]를 상기시켜 주려고 나를 부르고 또 불렀다.

7 그는 제사장의 토라와 희생제사의 토라, 곧 번제와 첫 열매와 자원제와 화목제의 토라를 나에게 가르쳐주었다.[31]

8 날마다 그는 나를 가르쳤고 나를 위해 여호와 앞에서 수고하며 분주하게 지냈다.

9 그가 내게 말했다. "내 아들아, 음란한 방탕의 영을 경계하여라. 이는 그 영은 집요하게 계속 활동할 것이며 네 후손을 통해 성소를 더럽힐 것이기 때문이다.

---

30. 레위의 유언에서 '토라'는 13번 등장한다. 9:6 여호와의 토라. 9:7 희생제사의 토라, 번제들, 초실제사, 자원제, 화목제의 토라. 13:1 여호와의 토라. 13:2 글 읽는 법을 너희 자녀에게도 가르쳐라. 그리하여 그들이 하나님의 토라를 쉬지 않고 읽음으로써 그들의 일생 동안 명철을 갖게 하라. 13:3 하나님의 토라. 13:4 그의 입에서 나오는 토라를 듣고자 갈망하며 그를 섬기고 싶어 할 것이다. 14:4 모든 사람을 비추라고 준 토라의 빛을 파괴하려고 하니. 14:6 토라에 어긋나는 정결법으로 정결하게 하며. 16:2 토라를 부인하고. 16:3 지극히 높으신 분의 권능으로 토라를 새롭게 하고자 하는 자를 너희는 미혹하는 자라 일컬을 것이다. 19:1 여호와의 토라를 택할지 벨리알의 행태들을 택할지를 결정하라. 19:2 우리가 여호와의 토라를 따라 그분과 동행하겠습니다.

31. 19세기 말에 카이로 게니자에서 발견된 '아람어 레위 문서'와 1947년 이후 9년 동안 쿰란동굴에서 발견되어 후에 '아람어 레위 문서'라 이름 붙은 사본들은 『열두 족장의 유언』의 원자료임이 확인되었다. '아람어 레위 문서'에는 '레위의 유언'과 레위기 보다 더 자세한 희생제사 방법이 이삭을 통해서 레위에게 가르쳐졌음을 알게해준다. 4QLevic, Jonas C. Greenfield et al., eds., *The Aramaic Levi Document: Edition, Translation, Commentary*, Studia in Veteris Testamenti Pseudepigrapha 19 (Leiden: Brill, 2004). 70-91.

10 그러므로 아직 네가 젊을 때 흠 없고 더럽혀지지 않은 아내를 맞이하되 이방 민족의 혈통이 아닌 자를 택하라.

11 성소에 들어가기 전에 목욕하고, 희생제사를 드리기 직전에 씻고, 희생제사를 마친 후에 또 다시 씻으라.

12 아브라함이 내게 가르쳐 준 바와 같이 잎사귀가 항상 있는 열 두 종류의 나무로만 여호와께 제물들을 드리도록 하여라.

13 모든 종류의 정결한 짐승과 정결한 새를 너는 여호와께 희생제물로 드려라.

14 너의 모든 첫 열매들과 포도주 중의 첫 번째, 곧 가장 좋은 부분을 여호와께 드려라.**32** 그리고 모든 희생제물에는 소금을 뿌려야 한다.[33]

....

9장은 하늘에서 부여받은 레위의 제사장직이 어떻게 지상의 족장(이삭)을 통해 공식적으로 인준되고 구체적인 제사장 직무가 전수되는지를 보여준다. 이는 그의 제사장직이 신적인 권위와 인간적인 계승이라는 두 가지 측면을 모두 가졌음을 강조한다.

족장들의 인준 (1-5)

이삭의 축복: 야곱은 레위와 유다를 데리고 약28년 만에 헤브론에 있는 이삭을 뵈러 갔다. 이삭이 레위를 볼 때 예언의 영이 임하여 제사장 직분이 레위에게로 이어질 것을 알고, 레위가 보았던 환상의 내용대로 그를 축복한다(희년서 31:4-17). 이는 레위의 소명이 윗대 족장의 권위를 통해 공식적으로 인정받았음을 의미한다.

야곱의 십일조: 헤브론에서 야곱으로 돌아온 날, 아버지 야곱 또한 벧엘에서 환상을 통해 레위의 제사장직을 확인하고, '모든 것의 십일조를 나를 통해서 여호와께 바쳤다'(희년서 32:1-9). 이는 매우 중요한 행위이다. 야곱은 레위를 하나님께 십일조를 드리는 중개자, 즉 제사장으로 인정하고 그의 직무를 공식적으로 처음 시행한 것이다.

---

32. 【출23:19a】 "네 토지에서 처음 거둔 열매의 가장 좋은 것을 가져다가 너의 하나님 여호와의 전에 드릴지니라"
33. 【레 2:13】 "네 모든 소제물에 소금을 치라 네 하나님의 언약의 소금을 네 소제에 빠지 못할지니 네 모든 예물에 소금을 드릴지니라"

제사장 토라의 전수 (6-14)

이 단락은 모세의 토라가 주어지기 이전에, 이미 족장들 사이에서 전해 내려오던 제사장들의 토라가 있었음을 보여주는 매우 중요한 부분이다.

전임 제사장으로서의 이삭 (7-8): 이삭은 레위에게 제사장이 지켜야 할 구체적인 규례들, 즉 다양한 '희생제사의 토라'를 직접 가르친다. 레위가 이삭에게로부터 직접 제사에 대한 모든 것을 배우고 익혀서 그의 나이 19세부터 제사장으로서 직무를 감당하게 된다. 12:5에서 레위는 19세 때 '제사장으로 역할을 시작했다'라고 회고한다.

구체적인 규례들: 여기에 언급된 규례들(음행 경계, 정결한 아내, 정결 예식, 제사용 나무, 정결한 제물, 첫 열매와 소금 등)은 레위기에 기록될 내용과 유사하면서도, 일부는 더 상세하거나 독특한 내용을 담고 있다.

아브라함으로부터의 전승 (12): 희년서21장에서 아브라함은 죽기 전 이삭에게 마지막 유언을 하면서 희생제사를 드릴 때 유념해야 할 것을 마지막으로 당부하는 중에 12가지 지정된 나무 목록이 나온다. 이삭은 이 모든 세부 지침들을 자신의 아버지 아브라함에게서 배운 것임을 밝히며, 레위에게 제사장의 직무를 가르친다.

> "이와 같이 이것이 내 조상들의 책들과 에녹의 말들과 노아의 말들에 기록되어 있음을 내가 발견하였었다"(희년서21:10)

아람어 레위 문서에서는 '이와 같이 나의 아버지 아브라함이 내게 명했다'라는 구절이 두 번 나오며 (10:3, 10:10) '레위의 유언'과 '희년서' 보다 더 자세한 내용이 포함되어 있다 (8장-10장: 희생동물을 태우는 방법, 소금을 사용하는 방법, 식사법, 향피우는 방법, 피를 뿌리는 방법, 목재, 소금, 고운 가루, 오일, 포도주와 유향의 적절한 비율 등).

이는 제사장적 지식과 규례가 아브라함→이삭→레위로 이어지는 거룩한 전승의 토라임을 강조한다. (이는 희년서, 아람어 레위 문서, 고핫의 유언, 아므람의 비전(유언)과 같은 문헌에서도 동일하게 나타나는 중요한 사상이다.)

제10장

레위의 마지막 유언과 당부(10:1-19:5)

1 그러므로 이제 자녀들아, 내가 나의 조상들로부터 들은 바를 너희에게 전해주었으니 너희는 내가 명하는 모든 것을 지켜라.

2 보라, 너희가 마지막 때에 세상의 구속자를 대적하여 저지르는 불신의 행위와 이스라엘을 그릇 인도하는 행위와 여호와께로부터 오는 큰 재앙을 일으키는 너희의 불경건함과 범죄에 대해 나는 무죄하다.

3 너희는 나머지 이스라엘과 합세하여 불법을 자행할 것이므로 예루살렘이 너희의 악행을 견디지 못할 것이고 성전의 휘장이 찢겨져 너희의 수치를 가려주지 못할 것이다.

4 너희는 이방 민족들 가운데 포로로 흩어질 것이며 그곳에서 능욕과 저주를 받고 조롱거리가 될 것이다.

5 여호와께서 택하실 집은 의인 에녹의 책에 기록된 대로 예루살렘이라 일컬음을 받게 되리라.

· ·

10장은 레위의 유언의 마지막 부분으로, 그가 후손들에게 전수하는 유산의 본질과, 그들이 장차 저지를 끔찍한 배교 행위에 대한 예언 및 경고를 담고 있다.

유산의 전수 (1)

레위가 물려주는 유산은 땅이나 재물이 아니라, 조상 아브라함, 이삭, 야곱으로부터 내려온 거룩한 가르침이다. 이는 그의 제사장직이 단순히 제의적인 직무를 넘어 하나님의 말씀을 보존하고 전수하는 교육적인 사명을 포함함을 보여준다.

예언적 경고와 책임의 선언 (2)

이 구절은 레위의 유언에서 가장 비극적인 예언이다. 그는 자신의 후손 제사장들이 마지막 때에 '세상의 구속자(메시아)'를 대적하는 최악의 불신과 불경건의 죄를 저지를 것을 예고한다. 그는 이 미래의 죄악에 대해 '나는 무죄하다'고 선언함으로써, 자신의 가르침을 거부하고 타락의 길을 선택하는 것은 전적으로 후손들 자신의 책임임을 분명히 한다.

죄의 결과: 성전의 파괴와 분산 (3-4)

제사장들의 타락은 이스라엘 전체의 타락으로 이어져, 결국 하나님의 임재의 상징인 예루살렘과 성전마저 그들의 악행을 견디지 못하게 될 것이다. 여기서 '성전의 휘장이 찢어져 너희의 수치를 가려주지 못할 것'이라는 예언은 매우 중요하다. 예수 그리스도의 십자가 죽음의 순간을 예고하는 이 사건이 불신하는 제사장들에게는 그들의 죄악과 수치가 만천하에 드러나는 심판의 사건이 될 것임을 의미한다. 이 심판의 결과로 그들은 이방 땅으로 흩어져 능욕과 저주를 받는 디아스포라의 운명을 맞게 될 것이다.

그럼에도 남은 소망: 예루살렘 (5)

이 절망적인 예언 속에서도, 레위는 '에녹의 책'을 인용하여 하나님께서 택하실 성전이 세워질 장소가 바로 '예루살렘'임을 상기시킨다. 이는 인간의 실패와 배교에도 불구하고, 예루살렘을 중심으로 한 하나님의 구원 계획은 결코 변하지 않을 것이라는 소망의 메시지를 담고 있다.

의인 에녹의 책

'레위의 유언'에서 레위는 자녀들을 모아놓고 유언을 하면서 에녹서에 대해 3번 언급한다. 의인 에녹의 책(10:5), 에녹의 기록(14:1), 에녹의 책(16:1). 레위는 의인 에녹의 책에 기록된 대로 성전이 세워질 곳은 예루살렘이라 불리게 될 것을 알려줬고(10:5), 에녹의 기록으로부터 알게 된 이스라엘 자손들의 미래사(동물묵시와 10주간묵시)를 통해서 그들이 불경건하게 되고 온갖 악에 연루되어 결국 열방 중에서 수치를 당하게 되고 웃음거리가 될 것을 가르쳤으며(14:1), 에녹의 책을 통해 레위가 알게 된 바에 의해, 정해진 70주간 동안 이스라엘 자손들이 그릇된 길로 인도되어 제사장 직분을 더럽히고 희생제물들을 부정하게 할 것을 미리 알려줬는데, 레위는 예루살렘에 세워질 성전과 이스라엘의 미래 역사를 에녹의 책을 읽고 에녹의 책을 통해서 알게 되었다고 이야기하고 있다.

예루살렘

우리가 현재 보유하고 있는 에녹의 문서들 중에서는 예루살렘을 여러 다른 이름으로 호칭하며 '에덴-동산의 중앙' 자리이고 하늘의 에덴과 연결된 통로가 있는 곳이며 감람산과 기혼샘과 세 골짜기가 있는 지형이라는 것까지 설명하고 있으나 '예루살렘'이라는 이름 자체가 언급된 자료는 우리의 손에 없다. 우리에게 전달되지 않은 '에녹의 책들' 중에서 야곱의 아들들이 읽은 '에녹의 책들'에는, "여호와께서 택하신 성전이 미래 세대에 세워질 것인데 그 성전은 예루살렘이라 불리게 될 것이다"라는 내용이 있었던 것으로 보인다.

일반적으로 학자들은 이 부분도 후대에 편집자가 추가한 부분이라고 주장한다. 그 이유는 '예루살렘'이라는 이름이 기록된 것으로는 여호수아10:1에서 처음 언급되기 때문에 레위 때부터 이 이름으로 알려졌을 것이라고 생각지 않기 때문이며 예루살렘에 성전이 세워진 것은 훨씬 더 후대의 일이기 때문이다. 그래서 '의인 에녹의 책에 기록된 대로'를 추가하여 하나님께서 장차 그 도시를 선택하신 것에 대해서 읽었다고 덧붙인 것으로 최소주의자들은 추정한다.

휘장의 찢어짐: 하나의 사건, 두 개의 얼굴(심판과 은혜)

'메시아의 죽음의 순간에 일어난 성전 휘장의 찢어짐' 사건이 『열두 족장의 유언』과 신약성경에서 언급되고 있지만, 하나의 동일한 사건이 가진 이중적인 성격, 즉 심판과 은혜라는 동전의 양면이 각기 다른 관점에서 조명되고 있다.

하나님의 위대한 구속사적 사건은 종종 그것을 받아들이는 대상에 따라 심판의 사건이 되기도 하고, 은혜의 사건이 되기도 한다. 마치 동일한 태양 빛이 진흙을 단단하게 굳게 만들지만, 얼음은 녹여버리는 것과 같다. 성전 휘장이 찢어진 사건 역시 마찬가지이다.

심판으로서의 휘장 찢어짐 (레위의 유언 관점)

관점의 대상: 레위의 유언 10장 3절의 예언은 미래에 타락하게 될 '불의한 제사장들(레위 지파)'을 향하고 있다. 그들은 성전을 더럽히고, 하나님의 율법을 버렸으며, 마침내 하나님께서 보내신 메시아를 모욕하고 죽음에 내어줄 자들이다.

휘장의 의미: 이들에게 성전 휘장은 자신들에게 맡겨진 신성한 신비와 제사장적 특권을 지켜주는 보호막의 상징이었다. 그러나 그들의 불의와 죄악으로 인해, 이 휘장은 더 이상 거룩함을 지키는 장치가 아니라, 그들의 위선과 부패를 가리는 위장의 도구가 되어버렸다.

찢어짐의 의미: 따라서 하나님께서 이 휘장을 찢으시는 행위는, 그들의 죄악을 더 이상 가려주지 않고 만천하에 그들의 수치를 드러내시겠다는 강력한 심판의 선언이다. '내가 너희에게 부여했던 모든 특권과 권위를 박탈하고, 너희의 죄악된 실체를 가려주던 마지막 보호 덮개마저 제거하겠다'는 의미이다. 이는 파기된 언약과 그 직무를 더럽힌 자들에 대한 준엄한 심판을 상징한다.

은혜로서의 휘장 찢어짐 (신약성경의 관점)

관점의 대상: 신약성경, 특히 히브리서의 저자는 메시아이신 예수 그리스도를 믿고 따르는 '새로운 언약의 백성들(유대인과 이방인 모두)'을 향해 이 사건을 해석한다.

휘장의 의미: 성전 휘장은 하나님과 인간 사이를 가로막고 있는 '분리의 장벽'이자, 지성소의 거룩한 임재로 나아가는 것을 막는 '통제의 상징'이었다. 오직 대제사장만이 일 년에 한 번 들어갈 수 있는 금단의 장소였다.

찢어짐의 의미: 따라서 예수님의 죽음으로 이 휘장이 위에서 아래로 찢어진 사건은, 이 분리의 장벽이 완전히 허물어졌음을 의미하는 감격적인 은혜의 선포이다. 히브리서 10장 19-20절은 '그 길은 우리를 위하여 휘장 가운데로 열어 놓으신 새로운 살 길이요 휘장은 곧 그의 육체니라'고 설명한다. 즉, 예수 그리스도께서 자신의 몸을 찢으심으로써, 누구든지 믿음으로 하나님 아버지의 은혜의 보좌 앞에 담대히 나아갈 수 있는 '새롭고 살아있는 길'을 열어주셨다는 것이다. 이는 이스라엘에게뿐만 아니라, 담 밖에 있던 모든 이방인들에게까지 차별 없이 열린 위대한 구원의 문이다.

결론적으로 성전 휘장이 찢어진 사건은 첫 언약의 파기한 자들(타락한 제사장들)에게는 그들의 특권을 폐기하고 수치를 드러내는 '심판'으로 작용했고, 동시에 새 언약의 백성이 될 모든 믿는 자들(유대인과 이방인)에게는 하나님께로 나아가는 길을 여는 '은혜'로 작용했다. 이는 하나님의 공의와 사랑이 어떻게 하나의 사건 속에서 동시에 나타나는지를 보여주는 신비로운 진리이다. 한 시대는 심판으로 막을 내리고, 바로 그 자리에 모든 인류를 향한 새로운 구원의 시대가 열리게 될 것이다.

제11장

레위의 가족사

1 내가 28세에 아내를 맞이하였고 그녀의 이름은 멜카[34] 였다.

2 그녀는 잉태하여 아들을 낳았고 우리가 우리 땅에서 나그네였기에 나는 그

---

34. 희년서 34:20 에서도 레위의 아내 이름이 멜카로 소개된다

의 이름을 게르솜[35] 이라 불렀다.

3 내가 그에 관하여 보았는데 그는 첫째가 되지 않을 것이라는 것이었다.

4 고핫은 내 나이 35세가 되던 해, 동틀 무렵에 태어났다.

5 나는 환상 중에 그가 백성들의 모든 회중 한 가운데 높은 곳에 서 있는 모습을 보았다.

6 그래서 나는 그를 '위대함에 있어서 으뜸'과 '함께 모인다'는 뜻으로 고핫이라고 불렀다.

7 그녀는 내 나이 40세에 셋째 아들 므라리를 낳았는데 그의 어미가 심한 산통을 겪었고, 그도 또한 죽을 뻔했으므로 '내 고통'이라는 뜻으로 그의 이름을 므라리라 불렀다.

8 요게벳은 내가 64세 때에 이집트에서 태어났으니 이름이 그렇게 불리게 된 것은 내가 그때 내 형제들 중에 가장 존경받았기 때문이었다.

....

11장은 레위 개인의 가족사를 상세히 기록하고 있다. 이는 단순히 개인적인 회고를 넘어 그의 후손, 특히 아론과 모세의 계보가 어떻게 형성되었는지를 보여주는 중요한 배경 설명 역할을 한다.

세 아들의 출생과 그 이름의 의미

게르솜: '나그네'라는 뜻의 이름은 그들이 약속의 땅에 있었지만 여전히 나그네로서 살아가던 당시의 정체성을 반영한다. 그들은 그 땅에서 나그네로 살았지만 할아버지 아브라함에게 약속해 주신 언약을 믿었고, 그 땅을 '우리 땅'이라고 생각하고 있었다. 레위는 환상을 통해 그가 장자임에도 불구하고 '첫째가 되지 않을 것'임을 보았다.

고핫: 그의 이름은 '위대함'과 '회중'을 의미하며, 환상 속에서 그가 '회중 한 가운데 높은 곳에 서 있는 모습'은 그가 고결한 영적 지도자가 될 것이며, 장차 그의 후손(아론과 모세)이 이스라엘의 지도자가 될 것임을 암시한다. 다른 사본에서는 '위엄과 가르침의 시작'

---

35. 레위의 장자의 이름은 게르손으로도 불리지만 게르솜으로도 불린다(대상 6:16, 15:7). 모세와 십보라 사이의 첫 아들도 게르솜이다.

이라는 뜻으로 번역된다.

동틀 무렵: 하루의 시작으로써의 동틀 무렵이 아니라 일년의 시작으로써의 동틀 무렵을 의미한다. 인생의 시작과 끝이 같은 날이라는 건, 하늘의 시간 속에서 '그의 사명이 완전하게 이루어졌다'는 의미로 받아들여진다. "의인은 태어난 날과 같은 날에 세상을 떠나며, 이는 신성한 완전함의 표시이다"(바벨론 탈무드 로쉬 하샤나 10b-11a, 키두쉰 38a).

므라리: '고통'이라는 뜻의 이름은 그가 난산 끝에 태어났음을 보여준다.

딸 요게벳의 출생: 그는 이집트에서 딸 요게벳을 낳았으며, 그 이름이 자신의 '영광/존경'과 관련 있음을 말한다. 요게벳은 훗날 조카인 아므람(고핫의 아들)과 결혼하여 아론과 모세를 낳는, 이스라엘 역사에서 매우 중요한 인물이 된다.

제12장

레위 가문의 연대기

1 그 후 게르솜은 아내를 맞이하였고 그녀는 그에게 립니와 시므이를 낳아주었다.

2 고핫의 아들들은 아므람, 이스할, 헤브론, 웃시엘이요.

3 므라리의 아들들은 마흘리와 무시이다.

4 내 나이 94세에 아므람이 나의 딸 요게벳을 아내로 맞이했는데 그와 내 딸은 같은 날 태어났다.

5 나는 8세에 가나안 땅에 들어갔고, 18세에 세겜을 죽였으며,[36] 19세에 제사장이 되었고, 28세에 아내를 맞이하였으며, 48세에 이집트로 내려왔다.

6 보라, 나의 자녀들아, 너희는 세 번째 세대이다.

7 내가 118세에 요셉이 죽었다.

---

36. 2:2b '18세 정도로 어린 나이였다'

12장은 레위 자신의 생애 주요 사건들을 연대기적으로 요약하며, 그의 손자 세대까지의 계보를 정리한다.

계보 정리 (1-4)

레위는 자신의 세 아들과 손자들의 이름을 나열한다. 특히 중요한 것은 고핫의 아들 아므람과 자신의 딸 요게벳이 결혼했다는 사실이다. '같은 날 태어났다'는 기록은 그들의 결합이 운명적이고 신적인 계획 안에 있었음을 강조한다. 이들의 결혼을 통해 이스라엘의 위대한 지도자인 아론과 모세가 태어나게 된다.

생애 요약 (5-7)

레위는 자신의 인생 주요 사건들을 나이와 함께 요약한다. (가나안 땅, 즉 요단 동편 숙곳에 정착한 시기: 8세, 세겜 사건: 18세, 제사장 됨: 19세, 결혼: 28세, 이집트 이주: 48세) '너희는 세 번째 세대이다'라는 말은 그가 자신의 증손자들까지 보고 유언을 남기고 있음을 의미한다. '내가 118세에 요셉이 (110세) 죽었다'는 기록은 레위가 요셉보다 약 8살 많았으며(희년서에 의하면7년 3개월 터울), 요셉이 죽은 이후 19년을 더 살고 137세에 죽었음에 대한 정보를 제공한다.

제13장

후손들을 향한 마지막 권면

1 이제 내 자녀들아, 내가 너희에게 명령하노라. 주 너희 하나님을 너희 온 마음을 다하여 경외하고, 그분의 모든 토라에 따라 순전함으로 행하라.

2 그리고 너희 자녀들에게도 글을 가르쳐라. 그리하여 그들이 평생 하나님의 토라를 쉬지 않고 읽으며 명철을 얻게 하여라.

3 여호와의 토라를 아는 모든 자들은 존귀하게 될 것이요, 어디를 가든지 객이 되지 아니할 것이다.

4 진실로 그는 그의 가르침을 통해 부모 보다 더 많은 친구를 얻을 것이요. 많은 사람들이 그의 입에서 나오는 토라를 듣고자 갈망하며 그를 섬기고 싶어 할

것이다.

5 그러므로 나의 자녀들아, 땅 위에서 의를 행하여라. 그리하면 너희가 그것을 하늘에서 보화같이 얻으리라.

6 너희의 혼에 선한 것들을 심으라. 그리하면 너희의 삶 속에서 그것들을 발견하게 될 것이다. 그러나 악한 것들을 심으면 온갖 고난과 괴로움을 거두게 될 것이다.

7 하나님을 경외함으로 부지런히 지혜를 얻으라. 설령 포로로 끌려가고, 성읍들과 토지들이 황폐해지며, 금과 은과 모든 소유가 사라질지라도 불경건함의 어두움과 죄에서 비롯되는 완악함을 제외하고는 아무도 지혜로운 자의 지혜를 빼앗을 수 없느니라.

8 만약 사람이 이러한 악한 것들로부터 자신을 지킨다면 그의 지혜는 그의 원수들 가운데서도 영광이 되고, 낯선 땅을 조국으로 바꾸며, 적들을 친구로 만들 것이다.

9 누구든지 고귀한 가르침을 전하며 실행하는 자마다 내 형제 요셉처럼 왕들과 함께 보좌에 앉게 될 것이라.

· ·

13장은 레위가 그의 후손, 특히 제사장의 직무를 이어받을 자들에게 남기는 핵심적인 실천 윤리를 담고 있다. 그 중심에는 '토라 연구'와 '지혜'의 가치가 있다.

토라 교육의 중요성 (1-4)

레위는 후손들에게 단순히 토라를 지키라고만 하지 않고, '너희 자녀들에게도 글을 가르쳐라'고 명령한다. 이는 제사장 가문의 가장 중요한 사명이 다음 세대에게 하나님의 말씀을 가르쳐 전수하는 교육에 있음을 보여준다. 그는 '토라를 아는 것'이 세상 어디에서든 존귀함을 얻고, 부모보다 더 많은 친구를 얻게 하는 실질적이고 사회적인 축복의 근원이 될 것이라고 약속한다.

지혜의 가치 (5-9)

레위는 지혜를 '하늘의 보화'에 비유하며 그 가치의 영원성을 강조한다.

심는 대로 거두는 법칙 (6): 그는 '선한 것'과 '악한 것'을 혼에 심는 것에 비유하여, 인간의 삶이 뿌린 대로 거두는 인과응보의 법칙 아래 있음을 가르친다.

빼앗을 수 없는 보화 (7): 이 장의 가장 중요한 통찰은 지혜가 결코 빼앗길 수 없는 유일한 재산이라는 점이다. 포로 생활로 모든 물질적인 것(땅, 금, 은)을 잃어버릴지라도 '하나님을 경외함으로 얻은 지혜'만큼은 아무도 빼앗을 수 없다.

지혜의 능력 (8-9)

이 지혜는 역경 속에서 더욱 빛을 발한다. 그것은 낯선 땅을 '조국'처럼, 적들을 '친구'처럼 만드는 능력이 있다. 그리고 지혜를 가르치고 실천하는 자는 요셉처럼 왕들과 함께 앉는 최고의 영광을 누리게 될 것이다.

결론적으로 13장은 레위 지파의 진정한 유산이 제의적인 특권이 아니라, 하나님의 토라를 부지런히 연구하고 가르침으로써 얻게 되는 '지혜'에 있음을 역설한다. 이 지혜야말로 어떤 상황 속에서도 그들의 정체성을 지키고, 그들을 영광으로 이끌 가장 귀한 보물 자산이다.

제14장

제사장들의 타락에 대한 예언

1 이제 나의 자녀들아, 내가 에녹의 글에서 배운 것은 마지막 때에 너희가 여호와를 거역하며 불경건하게 행하여 온갖 악에 연루될 것이며 너희로 말미암아 너희 형제들은 수치를 당하고 너희는 모든 이방 나라에게 조롱거리가 될 것이다.

2 우리 아버지 이스라엘은 세상의 구세주에게 손을 대게 될 대제사장들의 범죄에 대해 깨끗할 것이다.

3 나의 자녀들아, 여호와의 눈에 하늘이 땅보다 더 맑고 밝은 것 같이 이스라엘의 빛들인 너희도 해와 달과 같으니 모든 이방 민족보다 더 맑고 밝아야 한다.

4 그러나 너희가 만일 불경건함과 범죄함으로 인해 어두워지면 눈먼 상태로 사는 모든 이방인들은 무엇을 하겠느냐? 너희가 하나님께서 요구하시는 것들과는 반대되는 계명들을 가르침으로써 모든 사람을 비추라고 주신 토라의 빛

을 파괴하려고 하니 너희가 우리 민족 위에 저주를 가져올 것이다.

5 너희는 여호와의 제물들을 도둑질할 것이고 여호와께 희생제사를 드리기 전에 가장 좋은 부분들을 취하여 창녀들과 함께 경멸스럽게 먹을 것이다.

6 너희는 이익을 얻기 위한 탐욕으로 여호와의 계명들을 가르치며, 결혼한 여인들을 불결하게 하고, 예루살렘의 처녀들을 더럽힐 것이며, 너희는 창녀들과 간음한 여인들과 연합할 것이며, 이방인의 딸들을 아내로 삼아 불법적인 정결 예식으로 그들을 정결하게 하리니 너희의 결합은 소돔과 고모라처럼 불경건할 것이다.

7 또한 너희는 너희가 제사장이라는 이유로 교만하게 우쭐대고 사람들을 억누르며 스스로 높일 뿐만 아니라, 하나님의 계명들에도 대적할 것이다.

8 이는 너희가 거룩한 것들을 멸시하며 경멸스럽게 농담할 것이기 때문이다.

·······················

14장은 레위의 유언에서 가장 어둡고 비극적인 부분으로 영광스러운 제사장으로 부름받았던 그의 후손들이 장차 얼마나 끔찍하게 타락할 것인지를 구체적으로 예언한다.

타락의 예고 (1-2)

레위는 에녹서를 인용하여 후대의 제사장들이 여호와를 거역하고, 그로 인해 이스라엘 전체가 이방 민족에게 조롱거리가 될 것을 예언한다. 특히 그들의 가장 큰 죄는 '세상의 구원자에게 손을 대는 것', 즉 메시아를 찌르는 것이 될 것이다.

빛의 사명 상실 (3-4)

레위는 제사장들을 이스라엘의 빛인 '해와 달'에 비유한다. 그들의 사명은 '토라의 빛'으로 세상을 비추는 것이었다. 그러나 그들이 타락하여 스스로 어두워지면, 세상을 비추기는커녕 오히려 '토라의 빛을 파괴'하고 민족 전체에 저주를 가져오는 존재가 될 것이라고 경고한다. 이는 영적 지도자의 타락이 공동체에 얼마나 치명적인지를 보여준다.

구체적인 죄악상 (5-8)

레위는 후대 제사장들이 저지를 죄악들을 매우 구체적으로 나열한다.

성물(聖物) 모독 (5): 하나님의 제물을 훔쳐, 거룩한 제물을 창녀들과 함께 먹는 신성모

독의 죄를 저지를 것이다.

탐욕과 음행 (6): 이익을 위해 토라를 왜곡하여 가르치고, 온갖 종류의 성적인 타락(유부녀, 처녀, 창녀와의 결합, 이방 여인과의 결혼)에 빠질 것이다.

교만과 억압 (7): 제사장이라는 직분을 이용하여 교만해지고, 백성들을 억압하며, 하나님의 계명 자체를 대적할 것이다.

거룩함에 대한 경멸 (8): 마침내 거룩한 것 자체를 멸시하고 농담거리로 삼는 지경에 이를 것이다.

결론적으로 14장은 레위 지파에게 주어진 영광스러운 사명과, 그들이 장차 저지를 끔찍한 타락의 모습을 극명하게 대조한다. 이는 영적인 특권이 얼마나 쉽게 교만과 부패로 이어질 수 있는지를 보여주는 강력한 경고이며, 다음 장에서 이어질 하나님의 준엄한 심판의 필연성을 설명하는 역할을 한다.

제15장

심판과 남은 자를 향한 긍휼

1 그러므로 여호와께서 택하실 성전이 너희의 불결함으로 인해 황폐하게 될 것이요, 너희는 모든 민족들에게 포로로 잡혀갈 것이니라.

2 너희는 그들에게 혐오스러운 존재가 될 것이요, 하나님의 공의로운 심판으로 인해 비방과 영원한 수치를 받을 것이다.

3 너희를 미워하는 모든 자들이 너희의 멸망을 기뻐할 것이다.

4 우리 조상 아브라함과 이삭과 야곱을 통해 긍휼을 입지 못했다면 우리의 씨 중 단 한 명도 이 땅 위에 남아 있지 않을 것이다.

· ·

15장은 14장에서 예고된 제사장들의 타락에 대한 하나님의 공의로운 심판과 그럼에도 불구하고 남겨진 하나님의 긍휼에 대해 설명한다.

심판의 내용 (1-3)

제사장들의 죄악에 대한 심판은 세 가지로 나타난다.

성전의 황폐: 그들이 더럽힌 성전은 결국 황폐하게 될 것이다. 이는 하나님의 임재가 떠나고, 성전이 그 기능을 상실하게 됨을 의미한다.

포로 생활: 그들은 모든 민족에게 포로로 잡혀갈 것이다.

수치와 멸시: 흩어진 곳에서 그들은 '혐오스러운 존재'가 되어 '비방과 영원한 수치'를 당하고 원수들의 조롱거리가 될 것이다.

이는 제사장이라는 특권적인 지위가 그들을 심판에서 면제시켜 주는 것이 아니라, 오히려 그들의 죄로 인해 더 큰 수치를 당하게 될 것임을 보여준다.

구원의 근거: 조상들과의 언약 (4)

이 완전한 멸망의 위기 속에서 유일한 소망의 근거가 제시된다. 그것은 바로 '우리 조상 아브라함과 이삭과 야곱을 통해 긍휼을 입지 못했다면'이라는 조건이다. 이는 이스라엘의 구원이 그들의 행위나 자격 때문이 아니라, 오직 그들의 조상들과 맺으신 하나님의 일방적이고 신실하신 언약에 근거하고 있음을 보여준다. 만일 이 언약적 긍휼이 아니었다면, 이스라엘은 단 한 명의 '남은 자'도 없이 완전히 멸절되었을 것이다.

결론적으로 15장은 하나님의 공의가 얼마나 엄중한지를 보여주는 동시에, 그분의 긍휼과 언약의 신실함이 얼마나 더 위대한지를 증언한다. 이스라엘의 소망은 그들 자신에게 있지 않고, 오직 그들의 조상들에게 약속하신 하나님의 변함없는 긍휼에만 있음을 선포하는 것이다.

제16장

70주간의 배교에 대한 예언

1 이제 내가 에녹의 책에서 알게 된 바에 의하면 너희가 70주간 동안 그릇된 길로 방황하며, 제사장 직분을 더럽히고, 희생제사를 부정하게 할 것이라는 것이다.

2 너희는 토라를 헛된 것으로 만들며 선지자들의 말을 악하게 왜곡함으로 멸

시할 것이다. 너희는 악한 비뚤어진 마음으로 의인들을 박해하고, 경건한 자들을 미워하며, 신실한 자들의 말을 혐오할 것이다.

3 너희는 지극히 높으신 분의 권능으로 토라를 새롭게 하려는 분을 '미혹하는 자'라 일컬을 것이고, '그분의 높으심과 높여지심'을 알지 못한 채 결국 그분을 죽일 것이며, 너희의 사악함으로 말미암아 무죄한 피를 너희 머리 위에 짊어지게 될 것이다.

4 그분으로 인해 너희의 성소들은 황폐하게 버려질 것이며 그 땅까지도 더럽혀질 것이다.

5 너희에게 정결한 곳이 한 곳도 남지 않을 것이며 너희는 이방인들 가운데 저줏거리가 되어 흩어질 것이다. 그러나 여호와께서 다시 너희를 돌아보아 방문하실 때 너희를 긍휼히 여기셔서 믿음과 물을 통해 너희를 다시 받아주실 것이다.

·······················

16장은 레위의 유언에서 가장 어둡고 비극적인 예언의 정점을 보여준다. 그는 에녹의 책을 인용하여, 자신의 후손인 제사장들이 장차 '70주간' 동안 저지를 끔찍한 배교 행위와 그 결과를 예고한다.

70주간의 타락 (1-2)

'70주간'은 제2성전 시대를 가리킨다. 레위는 이 기간 동안 자신의 후손들이 (1)제사장 직분을 더럽히고, (2)희생제사를 부정하게 하며, (3)토라를 멸시하고 선지자의 말을 왜곡하며, (4)의인을 박해하고 경건한 자를 증오하는 총체적인 타락에 빠질 것을 예고한다(다니엘 9장의 '70주간'과 비교).

메시아에 대한 죄악 (3)

이 타락의 절정은 바로 메시아를 향한 죄악이다.

메시아의 사역: 그는 '지극히 높으신 분의 권능으로 토라를 새롭게 하려는 분'으로 묘사된다. 이는 메시아가 단순히 율법을 반복하는 것이 아니라, 하나님의 능력으로 토라의 본질을 회복하고 새롭게 하실 것임을 의미한다.

그분의 높으심과 높여지심: 이 구절에서 제사장들이 알지 못했던 것이 무엇이었는지에 대해, 헬라어 사본들은 크게 두 가지 다른 번역을 보여준다.

1. 그의 '고귀함' (ἀξίωμα): 베타(β) 그룹의 사본들(예: 바티칸 사본)이 지지하는 이 독법은, 제사장들이 메시아의 신적인 권위와 존엄한 본질을 알아보지 못하고 그를 죽일 것을 의미한다.

2. 그의 '높여지심/부활' (ἀνάληψιν/ἀνάστασιν): 알파(α) 그룹의 사본들(예: 케임브리지 사본)과 일부 아르메니아어 번역본이 지지하는 이 독법은, 제사장들이 그가 죽은 후에 다시 살아나(부활) 하늘로 올라가실(승천) 존재임을 알지 못하고 그분을 죽일 것이라고 예언한다. 이는 그의 죽음 이후의 사건에 대한 훨씬 더 구체적인 기독론적 번역이다.

현대 학자들은 일반적으로 첫 번째 독법(고귀함)이 더 오래된 유대교적 원형에 가까울 수 있으며, 두 번째 독법(부활/높여지심)은 초기 기독교 공동체가 이 예언이 예수 그리스도를 통해 어떻게 성취되었는지를 더 명확하게 드러내기 위해 수정한, 즉 신학적 번역의 결과일 가능성이 높다고 본다.

거부와 살해: 그러나 제사장들은 이 메시아를 '미혹하는 자'라 부르며 배척하고, 결국 그를 죽이게 될 것이나, 그들은 그분이 얼마나 고귀하신 분인지도 그분이 다시 부활하여 얼마나 높여지실지도 모른 채 그분을 죽일 것이다. 이로 인해 그들은 '무죄한 피를 머리 위에 짊어지는' 죄를 범하게 된다.

심판과 회복의 약속 (4-5)

심판: 이 죄의 결과로, 그들의 성소는 황폐하게 되고, 그들은 이방 땅으로 흩어져 저줏거리가 되는 심판을 받게 될 것이다.

회복: 그러나 이 심판이 끝이 아니다. 레위는 '여호와께서 다시 너희를 돌아보아 방문하실 때' 그들을 긍휼히 여기시고, '믿음과 물을 통해 너희를 다시 받아주실 것'이라는 소망의 메시지를 남긴다. '믿음과 물'은 신약의 관점에서 볼 때, '믿음과 세례'를 통해 이루어질 새로운 회복과 구원을 명확하게 예고하는 표현이다.

결론적으로 16장은 제사장 지파의 타락이 메시아를 거부하고 죽이는 최악의 죄로 귀결될 것임을 예언하면서도, 그 절망의 끝에서 하나님의 긍휼과 새로운 방식의 구원(믿음과 물)을 통한 회복의 소망이 있음을 보여주는, 파멸과 소망이 교차하는 장이다.

제17장

희년의 제사장들과 그들의 운명

1 너희가 70주간에 대해 들었으니 이제 제사장 직분에 대해서도 들으라.

2 각 희년마다 제사장이 있을 것이다. 첫 희년에 제사장으로 기름부음 받은 첫 번째 제사장은 위대할 것이며, 그는 아버지에게 말하듯이 하나님께 말할 것이고, 그의 제사장 직분은 여호와를 경외함으로 충만하며, 여호와 앞에서 온전할 것이다. 그의 기쁨의 날에 그는 세상의 구원을 위해 일어날 것이다.

3 두 번째 희년에 기름부음 받는 제사장은 사랑받는 자들의 슬픔 가운데 잉태될 것이며 그의 제사장 직분은 모두에게 존경받고 영광을 받을 것이다.

4 세 번째 제사장은 슬픔에 사로잡히게 될 것이다.

5 네 번째는 고통 가운데 있을 것이니 이는 불의가 그를 심히 대적하여 집결할 것이며 이스라엘 온 백성이 자기 이웃을 미워할 것이기 때문이다.

6 다섯 번째는 어둠에 사로잡히게 될 것이다.

7 여섯 번째와 일곱 번째 또한 그러하리라.

8 일곱 번째 희년에는 내가 사람들 앞에서 말로 표현할 수 없는 더러운 일이 있을 것이니 이러한 일을 행하는 자들은 알리라.

9 그러므로 그들은 사로잡혀 포로가 될 것이며 그들의 땅과 재산은 파멸될 것이다.

10 다섯째 주간에 그들은 황폐한 고국으로 돌아와 여호와의 집을 새롭게 재건할 것이다.

11 일곱째 주간에는 우상 숭배자, 간음자, 돈을 사랑하는 자, 교만한 자, 무법한 자, 방탕한 자, 아이들과 짐승을 학대하는 제사장들이 나올 것이다.

• •

17장은 16장의 70주간 예언을, 일곱 희년(Jubilee)이라는 또 다른 상징적인 시대 구분법을 사용하여 제사장직의 역사를 예언하는 부분이다. 17:1까지 미래 역사에 대해서 이야기할 때, 레위는 70주간을 근거로, 즉 에녹의 책을 바탕으로 자녀들에게 이야기 했음을 알 수 있다. 이제 레위는 제사장 직분에 대해서 이야기를 시작하는데 이것은 곧 레위의 후손들에 대한 예언이기도 하다. 희년은 49년 주기로 돌아오는 안식과 해방의 해이므로, 일곱 희년은 약 343년의 기간을 의미한다.

초기 제사장들의 모습 (2-3)

첫 번째 제사장: 그는 이상적인 대제사장의 모습을 보여준다. 그는 하나님과 친밀하게 교제하며, 경외심과 온전함으로 가득 차 있고, '세상의 구원을 위해 일어날 것'이라는 메시아적 역할까지 암시된다.

두 번째 제사장: 그 역시 존경과 영광을 받는 긍정적인 인물로 묘사된다.

제사장직의 점진적인 타락 (4-9)

그러나 셋째 희년부터 제사장직은 점차 타락하기 시작한다. 슬픔 → 고통 → 어둠으로 이어지는 점강법적인 묘사는 제사장직이 어떻게 점진적으로 그 빛을 잃고 타락해 가는지를 보여준다. 이 타락은 마침내 일곱 번째 희년에 이르러 '말로 표현할 수 없는 더러운 일'로 절정에 달하며, 그 결과로 그들은 포로가 되고 땅은 파멸될 것이다.

시대 구분의 혼재 (10-11)

이 부분에서 저자는 희년 시대 구분법과, 에녹서에서 유래한 주간(이레) 시대 구분법을 혼합하여 사용한다.

다섯째 주간: '포로에서의 귀환'과 '성전 재건'이 일어날 것이다.

일곱째 주간: 그러나 회복된 시대는 다시 극심한 타락으로 이어진다. 이때 나타날 제사장들은 온갖 죄악(우상숭배, 간음, 탐욕, 교만 등)을 저지르는, 타락의 총체적인 모습을 보여준다.

결론적으로 17장은 레위의 후손들이 이어갈 제사장직의 역사가 초기에는 영광스러울 것이나, 시간이 지남에 따라 점차 타락하여 결국에는 공동체 전체를 파멸로 이끌게 될 것이라는 비극적인 역사를 예고한다. 이 예언은 다음 18장에서 나타날 '새로운 제사장'의 등장이 왜 필연적인지를 설명하는 중요한 배경이 된다.

제18장

새로운 제사장: 메시아의 도래와 그의 나라

1 그들이 여호와께로부터 징벌을 받은 후, 그 제사장 직분은 끊어질 것이다.

2 그 후에 여호와께서 새로운 제사장을 일으키실 것이요, 그에게 여호와의 모든 말씀이 계시될 것이다. 많은 날이 지나고 때가 차면 그는 땅에서 의로운 심판을 집행할 것이다.

3 그의 별은 왕의 별처럼 하늘에 떠오를 것이며, 지식의 빛을 낮의 태양처럼 밝힐 것이고, 그는 온 세상 거주민들로부터 높임을 받으리라.

4 그는 땅 위에서 해처럼 빛날 것이며 하늘 아래 모든 어둠을 몰아내시리니 온 땅에 평화가 있으리라.

5 그의 날들에 하늘들은 기뻐하고, 땅은 즐거워하며, 구름들은 환희로 가득하리라. 여호와의 지식이 바다의 물처럼 땅 위로 부어질 것이다. 여호와의 얼굴의 영광의 천사들이 그분 안에 기뻐하리라.

6 그리고 하늘들이 열릴 것이며 영광의 성전으로부터 거룩함이 그에게 내려올 것이요, 아브라함이 이삭에게 했던 것처럼 아버지의 음성이 들리리라.

7 지극히 높으신 분의 영광이 그분 위에 선포될 것이며 물 가운데서 통찰의 영과 거룩케 하는 영이 그분 위에 내려와 머물 것이다.

8 그는 여호와의 영광과 위엄을 진리 안에서 그의 아들들에게 영원히 넘겨줄 것이나 그의 대를 이을 자는 대대로 영원히 없을 것이다.

9 그의 제사장 직분으로 말미암아 이방인들이 땅에서 지식으로 번성하고 여호와의 은혜로 말미암아 깨달음을 얻으리라. 이스라엘은 무지로 인해 쇠약해지고 슬픔으로 인해 어두워지리라. 그의 제사장 직무로 죄는 종식될 것이고, 불법한 자들은 악에 벗어나게 될 것이며, 의로운 자들은 그분 안에서 안식을 얻게 되리라.

10 그리고 그가 낙원의 문들을 열 것이며 아담을 대적하며 위협하는 칼을 제거하리라.

11 그가 성도들에게 생명나무로부터 먹도록 해주실 것이며 거룩한 영이 그들 위에 머물리라.

12 벨리알은 그에 의해 묶일 것이며 그는 그의 자녀들에게 악한 영들을 밟을 권세를 주시리라.

13 여호와께서 그의 자녀들로 말미암아 기뻐하시며 그의 사랑하는 자들로 인해 영원히 즐거워하시리라.
14 그 때에 아브라함과 이삭과 야곱이 크게 기뻐할 것이며 나도 기뻐할 것이요, 모든 성도들이 기쁨으로 옷 입을 것이다.

• •

18장은 레위의 유언 전체의 정점이자, 구약 외경-위경 문헌 중 가장 영광스럽고 명확한 메시아 예언 장이다. 이 장은 타락한 옛 제사장 직분이 폐지된 후, 하나님께서 일으키실 '새로운 제사장'의 모습과 그의 사역, 그리고 그가 가져올 새로운 시대의 축복을 장엄한 시적 언어로 입체적으로 조명한다.

전체 구조는 재림의 영광스러운 모습을 먼저 제시하고(2-5), 그 한가운데에 초림의 구체적인 사역을 삽입한 후(6-9), 다시 재림과 종말의 최종적인 승리와 완성을 묘사하는(10-14) '샌드위치' 형태를 띤다. 이처럼 레위의 유언 18장은 '그리고'라는 접속사를 경첩으로 사용하여(6절 시작과 10절 시작), 재림의 영광스러운 비전과 초림의 역사적 성취, 그리고 종말의 최종적인 완성을 하나의 파노라마로 엮어낸다.

옛 제사장직의 폐지와 새로운 제사장의 등장 (1-2)

1절은 17장 마지막 절과 이어지며, 옛 제사장 직분이 폐지될 것에 대한 예언이며 2절은 여호와께서 직접 '새로운 제사장'을 일으키실 것을 이야기한다. 그는 (1)하나님의 모든 말씀이 그에게 계시되는 완전한 교사이다. (2) 많은 날이 지나 때가 차면 그는 땅에서 '의로운 심판'을 집행할 '의로우신 재판장'이다. Athos사본에는 1절과 2절 사이에 '이삭의 제사장 토라'가 추가되어 있다. 레위의 유언 마지막 페이지의 부록을 참고하라.

그의 정체성: 왕이신 제사장 (3)

'그의 별은 왕의 별처럼 하늘에 떠오를 것이다.' 이 구절은 민수기 24장 17절의 발람의 예언(한 별이 야곱에게서 나오며 한 규가 이스라엘에서 일어나서...)을 상기시킨다. 이 새로운 제사장이 동시에 왕적인 권위를 가질 것임을 명확히 한다. 그는 '지식의 빛'을 태양처럼 비추어 온 세상을 깨우치고, 모든 세상 거주민에게 높임을 받을 것이다.

그의 나라의 특징 (4-5)

그의 통치는 평화를 가져올 것이다. 그가 임할 때 하늘과 땅, 모든 자연 만물이 기뻐하며, '여호와를 아는 지식이 물이 바다 덮음 같이' 온 땅에 충만하게 될 것(사 11:9)이라는 예언이 성취될 것이다.

그의 신적인 인준 (6-7)

이 새로운 제사장은 인간적인 방식으로 세워지지 않는다.

하늘의 열림과 성부의 증언: 그의 사역의 시작은 하늘들이 열리고, 영광의 성전으로부터 거룩함이 그에게 임하며, 아버지의 음성이 직접 그를 인준하는 사건으로 시작될 것이다. 이는 신약성경에 기록된 예수 그리스도의 세례 장면(마 3:16-17)을 정확하게 예고한다.

성령의 임재: '물 가운데서 통찰의 영과 거룩케 하는 영'이 그 위에 머물 것이다. 이 또한 요단강 침례 때 비둘기같이 임하신 성령을 가리킨다.

그의 사역과 그 결과 (8-14)

이 새로운 제사장의 사역은 우주적인 변화를 가져온다.

영적 자녀들 (8): 그에게는 육신의 혈통적 자녀는 없지만, 그는 수많은 영적 자녀들을 얻게 될 것이다.

이방인의 구원과 죄의 종식 (9): 그의 제사장 직무를 통해 이방인들이 구원을 얻고, 죄가 종식되며, 불법자들은 악에서 벗어나고, 의인들이 참된 안식을 누리게 된다.

에덴의 회복 (10-11)

새로운 제사장은 닫혔던 '낙원의 문들'을 다시 열고, 생명나무로 나아가는 길을 막고 있던 '아담을 대적하며 위협하는 칼'을 제거하며, 성도들에게 생명나무로부터 먹도록 해주실 것이다. 이는 둘째 아담인 새로운 제사장의 사역은 첫째 아담의 타락으로 잃어버렸던 에덴을 회복하는 것임을 의미한다. 따라서 새로운 제사장이 이 '칼을 제거한다'는 것은, 하나님과 인간 사이의 깨어진 관계가 회복되고, 지성소의 휘장이 찢어지듯(레위 10:3) 신의 임재 앞으로 다시 나아갈 수 있는 길이 열림을 의미하며, 초림 때 오셔서 휘장을 찢으시며 열리기 시작한 에덴의 회복은 재림 때 완성될 것이다.

사탄에 대한 최종 승리 (12)

그는 벨리알(사탄)을 결박하고, 그의 자녀(성도)들에게 악한 영들을 짓밟는 권세를 줄 것이다.

우주적 기쁨 (13-14)

그의 최종 승리로 인해 하나님 자신과, 아브라함부터 시작된 모든 믿음의 조상들, 그리고 모든 성도들이 함께 기뻐하는 우주적인 축제가 열릴 것이다.

> "또 너희에게 이르노니 동 서로부터 많은 사람이 이르러 아브라함과 이삭과 야곱과 함께 천국에 앉으려니와" (마 8:11)
> "너희로 내 나라에 있어 내 상에서 먹고 마시며 또는 보좌에 앉아 이스라엘 열두 지파를 다스리게 하려 하노라"(눅 22:30])

결론적으로 18장은 레위의 옛 제사장직의 실패를 넘어 장차 오실 왕이자 대제사장이신 메시아를 통해 성취될 영광스러운 새 시대를 가장 완벽하고 상세하게 그리고 있다. 이는 신약의 복음서와 서신서들이 증언하는 예수 그리스도의 인격과 사역, 그리고 그가 가져올 하나님 나라의 모습을 놀라운 통찰력으로 예언하고 있는 『열두 족장의 유언』의 신학적 정점이라 할 수 있다.

제19장

마지막 결단과 레위의 죽음

1 이제 나의 자녀들아, 너희는 모든 것을 들었으니 빛을 택할 지 어둠을 택할 지, 여호와의 토라를 택할 지 벨리알의 행위들을 택할 지 스스로 결단하라."

2 그의 아들들이[37] 그에게 대답하여 말했다. "여호와 앞에서 우리는 그분의 토라를 따라 행하겠나이다."

---

37. 레위가 1인칭 서술자에서 3인칭으로 전환된다. 1:1-2, 19:2-5는 레위를 3인칭으로 서술하고 2:1-19:1은 레위가 1인칭 서술자로 나온다.

3 그들의 아버지가 그들에게 말했다. "너희 입에서 나온 말에 대해 여호와께서 증인이시며, 그분의 천사들도 증인이고, 너희도 증인이며, 나도 증인이다." 그의 아들들이 말했다. "우리가 증인입니다."

4 이와 같이 레위가 그의 아들들에게 명령하기를 마치고 침대 위에서 발을 뻗고 그의 조상들에게로 돌아갔다. 그는 137 세를 살았다.

5 그들은 그를 관에 넣고 그 이후에 헤브론에 있는 아브라함과 이삭과 야곱 곁에 그를 묻었다.

....

19장은 레위의 긴 유언을 마무리하며, 그의 아들들에게 마지막 결단을 촉구하고 그의 평화로운 죽음을 기록한다.

마지막 결단 촉구 (1)

레위는 모든 예언과 가르침을 마친 후, 선택권을 아들들에게 넘겨준다. 그들의 앞에는 두 가지 길, 즉 '빛과 어둠', '여호와의 토라와 벨리알의 행위'가 놓여 있다. 그는 강요하지 않고 그들 스스로 이 두 길 중 하나를 결단하라고 명령한다. 이는 인간의 자유의지와 책임 있는 선택의 중요성을 강조하는 것이다.

아들들의 서약과 언약적 증인 (2-3)

아들들은 주저 없이 '여호와의 토라를 따라 행하겠다'고 서약한다. 이에 대해 레위는 그들의 서약에 대한 네 명의 증인을 세운다. 바로 '여호와', '그의 천사들', '너희 자신', 그리고 '나(레위)'이다. 이는 그들의 결단이 단순한 약속이 아니라, 하늘과 땅, 과거(조상)와 현재(자신) 모두를 증인으로 세우는 돌이킬 수 없는 언약임을 선포하는 것이다.

평화로운 죽음과 장례 (4-5)

모든 사명을 마친 레위는, 다른 족장들과 마찬가지로 '발을 뻗고 그의 조상들에게로 돌아갔다.' 그는 137세라는 형제들 중 가장 긴 수명을 누렸다. 그의 아들들은 그의 유언에 따라 그의 뼈를 관에 넣어 마침내 조상의 땅 헤브론에 안장한다.

부록: 이삭의 제사장 토라

아토스 사본[38] '레위의 유언' 18장 1절과 2절 사이에 추가되어 있는 '이삭의 제사장 토라' 부분의 한글 번역은 다음과 같다.

1. 나는 내 할아버지 이삭에게 갔다. 그는 다시 나를 축복해 주셨고, 주님께서 나를 제사장으로 세우신 것을 아셨기에 내게 '제사장 직분의 토라'를 가르치기 시작하셨다. 그가 내게 말했다.

2. "레위야, 내 아들아, 모든 음행과 모든 더러운 것으로부터 네 자신을 지켜라. 너는 젊을 때에 내 집안, 곧 내 아버지 아브라함의 혈통에서 아내를 맞이하되, 슬기롭고 정숙한 여인을 택하여라.

3. 너의 씨가 이방 여인들의 씨에 섞여 더럽혀지지 않도록 하여라. 이런 짓을 하는 자는 모두 저주를 받을 것이다. 너는 아브라함의 씨요, 지극히 높으신 하나님의 제사장이기 때문이다.

4. 성소에 들어가기 전에 목욕하여라. 제물을 바치려 할 때에는 네 손과 발을 씻어라. 제물로 쓸 나무를 바칠 때에는 그것을 쪼개서 먼저 흠이 있는지 살핀 후에 드려라. 나도 내 아버지 아브라함께서 그렇게 하시는 것을 보았다.

5. 그가 향기로운 향이 나는 열두 종류의 나무 중에서 어떤 것이 제단에 드리기에 합당한지를 내게 말씀해 주셨는데, 그 이름은 다음과 같다. 백향목, 전나무, 소나무, 편백나무, 올리브나무 가지, 월계수, 화석류, 아스포델, 무화과나무, 들올리브나무, 아몬드나무, 그리고 향나무이다. 이것들이 번제물로 제단 위에 놓기에 합당하다고 내게 말씀하셨다.

6. 이 나무들을 제단 위에 놓고 불이 타오르기 시작하면, 너는 제단 사면에 피를 뿌리기 시작해야 한다. 다시 피 묻은 네 손과 발을 씻고, 소금으로 간 한 제물의 각 부위를 드리기 시작하여라. 먼저 머리를 드리되, 잡은 짐승의 피가 보이지 않

---

38. Athos 사본에 대해서는 레위의 유언 2장 '레위의 기도문'의 각주를 참고하라.

> 도록 기름으로 덮어야 한다. 그다음에는 목과 어깨, 가슴과 허리, 그리고 그에 딸린 발을 드려라. 내장은 물로 깨끗이 씻어야 한다. 너는 그 모든 것을 소금으로 간 하여 드려야 한다.
>
> 7. 이 모든 것을 드린 후에, 너는 기름을 섞은 고운 가루를 그 각 부위와 함께 드려야 한다. 이 모든 것 다음에 포도주를 부어드리고, 이 모든 것 위에 유향을 태워라.
>
> 8. 그리하면 너의 모든 일이 올바른 절차에 따라 이루어질 것이며, 너의 모든 제물은 지극히 높으신 하나님 앞에 기쁘게 받으시는 향기로운 제물이 될 것이다."

제사장 토라의 반복 전수 (1): 본문은 레위가 헤브론에 거주하던 이삭에게 가서 '다시' 축복받는 장면으로 시작한다. 레위는 이미 야곱과 천사에게서 축복을 받았으며(레 2:1, 8장), 제사장 직무에 대한 토라도 이미 전수받았다(레 9장). 이삭의 토라는 단순한 반복이 아니라, 할아버지가 손자에게 제사장 직분의 핵심을 재차 강조하고 더 깊이 각인시키려는 '의도적인 반복 교육'의 성격을 띤다. 특히 이 가르침을 '제사장 직분의 토라'라고 명명한 것은, 모세 이전부터 체계화된 신성한 제사장 토라가 족장들을 통해 전수되었음을 명백히 한다.

혈통과 씨의 성결 (2-3): 제사장 토라의 첫 번째 가르침은 혈통의 성결이다. 아브라함의 혈통 안에서 '슬기롭고 정숙한' 아내를 맞이하라는 명령은, 제사장 가문의 영적, 지적 기초를 세울 어머니의 역할을 강조한다. 3절의 번역, "너의 씨가 이방 여인들의 씨에 섞여 더럽혀지지 않도록 하여라"는 단순한 통혼 금지를 넘어 거룩한 '언약의 씨'가 이질적인 '이방의 씨'에 섞여 그 본질이 오염되는 것을 막으려는 강력한 분리의 명령이다.

아브라함으로부터 온 제사장 직무 (4-5): 제사의 구체적인 규정이 모세가 아닌 아브라함에게서 기원했음을 보여주는 매우 중요한 부분이다. 제물용 나무를 살피는 규정을 언급하며 "나도 내 아버지 아브라함께서 그렇게 하시는 것을 보았다"고 말함으로써, 이삭은 자신이 이 법의 창시자가 아니라 '전수자'임을 분명히 한다. 더 나아가 5절에서는 제물용 나무 열두 종류를 알려준 주체가 바로 아브라함("그가… 내게 말씀해 주셨는데")이었음을 명시한다. 이는 제사장 토라의 원천이 족장들의 왕인 아브라함에게 있음을 확증하는 결정적인 증언이다.

거룩한 제사의 절차 (6-7): 제사를 드리는 상세한 절차는 이 토라가 얼마나 체계적이고 실제적인지를 보여준다. 피를 뿌리는 순서, 피 묻은 손발을 다시 씻는 정결법, 모든 제물에 소금을 치는 규정, 머리부터 시작하여 각 부위를 드리는 순서, 그리고 내장을 씻는 방법 등은 정교하고 체계화된 제의 지식이다. 특히 7절에서 포도주를 '부어드리고'라는 표현은 전제(奠祭)를 드리는 구체적인 행위를 묘사하며, 이 가르침이 실제적인 제사장의 매뉴얼이었음을 증명한다.

하나님이 받으시는 제사 (8): 모든 가르침의 결론은 이 모든 절차와 규정이 지켜질 때, 그 제물이 '지극히 높으신 하나님 앞에 기쁘게 받으시는 향기로운 제물'이 된다는 약속이다. 이는 제사장 토라의 궁극적인 목적이 인간의 만족이 아닌, 하나님의 기쁨과 그분과의 올바른 관계 회복에 있음을 보여준다.

이 '이삭의 토라'는 레위의 유언 9장과의 유사성에도 불구하고, 단순한 반복이 아니다. 이것은 제사장으로 막 첫발을 내딛는 레위에게 족장 전승의 최고 권위자인 이삭이 그 법도의 원천(아브라함)과 구체적인 실행 방법, 그리고 궁극적인 목적을 재확인시켜주는 핵심적인 심화 교육 과정이다. 이 본문은 모세 이전 시대에 이미 존재했던, 살아있고 역동적인 '족장들의 토라'를 생생하게 증언하고 있다.

유다의 유언

제1장

유다의 출생과 축복

1 이것은 '유다의 유언'의 사본이니 그가 죽기 전 그의 아들들에게 전해준 말이다.

2 그들이 함께 모여 유다에게 오자 그가 그들에게 말했다.

3 "나의 자녀들아, 너희 아버지 유다의 말을 들으라. 나는 내 아버지 야곱에게서 태어난 넷째 아들이며 나의 어머니 레아는 나를 유다라 이름지으며 말했다. "내가 여호와께 감사함은 여호와께서 내게 네 번째 아들을 주셨기 때문이라.

4 나는 젊었을 때 민첩했으며 모든 것에서 아버지에게 순종했다.

5 그리고 나는 어머니와 이모를 공경했다.

6 내가 어른이 되었을 때 아버지가 나를 축복하며 말씀하셨다. "너는 왕이 될 것이며 모든 일에서 번영할 것이다."

• •

유다의 유언 1장은 그의 정체성의 근원을 밝히는 서론이다. 야곱의 넷째 아들 유다는 레아의 넷째 아들로 태어났으며, 그의 이름 예후다(יְהוּדָה) 자체가 '찬양'과 '감사'를 의미한다. 그의 젊은 시절은 '민첩함', 아버지에 대한 '순종', 그리고 어머니(레아)와 이모(라헬)

모두를 '공경'하는 모습으로 요약되는데, 그의 판단이 빠르고 신속하게 대응하는 기질과 권위에 대한 태도의 결과로 그는 아버지 야곱으로부터 '너는 왕이 될 것이며, 모든 일에서 번영할 것''이라는 축복을 받는다. 이 구절은 유다가 왕권을 가지게 된 정당성이 '그의 타고난 민첩한 기질'과 '권위에 대한 순종'에 대한 아버지의 축복과 예언이었음을 강조하며, 유언 전체의 서막을 연다.

제2장

용맹한 목자 유다

1 여호와께서 집에서도 들에서도 내가 하는 모든 일에 은총을 베푸셨다.
2 나는 사슴을 쫓아가 잡아서 아버지를 위해 별미를 준비해 드렸으며 아버지는 그것을 즐겨 드셨다.
3 나는 노루들을 사냥하는데 숙달되었고 들판에 있는 모든 것을 쫓아가 잡았다. 야생 암말도 뒤쫓아 붙잡아서 길들였다.
4 나는 사자를 죽이고 그 사자 입에서 새끼 염소를 빼냈다. 나는 곰의 발을 잡아 절벽 아래로 내던져 죽였다.
5 나는 야생 멧돼지를 만나면 추격하며 달리다가 잡아서 찢었다.
6 헤브론에서 표범이 나의 개에게 뛰어올라 잡았으나 나는 그 꼬리를 붙잡아 바위 위로 던져 두 동강 냈다.
7 나는 들판에서 풀을 뜯고 있는 야생 소의 뿔을 붙잡고 빙빙 돌려 기절시킨 후 내던져 죽였다.

• •

2장은 유다의 육체적인 힘과 용맹함을 생생하게 묘사한다. 그는 단순히 양을 치는 목자가 아니라, 맹수로부터 양 떼와 가족을 보호하는 강력한 '전사(warrior) 목자'이다. 사자, 곰, 표범, 멧돼지 등 온갖 맹수들을 맨손으로 제압하는 그의 모습은, 훗날 동일한 영웅적 행적을 보여줄 다윗 왕의 완벽한 예표이다. 이 구절들은 유다 지파의 왕권이 단순히 혈통에만 근거한 것이 아니라, 백성을 보호할 수 있는 실제적인 힘과 용기의 DNA에서 비롯되었음을 볼 수 있다. 또한, 그가 사냥한 짐승으로 아버지를 기쁘게 해드리는 모습은 그의 효심과 충성심을 보여준다.

제3장

유다의 개인적 무용담과 신적 보호: 이스라엘 북부와 중앙 산지

1 가나안 족속의 두 왕이 갑옷을 입고 큰 무리를 이끌고 우리 양 떼를 치러 왔을 때 나는 혼자 하솔 왕에게 달려들어 그의 정강이를 쳐서 그를 끌어내려 죽였다.

2 또 다른 왕, 곧 답부아 왕이 그의 말을 타고 있었을 때 내가 그를 죽였고 그의 무리를 모두 흩어버렸다.

3 거대한 체구를 가진 아골 왕을 내가 마주쳤을 때, 그는 말을 타고 앞뒤로 창을 던졌다. 나는 60리트라[39] 무게의 돌을 들어 던져 그의 말을 쳐 죽였다.

4 나는 아골과 두 시간 동안 싸우며 그의 방패를 두 동강 내고 그의 발을 자르고 그를 죽였다.

5 내가 그의 흉갑을 벗기고 있을 때 그의 동료 아홉 명이 나를 공격하기 시작했다.

6 나는 내 옷을 손에 감고 그들에게 돌을 던져 그들 중 네 명을 죽였으며 나머지는 도망쳤다.

7 그리고 나의 아버지 야곱은 모든 왕중의 왕 베엘리사를 죽였는데 그는 키가 12 규빗이나 되는 힘이 센 거인이었다.

8 그러자 두려움이 그들에게 임했고 그들은 우리와 싸우길 멈췄다.

9 아버지는 내가 형제들과 함께 있을 때면 전쟁에 대해 걱정하지 않으셨다.

10 이는 그가 나에 관한 환상을 보셨는데 능력의 천사가 어디든지 나를 따라다니며 내가 패하지 않도록 돕는 것을 보셨기 때문이다.

---

39. 약20kg

3장은 유다의 용맹함이 목축의 현장을 넘어 가나안 족속과의 실제적인 전쟁에서 어떻게 발휘되었는지를 보여준다.

가나안 왕들과의 개인 전투 (1-6)

이 부분은 유다의 개인적인 무용담을 상세히 기록한다. 그는 혼자서 하솔 왕을 상대하고, 말을 탄 답부아 왕을 죽이며, 거구인 아골 왕과 두 시간 동안 싸워 이기는 등 초인적인 힘을 보여준다. 돌을 던져 말을 쓰러뜨리고, 방패를 두 동강 내는 등의 구체적인 묘사는 전투 상황을 생생하게 전달하며, 이것이 꾸며낸 이야기가 아닌 실제 경험의 기록임을 시사한다. 특히 3장 1절에서 '하솔 왕'을 명확히 언급함으로써, 이 사건이 여호수아 시대 이전, 족장 시대에 이미 하솔 지역에 강력한 권세가 존재했음을 보여주는 중요한 단서가 된다.

야곱의 활약과 유다를 향한 신뢰 (7-10)

유다의 용맹뿐만 아니라 그의 아버지 야곱 역시 12규빗(약 5.4미터)에 달하는 거인 왕 베엘리사를 직접 처치한 강력한 전사였다. 이는 야곱이 단순히 영적인 족장이 아니라, 실제 전투에서도 부족을 이끈 지도자였음을 보여준다. 더 중요한 것은 야곱이 환상을 통해 '능력의 천사'가 유다와 항상 함께하며 그를 보호하는 것을 보았다는 사실이다. 이는 유다의 힘이 단순히 개인의 능력이 아니라 하나님의 신적인 개입과 보호하심이 항상 그를 따르는 결과임을 증언한다. 이 믿음이 있었기에 야곱은 유다가 전쟁에 나설 때 걱정하지 않을 수 있었다.

제4장

남방 정벌과 헤브론 점령

1 그 후 남쪽에서 세겜에서의 전쟁보다 더 큰 전쟁이 우리에게 일어났다. 나는 형제들과 전투 대형을 갖추어 1,000명을 추격하여 그들 중 200명과 4명의 왕을 죽였다.

2 그리고 나는 성벽 위로 올라가 다른 두 왕을 죽였다.

3 그래서 우리는 헤브론을 점령했고 왕들의 전리품을 모두 차지하였다.

세겜보다 더 큰 전쟁 (1-2)

이 장은 세겜에서의 전투(창세기 34장)보다 규모가 훨씬 큰 전쟁이 남쪽 지역에서 일어났음을 기록한다. 유다는 형제들과 함께 '전투 대형'을 갖추고 조직적으로 움직였다. 이는 야곱의 아들들이 우발적인 전투가 아닌, 체계적인 군사 작전을 수행할 능력을 갖추고 있었음을 보여준다. 천 명을 추격하여 200명과 네 명의 왕을 죽이고, 성벽에 올라가 두 왕을 더 죽이는 모습은 유다가 개인적인 용사를 넘어 탁월한 군사 지도자로 성장했음을 보여준다.

헤브론 점령과 전리품 획득 (3)

헤브론은 아브라함과 이삭, 야곱에게 매우 중요한 의미를 지닌, 조상들의 땅이다. 그곳을 군사적으로 점령하고 왕들의 전리품을 차지했다는 기록은, 야곱의 가족이 가나안 땅의 상속자로서 자신들의 권리를 확보해 나가는 과정을 보여주는 중요한 사건이다. 이는 유다의 리더십과 야곱 가족의 군사적 성장을 보여주는 중요한 대목이다.

제5장

아레다와 답부아 성의 함락

1 다음 날, 우리는 아레다로 떠났는데 그 성은 견고하고 성벽으로 둘러싸여 있으며 접근하기 어려워 우리를 죽음으로 위협하는 곳이었다.

2 갓과 나는 그 성의 동쪽에서 접근했고 르우벤과 레위는 서쪽에서 접근했다.

3 성벽 위에 있던 자들은 우리만 있는 줄 알고 우리를 향해 내려왔다.

4 그러자 나의 형제들은 반대쪽 성벽으로 사다리를 타고 올라가 성 안으로 들어갔으나 그들은 이를 알지 못했다.

5 우리는 칼날로 그 성을 점령하였다. 성벽 위에 있던 사람들은 망대로 도망쳤고 우리는 그 망대에 불을 질렀다. 그리하여 그들을 점령하였고 그들의 모든 소유를 취하였다.

6 우리가 떠나려 할 때 답부아 사람들이 우리의 전리품을 노렸으나 우리는 전

리품을 우리 아들들에게 맡기고 답부아까지 쫓아가 그들과 싸웠다.

7 우리는 그들을 죽이고 그들의 성을 불태웠으며 그 성 안에 있는 모든 것을 전리품으로 취하였다.

....

5장은 유다가 형제들과 함께 전략적인 협동 작전을 통해 견고한 성읍들을 정복하는 과정을 상세히 묘사한다.

전략을 통한 아레다 점령 (1-5)

이 부분은 야곱의 아들들이 단순한 힘뿐만 아니라 뛰어난 군사 전략을 사용했음을 보여준다. 견고하고 접근하기 어려운 성 아레다를 공략하기 위해, 유다와 갓이 동쪽에서 공격하는 척 시선을 끄는 동안 르우벤과 레위가 반대편 서쪽에서 사다리를 이용해 성벽을 넘는 작전을 펼쳤다. 이는 여호수아 8장의 아이 성 전투를 상기시킨다.

답부아와의 전투 (6-7)

아레다를 점령한 후, 전리품을 노리고 공격해온 답부아 사람들과의 전투가 이어진다. 여기서 야곱의 아들들은 전리품을 자신들의 아들들에게 맡기고 직접 적을 추격하여 격파함으로써 완전한 승리를 이룬다.

제6장

계속되는 정복 전쟁

1 내가 고세바의 물가에 있을 때 요벨 사람들이 우리와 싸우러 쳐들어왔다.

2 우리는 그들과 싸워 그들을 물리쳤고, 실로에서 온 그들의 동맹군들도 죽였으며, 우리는 그들이 다시 우리를 대적할 힘을 남겨두지 않았다.

3 그 후 마길 사람들이 다섯째 날 우리 전리품을 빼앗으려 우리에게 들이닥쳤다. 우리는 그들을 공격하여 맹렬한 전투 끝에 그들을 무찔렀다. 그들 중에는 용사들이 많았으나 우리는 그들이 높은 곳으로 올라가기 전에 그들을 죽였다.

4 우리가 그들의 성에 이르렀을 때 그들의 여인들이 성이 세워진 그 언덕 꼭대기 위에서 우리를 향해 돌을 굴려 내렸다.

5 시므온과 나는 성 뒤쪽으로 몰래 숨어 들어가 높은 곳을 점령한 후 그 성 전체를 파괴했다.

....

6장은 유다의 정복 전쟁이 계속되는 모습을 보여준다.

요벨 및 실로 동맹군 격퇴 (1-2)

고세바 물가에서 요벨 사람들과의 전투가 벌어진다. 특히 '실로에서 온 그들의 동맹군들'이라는 언급이 중요하다. 실로는 훗날 이스라엘의 종교적 중심지가 되는 장소이다. 이 기록은 족장 시대에 이미 실로 지역에 가나안 토착 세력이 존재했으며, 이들이 다른 성읍들과 군사 동맹을 맺고 있었음을 보여주는 역사적 가치가 있는 정보다. 야곱의 아들들은 이 동맹군을 격파하여 다시는 대적하지 못하도록 만들었다.

마길과의 전투와 산성 공략 (3-5)

마길 사람들과의 전투는 또 다른 형태의 어려움을 보여준다. 적들은 용사들이 많았고, 높은 곳의 지형적 이점을 활용하려 했다. 특히 그들의 여인들까지 성벽 위에서 돌을 굴리며 저항하는 모습은, 당시 전투가 부족 전체의 생존이 걸린 총력전이었음을 생생하게 보여준다. 시므온과 유다가 몰래 성 뒤로 돌아가 높은 곳을 먼저 점령하는 전략을 사용하여 승리한 것은, 유다가 지형의 불리함을 극복하는 전략을 구사하는 뛰어난 지휘관이었음을 보여준다.

제7장

전쟁의 마무리: 가아스 함락과 평화 조약

1 다음 날 우리는 가아스 성의 왕이 강력한 군대를 거느리고 우리를 치러 온다는 소식을 들었다.

2   그래서 단과 나는 아모리인으로 위장하고 동맹군인 척하며 그들의 성으로 들어갔다.

3   밤이 깊었을 때 우리 형제들이 도착했고 우리는 그들에게 성문을 열어주었다. 우리는 모든 사람과 그들의 재산을 파괴했고, 그들의 모든 소유를 전리품으로 취하였으며, 그들의 삼중 성벽을 허물어 버렸다.

4   우리는 우리를 대적하는 왕들의 온갖 군수품이 보관된 창고가 있는 딤나로 가까이 다가갔다.

5   그때 그들로부터 모욕을 당하자 나는 분노하며 언덕 꼭대기로 달려갔다. 그들은 계속 나를 향해 돌을 던지고 화살을 쏘았다.

6   내 아우 단이 나를 돕지 않았더라면 그들이 나를 죽였을 것이다.

7   우리는 분노하여 그들에게 달려들었고 그들은 모두 도망쳤다. 그들은 다른 길로 돌아가서 내 아버지에게 간청했고 아버지는 그들과 평화 조약을 맺으셨다.

8   우리는 그들에게 아무런 해도 가하지 않았으며, 그들은 우리에게 조공을 바치는 자가 되었고, 우리는 그들의 전리품을 그들에게 되돌려주었다.

9   그 후 나는 딤나를 건축했고 내 아버지는 람바엘을 건축하셨다.

10 이 전쟁이 일어났을 때 나는 20세였다.

11 가나안 사람들은 나와 내 형제들을 두려워했다.

・・・・・・・・・・・・・・・・・・・・・・

7장은 유다의 긴 전쟁 서사의 마지막을 장식하며, 그의 군사적 지략과 더불어 화해와 평화의 모습을 보여준다.

위장 전술과 가아스 파괴 (1-3)

가아스 성을 공략하기 위해 유다와 단은 아모리인으로 위장하여 동맹군인 척 성 안으로 들어가는 과감한 기만 전술을 사용한다. 밤에 형제들을 위해 성문을 열어주는 장면은, 이들이 얼마나 대담하고 치밀하게 작전을 수행했는지를 보여준다. 성의 모든 사람과 재산을 파괴하고 '삼중 성벽'을 허물었다는 기록은, 가아스가 매우 견고한 요새였으며, 야곱의 아들들이 적의 근거지를 완전히 무력화시키려 했음을 보여준다.

딤나에서의 위기와 단의 도움 (4-8)

딤나 근처에서 유다는 분노에 차 적진으로 돌격하다가 죽을 위기에 처한다. 이 장면은 유다가 항상 완벽한 영웅이 아니었으며, 때로는 감정에 휩싸여 위험에 빠지기도 하는 인간적인 면모를 보여준다. 아우 단이 그를 돕지 않았다면 죽었을 것이라는 고백은 형제간의 신뢰와 협력의 중요성을 다시 한번 강조한다.

평화 조약과 관용: 이 장의 가장 큰 특징은 전쟁의 마무리가 완전한 파괴가 아닌 '평화 조약'으로 이어진다는 점이다. 아버지 야곱의 중재를 통해 유다는 적들과 평화 조약을 맺고, 심지어 그들의 전리품까지 되돌려주는 관용을 베푼다. 이는 유다의 전투력이 단순히 정복과 파괴에만 있는 것이 아니라, 평화를 구축하고 질서를 세우는 왕으로서의 통치 능력까지 갖추었음을 보여주는 중요한 대목이다.

전쟁 이후와 유다의 나이 (9-11)

전쟁이 끝난 후 유다는 딤나를 건축하고, 아버지 야곱은 람바엘을 건축했다. 이는 파괴 이후에 새로운 질서를 세우고 정착지를 건설하는 단계로 나아갔음을 의미한다. 마지막으로, 유다가 20세라는 젊은 나이에 이처럼 중대한 군사적 경험을 했다는 기록은 그의 파란만장했던 젊은 시절에 대한 생생한 증언을 입체적으로 보여주는 것이다.

결론적으로 1장에서 7장까지의 유다의 유언은 유다 지파가 어떻게 왕권을 차지할 자격을 얻게 되었는지를 서사적으로 증명하는 과정이다. 그는 개인적인 용맹함, 형제들과의 협력을 통한 군사적 리더십, 뛰어난 지략, 그리고 마지막으로 평화를 구축하는 통치 능력까지 갖춘 명실상부한 왕의 재목이될 DNA를 가진 자였다.

유다의 영웅담에 나타난 가나안 정복, 다윗 왕조, 그리고 마지막 때의 예언

유다의 유언 1-7장의 전투 이야기는 단순히 과거 한 개인이나 가족의 사건이 아니라 이스라엘의 전 역사를 관통하며 반복되고 성취되는 다층적 예언(multi-layered prophecy)으로 보아야한다.

『유다의 유언』 1-7장에 기록된 긴 전쟁 이야기는 표면적으로는 유다가 젊은 시절(20세 유다 7:10)에 겪었던 영웅적인 전투의 이력이다. 그러나 이는 단순한 과거의 회상을 넘어 이스라엘의 구속사 전체를 관통하는 네 가지 다른 차원의 사건들을 예표하고 예언하는 '원형적 사건'의 패턴으로 해석될 수 있다.

1. 역사적 차원: 청년 유다의 영웅담

가장 문자적인 차원에서 이 이야기는 청년 유다가 어떻게 자신의 용맹함과 지략, 그리고 형제들과의 연합을 통해 가나안 땅의 적대적인 왕들로부터 자신의 가족 공동체를 지켜냈는지를 보여준다. 그는 어린 시절 맹수를 때려잡는 목자(2장)에서 시작하여 거인 왕을 쓰러뜨리는 영웅(3장), 그리고 여러 성읍을 점령하는 지휘관(4-7장)으로 성장한다. 이 모든 과정은 유다 지파가 왕권을 차지하게 된 근거가 그의 전투력을 발휘하는 타고난 리더십과 천사들을 통한 하나님의 보호하심에 있었음을 증명한다.

2. 민족적 차원: 가나안 정복 전쟁의 예표

유다의 전쟁은 훗날 여호수아와 갈렙의 지휘 아래 이스라엘 민족 전체가 수행하게 될 가나안 정복 전쟁의 축소판이자 예표이다.

하솔 정복 (3:1): 유다가 하솔을 점령한 것은 훗날 여호수아가 가나안 북부 동맹의 중심지였던 하솔을 정복하는 결정적인 사건(수 11장)을 미리 보여준다.

협동 작전: 유다가 갓, 르우벤, 레위, 시므온, 단 등 다른 형제들과 연합하여 전략적으로 성읍들을 점령하는 모습(5-7장)은 이스라엘 열두 지파가 함께 힘을 합쳐 약속의 땅을 정복해 나가는 미래의 모습을 예고한다.

3. 다윗 왕의 원형

유다의 개인적인 영웅담은 그의 가장 위대한 후손인 다윗 왕의 생애를 놀라울 정도로 미리 보여주는 원형이 된다.

전사 목자: 맹수로부터 양 떼를 지키는 용맹한 목자(2장)의 모습은, 사자와 곰을 물리쳤던 소년 다윗의 모습(삼상 17:34-36)과 정확히 겹쳐진다.

거인과의 싸움: 유다가 20-30kg의 돌을 던져 거인 왕 아골의 말을 쓰러뜨리고(3:3), 결국 그를 죽이는 장면은 다윗이 물매로 거인 골리앗을 쓰러뜨린 사건의 상징적인 예고편이다.

하나님의 함께하심: 유다의 모든 승리가 '능력의 천사'의 도움으로 이루어졌다는 야곱의 환상(3:10)은 다윗이 '만군의 여호와의 이름으로' 승리했던 것처럼 유다 왕조의 승리가 전적으로 하나님의 개입에 달려 있음을 보여준다.

4. 종말론적 차원: 마지막 때의 전쟁 예언

더 나아가, 이 전쟁 서사는 먼 훗날 마지막 때에 이스라엘이 겪게 될 종말론적 전쟁을 예표한다.

적들의 연합: 가나안의 여러 왕들이 연합하여 야곱의 가족을 공격하는 모습은 마지막 때에 주변의 적대적인 국가들이 연합하여 이스라엘을 공격할 것을 예고한다.

최종 승리와 평화: 유다가 모든 적들을 물리치고, 일부와는 '평화 조약'을 맺으며, 딤나와 같은 군수물자기지 성읍을 건축하여(7:8-9) 안정과 질서를 구축하는 모습은 이스라엘이 마지막 때의 큰 전쟁에서 최종적으로 승리하고, 주변 국가들과 '평화 협정'을 맺게 될 그림을 제시한다.

결론적으로 유다의 유언 1-7장은 단순히 한 개인의 과거 영웅담이 아니다. 그것은 가나안 정복, 다윗 왕조의 설립, 그리고 마지막 때의 최종 승리라는 이스라엘 구속사의 핵심적인 사건들을 모두 담고 있는 다층적인 예언 서사이다. 유다 한 사람의 삶을 통해 하나님께서는 장차 그의 후손들을 통하여 이루실 위대한 구원의 역사를 미리 보여주고 계신 것이다.

제8장

유다와 가나안 여인의 결혼과 자녀들

1 나는 많은 가축을 소유했으며 아둘람 사람 히람에게 내 가축을 맡겼다.

2 내가 그에게 갔을 때 나는 아둘람 성주 바르사바를 만났다. 그는 우리를 위해 술잔치를 열어주었고 내가 술에 취하자 나를 설득하여 그의 딸 밧수아를 나에게 아내로 주었다.
3 그녀는 나에게 엘과 오난과 셀라를 낳아주었으나 그들 중 두 명은 여호와께서 치셔서 자식 없이 죽었고 셀라는 살아 남았으니 너희는 그의 자손이다.

....

8장은 유다의 삶에서 중요한 전환점이자 비극의 시작이 되는 '가나안 여인과의 결혼'을 다룬다. 유다는 '많은 가축을 소유한' 부유한 젊은이였고, '아둘람 사람 히람'과 교류하고 있었다(창세기 38:1).

죄의 시작 (술과 충동적인 결혼): 유다는 아둘람 성주가 베푼 술잔치에서 술에 취해 분별력을 잃고, 왕의 설득에 넘어가 그의 딸 밧수아를 아내로 맞이한다. 이는 그의 결혼이 신중한 고려나 하나님의 뜻을 묻는 과정 없이, 육체적인 충동과 비이성적인 상태에서 이루어졌음을 보여준다. 이방 여인과 특히 가나안 여인과의 결혼은 당시 족장들의 신앙 전통에 어긋나는 것이었다.

죄의 결과 (아들들의 죽음): 이 잘못된 결혼의 결과는 비극적이었다. 밧수아가 낳은 세 아들 중, 엘과 오난은 그들의 악함으로 인해 여호와께서 치셔서 자식 없이 죽었다. 유다의 잘못된 선택이 다음 세대에까지 그 집안의 비극으로 이어졌음을 보여준다. 오직 셋째 아들 셀라만이 살아남아 유다의 가문을 잇게 된다.

제9장

에서와 그의 아들들과의 전쟁

1 우리가 메소포타미아, 곧 라반의 집에서 나온 후 아버지와 우리는 그의 형 에서와 그의 아들들과 함께 18년 동안 평화롭게 지냈다.
2 18년이 지난 후, 아버지의 형 에서가 크고 강력한 군대를 이끌고 우리에게 쳐들어왔다.

3 야곱이 에서를 화살로 쏘았고 에서는 상처를 입고 세일 산으로 실려 올라가다가 아도라임[40] 에서 죽었다.

4 우리는 에서의 아들들을 뒤쫓아갔다. 그들에게는 철로 된 성벽과 놋쇠로 된 성문이 있는 성읍이 있었다. 우리는 성읍 안으로 들어갈 수 없어서 성읍을 둘러 진치고 포위했다.

5 20일이 지나도 그들이 우리에게 성문을 열지 않자 나는 모두가 보는 앞에서 사다리를 세우고 방패를 머리에 얹고 3달란트 되는 무게의 돌들이 쏟아지는 공격을 견디며 올라가 용사 4명을 죽였다.

6 그리고 르우벤과 갓은 6명을 더 죽였다.

7 그러자 그들은 우리에게 평화 조약을 요청했고 우리는 아버지와 상의한 후 그들을 조공 바치는 자로 삼았다.

8 그들은 우리가 기근으로 인해 이집트로 내려갈 때까지 곡식 200고르, 기름 500밧, 포도주 500밧을 바쳤다.[41]

• •

9장은 성경에는 기록되지 않은 야곱의 가문과 에서의 가문 사이에 있었던 대규모 전쟁에 대한 독특한 전승을 담고 있다.

에서와의 전쟁과 두 연대기 (1-8)

유다의 유언 9장 1-2절은 야곱의 가족이 라반의 집에서 돌아온 후 18년 동안 에서의 가족과 평화롭게 지내다가 전쟁이 일어났다고 기록한다. 그러나 『희년서』 37-38장은 이 사건을 더 구체적인 연대기와 함께 다룬다.

『희년서』에 의하면, 이삭이 죽던 그 해(A.M. 2162)부터 에서와 야곱 사이에 평화롭게 지내던 관계가 에서의 아들들이 불만을 품은 야곱의 장자권 문제 때문에 깨지기 시작했다. 처음에는 이제 막 아버지 이삭의 장례를 치른 후였기에 에서는 아버지 이삭의 당부를

---

40. 에서가 죽은 세일 산의 언덕 이름이 사본마다 차이가 난다(이람나, 아노니람, 에이람나). 희년서에서는 '아도라임' אדורים으로 되어있다. 아람어/히브리어 지명이 헬라어로 전사 과정에서 변형된 것으로 보이므로, 쿰란에서 약 15개의 사본이 발견되었으며, 상대적으로 사본 전승이 안정적인 희년서의 지명으로 반영했다.

41. 고르 כֹּר: 곡물용, 가장 큰 부피 단위 (약 220L). 밧 בַּת: 액체용 단위, 기름과 포도주 모두에 사용 (약 22L)

기억하며 전쟁을 일으키겠다던 자기 아들들에게 진노하며 분노했었지만, 시간이 지나면서 에서는 야곱에 대한 오랜 원한을 이기지 못했고, 아버지 이삭과 맺은 맹세, 곧 "아우 야곱에게 평생 악을 꾀하지 않겠다"고 했던 맹세를 잊어버리고 아들들과 함께 전쟁을 준비했다.

실제 전쟁이 일어난 시점은 그로부터 5년 후인 A.M. 2167년으로, 당시 야곱은 아내 레아의 죽음으로 애도하던 기간이었다(희년서 37:14). 이 전쟁에서 패배한 에서의 가문은 그때부터 이스라엘이 이집트로 이주하기까지 12년 동안 야곱의 가문에 조공을 바쳤다. 이때 유다의 나이는 약 30-31세였다. 이처럼 『희년서』는 유다의 유언보다 이 전쟁의 배경과 시점에 대해 자세한 연대기적 틀을 제공한다.

제10장

다말에 대한 유다 아들들의 악행

1 이 일 후에 나의 아들 엘이 메소포타미아에서 온 아람의 딸 다말을 아내로 삼았다.

2 그러나 엘은 악했으며 다말이 가나안 땅 출신이 아니라는 이유로 그녀를 몹시 미워했다. 결혼한 지 셋째 날 밤에 여호와의 천사가 그를 쳐서 죽였다.

3 그는 그의 어머니의 악하고 교활한 지시에 따라 그녀를 통해 자식을 가지려 하지 않았다.

4 혼인 잔치 기간 동안 나는 오난을 그녀에게 주어 혼인의 의무를 하게 했으나 그도 악했기에 그녀와 1년을 함께 지냈음에도 불구하고 그녀와 동침하지 않았다.

5 내가 오난을 꾸짖자 그가 다말에게 들어갔으나 그의 어머니가 명한 대로 씨를 땅에 쏟았고, 그 또한 자신의 악함으로 말미암아 죽었다.

6 그 후 나는 셀라도 다말에게 주고자 했으나 그의 어머니가 이를 허락하지 않았다. 그녀는 다말이 자신과 달리 가나안 족속의 딸이 아니라는 이유로 다말에게 악행을 저질렀다.

10장은 창세기 38장에 기록된 다말 사건의 배경과 동기를 더 상세하게 설명한다.

죄의 근원-가나안인 아내의 악행: 유다의 유언은 이 모든 비극의 근원을 유다의 아내, 즉 가나안 여인 밧수아의 악의에서 찾는다. 그녀는 며느리 다말이 가나안 땅 출신이 아니라는 이유로 그녀를 미워하고, 아들들에게 다말과 동침하지 말라고 지시하는 등, 집안의 대를 끊으려는 악행을 주도한다. 이는 유다가 이방 여인과 결혼한 죄(8장)가 어떻게 다음 세대에 더 큰 죄악의 씨앗이 되었는지를 보여준다.

아들들의 악행: 아들들인 엘과 오난은 어머니의 악한 지시에 따라, 결혼의 의무를 거부하고 다말을 핍박하다가 결국 하나님의 심판을 받아 죽는다. 이 유언은 오난이 씨를 땅에 쏟은 행위가 단순히 형의 대를 이어주기 싫어서만이 아니라, 이방 여인을 며느리로 인정하지 않으려는 어머니의 악한 명령에 순종한 결과였음을 밝힌다.

제11장

유다의 죄와 그 결과

1 나는 가나안 족속이 악하다는 것을 알았지만 젊음의 욕망은 내 마음을 눈멀게 했다.

2 나는 술에 취해 혼미한 채 그녀가 포도주 따르는 것을 보며 유혹에 빠졌고 그녀와 동침했다.

3 내가 부재 중일 때 그녀는 셀라를 위해 가나안 땅 출신 아내를 데려왔다.

4 그녀가 무슨 일을 행했는지 알았을 때 나는 마음의 고통 속에서 그녀를 저주했다.

5 그녀도 자신의 악함으로 말미암아 그녀의 아들들과 함께 죽었다.

11장은 유다 자신이 어떻게 죄에 빠지게 되었는지를 고백하는 부분이다.

죄의 동기: 술과 욕망: 유다는 자신이 술에 취해 혼미한 채 아내 밧수아의 유혹에 빠져

그녀와 결혼하게 되었다고 고백한다. 이는 그의 첫 단추가 잘못 끼워졌음을 다시 한번 인정하는 것이다.

아내의 지속적인 악행: 그의 아내 밧수아는 유다가 없는 틈을 타, 마지막 남은 아들 셀라마저 가나안 여인과 결혼시키는 악행을 저지른다. 이는 가나안의 문화로 가문을 완전히 동화시키려는 그녀의 집요한 의도를 보여준다.

악의 결과-죽음: 유다는 아내를 저주했고, 결국 그녀는 자신의 악함으로 말미암아 그녀의 아들들과 함께 죽었다.

제12장

유다와 다말의 만남

1 이 일 후, 다말이 과부가 된지 2년이 지났을 때 내가 양털을 깎으러 올라간다는 소식을 듣고 그녀는 자신을 신부 복장으로 꾸미고 에나임 성문 옆에 앉았다.

2 아모리인들의 관습에 따르면 결혼을 앞둔 여자는 성문 옆에서 7일 동안 음란한 모습으로 앉아 있어야 했다.

3 포도주에 취해 나는 그녀를 알아보지 못했고 그녀가 꾸민 모습의 아름다움이 나를 속였다.

4 나는 그녀에게 몸을 돌려 말했다. "나로 네게 들어가게 하라" 그러자 그녀가 말했다. "나에게 무엇을 주시겠나이까?" 나는 그녀에게 나의 지팡이, 허리띠, 왕권의 표식을 담보로 주었다. 나는 그녀에게 들어갔고 그녀는 잉태했다.

5 내가 무엇을 했는지 모른 채 나는 그녀를 죽이려 했으나 그녀는 은밀히 내 담보물들을 보내어 나를 부끄럽게 했다.

6 내가 그녀를 심문하기 위해 불러들였을 때 나는 내가 술에 취해 그녀와 함께 누워있었을 때 했던 비밀스러운 말들에 대해 들었다. 그것은 여호와께서 하신 말씀이었기에 나는 그녀를 죽일 수 없었다.

7 이는 "혹시 그녀가 다른 여인에게서 담보물을 받고 교묘하게 속인 것은 아닐까?"라고 내가 말했기 때문이었다.

8 나는 사는 동안 다시는 그녀에게 가까이 가지 않았다. 이는 내가 온 이스라엘 앞에서 이 가증한 일을 행했기 때문이다.

9 게다가 그 성에 있던 자들은 성문에 창녀가 없었다고 말했다. 이는 그녀가 다른 곳에서 와서 잠시 성문에 머물렀기 때문이다.

10 나는 아무도 내가 그녀에게 들어갔다는 사실을 알지 못한다고 생각했다.

11 이 일 후에 우리는 기근으로 인해 요셉이 있는 이집트로 내려갔다.

12 그 때 나는 46세였고, 이집트에서 73년을 살았다.

· ·

12장은 창세기 38장의 유다와 다말 사건을 유다 자신의 시점에서 상세하게 이야기하며, 그가 다말을 죽일 수 없었던 이유에 대한 독특한 설명을 덧붙인다.

죄의 반복: 술과 정욕 (1-4)

유다는 8장과 11장에서와 마찬가지로, 이번에도 포도주에 취해 분별력을 잃고 며느리인 다말을 알아보지 못한 채 동침하는 죄를 짓는다. 술은 그의 삶에서 반복적으로 나타나는 유혹의 통로이다. 그는 자신의 왕권을 상징하는 물품들(지팡이, 허리띠 등)을 담보로 맡기며, 자신의 지위를 망각하는 어리석음을 범한다.

하나님의 개입과 다말을 살린 이유 (5-7)

유다는 처음에는 다말을 죽이려 했으나, 그녀가 담보물을 보내오자 그녀를 죽일 수 없었다고 고백한다. 창세기에서는 유다가 '그가 나보다 옳도다'라고 자신의 잘못을 인정했기 때문이라고 기록한다. 그러나 이 유언은 또 다른 이유를 더 제시한다. 즉, 유다가 술에 취해 다말과 동침하며 했던 비밀스러운 말들이 사실은 여호와께서 하신 말씀이었고, 다말이 그 말을 다시 그에게 들려주었기 때문에, 그는 신적인 개입을 느끼고 그녀를 죽일 수 없었다는 것이다. 이는 다말의 행동 배후에 가문의 대를 잇게 하시려는 하나님의 섭리가 있었음을 암시하는 매우 독특한 해석이다.

죄에 대한 인식과 결과 (8-12)

유다는 자신의 죄가 온 이스라엘 앞에서 행한 가증한 일이었음을 분명히 인정하고, 그 이후 다시는 다말에게 가까이 가지 않았다. 이 사건은 그에게 깊은 수치심과 죄에 대한 경각심을 남겼다. 이 장은 그가 46세에 이집트로 내려가 73년을 더 살았다는 연대기적 정보로 마무리된다.

제13장

죄의 고백: 술과 욕망에 대한 경고

1 이제 내가 명령한다, 나의 자녀들아. 너희 아버지 유다의 말에 귀 기울이고, 여호와의 모든 규례를 행하고, 하나님의 명령들에 복종하라는 나의 말에 순종하라.

2 너희의 욕망을 따라 걷지 말고 마음의 교만함 가운데 네 생각 속의 상상을 따르지 말라. 너희의 젊음의 힘과 행위들을 자랑하지 말라. 이 또한 여호와께서 보시기에 악하니라.

3 나 또한 전쟁 중에 단 한 번도 아름다운 여인의 얼굴이 나를 유혹하지 못했다고 자랑했으며 내 아버지의 아내 빌하와 관련하여 내 형 르우벤을 비난했으나 질투와 음행의 영이 내 안에 들어와 진을 치고 가나안 여인 밧수아와 내 아들들과 결혼한 다말과 동침하도록 나를 유혹했다.

4 나는 장인에게 "내가 당신의 딸을 맞이하기 위해 내 아버지와 상의하겠나이다"라고 말했으나 그는 지체하길 원치 않았기 때문에 그의 딸의 이름으로 엄청난 양의 금을 내게 보여주었다. 이는 그가 왕이었기 때문이다.

5 그는 딸을 금과 진주로 치장하고 그녀가 잔치에서 여인의 아름다움을 보이며 우리에게 포도주를 따르도록 했다.

6 포도주는 내 눈을 흐리게 했고 쾌락은 내 마음을 어둡게 했다.

7 나는 그녀에게 매혹되어 그녀와 동침함으로 여호와의 계명과 나의 조상의 계명을 어겼다.

8 여호와께서 내 마음의 경솔함에 따라 내게 갚으셨으니 이는 내가 그녀의 자식들에게서 아무 기쁨도 얻지 못하였음이라.

· ·

　13장은 유다의 유언에서 개인적 죄의 고백 부분이다. 앞선 장들에서 자신의 영웅적인 면모를 과시했던 것과 달리, 이제 그는 자신의 가장 부끄러운 실패의 원인을 분석하며 후손들에게 강력한 경고를 남긴다.

자기 의에 대한 고백 (3)

유다의 타락은 역설적이게도 교만에서 시작되었다. 그는 자신이 전쟁터에서도 여인의 유혹에 넘어가지 않았다고 자랑했으며, 형 르우벤의 죄를 비난했다. 바로 이 자기 의가 그의 마음을 무방비 상태로 만들었고, 오히려 '질투와 음행의 영'이 침투할 틈을 내어주었다. 이는 스스로 의롭다고 여기는 자가 가장 큰 유혹에 빠지기 쉬움을 보여주는 중요한 통찰이다.

유혹의 두 가지 통로: 재물과 포도주 (4-7)

유다는 자신이 죄에 빠지게 된 구체적인 과정을 상세히 설명한다.

재물의 유혹 (4): 장인(아둘람 성주)은 '엄청난 양의 금'을 보여주며 그의 물욕을 자극했다.

여인의 아름다움과 술의 유혹 (5-6): 화려하게 치장한 밧수아의 아름다움과 그녀가 따라주는 포도주는 이미 만취된 그의 이성을 마비시키고 분별력을 흐리게 만들었다. 그는 '포도주는 내 눈을 흐리게 했고, 쾌락은 내 마음을 어둡게 했다'고 고백하며, 과음이 어떻게 죄를 향한 문을 여는지를 증언한다.

죄의 결과 (8)

하나님께서는 그의 경솔한 죄에 대해 그 잘못된 결혼을 통해 낳은 자식들에게서 아무 기쁨도 얻지 못하게 하시는 것으로 심판하셨다. 이는 10장에서 두 아들이 하나님의 심판을 받아 죽는 비극으로 이어진다.

결론적으로 13장은 유다 자신의 실패를 통해 교만과 자기 의, 그리고 재물욕과 과음, 정욕이라는 세 가지 유혹이 어떻게 한 사람을 무너뜨리는지를 생생하게 고발한다.

제14장

술 취함의 위험성

1 이제 나의 자녀들아, 내가 너희에게 말하노니 포도주로 인해 취하지 말라. 이는 포도주가 마음을 진리에서 멀어지게 하고, 정욕의 욕망을 불러일으키며, 눈을 그릇된 길로 이끌기 때문이라.

2 음행의 영은 마음에 쾌락을 주기 위해 포도주를 사용한다. 이 두 가지는 사람의 마음을 빼앗는다.

3 사람이 취할 때까지 포도주를 마시면 더러운 생각으로 마음이 혼란해지고 음행에 이르게 된다. 몸은 육체적 결합을 갈망하며 욕망의 기회가 주어지면 그는 죄를 저지르고 부끄러움을 느끼지 않는다.

4 나의 자녀들아, 이러한 자가 바로 술에 취한 사람이다. 술에 취한 자는 어느 누구 앞에서도 부끄러워하지 않으며 경솔히 행하느니라.

5 보라, 술취함은 나로 하여금 잘못을 저지르게 하여 내가 그 성읍의 무리 앞에서 부끄러워하지 아니하고, 모두가 보는 앞에서 다말에게 다가가 큰 죄를 범하게 하며, 내 아들들의 수치를 드러내게 만들었다.

6 내가 포도주를 마신 후 나는 하나님의 명령을 경외하지 않고 가나안 여인을 아내로 맞이했다.

7 내 자녀들아, 포도주를 마시는 자에게는 많은 분별력이 필요하니라. 포도주를 마시는 것에 있어서 분별은 사람이 품위를 지킬 수 있는 만큼의 한도 내에서 마시는 것이다.

8 그러나 그가 이 한도를 넘어서면 미혹의 영이 그의 마음을 공격하여 술 취한 자로 하여금 음란한 말을 하게 하고 심지어 죄를 짓고도 부끄러워하지 않고 오히려 자기의 수치를 자랑하며 스스로를 명예롭게 여기게 한다.

• •

14장은 유다는 자신의 실패 경험(12장, 13장)을 바탕으로 술 취함이 어떻게 영적, 도덕적 파멸로 이어지는지를 심리학적으로 분석한다.

포도주의 역기능: 진리를 멀게 하는 미혹의 도구 (1-4)

유다는 포도주가 (1)마음을 진리에서 멀어지게 하고, (2)정욕을 불러일으키며, (3)눈을 그릇된 길로 이끈다고 경고한다. 특히 음행의 영은 포도주를 자신의 도구로 사용하여 마음을 지배한다고 설명한다. 이는 술 취함이 단순한 실수가 아니라, 악한 영이 역사하는 통로가 될 수 있음을 보여준다.

자신의 죄에 대한 적용 (5-6)

그는 이 원리가 자신의 삶에서 어떻게 실현되었는지를 구체적으로 고백한다. 바로 '술 취함'이 그가 며느리 다말과 동침하고(5절), 가나안 여인을 아내로 맞이하는(6절) 두 가지 큰 죄를 저지르게 만든 직접적인 원인이었음을 인정한다.

절제와 분별력의 중요성 (7-8)

유다는 포도주를 마시는 것 자체를 죄악시하지 않는다. 그는 '품위를 지킬 수 있는 한도 내에서' 마시는 분별력이 필요하다고 가르친다. 그러나 그 한도를 넘어설 때, 미혹의 영이 마음을 공격하여 수치심을 마비시키고, 오히려 자신의 수치를 자랑하게 만드는 완전한 도덕적 타락에 이르게 된다고 경고한다.

제15장

음행과 왕권의 상실

1 음행을 행하는 자는 손해를 입으면서도 이를 깨닫지 못하며 불명예스러운 일을 당하면서도 부끄러움을 느끼지 않는다.

2 비록 사람이 왕이라 할지라도 음행을 저지르면 그는 음행의 노예가 되어 그의 왕권을 박탈당한다. 이는 내가 직접 겪은 일이니라.

3 나는 내 지팡이, 곧 나의 지파의 지팡이를 주었고, 허리띠, 곧 나의 힘을 주었으며, 왕권의 머리띠, 곧 내 왕국의 영광을 주었다.

4 참으로 나는 이 일들에 대하여 회개했다. 노년에 이르기까지 나는 포도주와 고기를 입에 대지 않았고 어떠한 즐거움도 보지 않았다.

5 하나님의 천사가 음녀는 왕이든 거지든 한결같이 다스린다는 것을 내게 보여주었다.

6 음녀는 왕에게서 그의 영광을, 용맹한 자에게서 그의 힘을, 거지에게서 그의 가난을 견디게 하는 작은 것마저 빼앗아 간다.

• •

15장은 유다의 죄악, 특히 음행이 그의 왕권에 어떤 치명적인 결과를 가져왔는지를 설명한다.

음행과 왕권의 관계 (1-3)

'왕이라 할지라도 음행을 저지르면, 그는 음행의 노예가 되어 그의 왕권을 박탈당한다.'

그리고 그는 자신이 다말에게 담보물로 주었던 물건들을 자신의 왕권을 구성하는 상징물들로 해석한다.

지팡이: 지파의 지도자로서의 권위

허리띠: 개인적인 힘과 능력

왕권의 머리띠: 왕국의 영광

그는 한 순간의 정욕으로 인해, 하나님께서 자신에게 약속하신 왕으로서의 권위와 힘, 영광을 모두 내어줄 뻔했던 자신의 어리석음을 고백하고 있다.

철저한 회개 (4)

그는 이 죄를 깨달은 후, '노년에 이르기까지 포도주와 고기를 입에 대지 않고, 어떠한 즐거움도 보지 않았다'고 말하며, 르우벤처럼 철저한 금욕을 통해 자신의 죄를 회개했음을 보여준다.

음녀의 힘에 대한 경고 (5-6)

그는 천사에게서 받은 계시를 통해 음녀의 유혹이 가진 강력한 힘에 대해 경고한다. '음녀'로 상징되는 유혹은 신분고하를 막론하고 모든 남자를 지배하며, 그들이 가진 가장 소중한 것(왕의 영광, 용사의 힘, 심지어 거지의 마지막 희망까지)을 빼앗아 간다는 것이다.

제16장

포도주와 비밀 누설의 위험

1 그러므로 나의 자녀들아, 포도주를 마시는 데 있어 한계를 지키라. 포도주 안에는 네 가지 악한 영이 있다. 정욕, 불타오르는 욕망, 방탕, 더러운 탐욕이다.

2 너희가 기쁨으로 포도주를 마시거든 하나님을 경외함으로 절제하라. 만일 너희의 기쁨 안에 하나님을 경외하는 마음이 떠나면 술에 취하게 되고 '수치를 모름'이 슬그머니 들어오기 때문이라.

3 그러나 너희가 술에 취하지 않고 살고자 한다면, 포도주를 전혀 입에 대지 말라. 그렇지 않으면 너희가 함부로 말하고, 다투고 비방하며, 하나님의 계명을 범하여 너희 때가 이르기 전에 멸망할까 하노라.

4 또한 술취함은 하나님과 사람의 비밀을 외인들에게 드러나게 한다. 하나님께서 그들에게 드러내지 말라고 하셨던 하나님의 계명과 내 아버지 야곱의 비밀을 나도 가나안 여인 밧수아에게 드러냈었다.

5 포도주는 또한 전쟁과 혼란의 원인이 되느니라.

....

16장은 다시 포도주의 위험성에 대한 주제로 돌아와 그것이 가진 구체적인 악의 속성과 '비밀 누설'이라는 또 다른 위험성을 경고한다.

포도주 안의 네 악한 영 (1)

유다는 포도주 안에 네 가지 악한 영(정욕, 불타는 욕망, 방탕, 더러운 탐욕)이 깃들어 있다고 설명하며, 술의 위험성을 의인화하고 영적인 차원으로 끌어올린다.

절제의 핵심: 하나님 경외 (2-3)

포도주를 마실 때에도 그 기준은 '하나님을 경외하는 마음'이다. 이 경외심이 사라질 때, 술 취함과 수치를 모르는 죄악이 그 자리를 차지하게 된다. 유다는 더 나아가, 아예 술에 취할 위험 자체를 피하고 싶다면 포도주를 전혀 마시지 말라고까지 강력하게 권면한다.

비밀 누설의 위험 (4)

술 취함은 '비밀을 누설하게 한다'. 유다는 자신이 술에 취해 가문의 거룩한 비밀(하나님의 계명, 야곱의 비밀)을 이방 여인인 밧수아에게 드러냈던 죄를 고백한다. 이는 술이 개인의 도덕적 타락을 넘어 공동체의 거룩한 유산까지 위험에 빠뜨릴 수 있음을 보여주는 중요한 경고이다.

제17장

순종으로 얻은 왕권, 욕망으로 잃을 왕국

1 이제 내가 명령하노라. 나의 자녀들아, 돈을 사랑하지도 말며 여인의 아름다

움을 주시지도 말라. 이는 내가 돈과 아름다움으로 인해 가나안 여인 밧수아에게 미혹되었기 때문이다.

2 이 두 가지로 인해 나의 혈족이 악에 빠질 것을 내가 아노라.

3 내 자손들 중 지혜로운 자들까지도 이를 통해 망가질 것이며, 여호와께서 내가 내 아버지에게 순종함으로 인하여 내게 주신 유다의 왕국을 쇠락하게 만들 것이다.

4 나는 내 아버지 야곱에게 결코 근심을 끼친 적이 없으니 나는 아버지가 명령하는 것이 무엇이든지 모든 것을 행하였다.

5 그리고 내 할아버지 이삭은 나를 축복하며 이스라엘의 왕이 될 것이라고 하였고 야곱도 또한 동일하게 나를 축복하였다.

6 나는 나를 통해 왕국이 세워질 것을 알고 있다.

• •

유다의 유언은 이제 마지막 결론을 향해 나아간다. 그는 자신의 모든 실패 경험을 종합하여 모든 죄의 뿌리가 되는 두 가지 핵심적인 유혹을 지목하고, 그로 인해 그의 왕국이 겪게 될 운명과 그럼에도 불구하고 변치 않는 하나님의 약속을 동시에 제시한다.

두 가지 죄악의 뿌리 (1)

유다는 자신의 모든 죄의 근원이 결국 '돈을 사랑함'(물욕)과 '여인의 아름다움을 탐하는 것'(정욕), 이 두 가지였음을 최종적으로 요약한다. 그는 바로 이 두 가지 때문에 밧수아에게 미혹되어 모든 비극이 시작되었음을 고백한다.

왕국의 쇠락에 대한 예언 (2-3)

그는 자신의 이 두 가지 약점(물욕과 정욕)이 장차 그의 후손들, 즉 유다 왕국의 왕들에게까지 이어져 심지어 지혜로운 자들까지도 타락시키고, 마침내 하나님께서 주신 유다 왕국을 쇠락하게 만들 것이라고 예언한다. 이는 솔로몬이 이방 여인들과 재물 때문에 타락하고, 이후의 많은 왕들이 동일한 죄로 넘어진 이스라엘의 역사를 정확히 꿰뚫어 보는 예언이다.

왕권의 정당성 재확인 (4-6)

이 어두운 예언 속에서 유다는 그럼에도 불구하고 자신에게 주어진 왕권의 정당성이 어디에 있는지를 다시 한번 상기시킨다. 그것은 바로 자신이 젊은 시절 아버지 야곱에게 온전히 순종했다는 사실과, 그 순종으로 인해 조부 이삭과 아버지 야곱에게서 직접 왕이 될 것이라는 축복을 받았다는 것이다. 이는 후손들의 타락에도 불구하고 하나님께서 유다에게 주신 왕권의 약속 자체는 변함이 없을 것이라는 소망을 암시한다.

제18장

에녹의 책에 예견된 음란한 방탕과 돈을 사랑함

1 나는 의인 에녹의 책에서 마지막 때에 너희가 행할 악한 일들을 읽었다.

2 그러므로 나의 자녀들아, 음란한 방탕과 돈을 사랑함을 경계하여라. 너희 아버지 유다의 말을 들으라.

3 이러한 것들은 너희를 하나님의 토라에서 멀어지게 하며, 너희 혼의 성향을 어둡게 하고, 오만함을 가르치며, 사람이 이웃에게 자비를 베풀지 못하게 한다.

4 이것들은 사람의 혼에서 모든 선함을 빼앗고, 고난과 고통으로 그를 억압하며, 잠을 쫓아내고, 그의 육체를 갉아먹는다.

5 그리고 그는 하나님의 제사를 훼방하며, 하나님의 축복을 기억하지 아니하며, 선지자가 말할 때 귀를 기울이지 않으며, 경건한 말에 불쾌감을 나타낸다.

6 이는 그가 하나님의 계명에 어긋나는 서로 모순되는 두 가지 욕망의 노예가 되어 하나님을 따를 수 없게 하기 때문이다. 그것들이 그의 혼을 눈멀게 했기 때문에 그는 낮에도 밤처럼 걷는다.

••••••••••••••••••••••

18장은 유다가 자신의 모든 실패 경험을 통해 깨달은 죄의 가장 근본적인 두 가지 뿌리, 즉 '음행'과 '돈을 사랑함'에 대해 집중적으로 경고하는 장이다. 그는 이 두 가지가 어떻게 한 인간의 내면을 파괴하고, 하나님과의 관계를 단절시키는지 가르친다.

두 가지 핵심 죄악 (1-2)

유다는 에녹서를 인용하여 후손들의 타락을 예고한 뒤, 그 모든 악의 뿌리가 될 두 가지를 지목한다. 바로 '음행'과 '돈을 사랑함'이다. 이는 그의 유언 전체를 통해 반복된 자신의 실패담(13-17장)에 대한 최종적인 요약이다.

죄의 파괴적 결과 (3-6)

유다는 이 두 가지 죄가 인간에게 미치는 파괴적인 결과를 단계적으로 설명한다.

영적 파괴 (3): (1) 하나님의 토라에서 멀어지게 하고 (2) 혼의 성향을 어둡게 하며 (3) 오만함을 가르치고 (4) 이웃에 대한 자비를 없앤다.

내면적, 육체적 파괴 (4): (1) 혼의 선함을 빼앗고 (2) 고난과 고통으로 억압하며 (3) 잠을 쫓아내고 (4) 육체를 갉아먹는다.

관계적 파괴 (5): (1) 하나님의 제사를 훼방하고 (2) 하나님의 축복을 잊게 하며 (3) 선지자의 말을 거부하고 (4) 경건한 말을 혐오하게 만든다.

궁극적 상태 (6): 결국 이 사람은 '서로 모순되는 두 가지 욕망의 노예'가 되어 하나님을 따를 수 없게 되며, 혼이 눈멀어 낮에도 밤처럼 걷는 영적 소경의 상태에 이르게 된다.

결론적으로 18장은 음행과 돈을 사랑함이 단순히 도덕적 실수가 아니라 한 인간의 영적, 심리적, 육체적, 관계적 모든 측면을 총체적으로 파괴하는 뿌리 깊은 악임을 고발하고 있다.

제19장

돈을 사랑함은 우상 숭배

1 나의 자녀들아, 돈을 사랑하는 것은 우상 숭배로 이어진다. 이는 돈에 미혹될 때 사람들이 신이 아닌 자들을 신이라 부르며 그로 인해 돈을 가진 자를 광기에 빠지게 만들기 때문이다.

2 돈으로 인해 나는 나의 자녀들을 잃었다. 만약 나의 회개와 겸비함 그리고 내 아버지의 기도가 받아들여지지 않았다면 나는 자식 없이 죽었을 것이다.

3 그러나 나의 조상들의 하나님께서 나에게 자비를 베푸셨으니 이는 내가 무지함 속에서 그렇게 행했기 때문이다.

4 미혹의 군주가 내 눈을 멀게 했고 나는 죄로 인해 부패한 육체를 가진 사람으로서 무지했다. 나는 나 스스로를 천하무적이라고 생각했었지만 내 자신의

연약함을 깨닫게 되었다.

....

19장은 18장에서 제시된 두 가지 죄악 중, '돈을 사랑함'이 가진 파괴적인 본질과, 그것이 자신의 삶에 어떤 비극을 가져왔는지를 고백하는 부분이다.

돈을 사랑함의 본질: 우상숭배 (1)

유다는 돈을 사랑함이 곧 '우상 숭배''라고 정의한다. 돈에 대한 탐욕은 하나님이 아닌 것을 '신'이라 부르게 만들고, 결국 그 사람을 '광기'에 빠지게 하고 이성을 마비시키는 힘이 있다. 이는 신약에서 '탐심은 곧 우상 숭배니라'(골 3:5)고 말한 바울의 가르침으로 이어진다.

개인적 고백: 자녀 상실과 회개 (2-4)

유다는 자신의 두 아들(엘과 오난)을 잃은 비극이 바로 자신의 '돈을 사랑함'에서 비롯되었음을 고백한다. 그는 자신의 '회개'와 '겸비함', 그리고 '아버지의 기도'가 아니었다면 자신 또한 자식 없이 죽는 저주를 받았을 것이라고 고백한다. 그는 자신이 '미혹의 군주'에게 눈이 멀어 스스로를 '천하무적'이라 착각했지만, 사실은 이 사건을 통해 자신의 연약함을 철저히 깨달았다고 고백한다.

제20장

진리의 영과 미혹의 영

1 그러므로 나의 자녀들아, 인간에게 몰두하며 기회를 잡으려 하는 두 영이 있다는 것을 알아라. 그것은 진리의 영과 미혹의 영이니라.

2 그 두 영 사이에는 마음의 지각(知覺)이 있어서 그것이 원하여 어느 쪽으로 향하든 그 곳으로 기울어진다.

3 진리의 행위와 미혹의 행위는 사람의 가슴에 기록되어 있으며 각각의 행위를 여호와께서 아시느니라.

4 인간의 행위가 그분 앞에서 감추어질 수 있는 때는 없나니 이는 여호와 앞에

서 그의 행위들이 사람의 가슴뼈에 새겨져 있음이라.

5 진리의 영은 모든 것을 증언하고 모든 자를 고발하나 죄인은 자신의 마음으로 말미암아 불에 타는 듯이 괴로워하며 재판관 앞에서 얼굴을 들지 못하느니라.

....

20장은 인간 내면에서 벌어지는 영적 싸움의 본질을 '진리의 영'과 '미혹의 영'이라는 두 영의 대립으로 설명한다. 이는 쿰란 공동체와 요한서신의 '두 영 교리'와 같은 이원론적 세계관을 보여준다.

두 영과 인간의 선택 (1-2)

인간의 내면에는 항상 '진리의 영'과 '미혹의 영'이 함께 존재하며 둘다 기회를 엿보고 있다. 그리고 이 두 영 사이에는 '마음의 지각', 즉 인간의 '자유의지'가 있다. 인간은 자신의 의지를 통해 어느 한쪽을 선택하고 그쪽으로 기울어지게 된다.

가슴에 새겨진 기록과 심판 (3-5)

인간의 모든 행위는 일시적으로 사라지는 것이 아니라, '사람의 가슴에 기록'된다. 그리고 여호와께서는 이 기록을 모두 알고 계신다. 마지막 심판의 날에 '진리의 영'은 증인이 되어 모든 죄를 고발할 것이며, 죄인은 자신의 가슴에 기록된 죄의 증거로 인해 감추지 못하고 스스로 고통받으며 심판자 앞에서 얼굴을 들지 못하게 될 것이다. 이는 인간의 모든 선택과 행위에 대한 엄중한 책임을 강조하는 것이다.

제21장

제사장직을 맡은 레위의 권위에 대한 당부

1 그러므로 이제 나의 자녀들아, 내가 너희에게 명령하노니 레위를 사랑하라. 그리하면 너희가 살아 남으리니 레위를 대적하여 너희 자신을 높이지 말라. 그렇지 않으면 너희가 완전히 멸망할 것이다.

2 여호와께서 나에게는 왕권을 주셨고, 그에게는 제사장권을 주셨으며, 제사장권 아래 왕권을 두셨다.

3 그분께서 나에게는 땅의 일들을 주셨고, 레위에게는 하늘의 일들을 주셨다.

4 하늘이 땅보다 높듯이 하나님의 제사장권은 땅의 왕권보다 높다. 하지만 죄로 인해 여호와로부터 멀어지고 세속 왕국에 지배를 받으면 그렇지 않게 된다.

5 여호와의 천사가 내게 말했다. "여호와께서 너보다 레위를 택하셔서 그가 그분께 가까이 나아가 그분의 식탁에서 이스라엘 자손의 첫 열매와 엄선된 것들을 먹게 하셨다. 그러나 너는 야곱의 왕이 될 것이다.

바다와 같은 유다의 왕국

6 너는 그들 가운데서 바다와 같을 것이니 바다에서 의로운 자와 불의한 자가 함께 뒤섞여 요동치는 것처럼 너의 왕국 안에서도 모든 종류의 사람이 그러할 것이다. 어떤 이들은 사로 잡혀가서 가난해지고, 다른 이들은 남의 소유를 약탈하여 부유해질 것이다.

7 왕들은 바다 괴물처럼 될 것이다. 그들은 사람들을 물고기처럼 삼키고, 자유인의 아들과 딸들을 노예로 삼으며, 집과 땅과 가축과 재물을 약탈할 것이다.

8 그들은 부당하게 많은 사람의 살을 까마귀들과 학들에게 먹이로 줄 것이며 탐욕에 사로잡혀 계속 악으로 나아갈 것이다.

9 그리고 거짓 선지자들이 폭풍처럼 일어나 모든 의인을 핍박할 것이다.

• •

21장은 유다의 유언에서 가장 중요한 신학적 주제인 '레위 지파와의 관계'와 왕권의 본질을 다룬다.

레위에 대한 순종 명령과 두 권위의 기원 (1-3)

유다는 자신의 유언에서 후손들에게 내리는 첫 번째 명령으로 '레위를 사랑하고 그에게 대적하지 말라'고 명한다. 이 명령은 단순한 권고가 아니라, 순종할 경우 생존을, 거역할 경우 완전한 멸망을 가져오는 절대적인 조건으로 제시된다. 이 명령의 근거는 2절과 3절에서 명확히 밝혀진다. 유다는 자신의 왕권과 레위의 제사장권이 모두 여호와께로부터 온 신적 권위이지만, 명확한 위계 질서는 '제사장직 아래 왕권을 두셨다'는 것이다. 이는 땅의 일(왕권)과 하늘의 일(제사장권)이라는 영역의 구분을 통해 다시 한번 강조된다. 왕권이 백성의 삶과 국가 통치라는 지상(地上)의 영역을 다룬다면, 제사장권은 하나님과의 관계, 제사, 거룩함이라는 천상(天上)의 영역을 다루는 더 근원적인 권위임을 분명히 하고 있다.

신적 질서의 위계와 타락의 조건 (4)

4절은 제사장직의 우위를 '하늘이 땅보다 높듯이'라는 우주적 질서에 비유하여, 이 위계가 인간의 합의가 아닌 창조의 원리에 근거한 신적 질서임을 강조한다. 땅의 왕권이 아무리 강력해 보여도, 그 근원과 권위는 하늘의 제사장권에 미치지 못한다는 선언이다. 그러나 이 구절은 매우 중요한 조건을 덧붙인다. 이 신성한 질서는 이스라엘이 '죄로 인해 여호와로부터 멀어질 때 깨어진다는 것이다. 하나님과의 관계가 단절되고 영적 권위가 무너지면, 그 결과로 하나님의 백성은 본래 다스려야 할 세속 왕국에 지배를 받게 되는 역전 현상이 일어난다고 경고한다. 이는 이스라엘의 역사 속에서 겪었던 외세의 지배와 고난이, 바로 이 영적 위계질서를 파괴한 죄의 결과임을 설명하는 신학적 틀을 제공한다.

천사의 증언을 통한 위계 질서 (5)

유다는 이 모든 가르침이 자신의 개인적 생각이 아니라 '여호와의 천사'로부터 받은 직접적인 계시임을 밝혀 권위를 더한다. 천사의 메시지의 두 가지 핵심은, 첫째, 여호와께서 유다보다 '레위를 먼저 택하셨다'는 사실이다. 선택의 우선권이 레위에게 있으며, 그의 역할은 하나님께 가까이 나아가 그분의 식탁에서 이스라엘의 가장 귀한 예물(첫 열매와 엄선된 것들)을 다루는 거룩한 제사장 직무임이 명시된다. 둘째, 그 이후에 유다에게 야곱의 왕이 될 것이라는 왕권이 약속된다. 이는 유다의 왕권이 분명한 하나님의 약속에 근거하지만, 그보다 먼저 선택받고 더 높은 권위를 부여받은 레위의 제사장권의 권위 아래에 있음을 명시하는 것이다. 이는 『열두 족장의 유언』 전체를 관통하는 핵심적인 사상이다.

바다와 같은 왕국 (6-9)

'유다의 왕권'의 성격이 바다에 비유된다. 이 비유는 유다 왕국의 이중적인 성격, 즉 모든 것을 품는 포용성과 동시에 예측 불가능한 혼돈과 위험성을 함께 담고 있다. 유다의 왕국이 선과 악이 공존하고, 의인과 악인이 동일한 역사적 격동(폭풍)과 혼란을 겪게 될 장소가 될 것임을 보여준다.

이 비유는 유다의 왕국에 대한 매우 현실적이고 비판적인 시각을 보여준다. 유다의 왕국은 이상적인 평화의 나라가 아니다. 그것은 마치 거대한 바다처럼, 선과 악이 뒤섞여 혼돈 속에서 요동치는 곳이다. 이 혼란 속에서 어떤 이들은 부당하게 고통받고 모든 것을 잃는 반면, 다른 이들은 바로 그 혼란을 틈타 남의 것을 약탈하여 자신의 부를 축적하게 될 것이다. 이는 유다 왕국 시대에 만연했던 사회적 불의와 약육강식의 현실을 정확하게 예고하고 있다.

왕국의 혼돈과 사회적 불의: 유다의 왕국은 평온한 나라가 아니다. 그 안에서는 의인과 악인이 구별 없이 함께 역사적 폭풍에 시달릴 것이다. 이는 국가적 재난이나 전쟁이 닥쳤을 때, 의로운 자라고 해서 고난을 피할 수 없다는 현실을 보여준다. 더 심각한 것은, 이 혼란이 사회적 불의를 위한 기회가 된다는 점이다. 어떤 이들은 이 혼란 속에서 포로가 되거나 모든 것을 잃고 가난해지는 반면, 다른 이들은 바로 그 혼란을 이용하여 남의 것을 약탈하고 자신의 부를 쌓는다. 이는 유다 왕국 내부에 극심한 사회적 양극화와 도덕적 해이가 존재할 것임을 예고하는 것이다.

왕의 책임: 바다와 같은 왕국을 다스리는 왕의 역할과 책임은 이 혼돈을 질서로 바꾸고, 약탈당하는 약자를 보호하며, 불의를 바로잡는 것이다. 그러나 다음 7절에서 '왕들이 바다 괴물처럼 될 것'이라는 경고가 이어지는 것은 많은 왕들이 이 사명을 감당하지 못하고 오히려 백성을 삼키는 약탈자가 될 것임을 보여준다.

결론적으로 유다의 왕국은 영광의 약속과 동시에 내적인 혼돈과 사회적 불의라는 심각한 위험을 바다처럼 안고 시작될 것이다. 이는 유다와 그의 후손들에게 주어진 왕권이 끊임없는 영적, 도덕적 투쟁을 통해 지켜내야 하는 무거운 사명임을 강조하는 것이다.

제22장

유다 지파의 영원성과 구원의 언약

1 여호와께서 그들 가운데 분열을 일으키시어 서로를 대적하게 하시리니 끊임없는 전쟁이 이스라엘에 있을 것이다.

2 그리고 나의 왕국은 다른 민족들 가운데서 끝나게 될 것이나 이는 이스라엘의 구원이 임할 때까지, 그리고 야곱과 모든 이방인들이 평화롭게 안식을 누릴 수 있도록 의의 하나님께서 나타나실 때까지이다.

3 그분께서 나의 왕권의 권능을 영원히 보존하실 것이니 이는 여호와께서 그

왕권이 나의 씨로부터 영원히 떠나지 않을 것이라고 내게 맹세로 약속하셨기 때문이다.

••••••••••••••••••••••••

22장은 앞서 예고된 유다 왕국의 혼란과 타락에도 불구하고, 하나님께서 유다에게 주신 왕권의 약속이 영원히 파기되지 않을 것임을 선언하는 소망의 장이다.

유다 왕국의 시간 조건부 종식 상태 (1-2)

유다 왕국의 죄악에 대한 하나님의 심판은 '분열'과 '끊임없는 전쟁'으로 나타날 것이다. 유다는 자신의 후손들이 세울 지상의 왕국은 결국 이방 민족들 가운데서 끝나게 될 것이지만, 정한 시기까지라는 조건을 명시한다. 그 정한 시기는 역사의 흐름을 바꾸는 이스라엘을 구원할 결정적인 구원의 사건이 이스라엘에게 일어날 때까지, 그리고 의의 하나님이 나타나 야곱과 모든 이방인들이 함께 전지구적으로 누리는 '평화와 안식의 시대'가 올 때까지이다.

영원한 왕국의 약속 (3)

그러므로 하나님께서 유다의 왕권은 영원히 보존하실 것이다. 유다는 '여호와께서 그 왕국을 나의 씨로부터 영원히 멸망시키지는 않겠다고 나에게 맹세하셨다'고 증언한다. 이는 창세기 49:10의 '규가 유다를 떠나지 아니하며'라는 야곱의 예언에 근거한 것이며, 사무엘하 7장의 다윗 언약(네 왕위가 영원하리라)의 근거가 되는 것이다.

제23장

자손들의 배교와 회복의 약속

1 이제 나의 자녀들아, 내가 큰 슬픔에 잠긴 것은 너희의 음행과 주술과 우상숭배로 인함이니 너희가 왕국을 거슬러 행하며, 신접한 자들과 점쟁이들, 그리고 미혹의 악령들을 따르게 될 것이기 때문이다.

2 너희는 너희 딸들을 노래 부르는 여인들과 음녀로 만들 것이며 이방인들의

가증한 행위에 섞일 것이다.

3 이러한 것들로 인해 여호와께서 너희에게 기근과 역병, 죽음과 칼을 주시고, 원수들에게 포위되며, 친구들에게 모욕을 당하고, 자식들이 도륙되며, 아내들이 강간당하고, 재산이 약탈당하며, 하나님의 성전이 불타고, 땅이 황폐해지며, 이방인들 가운데 너희 자신이 노예가 되게 하실 것이다.

4 그들은 너희 중 몇 명을 그들의 아내를 위해 고자로 만들 것이다.

5 여호와께서 너희를 방문하실 때까지 너희가 온전한 마음으로 회개하고 그분의 모든 계명을 따라 행하면 그분께서 이방인들 가운데 포로된 너희를 이끌어 내시리라.

· ·

23장은 22장의 소망적인 예언과는 대조적으로 다시 한번 유다 후손들의 구체적인 타락상과 그로 인한 끔찍한 심판을 상세하게 묘사한다.

타락의 구체적인 모습 (1-2)

유다의 후손들은 '음행, 주술, 우상 숭배'에 빠질 것이며, '신접한 자들과 미혹의 영들'을 따르게 될 것이다. 심지어 자신들의 딸들을 '음녀'로 만들고, 이방인의 가증한 행위에 동참하는 지경에 이를 것이다.

심판의 목록 (3-4)

이 죄악에 대한 하나님의 심판은 '기근, 역병, 죽음, 칼, 포위, 모욕, 자녀 학살, 아내 강간, 재산 약탈, 성전 소실, 땅의 황폐, 노예 생활'이라는 신명기 28장의 저주 목록을 연상시키는 총체적이고 끔찍한 재앙으로 나타날 것이다. '고자로 만들어질 것'이라는 묘사는 가장 극심한 수치를 상징한다.

회복의 조건 (5)

그러나 이 모든 심판 속에서도 회복의 길은 열려 있다. 그 조건은 (1) '여호와께서 너희를 방문하실 때까지' 인내하며 (2) '온전한 마음으로 회개하고' (3) '그분의 모든 계명을 따라 행하는 것'이다. 그때 비로소 여호와께서 포로 된 자들을 이끌어 내실 것이다.

제24장

메시아의 도래와 그의 나라

1 그리고 이 일들 후에 야곱에게서 한 별이 평강 가운데 일어날 것이며 내 씨에서 공의의 태양과 같은 한 사람이 일어나 온유함과 의로움으로 사람의 아들들과 함께 행하리니 그에게서 어떤 죄도 찾을 수 없으리라.
2 그에게 하늘이 열려 거룩한 아버지의 영이 그의 위에 부어질 것이며
3 그분께서 너희 위에 은혜의 영을 부어주시리니 너희가 그분의 참된 자녀들이 되어 처음부터 끝까지 그의 계명을 따라 행하리라.
4 이 지극히 높으신 하나님의 가지와 모든 사람에게 생명을 주는 샘이 너희에게 주어지리라.
5 그때 나의 왕국의 규가 빛을 발할 것이며 너희 뿌리에서 한 줄기가 일어날 것이요,
6 그 줄기로부터 의의 막대기가 자라나 이방인들을 향해 뻗어 나갈 것이며 여호와를 부르는 모든 자를 심판하며 구원하리라.

· ·

24장은 이 유언서 전체, 나아가 『열두 족장의 유언』을 통틀어 가장 영광스럽고 아름다운 메시아 예언 중 하나이다. 이 장은 앞선 모든 심판과 어둠의 역사가 끝난 후, 유다의 후손을 통해 오실 메시아와 그의 나라가 어떤 모습일지를 구체적인 이미지와 상징을 통해 그리고 있다.

메시아의 정체성과 성품 (1, 4-6)

평화의 별, 공의의 태양: 그의 나타남이 어둠을 몰아내고 평화와 공의를 가져오는 빛과 같음을 의미한다. 발람의 예언(민 24:17, '한 별이 야곱에게서 나오며')과 말라기의 예언(말 4:2, '의로운 해가 떠올라서')을 상기시킨다.

하나님의 가지, 생명을 주는 샘, 너희 뿌리에서 나온 한 줄기: 이 표현들은 그의 생명력과 이새의 줄기, 즉 다윗의 혈통에서 비롯될 그의 왕적 정통성을 보여준다(사 11:1). 특히 5절의 '나의 왕국의 규(שֵׁבֶט 쉐베트)가 빛을 발할 것'이라는 선언은, 창세기 49장 10절에서 야곱이 유다에게 약속한 왕권의 상징인 '규'가 마침내 메시아를 통해 그 완전한 빛과 권능

을 드러내게 될 것임을 의미한다.

의의 막대기: 6절에서, 유다의 뿌리에서 나온 '줄기'로부터 의의 막대기가 자라나 이방인들을 향해 뻗어 나간다고 예언한다. '막대기' 역시 '규'와 같은 히브리어 단어(שֵׁבֶט 쉐베트)에서 비롯된 것으로, 이사야 11장 4절의 '그의 입의 막대기'처럼 메시아의 공의로운 통치권과 심판의 권능을 상징한다.

성품: 그는 온유함과 의로움으로 행하며, 어떤 죄도 찾을 수 없는 완전한 존재이다.

신적인 인준 (2): 레위의 유언 18장과 마찬가지로 그의 사역은 하늘이 열리고 거룩한 아버지의 영이 부어지는 신적인 인준으로 시작된다. 이는 예수님의 요단강 침례 사건을 명확하게 예고한다.

거룩한 아버지의 영 (2): 대부분의 학자들은 '거룩하신 아버지'라는 표현은 기독교적 표현임으로 이 단어는 아람어나 히브리어에는 없었고 후대에 기독교 필사자가 더한 부분이라고 주장한다. 아르메니아 사본과 비교해 볼 때 그럴 가능성도 있지만, 구약에서도 이미 하나님을 아버지라 부르는 사례는 다음과 같다. 신명기 32:6; 시편 89:26; 예레미야 3:19; 31:9; 이사야 64:8; 말라기 2:10. 예수님은 하나님을 '아버지'라 친밀한 어감으로 자주 부르셨고, 제자들에게도 그렇게 부르도록 가르치셨다. 요한복음 17:11에서는 '거룩하신 아버지여' 즉 '성부'라고 부르신 것이다.

백성들의 변화 (3): 메시아가 오시면 그의 백성들에게 '은혜의 영'이 부어질 것이다. 이 영의 임재를 통해 그들은 더 이상 외부의 율법에 억지로 순종하는 것이 아니라, 마음으로부터 우러나와 기쁨으로 계명을 따르는 '참된 자녀들'이 되는 내적인 변화를 경험하게 될 것이다. 이는 예레미야 31장 33절의 새 언약, 즉 나의 법을 그들의 속에 두며 그들의 마음에 기록하여 주시겠다는 약속의 성취이며, 율법의 문자가 아닌 성령의 능력으로 말미암는 새로운 순종의 시대가 열릴 것을 예고한다.

전인류적 통치 (6): 그의 통치는 이스라엘 민족에게만 국한되지 않는다. 유다의 뿌리에서 나온 그 줄기에서, '이방인들을 향해 의의 막대기'가 자라날 것이다. 이는 그의 공의로운 통치와 구원이 이스라엘의 경계를 넘어 '여호와를 부르는 모든 자', 즉 모든 민족에게까지 확장될 것임을 보여주는 전인류적 구원의 약속이다. 그의 '의의 막대기'는 대적들을 심판하는 권능인 동시에, 그에게 피하는 모든 자를 지켜주는 구원의 도구가 된다. 이처럼 심판과 구원이라는 왕의 두 가지 핵심적인 사역이, 이방인을 포함한 온 세상을 대상으로 펼쳐질 것임을 유다는 예언하고 있다.

제25장

부활의 새 시대의 질서와 우주적 영광

1 그 후 아브라함과 이삭과 야곱이 생명으로 일어나리니 나와 나의 형제들이 이스라엘의 열두 지파의 우두머리가 될 것이다. 레위가 첫째, 내가 둘째, 요셉이 셋째, 베냐민이 넷째, 시므온이 다섯째, 잇사갈이 여섯째로 모두가 순서대로 되리라.

2 여호와께서는 레위를 축복하시고, 얼굴의 천사는 나를 축복하며, 영광의 권능으로 시므온을, 하늘로 르우벤을, 땅으로 잇사갈을, 바다로 스불론을, 산으로 요셉을, 성막으로 베냐민을, 광명체들로 단을, 에덴으로 납달리를, 태양으로 갓을, 달로 아셀을 축복할 것이다.

3 그리고 여호와의 백성은 하나될 것이며 하나의 언어를 가질 것이다. 벨리알의 미혹하는 영은 더 이상 없을 것이니 그는 영원히 불에 던져질 것이기 때문이다.

4 슬픔 가운데 죽은 자들은 기쁨으로 일어날 것이며, 여호와를 위하여 가난했던 자들은 부유하게 될 것이요, 여호와를 위하여 죽임을 당한 자들은 영원한 생명으로 깨어날 것이다.

5 야곱의 사슴들은 즐거이 달릴 것이며 이스라엘의 독수리들은 기쁨으로 날 것이나 불경건한 자들은 통곡하고 죄인들은 울 것이다. 그리고 모든 민족은 영원토록 여호와께 영광을 돌릴 것이다.

· ·

유다의 유언 25장은 이스라엘의 종말론적 소망의 정점을 그리며, 의인의 부활, 새 시대의 질서, 그리고 우주적 회복이라는 세 가지 주제를 통해 하나님 나라의 완성된 모습을 보여준다.

부활과 새로운 위계질서 (1)

이 장은 아브라함부터 시작된 모든 믿음의 조상들이 부활하여 열두 아들들이 다시 '열두 지파의 우두머리'가 될 것을 선언하며 시작한다. 이는 신약에서 예수님께서 제자들에게 약속하신 이스라엘 열두 지파를 다스리는 권세(마 19:28, 눅 22:30)와 직접적으로 연결되는 중요한 예언이다.

흥미로운 점은 이 새 시대의 위계질서가 출생 순서와 다르다는 것이다. 레위(제사장권)가 첫째, 유다(왕권)가 둘째가 되며, 라헬의 아들들인 요셉과 베냐민이 그 뒤를 잇는다. 이는 이 『열두 족장의 유언』 전체를 관통하는 '제사장권 우위 사상'을 최종 확증하며, 영적인 권위가 땅의 권위보다 앞서는 하나님 나라의 가치 체계를 보여준다.

1절에서 언급된 여섯 지파의 순서(레위, 유다, 요셉, 베냐민, 시므온, 잇사갈)는 후에 신명기 27장에서 모세가 율법을 선포할 때 그리심 산에 서서 축복을 선언해야 할 여섯 지파의 명단(시므온, 레위, 유다, 잇사갈, 요셉, 베냐민)과 일치한다. 여호수아는 모세가 미리 정해준 대로 이후 세겜에 올라가서 이 여섯 지파를 그리심 산 쪽에 세운다.

각 지파를 향한 축복 (2)

부활한 각 지파는 그들의 상징과 역할에 맞는 고유한 축복을 받는다. 레위는 여호와께 직접 축복을 받고, 유다는 '얼굴의 천사'에게서 축복을 받는다. 르우벤은 하늘로, 농부 잇사갈은 땅으로, 어부 스불론은 바다로, 요셉은 산으로, 베냐민은 성막으로 축복받는 등, 각 지파의 독특한 역할과 사명이 새 시대에도 영광스럽게 회복될 것임을 보여준다.

새 시대의 완성된 모습 (3-5)

한 새 사람과 만국 공용어 (3): 메시아 왕국이 완성되어 시작될 새 시대의 가장 중요한 특징 중 하나는 '하나의 백성'과 '하나의 언어'로 제시된다.

1. 하나의 백성: 이스라엘과 이방인의 연합

'여호와의 백성은 하나될 것이다'라는 선포는, 이 책 전체를 통해 반복적으로 예언된 이스라엘과 이방인의 완전한 연합이 성취될 것을 의미한다.

- 메시아의 구속 사역을 통해 혈통과 민족의 경계를 넘어 여호와를 믿는 모든 이들이 차별 없이 '하나님의 한 백성'이 된다. 이는 그리스도 안에서 유대인이나 헬라인의 구별이 없이 모두가 하나가 되어 '한 새 사람'이 된다는 신약의 가르침과 그 맥을 같이 한다(갈 3:28; 엡 2:15). 그들의 나라와 민족과 방언과 족속은 여전히 그대로 유지되지만, 하나님 안에서 하나될 것이다.

2. 하나의 언어: 만국 공용어(Lingua Franca)로써의 히브리어

'하나의 언어를 가질 것이다'라는 예언은, 모든 민족이 모국어를 버리고 단 하나의 언어만을 사용하게 된다는 의미가 아니다. 오히려 그들의 언어는 그대로 유지되지만, '히브리어'가 모든 하나님의 백성을 위한 거룩한 공용어(Lingua Franca)가 될 것이라는 의미이다. 이사야 19장의 예언은 이러한 해석의 중요한 성경적 근거를 제공한다.
- **이사야 19:18의 증언**: "그 날에 애굽 땅에 가나안 방언을 말하며 만군의 여호와를 가리켜 맹세하는 다섯 성읍이 있을 것이며…"
- 이사야는 마지막 때에, 이스라엘의 오랜 대적이었던 이집트마저도 '가나안 방언', 즉 히브리어를 배우고 말하며 만군의 여호와를 섬기게 될 것이라고 예언한다. 이는 메시아 왕국 시대에, 이스라엘을 중심으로 주변 중동 지역과 온 열방이 영적으로 하나가 될 뿐만 아니라, 하나님의 언약의 언어인 히브리어를 통해 소통하며 함께 하나님을 예배하게 될 것을 보여준다.

모든 민족이 각자의 정체성을 유지하면서도, 하나님을 예배하고 서로 교제하기 위해 하나의 거룩한 언어, 즉 히브리어를 배우고 사용하게 되는 영적, 문화적 통일을 의미하는 것이다. 이 모든 것은 모든 분열과 혼돈의 근원이었던 벨리알이 최종적으로 심판받고, 그의 미혹하는 영이 더 이상 존재하지 않는 완전한 평화와 통일의 시대에 비로소 가능해진다.

부활은 위대한 역전의 사건 (4): 부활은 단순한 생명의 회복이 아니라, 이 땅에서의 모든 고난과 슬픔이 정반대의 축복으로 변화되는 '위대한 역전'의 사건이다. 슬픔은 기쁨으로, 가난은 부요함으로, 죽음은 영원한 생명으로 보상받을 것이다. 이는 하나님의 공의와 당신을 위해 고난받은 자들의 눈물을 기억하시는 그분의 신실한 보상을 증언한다.

우주적 찬양 (5): 새 시대의 기쁨은 인간을 넘어 모든 피조물에게도 확장된다. '야곱의 사슴'과 '이스라엘의 독수리'라는 이미지는 회복된 이스라엘이 누릴 자유와 힘, 하늘의 권세를 상징한다. 악인들은 자신들의 운명 앞에서 통곡하지만, 역사의 최종적인 결론은 악의 심판이 아니라, 이스라엘을 넘어 '모든 민족'이 함께 영원토록 여호와께 영광을 돌리는 우주적인 찬양이다.

결론적으로 25장은 죄와 고난과 분열로 점철되었던 인류의 역사가 마침내 끝나고 의인들의 부활과 새로운 위계질서, 그리고 벨리알의 완전한 심판을 통해 도래할 하나님 나라의 영광스러운 모습을 그리고 있다. 이는 유다의 유언 전체를 마무리하는 위대한 부활 소망의 선포이다

제26장

유다의 마지막 당부와 죽음

1 그러므로 나의 자녀들아, 여호와의 모든 토라를 지켜 행하라. 여호와의 길을 굳게 붙드는 모든 자들에게 소망이 있느니라."

2 그가 그들에게 이르기를 "보라, 나는 119세를 살았고 오늘 너희 눈앞에서 죽노라.

3 아무도 나를 값비싼 옷을 입혀 장사하지 말고 내 장기를 가르지 말라. 이는 왕들이 하는 일이니라. 너희는 나를 헤브론으로 데리고 올라가라."

4 그리고 유다는 이 말을 마친 후 잠들었고 그의 아들들은 그가 명령한 모든 것대로 행하여 그를 그의 조상들과 함께 헤브론에 묻었다.

••••••••••••••••••••••••

마지막 당부 (1-2)

유다는 마지막까지 후손들에게 '여호와의 모든 토라를 지켜 행하라'고 명령하며, '여호와의 길을 굳게 붙드는 것'만이 유일한 소망임을 강조한다.

겸손의 유언 (3)

유다 자신과 유다의 후손들의 왕권에 대해서 많은 분량을 할애하며 유언을 남기던 유다는 자신에게 '왕권'이 주어졌음에도 불구하고, 자신의 장례를 세상 왕들이 치르는 방식으로 치르지 말라고 명한다. 그는 값비싼 옷이나, 시신을 보존하기 위해 장기를 가르는 이집트식 왕의 장례를 거부한다. 대신, 그는 다른 형제들과 마찬가지로 자신의 뼈를 헤브론으로 옮겨달라고 부탁하며, 자신을 화려한 왕이 아닌 조상들의 신앙을 따르는 겸손한 족장 중 한 사람으로 기억해달라고 말하고 있는 것이다.

잇사갈의 유언

제1장

합환채로 얻은 아들

1 이것은 '잇사갈의 유언'의 사본이다. 그가 그의 아들들을 불러 말하였다. "나의 자녀들아, 너희 아버지 잇사갈의 말을 들으라. 여호와께 사랑받는 자의 말에 귀를 기울이라.

2 나는 야곱의 다섯 번째 아들로 태어났는데 합환채의 대가로 얻어진 아들이었다.

3 나의 형 르우벤이 밭에서 합환채를 가져왔고 라헬이 그를 만나 환합채를 가로챘다.

4 그러자 르우벤이 울었고 그의 소리를 듣고 나의 어머니 레아가 나왔다.

5 이 합환채는 하란 땅의 물 있는 계곡 아래에서 자라는 달콤한 향기가 나는 사과였다.

6 라헬이 말했다. "내가 이 열매들을 언니에게 주지 아니하리니 이것은 자식 대신 내게 주어진 것이라. 이는 여호와께서 나를 멸시하사 내가 야곱에게 자녀를 낳지 못하였기 때문이라."

7 열매 두 개를 놓고 레아가 라헬에게 말했다. "내 남편을 빼앗아 간 것도 모자라 이제 이 열매들까지 빼앗으려 하느냐?"

8 라헬이 그녀에게 대답했다. "언니 아들의 합환채에 대한 대가로 오늘 밤 야곱을 데려가라."

9 그러자 레아가 말했다. "야곱은 내 것이니 나는 그의 젊은 시절의 아내라."

10 그러나 라헬이 말했다. "자랑하지 말고, 스스로 높이지 말라. 그는 언니보다 먼저 나를 택하였고 나를 위하여 우리 아버지를 14년 동안 섬겼노라.

11 내가 너를 어떻게 해야 하겠느냐? 사람들의 간계와 교활함은 날로 늘어가고 땅에는 온통 속임수가 판을 치고 있구나. 만약 세상이 이렇지 않았다면 네가 지금 야곱의 얼굴을 보는 일도 없었을 것이다.

12 이는 네가 그의 아내가 아니며 나를 대신하여 간계로 그에게 주어졌기 때문이라.

13 내 아버지가 나를 속여 그날 밤 나를 멀리 옮겨서 야곱이 나를 보지 못하게 하였다. 만일 내가 그곳에 있었다면 그에게 이런 일이 일어나지 않았을 것이라.

14 그럼에도 불구하고 합환채 대신에 내가 야곱을 너에게 하룻밤 동안 빌려주리라."

15 야곱이 레아와 동침했고 그녀가 잉태하여 나를 낳았다. 그리고 그 대가로 인해 나는 잇사갈이라 불리게 되었다.

• •

잇사갈의 유언 1장은 창세기 30장에 기록된 합환채 사건을 배경으로 자신의 출생에 얽힌 이야기를 두 자매, 레아와 라헬의 대화를 통해 매우 생생하고 극적으로 전한다.

이름의 의미-대가로 얻은 아들 (1-2, 15)

잇사갈은 자신을 '합환채의 대가로 얻어진 아들'이라고 소개하며, 그의 이름 잇사스칼 (יִשָּׂשכָר) 자체가 대가를 가져올 것이다 혹은 보상이 있다는 의미를 암시한다. 그의 존재 자체가 두 자매 사이의 거래의 결과물임을 보여준다.

레아와 라헬의 갈등 (3-14)

이 장의 대부분은 두 자매 사이의 깊은 갈등과 대화를 통해 잇사갈의 출생이 단순한 거래를 넘어 여성으로서의 정체성과 남편의 사랑을 얻기 위한 처절한 싸움의 결과였음을 보여준다.

합환채의 가치 (5-6): 라헬에게 합환채는 단순히 임신을 돕는 식물이 아니라, 자녀를 낳지 못하는 자신의 슬픔에 대한 '하나님의 보상'이었다.

레아의 상실감 (7): 레아는 남편의 사랑을 빼앗긴 것도 모자라 이제는 합환채마저 빼앗기려 하는 자신의 처지를 한탄한다.

라헬의 반격 (10-13): 라헬은 자신이 야곱의 첫사랑이었으며, 레아는 아버지 라반의 간계로 인해 야곱의 아내가 된 것이라고 주장하며 레아의 정통성에 도전한다. 이는 라반의 집에서 있었던 사건에 대한 새로운 관점을 제공한다.

거래의 성사 (14): 결국 라헬은 합환채를 얻는 대가로 그날 밤 야곱과의 동침을 레아에게 빌려주는 거래를 한다.

결론적으로 1장은 잇사갈의 출생이 두 자매의 슬픔, 갈등, 그리고 처절한 거래 속에서 이루어진 매우 복잡한 사건이었음을 보여준다.

제2장

라헬의 신앙과 하나님의 응답

1 그때 야곱에게 여호와의 천사가 나타나 말했다. "라헬이 두 자녀를 낳으리니 이는 그녀가 남편과의 동침을 거절하고 금욕을 선택하였음이라."

2 만약 나의 어머니 레아가 그와 합방하기 위해 두 개의 합환채 값을 지불하지 않았다면 어머니는 여덟 아들을 낳았으리라. 그러나 그 일로 인해 그녀는 여섯을 낳았고 라헬은 둘을 낳았으니 이는 합환채로 인해 여호와께서 그녀를 돌아보셨음이라.

3 이는 그분께서 라헬이 쾌락의 정욕 때문이 아니라 자녀를 얻기 위해 야곱과 합방하기를 원했음을 아셨기 때문이다.

4 다음날에도 라헬은 나머지 합환채를 얻기 위해 또 다시 야곱을 포기했다. 그러므로 여호와께서 라헬의 소원을 들으셨다.

5 그녀는 그토록 원하던 합환채를 얻었음에도 먹지 않고 주의 집으로 가져가 그 당시 거기에 있던 지극히 높으신 분의 제사장에게 예물로 바쳤다.

잇사갈의 유언 2장은 자매간의 시기와 거래처럼 보였던 합환채 사건의 이면에 라헬의 경건한 자기 절제와 하나님을 향한 온전한 신앙이 있었음을 밝히며, 하나님께서 두 아들을 주신 응답이 바로 그 믿음에 근거한 것임을 증언한다.

금욕에 대한 약속과 동기의 순수성 (1-4)

이 유언은 천사의 계시를 통해 라헬이 두 아들을 얻게 된 이유가 그녀의 금욕 때문이라고 선언하며 시작한다. 그녀가 합환채를 얻기 위해 남편과의 동침을 포기한 행위를 이 텍스트는 단순한 거래가 아닌, 더 큰 소망을 위한 거룩한 자기 절제로 해석한다. 하나님께서 라헬을 돌아보신 결정적인 이유는 그녀의 마음 중심에 있는 동기가 '쾌락의 정욕 때문이 아니라, 오직 자녀를 얻기 위함'이라는 그 순수성에 있었다.

신앙의 증거: 합환채 봉헌과 밧단 아람의 제사장 (5)

라헬은 그토록 원했던 합환채를 임신과 출산의 효능을 위해 자신이 먹지 않고, 그것을 '주의 집으로 가져가 지극히 높으신 분의 제사장에게 예물로 바쳤다.' 이 행위는 라헬의 신앙의 본질을 보여주는 매우 중요한 증거이다.

믿음의 대상: 그녀의 믿음은 합환채에 있었던 것이 아니라, 중심을 보시고 마음을 받으시는 하나님께 있었다. 그녀는 합환채를 자신의 소원을 이루기 위한 효능을 가진 도구가 아닌, 자신의 간절한 소망을 담아 하나님께 드리는 거룩한 예물로 사용했다.

밧단 아람 지역의 제사장과 아론 이전의 제사장 전승

라헬이 합환채를 '지극히 높으신 분의 제사장에게 예물로 바쳤다'는 기록은 레위 제사장직이 확립되기 이전에 이미 하나님을 섬기는 합법적인 제사장이 존재했음을 암시하는 매우 중요한 구절이다. 아브라함은 제사장이었고, 그는 이삭에게 그리고 이삭은 레위에게 제사장 직무를 넘겨주었다. 이는 결코 동떨어진 기록이 아니며, 노아 홍수 이후에 보편적인 신앙 전승이 한동안 이어졌음을 보여준다.

1. 멜기세덱과 이드로: 제사장들

성경은 레위 지파가 형성되기 이전에도 '지극히 높으신 하나님(엘 엘룐)'을 섬기는 제사장들이 있었음을 증언한다. 가장 대표적인 인물은 살렘 왕 멜기세덱(창 14:18)과 미디안의 제사장 이드로(출 3:1)이다. 특히 유대 전승에서는 이드로를 아브라함이 후처 그두라를 통해 낳은 아들 미디안의 후손으로 보며, 그가 아브라함으로부터 전수받은 여호와 신앙을 보존하고 있었던 인물로 이해한다. 이는 여호와 신앙 유산이 이삭에게로 이어지는 중심 계보 외에도 아브라함의 가문 중에서 다른 계보를 통해서도 한동안 이어졌음을 시사한다.

2. 아브라함의 유산: 흩어진 자들을 향한 가르침

『희년서』와 같은 고대 문헌은 아브라함이 이스마엘과 그두라의 아들들을 동방으로 떠나보낼 때, 그들에게 재물뿐만 아니라 하나님을 경외하는 법과 할례와 계명을 가르쳐 보냈다고 기록한다. 아브라함의 사명은 단순히 한 민족의 조상이 되는 것을 넘어 그 후손들이 어디로 가든지 하나님의 이름을 기억하고 그 법도를 지키게 하는 것이었다. 창세기 12장 5절에서 아브라함이 하란을 떠날 때 "그들이 모은 모든 소유와 하란에서 얻은 사람들"을 이끌었다고 기록된 것처럼 그의 신앙 공동체는 처음부터 혈연을 넘어 확장되고 있었다.

3. 밧단 아람

이삭과 야곱이 가나안 여인이 아닌, 굳이 먼 길을 가서 밧단 아람에 있는 친족 중에서 아내를 찾으라는 명령을 받은 것은 그곳이 단순히 혈연적 고향이었기 때문만은 아니다. 그곳은 아브라함의 신앙 전통을 공유하는 공동체가 남아있었다.

『열두 족장의 유언』은 이 사실을 명확히 증언한다. 납달리의 유언 1장 9-11절은 빌하와 실바의 아버지가 '아브라함의 가문에 속한 하나님을 경외하는 자유민'인 갈대아인 로데우스였으나, 포로로 잡혀 라반의 종이 되었다고 밝힌다. 이는 야곱의 모든 자녀들의 어머니들이 단순한 이방 여종이 아니라, 본래 아브라함의 신앙을 공유했던 고귀한 혈통이었음을 보여주는 매우 중요한 증거이다.

결론

　이러한 모든 배경을 종합할 때, 라헬이 머물던 밧단 아람 지역에 '지극히 높으신 분'을 섬기는 제사장이 존재했다는 것은 타당한 기록이다. 이는 홍수 이후 시대 초기의 보편 신앙 전승의 흔적이라 할 수 있다. 라헬의 행위는 주술적인 식물에 의존한 것이 아니라, 자신의 간절한 소망을 담은 예물을 합법적인 제사장에게 가져가 하나님께 바친 신앙의 행위였다. 이 구절은 우리에게 시내산에서 율법이 주어지기 이전 에녹과 노아, 그리고 아브라함 가계로 이어져 내려온 더 오래되고 보편적인 하나님의 토라와 그 제사장적 전승의 흔적을 엿볼 수 있게 하는 귀중한 창을 제공한다.

제3장

잇사갈의 삶: 정직한 농부와 순전한 눈

1　그러므로 나의 자녀들아, 내가 장성했을 때 나는 정직한 마음으로 행하였고, 나의 아버지와 형제들을 위해 농부가 되었으며, 제철에 따라 열매를 밭에서 가져왔다.

2　나의 아버지가 나를 축복하였으니 이는 내가 아버지 앞에서 정직하게 행함을 그가 보았기 때문이다.

3　나는 내 일만 돌본다고 바빠서 이웃에게 관심을 두지 않는 사람이 아니었으며, 이웃을 시기하거나 악의적으로 대하지 아니하였고,

4　누군가를 비방하거나 어떤 사람의 삶을 비난하지도 않았으며, 꼬지 않은 순전한 눈으로 인생을 살아왔다.

5　내가 35세가 되었을 때 나는 아내를 맞이하였다. 이는 나의 수고가 내 힘을 소모시켰고, 여인들과의 즐거움을 한 번도 생각하지 않았으며, 노동으로 인해 잠이 나를 지배했기 때문이다.

6　나의 아버지는 항상 나의 정직함을 기뻐하셨으니 이는 내가 제사장을 통해 주께 모든 첫 열매를 먼저 드렸고 그 다음으로 아버지께 드린 후 나 자신의 것을 가졌기 때문이다.

7 여호와께서 나의 손에 그분의 복을 갑절로 더하셨으며 또한 내 아버지 야곱도 하나님께서 나의 신실함을 도우신다는 것을 알았다.
8 이는 내가 가난하고 억눌린 모든 자들에게 땅의 좋은 것들을 순전한 마음으로 나눠주었기 때문이다.

·······················

3장은 잇사갈 자신이 어떤 삶을 살았는지를 보여주는 자서전적인 부분이다. 그의 삶은 '단순함, 정직함, 순결함, 순전함, 한결같음'과 '성실한 노동'이라는 두 가지 키워드로 요약된다.

꼬지 않은 순전한 눈을 가진 정직한 농부의 삶 (1-5)

잇사갈의 삶은 화려한 영웅이나 지도자가 아닌, 아버지와 형제들과 가난한 이웃을 위해 묵묵히 땀 흘리는 농부의 삶으로 요약된다. 그의 삶의 핵심적인 특징은 '정직함과 한결같음', 그리고 '성실한 노동'이다. 그는 자신이 '정직한 마음'과 '순전한 눈'으로 행했다고 고백하는데, 여기서 '순전한'으로 번역된 헬라어는 ἁπλότης (하플로테스)이다. 이 단어와 그 형용사형 ἁπλοῦς(하플루스)는 '꼬다, 엮다'라는 뜻의 πλέκω(플레코)에 부정 접두어 ἀ가 붙어 형성된 단어로, 문자적으로 '꼬지 않는', '꼬이지 않은', '꼬임이 없는' 순전한 상태를 의미한다.

이는 신약성경에서 예수님이 말씀하신 '순전한 눈'(ὀφθαλμὸς ἁπλοῦς, 마 6:22; 눅 11:34 "네 눈이 성하면 온 몸이 밝을 것이다")의 개념과 직접적으로 연결된다. 눈은 속사람의 창과 같아서, 눈이 '꼬지 않고' 순전하고 단일할 때 온 내면이 빛으로 가득하게 된다. 반대로 '악한 눈'(πονηρός, 포네로스)은 꼬여 있는 눈으로 자기 내면을 어둡게 한다. ἁπλότης는 이러한 내면의 순전함과 온전함을 가리키는 핵심적인 윤리적 덕목이다. 이 개념은 '온전함', '흠 없음', '진실함'을 의미하는 히브리어 תֹם (톰) / תָּמִים (타밈)에 뿌리를 두고 있다. 마음이 תָּמִים(타밈), 즉 온전하다는 것은 두 마음을 품지 않은 '한결같은 마음'이며, 야곱이 '온전하고 흠이 없는 순전한 사람(אִישׁ תָּם, 이쉬 탐)'으로 묘사된 것과 같은 맥락이다 (창 25:27). 이처럼 잇사갈의 삶은 하나님과 이웃을 향해 꼬임 없는 진실함으로 나아가는 삶이었다. 그는 자신의 수고에 전념하여 세상적인 쾌락을 생각할 겨를조차 없었으며, 이는 그의 삶이 외적인 즐거움이 아닌 성실한 노동과 그 결실에 집중되어 있었음을 보여준다.

'열두 족장의 유언'에서 ἁπλότης와 그 파생어는 잇사갈의 유언(3:4, 4:1, 4:6, 5:8, 6:1)과 아셀의 유언(4:1, 6:2)에 등장한다. 이 단어는 눈과 마음과 혼이 꼬이지 않은 상태를 표현하고 있으며, 속사람이 나뉘지 않은 '온전함', 숨은 의도가 없는 '순수함', 그리고 하나님과 이웃을 향한 '진실함'을 모두 포함하는 핵심적인 윤리적 덕목으로 사용된다. 아셀의 유언에서는 '두 혀'와 대조하며 '꼬임이 없는 순전한 마음'이라는 개념으로 중요하게 다뤄진다.

정직함에 대한 축복 (6-8)

잇사갈의 이러한 '순전한'(ἁπλότης)의 삶에 대해 하나님도 또한 그의 아버지도 축복으로 응답하셨다.

첫 열매의 원칙: 그의 정직함이 가장 잘 드러나는 부분은 그가 모든 소산의 첫 열매를 먼저 제사장을 통해 주께 드리고, 그 다음으로 아버지께 드린 후에야 자신의 몫을 가졌다는 '첫 열매의 원칙'을 지킨 것이다. 잇사갈이 이처럼 가장 귀한 것을 먼저 하나님께 드린 경건한 모습은, 잇사갈의 유언 앞부분(2:5)에서 그의 출생의 사연에 묘사된 그의 어머니 라헬의 행동을 떠올리게 한다. 라헬 역시 그토록 원하던 합환채를 얻었음에도 그것을 자신이 취하지 않고 먼저 '지극히 높으신 분의 제사장'을 통해서 하나님께 예물로 바쳤다. 이처럼 가장 귀한 것을 먼저 하나님께 드리는 경건한 신앙의 삶이 라헬에게서 잇사갈로 이어진다. 이는 하나님과 부모에 대한 우선순위와 공경의 마음이 그의 삶의 질서였음을 보여준다.

갑절의 축복과 나눔: 이 순종의 결과로 여호와께서는 그의 손에 복을 갑절로 더하셨다. 그리고 그는 그 축복을 자신만을 위해 쌓아두지 않고, 가난하고 억눌린 모든 자들에게 순전한 마음으로 나눠주었다.

결론적으로 3장은 잇사갈의 삶이 화려하지는 않지만, 내면의 '온전함'(תָּמִים/ἁπλότης)을 바탕으로 성실한 노동과 하나님 중심의 질서를 지킨 삶이었음을 보여준다. 그는 땅을 섬기는 농부로서, 그 땅의 소산을 통해 하나님을 섬기고 이웃을 섬기는 가장 모범적인 평범한 의인의 삶을 살아낸 인물로 묘사된다.

제4장

순전한 마음의 길

1 그러므로 나의 자녀들아, 내 말을 들으라. 순전한 마음으로 행하라. 이는 내가 그 순전한 마음 안에서 여호와께서 기뻐하시는 모든 것을 보았음이라.

2 순전한 자는 금을 탐하지 않으며, 이웃을 속이지 않고, 여러 가지 맛있는 음식을 탐하지 않으며, 화려한 옷을 즐기지 않는다.

3 그는 장수하기를 바라지 아니하고 오직 하나님의 뜻만을 앙망한다.

4 미혹의 영들은 그에게 힘을 발휘하지 못하나니 이는 그가 여인의 아름다움을 바라보지 아니하고, 마음을 더럽혀 부패케하지 않으려 하기 때문이다.

5 그의 생각에는 시기가 침범하지 못하니 악한 자가 그의 혼을 쇠약하게 하지 아니하며 그의 마음에는 탐욕으로 인한 걱정이 없다.

6 그는 혼의 순전함으로 행하며, 마음의 정직함으로 만물을 바라보며, 여호와의 계명 중 어느 하나라도 벗어나지 않기 위해 세상의 오류로 인해 악하게 된 눈을 피하느니라.

••••••••••••••••••••••••

4장은 3장에서 소개된 잇사갈의 '정직한 삶'이 구체적으로 어떤 내면적 상태, 즉 '순전한 마음'(singleness of heart)에서 비롯되었는지를 상세하게 설명한다. '순전함'은 잇사갈 유언 전체를 관통하는 핵심 덕목이다.

순전함의 본질: 세상의 욕망으로부터의 자유 (1-3)

잇사갈은 '순전한 마음'이 곧 '여호와께서 기뻐하시는 모든 것'이라고 선언한다. 이 순전함은 구체적으로 세상적인 것들에 대한 초연함으로 나타난다. 순전한 자는 재물(금), 이웃에 대한 속임수, 음식, 그리고 화려한 옷과 같은 세상적인 욕망을 탐하지 않는다. 심지어 그는 '장수'라는 인간의 기본적인 욕망마저도 초월하여, 오직 '하나님의 뜻'만을 구한다. 이는 순전함이 세상의 가치 체계로부터 완전히 자유로운 상태임을 보여준다.

순전함의 능력: 유혹에 대한 승리 (4-6)

이러한 내면적 상태는 외부의 유혹에 대한 강력한 방어막이 된다.

음행으로부터의 보호 (4): 그는 여인의 아름다움을 탐하지 않음으로써, '미혹의 영들'이 그를 지배하지 못하게 한다.

시기와 탐욕으로부터의 보호 (5): 그의 마음에는 시기심이나 탐욕으로 인한 근심이 자리 잡을 틈이 없다.

세상의 오류로부터의 보호 (6): 그는 '마음의 정직함'으로 만물을 바라보며, '세상의 오류'에 눈이 멀지 않도록 스스로를 지킨다.

결론적으로 4장은 '순전한 마음'이 단순한 순진함이 아니라, 세상의 모든 유혹(재물, 정욕, 명예, 장수)으로부터 자유롭게 되어 오직 하나님의 뜻만을 구하는 적극적인 영적 상태임을 보여준다. 그리고 이 순전함이야말로 모든 미혹의 영들을 이기고 거룩함을 지킬 수 있는 능력의 근원임을 증언한다.

제5장

순전함의 실천과 두 지파에 대한 순종

1 그러므로 나의 자녀들아, 하나님의 법을 지키고, 순전함을 얻으며, 간사함 없이 정직하게 행하며, 너희 이웃의 일에 참견하지 말라.

2 오직 여호와와 너희 이웃을 사랑하며 가난하고 약한 자에게 자비를 베풀라.

3 너희 허리를 농사일에 굽히고, 모든 종류의 농사일에 수고하며, 여호와께 감사함으로 예물을 드리라.

4 이는 땅의 첫 열매로 여호와께서 너희를 축복하실 것이니 이는 아벨로부터 지금까지 여호와께서 모든 성도들을 축복하신 것과 같으니라.

5 너희에게 주어진 다른 몫은 없나니 수고하여 기른 땅의 기름진 열매 외에 너희에게 주어진 다른 몫은 없다.

6 우리 아버지 야곱은 땅과 첫 열매의 축복으로 나를 축복하셨느니라.

7 여호와께서 레위와 유다를 야곱의 아들들 중에서도 영화롭게 하셨으니 이는 여호와께서 그들에게 유업을 주사 레위에게는 제사장권을, 유다에게는 왕권을 주셨음이라.

8 그러므로 그들에게 순종하며 너희는 너희 아버지의 순전함을 따라 행하라.

이는 이스라엘을 대적하여 다가오는 무리를 멸할 권세는 갓에게 주어졌기 때문이다.

....

5장은 4장에서 설명한 '순전한 마음'을 어떻게 삶 속에서 구체적으로 실천할 것인지에 대한 지침과 이스라엘 공동체의 질서에 대한 가르침을 담고 있다.

순전함의 실천 (1-6)
핵심 원리 (1-2): 잇사갈은 순전한 삶의 핵심이 (1)하나님의 법을 지키고 (2)간사함 없이 정직하게 행하며 (3)이웃의 일에 부당하게 참견하지 않고 (4)오직 여호와와 이웃을 사랑하며 (5)약한 자에게 자비를 베푸는 것이라고 요약한다.

성실한 노동 (3, 5-6): 그는 특히 성실한 노동의 가치를 강조한다. 그의 후손들에게 주어진 유일한 분깃은 '수고하여 기른 땅의 기름진 열매'이며, 야곱 또한 그를 '땅과 첫 열매의 축복'으로 축복했다. 이는 정직한 노동과 그 결실에 감사하는 삶이야말로 순전한 삶의 구체적인 모습임을 보여준다.

첫 열매의 축복 (4): 여호와께 감사함으로 '첫 열매'를 드리는 자에게 하나님께서 축복하신다는 원리는 인류 시초에 양의 첫 새끼로 의로운 제물을 드렸던 '아벨'의 때부터 이어져 온 거룩한 전통임을 상기시킨다.

공동체의 질서: 레위와 유다에게 순종하라 (7-8)
잇사갈은 자신의 삶의 원리를 설명한 후, 이스라엘 공동체 전체의 질서에 대한 중요한 가르침으로 나아간다.

두 지파의 특별한 유업 (7): 잇사갈은 하나님께서 열두 아들들 가운데 특별히 레위에게는 '제사장권'을, 유다에게는 '왕권'을 유업으로 주심으로 그들을 영화롭게 하셨음을 가르친다.

순종 명령과 역할 분담 (8): 그러므로 그는 후손들에게 이 두 지파에게 '순종하라'고 명한다. 이는 『열두 족장의 유언』에서 반복적으로 나타나는 핵심 주제이다.

마지막 문장에서, 레위와 유다에게 순종하라고 명령하다가 갑자기 '갓'을 언급하는 것은 표면적으로는 뜬금없어 보이는 것처럼 보인다. 그러나 이는 창세기 49장 19절에 기록된 야곱의 예언을 배경으로 할 때, 이스라엘의 '지파별 역할 분담'이라는 관점에서 잇사갈이 후손에게 전하는 논리의 핵심은 다음과 같이 재구성될 수 있다.

"나의 자녀들아, 너희는 이스라엘의 영적, 정치적 중심인 레위와 유다의 권위를 시기하거나 넘보지 말고, 그들에게 순종하며 너희 자신의 본분인 순전함을 지키며, 노동과 땅의 열매를 공급하는 일에 집중하라. 너희의 소명은 군사적인 힘을 추구하는 데 있지 않다. 왜냐하면, 유다의 왕권을 도와 이스라엘을 군사적으로 방어하고 적을 물리치는 역할은 이미 우리 아버지 야곱의 예언에 따라 그 특별한 권세를 받은 갓 지파에게 맡겨졌기 때문이다."

즉, 잇사갈은 갓 지파의 군사적 역할을 언급함으로써, 자신의 후손들에게 분수를 지킬 것을 가르친다. 즉, 다른 지파의 권위(특히 레위와 유다)를 넘보지 말고, 너희에게 주어진 고유한 덕목(순전함)과 사명(성실한 노동)에 충실하라는 것이다.

결론적으로 이 구절은 이스라엘 공동체가 다양한 역할을 가진 지파들의 유기적인 연합체임을 보여준다. 영적 권위(레위), 통치 권위(유다), 군사적 방어(갓), 그리고 농업 일과 땅의 열매를 공급하는 삶(잇사갈) 등 각 지파가 자신의 고유한 부르심에 충실하며 서로의 권위를 존중할 때, 비로소 공동체 전체가 하나님의 뜻 안에서 조화롭게 설 수 있음을 가르치는 지혜의 말씀이다.

예언과 성취: 이스라엘의 곡창 지대 (3, 5)

잇사갈의 유언은 그의 후손들이 장차 분배받게 될 땅의 성격과 그들의 소명을 놀라울 정도로 정확하게 예언하고 있다. 여호수아 19:17-23에 따르면, 잇사갈 지파는 이스르엘 골짜기를 포함한 갈릴리 남부의 비옥한 평야 지대를 기업으로 분배받았다. 이 지역은 므깃도 평야에서 벳산에 이르는 고대 이스라엘에서 가장 풍요로운 곡창 지대이다.

잇사갈이 그의 유언에서 후손들에게 '너희 허리를 농사일에 굽히라'고 반복해서 명령하고, 그들의 유일한 분깃이 '수고하여 기른 땅의 기름진 열매'라고 선언하는 것은 바로 이 미래를 내다본 예언적 가르침이다. 그는 자신의 후손들이 레위처럼 제사장권을, 유다처럼 왕권을, 혹은 갓처럼 군사적 역할을 맡는 대신, 이 비옥한 땅에서 성실하게 땀 흘려 일하는 농부로서 땅의 축복을 성실히 일구어냄으로써 하나님과 이웃을 섬기는 소명을 받았음을 분명히 하고 있다.

제6장

후손들의 타락과 회복에 대한 예언

1 그러므로 나의 자녀들아, 너희는 알라. 마지막 때에 너희 자손이 순전함을 버리고, 채워질 수 없는 욕망에 매달리며, 정직함을 떠나고, 악행에 가까이 다가가며, 여호와의 계명을 버리고 벨리알을 가까이 따를 것이다.

2 그들은 농사일을 떠나 자신들의 악한 계략을 쫓을 것이며 이방인들 사이에 흩어져 그들의 원수들을 섬기리라.

3 그러므로 너희는 이 명령들을 너희 자녀들에게 전하라. 만일 그들이 죄를 짓더라도 그들이 더 속히 여호와께로 돌아올 수 있으리라.

4 이는 여호와께서는 자비로우시므로 그들을 구원하사 그들의 땅으로 돌아오게 하실 것이니라.

·······················

타락에 대한 예언 (1-2)

잇사갈은 '마지막 때'에 그의 후손들이 겪게 될 타락의 과정을 단계적으로 예언한다.

내면의 변화: (1)순전함을 버리고 (2)채워질 수 없는 욕망에 사로잡히며 (3)정직함을 떠나 악의에 가까워진다.

행동의 변화: (1)여호와의 계명을 버리고 벨리알을 따른다. (2)그들이 마땅히 해야 할 농사일을 떠나 악한 계략을 쫓는다.

결과: 이 모든 타락의 결과는 이방인들 사이에 흩어져 원수들을 섬기는 것, 즉 포로 생활이다.

회복의 길: 가르침의 전수 (3-4)

절망적인 예언 속에서, 잇사갈은 유일한 소망의 길을 제시한다. 그것은 바로 자신이 남긴 이 명령들을 자녀들에게 부지런히 전수하는 것이다. 비록 그들이 죄를 짓더라도, 이 가르침을 기억하고 있다면 더 속히 여호와께로 돌아올 수 있을 것이기 때문이다. 이는 하나님의 말씀과 조상의 교훈을 기억하는 것이 회개의 가장 중요한 발판이 됨을 보여준다. 그리고 그들이 돌아오기만 한다면, '자비로우신 여호와께서 그들을 구원하여 그들의 땅으로 돌아오게 하실 것'이라는 최종적인 회복의 약속으로 유언을 마무리한다.

제7장

마지막 고백과 죽음

1. 보라, 그러므로 너희가 보는 바와 같이 나는 122세이며, 내가 죽음에 이를만한 죄를 지은 적이 없음을 아노라.
2. 내 아내 외에는 어떤 여자도 알지 않았으며 눈길을 돌려 음행을 저지른 적이 없다.
3. 나는 포도주를 마시지 않았고, 그로 인해 타락한 적이 없으며, 이웃이 소유한 좋은 것을 탐내지도 않았다.
4. 간사함이 내 마음에 일어나지 않았으며 어떤 거짓말도 내 입을 통과하지 않았다.
5. 누구든지 고난에 처한 사람이 있으면 그와 함께 탄식하며 가난한 자와 내 빵을 나누었다. 나는 경건함을 행하며 내 모든 날 동안 진리를 지켰다.
6. 나는 여호와를 사랑했으며 여호와를 사랑하는 것처럼 또한 모든 사람을 나의 온 마음을 다해 사랑했다. 나는 여호와를 온 힘을 다해 사랑했으며 이처럼 또한 모든 사람을 내 자식보다 더 사랑했다.
7. 그러니 나의 자녀들아, 너희도 이 일들을 행하라. 그리하면 벨리알의 모든 영이 너희에게서 도망칠 것이며 악한 자들의 어떤 행위도 너희를 지배하지 못할 것이다. 너희가 하늘과 땅의 하나님과 함께 하며 마음의 순전함으로 사람들과 동행하기 때문에 너희는 모든 들짐승을 다스릴 것이다."
8. 이 말을 마친 후, 그는 그의 아들들에게 자신을 헤브론으로 옮겨 조상들과 함께 동굴에 묻어 달라고 명령하였다.
9. 야곱의 다섯째 아들인 그는 발을 뻗고 노년에 죽었으며 몸의 모든 지체가 건강하고 힘이 쇠하지 않은 상태에서 영원한 잠에 들었다.

순전한 삶에 대한 고백 (1-6)

잇사갈은 자신의 삶이 '죽음에 이를만한 죄'가 없는 삶이었음을 담대하게 선언한다. 그는 구체적으로 자신이 지켜온 것들을 나열한다.

성적인 순결 (2): 아내 외에 다른 여자를 알지 않았고, 음욕을 품고 바라보지도 않았다.

절제와 만족 (3): 포도주에 취하지 않았고, 이웃의 것을 탐내지도 않았다.

정직 (4): 마음에 간사함이 없었고, 입으로 거짓말을 하지 않았다.

적극적인 사랑 (5-6): 고난당하는 자와 함께 아파하고, 가난한 자와 자신의 것을 나누었으며, 무엇보다 하나님과 이웃을 온 마음과 힘을 다해 사랑했다. 이는 그의 순전함이 단순히 죄를 짓지 않는 소극적인 상태가 아니라, 적극적인 사랑의 실천이었음을 보여준다.

마지막 권면과 약속 (7)

그는 후손들에게 자신과 같이 행하라고 명령하며, 그렇게 할 때 주어질 축복을 약속한다. (1)벨리알의 모든 영이 도망치고 (2)악한 자들의 행위가 그들을 지배하지 못하며 (3)심지어 타락 이전에 아담이 가졌던 모든 들짐승을 다스리는 권세까지 회복하게 될 것이다. 이는 순전한 삶이 영적인 보호와 자연 세계에 대한 권위까지 회복시키는 능력임을 보여준다.

마지막 부탁: 헤브론에 대한 소망 (8)

그의 마지막 유언은 자신의 뼈를 헤브론에 묻어달라는 것이다. 이는 그들의 영원한 안식처는 이집트가 아닌, 하나님께서 약속하신 '언약의 땅'이며, 아담과 하와, 아브라함과 사라, 이삭과 리브가, 야곱과 레아가 묻힌 헤브론 막벨라 굴에 그들도 함께 묻히는 것은 조상들과 함께 부활할 것에 대한 믿음을 표현하는 강력한 신앙고백이었다.

평화로운 죽음 (9)

잇사갈은 '몸의 모든 지체가 건강하고 힘이 쇠하지 않은 상태'에서 평화롭게 죽음을 맞이한다. 그가 평생 지켜온 성실하고 순전한 삶에 대한 하나님의 최종적인 축복을 아름다운 죽음으로 보여주며 그의 유언은 막을 내린다.

스불론의 유언

제1장

순수함에 대한 고백

1 이것은 '스불론의 유언'의 사본이니, 그의 생애 114년째 되던 해에 그가 죽기 전 그의 아들들에게 한 명령이다. 이는 요셉이 죽은 지 2년[42] 후의 일이다.

2 그가 그들에게 말했다. "나에게 귀를 기울이라, 너희 스불론의 아들들아, 너희 아버지의 말을 들으라.

3 나, 스불론은 부모님께 좋은 선물로 태어났다. 내가 태어났을 때 아버지의 가축과 양 떼가 둘 다 크게 번성하였는데 이는 아버지가 줄무늬 막대기로 그의 몫을 나눴을 때의 일이다.

4 나의 자녀들아, 나는 평생 생각으로 지은 죄 외에는 어떤 죄를 지었는지 알지 못한다.

5 요셉에게 저지른 무지의 죄 외에는 어떤 불의도 행한 기억이 없다. 이는 내가 형제들과 함께 우리가 행한 일을 아버지께 말하지 않기로 맹세했기 때문이다.

---

42. 다수의 후대 헬라어 사본에 기록된 32년은 필사 오류로 보이며, 가장 오래되고 신뢰도 높은 b 계열 헬라어 사본과 아르메니아어 필사본들과 슬라브어 필사본들은 모두 2년으로 기록하고 있다.

6 그러나 나는 요셉의 일로 인해 많은 날들을 몰래 울며 지내었으니 이는 내가 내 형제들을 두려워했기 때문이다. 이는 그들이 누구든지 그 비밀을 누설하면 그를 죽이기로 모두 합의했음이라.

7 그들이 요셉을 죽이려 했을 때 나는 그들에게 이 죄를 짓지 말라고 눈물을 흘리며 간청했었다.

• •

스불론의 유언은 그의 삶의 핵심 덕목인 '단순함'과 '긍휼'을 중심으로 전개되며, 그가 얼마나 순수하게 살았으며, 요셉의 사건에서 어떤 역할을 했는지를 고백한다.

순수한 삶에 대한 고백 (3-4)

스불론은 자신이 태어났을 때 아버지의 가축이 번성했다고 말하며, 자신의 출생이 축복이었음을 암시한다. 그는 "평생 생각으로 지은 죄 외에는 어떤 죄를 지었는지 알지 못한다"고 고백하며, 자신의 삶이 잇사갈처럼 순수하고 단순했음을 강조한다.

요셉의 사건에 대한 소극적 역할 (5-7)

그는 요셉의 사건에 적극적으로 동참하지 않았음을 분명히 한다. 그의 유일한 죄는 형제들이 두려워 진실을 아버지께 말하지 않고 침묵한 것이었다. 그는 요셉을 죽이려는 형들을 말렸으며, 그들을 두려워하면서도 요셉을 위해 몰래 울었던 인물이다. 그의 행동은 적극적인 악은 아니었지만, 악에 동조한 소극적인 죄에 대한 깊은 죄책감을 드러낸다.

제2장

요셉의 고난과 스불론의 연민

1 시므온과 갓이 요셉을 죽이려고 다가왔을 때 요셉이 그들에게 눈물을 흘리며 말했다.

2 "형들이여, 나를 불쌍히 여기고 우리 아버지 야곱의 마음을 생각하여 자비를 베풀어주세요. 형들의 손을 내게 들어 무고한 피를 흘리지 말아주세요. 나는 형들에게 죄를 짓지 않았습니다.

3 내가 만일 죄를 지었다면 징계하여 바로잡아 주십시오. 그러나 우리 아버지 야곱을 생각하여 형들의 손을 내게 대지 마십시오."

4 요셉이 이렇게 애원하며 울었을 때 나는 그의 통곡을 차마 견딜 수 없어 울기 시작했고, 내 간이 녹아내렸으며, 내 창자의 모든 것이 풀려 버렸다.

5 나는 요셉과 함께 울었고 내 심장이 요동쳤으며 내 몸의 관절들이 떨려서 서 있을 수 없었다.

6 요셉은 내가 그와 함께 우는 것과 형들이 자신을 죽이려고 오는 것을 보았을 때, 내 뒤로 달려와 간청했다.

7 그러나 그때 르우벤이 일어나 말했다. "자, 내 형제들아, 그를 죽이지 말고 우리 조상들이 파놓았지만 물이 없는 이 마른 구덩이 중 하나에 그를 던져버리자."

8 이는 요셉을 보존하시기 위해 여호와께서 그 구덩이에 물이 솟아나지 못하도록 막으셨기 때문이다.

9 여호와께서는 그들이 요셉을 이스마엘 자손에게 팔때까지 그렇게 요셉을 보호하셨다.

•••••••••••••••••••••••

2장은 요셉이 팔려가던 순간의 비극적인 장면을 스불론의 시점에서 생생하게 서술한다. 이 장의 핵심은 요셉의 애끓는 호소와 그에 대해 스불론이 느꼈던 깊은 연민이다.

요셉의 호소: 요셉은 형들에게 자비를 구하며, 자신을 위해서가 아니라 '아버지 야곱의 마음'을 생각해달라고 호소한다. 이는 그가 고통 속에서도 자신보다 아버지를 먼저 생각하는 효심과 성숙함을 보여준다.

스불론의 연민: 다른 형제들과 달리, 스불론은 요셉의 고통에 깊이 공감한다. "내 간이 녹아내렸으며 내 창자의 모든 것이 풀려 버렸다"는 표현은 그의 슬픔이 육체적인 고통으로까지 느껴질 정도로 극심했음을 보여주는 히브리적 관용구이다. 그는 요셉과 함께 울며 그의 고통에 동참한 유일한 형제였다.

르우벤의 중재와 하나님의 보호: 이 극적인 순간에 장남 르우벤이 나서서 요셉을 죽이지 말고 구덩이에 던지자고 제안한다. 스불론은 이 모든 과정의 배후에 요셉을 보존하시기 위해 구덩이에 물이 차지 않게 하시고, 결국 그를 구원하신 하나님의 주권적인 보호하심이 있었음을 고백한다.

제3장

피 묻은 돈과 에녹의 토라

1 나의 자녀들아, 요셉의 몸값에서 나는 아무런 몫도 받지 않았다.

2 그러나 시므온과 갓과 다른 여섯 형제는 요셉의 몸값을 받아 신발을 사서 자신들과 아내와 자녀들의 발에 신기며 말했다.

3 "우리는 이 돈으로 먹지 않을 것이다. 이는 우리 형제의 피값이기 때문이다. 그가 우리 위에 왕이 될 것이라고 말했으니 우리는 반드시 그의 꿈을 발밑에 짓밟아 버리자. 그리고 그의 꿈이 어떻게 되는지 보자."

4 에녹의 토라의 책에 기록되기를 '누구든지 자기 형제의 후손을 세우기 원치 않는 자는 그의 발에서 신발을 벗기고 그의 얼굴에 침을 뱉을 것이라.' 고 하였다.

5 요셉의 형제들은 그가 살아있는 것을 원치 않았으므로 여호와께서는 그들이 신고 있던 요셉의 신발을 그들에게서 벗기셨다.

6 그들이 이집트에 들어갔을 때 그들의 신발은 요셉의 종들에 의해 성문 밖에서 벗겨졌고 그들은 파라오 왕의 방식을 따라 요셉에게 절했다.

7 그들은 절할 뿐만 아니라 침뱉음을 당하며 요셉 앞에 나아가 엎드렸고 이집트인들 앞에서 수치를 당했다.

8 그 후 이집트인들은 그들이 요셉에게 행한 모든 악한 일들을 듣게 되었다.

· ·

3장은 요셉의 몸값을 받은 형제들의 악의와 그들의 행위가 어떻게 '에녹의 토라'에 따라 심판받았는지를 설명한다.

피 묻은 돈과 형제들의 악의 (1-3)

스불론은 자신은 그 돈에서 아무 몫도 받지 않았음을 분명히 하며, 다른 형제들과 자신을 구별한다. 형제들은 그 돈으로 신발을 사서 신으며 '그의 꿈을 발밑에 짓밟겠다'고 말한다. 이는 그들의 행동이 우발적인 것이 아니라, 요셉의 꿈을 멸시하고 짓밟으려는 의도적인 악의에서 비롯되었음을 보여준다.

에녹의 토라와 심판 (4-8)

이 장의 가장 중요한 부분은 심판의 근거를 '에녹의 토라'에서 찾는다는 점이다. 이는 모세의 토라 이전에 이미 존재했던 더 오래된 '에녹의 토라'가 그들에게 있었음을 알려주는 중요한 대목이다.

에녹의 토라의 책: 일부 후대 헬라어 사본에는 '모세의 토라'로 되어 있다. '에녹의 토라'라는 낯선 개념 때문에 당연히 모세의 토라일 것이라고 생각한 후대 헬라어 사본 필사자의 생각이 반영된 것이라 볼 수 있다. 더 신뢰성 높은 고대 헬라어 사본들에는 '에녹'으로 기록되어 있으며, '모세'라는 표기는 일부 후대 사본들에서 나타나는 변경이다. 가장 권위 있고 오래된 것으로 평가하는 주요 헬라어 사본 그룹(특히 케임브리지 대학 도서관 소장 사본 b로 알려진 주요 사본)에는 '에녹의 토라'로 명확하게 기록되어 있다. 일부 후대의, 혹은 다른 계열의 헬라어 사본들에는 '모세의 토라'로 기록되어 있다. 이는 후대의 필사자들이 '에녹의 율법(토라)'이라는 표현을 이해하지 못하거나 생소하게 여겨, 자신들에게 더 익숙하고 권위 있는 '모세의 율법'으로 수정했을 것으로 본다. 이는 아람어 사본에서 헬라어로 번역한 번역가의 실수가 아닌, 헬라어 사본이 다시 필사되는 과정에서 발생한 의도적인 친절한 변경으로 이해된다.

토라의 내용: 에녹의 토라는 '형제의 후손을 세우기 원치 않는 자'가 받을 심판(신발을 벗기고 침을 뱉는)에 대해 규정하고 있다. 이는 룻기 4장 7절에 나오는 '기업 무를 자'의 관습과도 연결된다.

심판의 성취: 형제들은 요셉의 후손이 이어지는 것을 원치 않았기에 그들은 이집트에서 요셉에게 절하며 '신발이 벗겨지고 침 뱉음을 당하는 수치'를 겪게 되었다. 이는 그들의 죄악이 '에녹의 토라'에 따라 정확하게 심판받았음을 보여준다.

제4장

요셉의 옷과 형제들의 기만

1. 그들이 요셉을 구덩이에 던진 후, 내 형제들은 앉아서 먹고 마셨다.
2. 나는 요셉에 대한 연민으로 이틀 밤낮을 아무것도 먹지 않았다. 유다는 그

들과 함께 먹지 않고 구덩이를 지켰는데 이는 시므온과 갓이 달려가 그를 죽일까 두려워했기 때문이다.

3. 그들이 내가 먹지 않는 것을 보고 그가 팔릴 때까지 그를 지키는 일을 내게 맡겼다.
4. 그는 구덩이에서 삼일 밤낮을 보냈고 결국 굶주린 채로 팔리게 되었다.
5. 르우벤이 돌아와 자신이 없는 사이에 요셉이 팔렸다는 소식을 듣고는 옷을 찢으며 애통함으로 말하기를 "내가 어떻게 내 아버지 야곱의 얼굴을 볼까?"라고 하였다.
6. 그는 돈을 들고 상인들을 쫓아갔으나 아무도 찾지 못하자 슬퍼하며 돌아왔다. 상인들은 큰길을 벗어나 트로글로다이트를 통해 지름길로 이동했기 때문이다.
7. 르우벤은 슬퍼하며 그 날 음식도 먹지 않았다. 그러자 단이 그에게 와서 말하기를
8. "울지 말고 슬퍼하지 마라. 우리가 우리 아버지 야곱에게 할 말을 찾았다."
9. "염소 새끼를 죽여 그 피에 요셉의 옷을 담가서 야곱에게 보내자. 그리고 말하기를 '이것이 당신의 아들의 옷입니까?'라고 하자." 그들은 그렇게 하였다.
10. 그들이 요셉을 팔 때 그들은 그의 옷을 벗기고 종의 낡은 옷을 입혔다.
11. 그런데 시므온이 그 옷을 가져가서 그것을 내놓지 않았다. 왜냐하면 요셉이 살아있다는 것과 그를 죽이지 못한 것에 화가 나서 그것을 칼로 찢으려 했기 때문이다.
12. 그러자 우리가 모두 일어나 그에게 말했다. "네가 그 옷을 내놓지 않으면 네가 이스라엘에서 이 악한 일을 혼자서 저질렀다고 우리 아버지에게 말하겠다."
13. 그러자 그는 그것을 그들에게 주었고 그들은 단이 말한 대로 그대로 하였다.

••••••••••••••••••••••••

4장은 요셉이 팔려간 직후의 상황과 형제들이 아버지를 속이기 위해 어떻게 공모했는지를 상세히 묘사한다.

형제들 사이의 갈등과 역할 분담: 이 사건 속에서 모든 형제들이 동일하게 악했던 것은 아님을 보여준다.

스불론: 요셉에 대한 연민으로 금식하며 그를 지키는 역할을 한다.
유다: 요셉이 해를 입을까 봐 구덩이를 지키는, 소극적인 보호자의 역할을 한다.
르우벤: 요셉을 구하려 했으나 실패하고 진심으로 애통한다.
단: 슬픔에 빠진 르우벤에게 아버지를 속일 계략을 제안하는 악한 모사의 역할을 한다.
시므온: 요셉을 죽이지 못한 것에 대한 분노로 요셉의 옷을 찢으려 하는 가장 폭력적이고 악한 모습을 보인다.

기만의 과정: 단의 제안으로 시작된 기만은 구체적인 행동으로 이어진다. 요셉의 옷에 염소 피를 묻혀 아버지에게 보내는 행위는 이후 야곱의 기나긴 슬픔의 원인이 된다.

책임 전가: 피 묻은 옷에 담긴 형제들의 잔혹한 심리전

요셉의 형제들이 그의 피 묻은 옷을 아버지 야곱에게 보낸 행위는, 단순히 자신들의 살인 미수와 인신매매라는 죄를 덮기 위한 거짓말을 넘어선다. 이는 요셉의 죽음에 대한 책임을 교묘하게 아버지에게 전가하려는, 잔혹하고 도착적인 심리적 공격으로 해석될 수 있다. 그들은 "우리가 요셉을 죽였다"거나 "요셉이 죽었다"고 직접 말하지 않는다. 대신 그들은 아버지에게 피 묻은 옷을 증거물로 내밀며 "이것이 당신의 아들의 옷입니까?" (스불론 4:9)라고 묻는다. 이 질문의 방식은 모든 책임과 고통의 무게를 아버지 야곱에게 떠넘긴다.

판단의 책임 전가: 이 질문을 통해, 아들의 죽음을 최종적으로 확인하고 선언해야 하는 끔찍한 역할은 고스란히 아버지의 몫이 된다. 형제들은 비극의 전달자이자 목격자라는 중립적인 위치로 빠져나간다.

원인 제공의 책임 암시: 그 옷은 야곱이 요셉에게만 특별히 입혀준 '편애'의 상징이었다. 그 옷을 야곱의 눈앞에 다시 가져옴으로써, 형제들은 말없이 외치고 있는 셈이다. '아버지가 이 아이만 특별히 사랑하여 이 옷을 입혔고, 아버지가 그를 우리에게 보냈기에 이런 비극이 일어났다'고 말이다. 결국 요셉의 죽음은 '아버지가 보낸 심부름' 때문에 발생한 것이 되며, 모든 비극의 근원적인 책임이 아버지에게 있음을 암묵적으로 돌리는 것이다.

따라서 형제들의 거짓 보고는 자신들의 죄를 은폐하는 동시에, 그들의 증오를 유발했던 아버지의 편애와 그로 인해 발생한 사건의 책임을 아버지 자신이 직면하고 감당하게 만드는 매우 잔인한 방식의 책임 전가 행위라고 볼 수 있다.

트로글로다이트 (6): 이 단어는 헬라어 사본들에서 두가지로 표기된다.

Τρωγλοδύται 트로글로뒤타이: '동굴에 사는 사람들'이라는 의미로, 고대 그리스인들에게 잘 알려진 민족명.

Τρωγοκολπῖται 트로고콜피타이: 의미가 불분명한 낯선 단어.

H. W. Hollander와 M. de Jonge이 추정한 아람어 원본 단어는 **טְרַק גּוּבָא** (트락 고바: טְרַק은 '가로지르다', '통과하다', גּוּבָא는 '구덩이', '저지대')인데, 원 의미는 '그들이 저지대를 가로지르는 지름길로 갔다'였을 것으로 본다. 헬라어 번역의 의미로 볼 때도 '동굴 거주자들'을 의미하는 고대 민족명을 사용함으로, 그들이 문명화되지 않은 외딴 지역을 통과했음을 시사한다.

제5장

긍휼의 원리와 그 결과

1 이제 나의 자녀들아, 내가 너희에게 명하노니 여호와의 계명을 지키고 이웃에게 자비를 베풀며 모든 피조물, 즉 사람뿐 아니라 짐승에게도 연민을 가지라.

2 이러한 이유로 여호와께서 나에게 복주셨다. 모든 형제들이 병들었을 때 나는 병들지 않고 지냈으니 이는 여호와께서 각 사람의 의도를 아시기 때문이다.

3 그러므로 나의 자녀들아, 너희 마음에 자비를 품으라. 이는 사람이 자기 이웃에게 행하는 그대로 여호와께서도 그에게 행하시기 때문이다.

4 요셉의 일로 인해 내 형제들의 아들들이 병들어 죽어갔으니 이는 그들이 마음에 자비를 베풀지 않았기 때문이다. 그러나 내 아들들은 병에 걸리지 않고 보호받았음을 너희도 안다.

5 내가 가나안 땅에서 바닷가에 있을 때 우리 아버지 야곱을 위해 물고기를 잡았다. 많은 사람들이 바다에서 익사했으나 나는 다치지 않았다.

• •

5장은 스불론의 유언의 핵심적인 윤리적 교훈을 담고 있다. 그는 자신의 모든 경험을 바탕으로 '긍휼'과 '연민'이야말로 하나님의 축복을 받는 가장 중요한 원리임을 선언한다.

긍휼의 보편성 (1)

스불론이 가르치는 긍휼은 그 대상에 제한이 없다. 그는 '이웃'을 넘어 '모든 피조물', 심지어 '짐승'에게까지 연민을 가지라고 명령한다. 이는 생명을 존중하는 매우 높은 수준의 윤리 의식을 보여준다.

하나님의 보응 원리 (2-4)

스불론은 긍휼이 어떻게 하나님의 축복으로 이어지는지를 자신의 경험을 통해 증명한다.

개인적인 축복: 그는 모든 형제들이 병들었을 때 홀로 병들지 않았으며, 바다의 위험 속에서도 보호받았다. 그는 이 모든 것이 자신이 긍휼의 마음을 품었기 때문이라고 고백한다.

인과응보의 원리: 그는 '사람이 자기 이웃에게 행하는 그대로 여호와께서도 그에게 행하신다'는 명확한 인과응보의 원리를 제시한다. 다른 형제들의 자손들이 병들어 죽어간 것은 그들이 요셉에게 자비를 베풀지 않았기 때문이라고 직접적으로 연결시킨다.

스불론 지파의 미래 암시: 그가 바닷가에서 물고기를 잡았던 경험을 이야기하는 것은 장차 스불론 지파가 해변에 거하며 풍요를 누리게 될 것이라는 야곱의 축복(창 49:13)과 연결된다.

제6장

긍휼의 실천: 어부의 삶

1 나는 바다를 항해하기 위해 처음으로 배를 만들었으니 이는 여호와께서 나에게 그에 대한 이해력과 지혜를 주셨기 때문이다.

2 나는 배 뒤편에 키를 내려두었고 배 가운데 다른 나무 기둥을 세워 돛을 펼쳤다.

3 우리가 이집트로 내려오기 전까지 나는 그 배를 타고 해안을 따라 항해하며 아버지 집을 위해 물고기를 잡았다.

4 그리고 나는 긍휼한 마음으로 내가 잡은 것을 모든 나그네와 나누었다.

5 나그네나 병든 자나 늙은 노인이 있으면 나는 물고기를 삶아 잘 차려주고 각

사람이 필요로 하는 대로 나누어주었으며 그들을 환대해주고 그들과 함께 마음으로 아파해주었다.

6 그러므로 여호와께서도 내가 물고기를 잡을 때마다 풍성히 잡도록해주셨으니 이웃과 나누는 자는 주께로부터 몇 배로 더 받는 법이다.

7 나는 5년 동안 물고기를 잡았고, 내가 만나는 모든 사람에게 나누어 주었으며, 아버지의 온 집안에 충분히 공급하였다.

8 여름에는 물고기를 잡았고 겨울에는 형제들과 함께 양을 쳤다.

• •

6장은 스불론의 유언 전체의 핵심 덕목인 '긍휼'이 그의 삶 속에서 어떻게 구체적으로 실천되었는지를 보여주는 자서전적인 부분이다.

하나님의 지혜와 어부로서의 소명 (1-3)

스불론은 자신이 배를 만든 첫 사람이라고 말하며, 그 기술이 자신의 능력이 아니라 여호와께서 주신 이해력과 지혜 덕분이었음을 고백한다. 이는 그의 직업, 즉 어부로서의 삶 자체가 신적인 소명이었음을 보여준다. 그는 이 소명을 통해 아버지 집을 위해 공급했다.

긍휼의 실천: 나눔과 섬김 (4-7)

그의 긍휼은 구체적인 나눔의 행동으로 나타난다. 그는 자신이 잡은 물고기를 모든 나그네와 나누었다. 특히 그는 사회적 약자인 나그네, 병든 자, 노인에게 단순히 음식을 주는 것을 넘어 그들의 필요에 맞게 물고기를 삶아 잘 차려주고, 그들을 환대하며, 심지어 그들과 함께 마음으로 아파해주었다고 말한다. 이는 물질적인 나눔을 넘어선 전인적인 공감과 돌봄의 사랑을 실천했음을 보여준다.

하나님의 축복 (6-7)

이 긍휼의 삶에 대한 하나님의 응답은 풍성한 축복이었다. 그는 "나누는 자는 주께로부터 몇 배로 더 받는다"는 우주적 원리를 자신의 삶을 통해 증명한다. 이 축복은 자신뿐만 아니라 아버지의 온 집안에 충분히 공급할 만큼 넘치는 것이었다.

성실한 삶 (8): 그는 계절에 따라 어부와 목자의 역할을 성실하게 감당하며, 자신의 삶 전체가 하나님과 공동체를 위한 성실한 노동으로 채워졌음을 보여준다.

제7장

긍휼의 심화: 자기희생적 나눔

1 이제 내가 한 일을 너희에게 밝히겠다. 나는 한 겨울에 헐벗고 고통받는 사람을 보고 그를 불쌍히 여겨 아버지 집에서 몰래 옷 한 벌을 훔쳐서 그 고통받는 이에게 주었다.

2 그러므로 나의 자녀들아, 너희도 하나님께서 너희에게 베푸신 것으로 주저함 없이 모든 사람에게 긍휼과 자비를 베풀고, 모든 이에게 선한 마음으로 나누어 주어라.

3 그러나 만약 너희에게 그가 필요로 하는 것을 줄 것이 없다면, 측은한 마음으로 그의 마음과 함께 해주어라.

4 나는 내 손에 당장 필요한 자에게 줄 것이 없음을 알았을 때 그와 함께 7 스타디온[43]을 울면서 걸었고 그의 처지가 너무 안타까워 내 창자는 그를 향한 동정심으로 애끓었다.

• •

7장은 스불론의 '긍휼'이 한 단계 더 심화되어 자기희생적인 사랑으로 나타나는 모습을 보여준다.

자기희생적 나눔 (1)

그는 가난한 자를 돕기 위해 아버지의 집에서 몰래 옷을 훔쳐서 주었다고 고백한다. 이는 칭찬받기 위한 공개적인 선행이 아니라, 심지어 오해받거나 비난받을 위험을 감수하면서까지 이웃의 필요를 채우려 했던 그의 진실한 사랑을 보여준다.

나눔에 대한 권면 (2-4)

이 경험을 바탕으로 그는 후손들에게 긍휼을 실천하는 두 가지 차원의 방법을 가르친다.

---

43. 스타디온(στάδιον): 고대 그리스의 거리 단위로 약 185미터. 7 스타디온은 약 1.3km에 해당한다. 이에 상응하는 아람어 거리 단위는 리스(ריס)이며, 이는 탈무드를 비롯한 랍비 문헌에서 표준적인 거리 단위로 사용되며, 스타디온과 거의 동일한 거리로 간주된다.

물질적 나눔 (2): 줄 것이 있을 때는 주저함 없이 나누어주라고 명령한다.

마음의 나눔 (3-4): 그러나 더 중요한 것은 물질적으로 줄 것이 없을 때의 태도이다. 그때는 측은한 마음으로 그의 마음과 함께 해주고, 그와 함께 울면서 걸어주는 것이 진정한 긍휼이라고 가르친다. 그는 자신이 직접 7 스타디온(약 1.3km)을 함께 울며 걸었던 경험을 이야기하며, 물질을 넘어선 깊은 공감과 연민이 진정한 긍휼의 본질임을 보여준다. '내 창자가... 애끓었다'는 표현은 그의 고통이 얼마나 실제적이고 깊었는지를 증언한다.

제8장

긍휼과 용서: 요셉의 모델

1 그러므로 나의 자녀들아, 너희 자신도 모든 사람에게 자비로운 마음으로 긍휼을 베풀어라. 그리하면 여호와께서도 너희에게 긍휼과 자비를 베푸실 것이다.

2 이는 마지막 날에 하나님께서 땅에 그의 긍휼을 보내실 것이며 긍휼의 마음을 가진 자를 찾으시면 그 안에 거하실 것이기 때문이다

3 사람이 그의 이웃에게 긍휼을 베푸는 만큼 여호와께서도 그에게 긍휼을 베푸실 것이다.

4 우리가 이집트로 내려갔을 때, 요셉은 우리에게 원한을 품지 않았고 오히려 그는 나를 보자 자비로 가득차게 되었다.

5 그러므로 나의 자녀들아, 너희도 요셉을 본받아 서로에게 원한을 품지 말고, 서로 사랑하며, 형제가 저지른 악을 마음에 새기지 말라.

6 이는 이것이 화합을 깨뜨리고, 모든 친족을 나누며, 혼을 괴롭히고, 소유를 파괴하기 때문이다. 원한을 품는 자는 긍휼의 마음이 없으며, 긍휼과 자비를 받지 못한다.

....

8장은 '긍휼'이라는 주제를 '용서의 차원'으로 확장시키며, 그 완벽한 모델로서 요셉을 제시한다.

긍휼의 신학적 원리 (1-3)

스불론은 '긍휼'이 단순히 선한 행위가 아니라, 하나님의 성품을 반영하는 원리임을 강조한다. (1) 우리가 긍휼을 베풀 때 하나님께서도 우리에게 긍휼을 베푸신다는 상호성의 원리와 (2) '마지막 날' 최종 결산을 하는 심판의 날에 하나님께서 긍휼의 마음을 가진 자를 찾아 그 안에 거하실 것이라는 종말론적 약속을 가르친다.

요셉, 긍휼과 용서의 모델 (4-5)

이 모든 긍휼의 원리가 가장 완벽하게 구현된 인물로 요셉이 등장한다. 자신에게 악을 행한 형제들에게 원한을 품지 않고, 오히려 자비로 가득 차게 된 요셉의 모습은 인간의 이해를 넘어서는 신적인 용서의 모델이다. 스불론은 후손들에게 바로 이 요셉을 본받아 형제의 악을 마음에 새기지 말고 서로 사랑하라고 명령한다.

원한의 파괴성 (6)

마지막으로 그는 원한이 어떻게 화합을 깨고, 친족을 나누며, 개인의 혼과 소유까지 파괴하는지를 경고한다. 그리고 '원한을 품는 자는 긍휼의 마음이 없다'고 선언하며, 원한과 긍휼이 결코 공존할 수 없는 반대 개념임을 명확히 한다.

제9장

물 비유: 통합과 분열의 힘

1 그러므로 물을 관찰해 보아라. 물이 함께 모여 흐를 때는 돌과 나무와 흙과 모래를 휩쓸고 간다.

2 그러나 물이 여러 갈래로 나뉘어 흐르면 땅이 그것들을 삼켜버려 아무것도 아닌 것처럼 된다.

3 너희도 나뉘어지면 이와 같이 될 것이다.

4 그러므로 너희는 두 머리로 나뉘지 말라. 여호와께서 만드신 모든 것은 한 머리만 가지고 있기 때문이다. 그분은 두 어깨, 두 손, 두 발을 주셨으나 모든 지체는 한 머리에 순종한다.

5 나는 내 조상들의 책들에서 너희가 먼 훗날에 여호와를 떠나고 이스라엘 안

에서 나뉘어 두 왕을 따르고 온갖 가증한 일을 행하며 각종 우상을 숭배할 것이라고 배웠노라.

6 너희의 원수들이 너희를 사로잡아 갈 것이며 너희는 이방인들 가운데서 학대를 받으며 온갖 질병과 혼의 고난과 억압을 겪으며 살게 될 것이다.

7 그 후에야 너희는 여호와를 기억하고 회개할 것이며 그분께서 너희를 다시 돌아오게 하실 것이다. 그는 자비롭고 긍휼이 많으셔서 사람의 아들들을 그 악함에 따라 결산하지 않으시리니 이는 그들이 육신이며 속이는 영들이 그들의 모든 행위에서 그들을 속이기 때문이다.

8 그리고 이 일 후에 여호와께서 의의 빛으로 너희에게 떠오르시리니 그분의 날개 아래에는 치유와 긍휼이 있을 것이다. 그분은 사람의 아들들의 온갖 사로잡힘을 벨리알에게서 되찾으실 것이며 모든 속임의 영을 짓밟으실 것이다. 그리고 그분은 모든 이방 민족들을 그분을 향한 열정으로 돌아오게 하실 것이다. 너희는 사람의 모습으로 나타나신 하나님을 볼 것이니 그 장소[44]는 여호와께서 택하실 곳, 그 이름은 예루살렘이다.

9 그러나 너희의 악한 말과 행위로 인해 너희는 그분을 진노하게 할 것이며 너희는 '완성의 때'가 오기까지 그분께 버림받게 될 것이다.

· ·

9장은 스불론 유언의 정점으로 '연합과 분열'이라는 주제를 중심으로 이스라엘의 미래 역사 전체를 예언한다.

물 비유: 연합의 힘 (1-4)

스불론은 자연의 현상, 즉 물의 흐름을 비유로 들어 연합의 중요성을 가르친다. 함께 모여 흐르는 물은 거대한 힘을 발휘하지만, 나뉘면 힘없이 사라진다(아셀7:2). 그는 이 원리

---

44. 바티칸 사본(Codex Vaticanus, e 사본)을 포함한 베타(β) 그룹의 헬라어 사본들에서는 '그 성전'이라 읽는다. 가장 오래되고 신뢰성 높은 사본으로 평가하는 케임브리지 사본(Codex Cantabrigiensis, b 사본)을 포함한 알파(α) 그룹의 사본들에는 '그 장소'라고 읽는다. '주께서 택하실 그 장소(하마콤 המקום)'라는 표현은 신명기에서 예루살렘 성전을 가리키는 전형적인 방식이며, '그 장소'라는 표현만으로도 이미 예루살렘과 예루살렘에 세워질 성전을 암시하고 있다. 후대의 필사자가 '장소'라는 다소 모호한 표현을 독자들이 더 쉽게 이해할 수 있도록 '성전'이라는 명확한 단어로 "친절하게" 수정했을 가능성이 높다.

를 공동체에 적용하며, '두 머리로 나뉘지 말고 한 머리 아래 순종하라'고 명령한다. 이는 공동체의 힘이 하나된 리더십 아래에서의 유기적인 연합에 있음을 보여준다.

분열에 대한 예언 (5-7)

그러나 그는 '조상들의 책들'을 인용하여 후손들이 이 연합의 원리를 깨고 '나뉘어 두 왕을 따르게 될 것'이라고 예언한다. 이는 통일 왕국이 북이스라엘과 남유다로 분열될 것을 명확히 예고하는 것이다. 이 분열과 우상숭배의 결과는 포로 생활과 고난이 될 것이다. 그러나 이 고난의 끝에서 그들은 회개하고, 자비로우신 하나님께서는 그들을 다시 돌아오게 하실 것이다.

종말론적 긍휼의 약속 (7)

이 구절은 하나님의 심판이 완전한 정의가 아닌 긍휼로 조절되는 이유를 두 가지 인간론적 근거로 제시한다.

첫째, 존재론적 한계: "그들이 육신이며"라는 표현은 인간 존재의 근본적 연약함을 지적한다. 히브리 사상에서 '바사르'(בָּשָׂר 육신)는 단순히 물질적 몸을 의미하는 것이 아니라, 하나님 앞에서 연약하고 유한한 존재임을 나타낸다. 이는 인간의 도덕적 실패가 존재론적 한계에서 비롯됨을 시사한다.

> "아비가 자식을 불쌍히 여김 같이 여호와께서 자기를 경외하는 자를 불쌍히 여기시나니 이는 저가 우리의 체질을 아시며 우리가 진토임을 기억하심이로다"(시 103:13-14)

둘째, 영적 기만의 현실: "속이는 영들이 그들의 모든 행위에서 그들을 속이기 때문이다"는 인간의 죄가 단순한 도덕적 선택의 결과가 아님을 보여준다. 에녹 전통에서 강조하는 바와 같이, 타락한 천사들과 악한 영들의 적극적인 기만 활동이 인간의 모든 영역에 침투해 있다. 특히 "모든 행위에서"라는 표현은 이러한 영적 기만이 부분적이 아닌 전면적임을 드러낸다.

이러한 긍휼이 단순한 현재적 관용만이 아니라 종말론적 구원 계획의 일부임을 밝힌다: "마지막 날에 하나님께서 땅에 그의 긍휼을 보내실 것이며, 긍휼의 마음을 가진 자를 찾으시면 그 안에 거하실 것이기 때문이다."

이는 하나님의 긍휼이 '능동적 구원 행위'임을 보여준다. 하나님께서 직접 "긍휼을 보내시고", "긍휼의 마음을 가진 자를 찾으시며", "그 안에 거하신다"는 삼중 행동은 구원이 인간의 노력이 아닌 하나님의 주권적 은혜임을 강조한다.

이러한 관점은 전통적인 율법 중심의 심판 신학을 넘어서는 에녹 전통의 깊은 통찰을 보여준다. 인간의 죄에 대한 분석이 단순히 도덕적 차원을 넘어 '존재론적, 영적 차원'까지 포괄하며, 따라서 구원도 이에 상응하는 전면적 긍휼로 이루어져야 함을 제시한다. 이는 신약의 은혜 신학과 놀라울 정도로 일치하는 선구적 통찰이다.

메시아의 도래와 보편적 구원 (8): 이 회복의 정점에는 메시아의 도래가 있다. 그는 '의의 빛'으로 묘사되며, 그의 날개 아래에는 '치유와 긍휼'이 있다(말 4:2). 그의 사역은 다음과 같다.

사탄에 대한 승리: 벨리알에게 사로잡힌 자들을 구출하고, 모든 속임의 영을 짓밟는다.

전인류적 구원: 메시아의 사역은 단순히 이스라엘의 회복에 그치지 않는다. 그의 궁극적인 승리는 '모든 이방 민족들을 그분을 향한 열정으로 돌아오게 하실 것'이라는 전인류적 구원의 완성으로 나타난다. 초림 이후 시작된 복음 전파가 온 세상에 이루어져, '이방인의 충만한 수가 들어오기까지'(롬 11:25)의 시대가 완성될 때 예수님이 예루살렘에 다시 나타나실 것이다.

재림의 현현: 사람의 모습으로 나타나신 하나님:
'너희는 사람의 모습으로 나타나신 하나님을 볼 것'이라는 선언은 재림의 가장 중요한 특징을 보여준다.

가시적(可視的) 재림: 초림 때와 같이 일부만이 그를 알아보는 것이 아니라, 이제는 '너희' 이스라엘은 그의 영광스러운 모습을 직접 눈으로 목격하게 될 것이다.

인성과 신성의 완전한 현현: 그는 여전히 '사람의 모습'으로 오시지만, 동시에 그가 바로 '하나님' 자신임이 온 우주에 명백하게 드러날 것이다. 이는 그의 재림이 완전한 인간이자 완전한 하나님으로서의 영광스러운 현현이 될 것을 의미한다.

천년 왕국의 중심, 예루살렘: 이 모든 영광스러운 사건의 중심 무대는 바로 '여호와께서 택하실 곳, 곧 예루살렘'이다.

지상 통치의 중심: 그의 재림은 추상적인 영적 임재가 아니라, 지상의 특정 장소, 즉 예루살렘으로의 물리적인 귀환이다. 이는 스가랴 14장 4절의 "그 날에 그의 발이 예루살렘 앞 곧 동쪽 감람 산에 서실 것이요"라는 예언과 일치한다.

열방의 순례지: 예루살렘에 세워질 그분의 보좌는 온 세상의 중심이 될 것이다. 이사야

2장 2-3절의 예언처럼 모든 민족이 그의 토라를 배우고 그의 길을 따르기 위해 예루살렘으로 몰려와 그 앞에 엎드려 경배하게 될 것이다.

결론적으로 스불론의 유언 9장 8절은 메시아의 초림을 통해 시작된 구원이 그의 재림을 통해 어떻게 전인류적으로 예루살렘에서 완성될 것인지를 보여주는 예언이다. 모든 이방 민족의 구원이 완성된 후, 그는 완전한 신성과 인성을 가진 영광의 왕으로 예루살렘에 다시 오실 것이다. 그리고 그 예루살렘은, 그가 친히 다스리시며 모든 민족의 경배를 받으시는 영원한 메시아 왕국의 중심 수도가 될 것이다.

'완성의 때'가 오기까지 유기되는 이스라엘 (9)

9절은 스불론 유언의 예언적 부분의 비극적인 결론이다. 바로 앞 8절에서 메시아의 영광스러운 현현과 그를 통한 전인류적 이방인의 구원이라는 메시아의 초림에서부터 재림의 완성까지의 그림을 보여주던 스불론은 그러나 그 '완성의 때'가 오기전까지 이스라엘이 겪어야 할 또 다른 어두운 시대가 있음을 예고한다.

'완성의 때'까지의 유기(遺棄 남길 유, 버릴 기)

너희의 악한 말과 행위로 인해 너희는 그분을 진노하게 할 것에 대한 하나님의 응답은 즉각적인 멸망이 아닌 '버림받음'이다. 그러나 이 버림받음은 영원한 유기가 아니다. 그것은 '완성의 때(The Age of Consummation)가 오기까지'라는 명확한 시간적 한계를 가진다. 이는 이스라엘의 고난과 영적 유랑 상태가 하나님의 더 큰 구속사적 시간표 안에서 허락된 연단의 과정임을 보여준다.

심화 내용은 제3부: 주제 글의 **「종말론3: '완성의 때'(קֵץ / συντέλεια)의 다층적 의미」** 를 참고하라.

제10장

스불론 지파의 부활

1 이제 나의 자녀들아, 내가 죽는다고 슬퍼하지 말고 내가 떠나간다고 낙심하지 말라.

2 나는 너희 가운데서 다시 일어날 것이며 너희 아들들 가운데서 왕처럼 다시

일어날 것이다. 여호와의 율법과 그들의 아버지 스불론의 계명을 지킨 내 지파의 모든 자들과 함께 나는 기뻐할 것이다.

3 그러나 불경건한 자들에게는 여호와께서 영원한 불을 내리실 것이며 그들을 영원히 멸하실 것이다.

마지막 당부와 죽음

4 나는 이제 내 조상들이 그랬던 것처럼 나의 안식처로 서둘러 가고 있다.

5 그러나 너희는 너희 평생 힘을 다하여 주 너희 하나님을 경외하여라."

6 이 말을 마친 후 그는 평안히 잠들었고 그의 아들들은 그를 나무 관에 눕혔다.

7 그 후에 그들은 그를 헤브론으로 옮겨 그의 조상들과 함께 묻었다.

• •

10장은 스불론의 마지막 유언과 평화로운 죽음을 기록하며, 그가 가진 부활에 대한 확고한 소망을 중심으로 전개된다.

부활 소망 (1-3)

스불론은 죽음을 끝으로 보지 않는다. 그는 자신의 죽음 앞에서 슬퍼하지 말라고 말하며, 부활에 대한 확고한 소망을 선포한다. 그는 마지막 날에 자신의 지파 가운데서 왕처럼 다시 일어나 계명을 지킨 자들과 함께 기쁨을 누릴 것을 기대한다. 이 부활의 소망은 불경건한 자들이 받을 '영원한 불'의 심판과 극명한 대조를 이룬다.

안식처에서 조상들과 함께 부활을 기다리며 (4-7)

그는 자신의 죽음을 '조상들의 안식처로 돌아가는 것'으로 평온하게 받아들인다. 그리고 후손들에게 남기는 마지막 유언은 '평생 힘을 다하여 주 너희 하나님을 경외하라'는 것이다. 모든 가르침을 마친 그는 평안히 잠들고, 그의 뼈는 다른 족장들과 마찬가지로 약속의 땅 헤브론에 묻힌다.

단의 유언

제1장

죄의 고백: 질투와 살의의 시작

1 이것은 단이 그의 생애 마지막 날, 125세에 그의 아들들에게 말한 유언의 사본이다.

2 그는 그의 가족을 불러 모으고 말했다. "나의 말에 귀를 기울이라, 단의 아들들아. 너희 아버지의 입에서 나오는 말에 주의를 기울이라.

3 나는 내 전 생애의 경험을 통해서 내 마음으로 확실히 증명하였으니 의로운 행실을 동반한 진실이야말로 선하며 하나님께서 기뻐하시는 것이요, 거짓과 분노는 악하여 사람에게 온갖 사악함을 가르치는 것이다.

4 그러므로 오늘 내가 너희에게 고백하노니 내가 나의 형제 요셉, 그 진실하고 선한 사람의 죽음을 마음속으로 기뻐했었다.

5 나는 요셉이 팔렸을 때 기뻐하였으니 이는 우리 아버지가 우리보다 그를 더 사랑했기 때문이다.

6 질투와 헛된 영광의 영이 내게 말하기를 "너도 그의 아들이니라"고 하였다.

7 그리고 벨리알의 영들 중 하나가 나와 함께 공모하며 말했다. "이 칼을 들고 가서 요셉을 죽이라. 그러면 네 아버지가 그가 죽은 후에 너를 사랑할 것이다."

8 이것은 분노의 영이었으니 표범이 새끼 염소를 삼키듯 나로 하여금 요셉을 삼키도록 설득하였다.

9 그러나 우리 아버지 야곱의 하나님께서는 그가 내 손에 넘겨지는 것을 허락하지 않으시어 내가 그를 홀로 만나지 못하게 하셨고 이스라엘에서 두 지파가 멸망하는 이 죄악을 내가 저지르지 못하게 하셨다.

....

단의 유언은 '질투'라는 죄를 고백하는 시므온의 유언과 유사하지만, 그 초점이 '분노'와 '거짓'이라는 두 가지 죄악에 더 맞추어져 있다. 1장은 단이 어떻게 자신의 형제 요셉을 향한 살의를 품게 되었는지를 영적인 관점에서 심도 있게 분석하며 고백하는 부분이다.

죄의 근원: 거짓과 분노 (3-5)
단은 자신의 평생의 경험을 통해 '거짓과 분노'가 모든 악의 근원임을 깨달았다고 선언한다. 그는 이 깨달음을 바탕으로 자신이 아버지의 편애로 인해 요셉을 질투했고, 그의 죽음을 마음으로 기뻐했던 죄를 정직하게 고백한다.

영적 배후: 벨리알의 영들 (6-8)
단의 분석은 단순한 심리적 차원에 머물지 않는다. 그는 자신의 죄악된 생각의 배후에 구체적인 영적 실체들이 있었음을 폭로한다.
질투와 헛된 영광의 영: 이 영은 '너도 그의 아들이니라'고 속삭이며 아버지의 사랑을 받지 못하는 그의 억울함과 자격지심을 부추긴다.
벨리알의 영(분노의 영): 이 영은 한 걸음 더 나아가, '칼을 들고 요셉을 죽이라'는 구체적인 살의를 심어준다. '표범이 새끼 염소를 삼키듯'이라는 생생한 비유는 이 분노의 영이 가진 파괴적인 본성을 보여준다.

하나님의 개입 (9)
그가 이 끔찍한 죄를 실행에 옮기지 못한 것은 자신의 의지 때문이 아니었다. 그는 오직 우리 아버지 야곱의 하나님께서... 그를 내 손에서 건지셨기 때문이라고 고백한다. 특히 이스라엘에서 두 지파가 멸망하는 이 죄악이라는 표현은 만약 단이 요셉을 죽였다면, 요셉의 후손(에브라임, 므낫세)뿐만 아니라 죄를 지은 자신(단)의 지파까지도 하나님의 심판을 받아 멸망했을 것을 보여준다.

제2장

분노의 맹목성

1 이제 나의 자녀들아, 보라, 나는 죽어가고 있으며 진실로 너희에게 말하노니 너희가 거짓과 분노의 영으로부터 스스로를 지키지 않고 진리와 오래 참음을 사랑하지 않으면 멸망할 것이다.

2 분노에는 맹목성이 있나니 나의 자녀들아, 분노에 사로잡힌 자는 어떤 사람의 얼굴도 진실로 보지 못한다.

3 아버지나 어머니일지라도 그는 그들을 원수처럼 대하며, 형제일지라도 알아보지 못하고, 여호와의 선지자일지라도 불순종하며, 의로운 사람일지라도 존중하지 않고, 친구일지라도 알아보지 못한다.

4 이는 분노의 영이 그를 속임의 그물로 둘러싸고 그의 눈을 가리며, 거짓으로 그의 마음을 어둡게 하고, 그에게 자신만의 시각을 부여하기 때문이다.

5 그 영은 무엇으로 그의 눈을 가리는가? 마음의 증오를 통해서다. 분노의 영은 시기와 질투로 가득 찬 자기 자신의 본성 자체를 그 사람에게 주입하여 그로 하여금 자기 형제를 질투하게 만든다.

∙∙∙∙∙∙∙∙∙∙∙∙∙∙∙∙∙∙∙∙∙∙∙

2장은 '분노'라는 감정이 인간의 인식과 관계를 어떻게 파괴하는지에 대한 심리적 분석을 제공한다.

분노의 맹목성 (1-3)

이 장의 핵심 주제는 '분노에는 맹목성이 있다'는 것이다. 분노에 사로잡힌 사람은 관계의 대상을 있는 그대로 보지 못한다. 부모는 원수처럼 보이고, 형제는 남처럼 보이며, 심지어 여호와의 선지자나 의로운 사람, 친구마저도 제대로 알아보지 못하게 된다. 분노는 모든 관계를 왜곡시키고 파괴하는 힘을 가지고 있다.

인식의 왜곡 과정 (4-5)

단은 분노의 영이 어떻게 인간의 인식을 왜곡시키는지를 3단계로 설명한다.

1단계-감각의 차단: 분노의 영은 속임의 그물로 둘러싸고 그의 눈을 가린다. 즉, 외부의 진실을 올바로 받아들이는 감각을 먼저 차단한다.

2단계-마음의 어두움: '거짓으로 그의 마음을 어둡게 한다'. 감각이 차단된 상태에서 거짓된 정보와 생각으로 내면의 판단 기준을 흐리게 만든다.

3단계-자기만의 시각 부여: 결국 분노의 영은 그에게 '자기 자신만의 시각'을 부여한다. 이는 객관적인 현실을 보는 대신 증오와 시기심이라는 필터를 통해 세상을 바라보는 왜곡된 세계관을 갖게 된다는 의미이다. 5절은 이 과정의 핵심을 다시 한번 요약한다. 분노의 영은 '마음의 증오'를 통해 분노의 본성(시기와 질투) 자체를 그 사람에게 주입하여, 그 사람이 세상을 보도록 만든다는 것이다.

결론적으로 2장은 분노가 단순한 감정의 문제가 아니라, 인간의 인식 체계 자체를 파괴하고 왜곡시켜 진실을 보지 못하게 만드는 심각한 정신적, 영적 질병임을 경고하고 있다.

제3장

분노의 영적 실체

1 나의 자녀들아, 분노는 악하고 해로운 것이니 이는 그것이 혼 그 자체에게 또 다른 혼이 되기 때문이다.

2 분노는 분노한 사람의 몸을 자기 것으로 만들고, 그의 혼을 군림하며, 그 몸에 모든 죄악을 행할 수 있는 자기의 힘을 부여한다.

3 그리고 혼이 그렇게 행할 때 그 혼은 올바로 보지 못하기에 행한 일을 정당화한다.

4 그러므로 분노한 자가 권세 있는 자일 경우 그의 분노는 세 겹의 힘을 갖게 된다. 첫째는 그의 하인들이 가진 힘과 도움에서 비롯되고, 둘째는 그의 재물에서 나오는데, 그는 그것으로 부당하게 설득하고 이긴다. 그리고 셋째는 그 스스로 악을 행하는 자기 육체의 본래적인 힘이다.

5 분노한 자가 약한 자일지라도 그는 본성적으로 가진 힘의 두 배의 힘을 갖게 된다. 분노는 항상 그러한 자들이 불법을 행하도록 돕기 때문이다.

6 이 영은 항상 사탄의 오른편에서 거짓과 함께 행하니 이는 그의 일들이 잔인

함과 거짓으로 이루어지게 하기 위함이다.

••••••••••••••••••••••

3장은 분노가 어떻게 인격적인 실체로서 한 사람을 완전히 장악하고, 그의 힘을 증폭시켜 악을 행하게 만드는지를 설명한다.

혼을 대체하는 분노 (1-3)
이 장의 가장 심오한 통찰은 '분노가 혼 그 자체에게 또 다른 혼이 된다'는 묘사이다. 이는 분노가 단순히 감정의 상태를 넘어 그 사람의 혼을 대체하고 그 사람의 주인이자 동력원이 되어버리는 상태를 묘사하고 있다. 이 구절은 분노가 단순한 감정의 폭발이 아니라 외부의 영적 실체(분노의 영)가 인간의 혼에 침투하여 그 주도권을 빼앗고, 사람의 생각과 의지와 행동을 모두 조종하는 영적 예속 상태임을 경고하고 있다. 이 '분노의 혼'은 사람의 몸을 자신의 도구로 삼아 모든 죄악을 행하게 만들며, 심지어 그 죄악을 '정당화'하는 왜곡된 논리까지 제공한다.

힘의 증폭 (4-5)
분노는 그 사람의 힘을 비정상적으로 증폭시킨다.
권세 있는 자의 분노: 분노가 권력과 결합했을 때 어떻게 그 파괴력이 증폭되는지를 구체적으로 설명하고 있다. 분노가 단순히 개인의 감정이 아니라, 사회적 힘(인맥/세력), 경제적 힘(재물), 그리고 개인의 물리적 힘과 결합했을 때 어떻게 체계적이고 압도적인 악으로 발전하여 사회적 파괴력을 가지는지에 대한 통찰을 인생의 경험을 통해서 가르치고 있다.
약한 자의 분노: 약한 자조차도 분노에 사로잡히면 '두 배의 힘'을 갖게 된다. 이는 분노가 인간의 잠재된 파괴력을 끌어내는 기폭제가 됨을 보여준다.

사탄과의 동역 (6)
분노의 영은 결코 혼자 활동하지 않는다. 그는 항상 '사탄의 오른편에서 거짓과 함께' 행한다. 오른편은 힘과 권위를 상징하므로, 이는 분노가 사탄의 가장 강력하고 신뢰받는 동역자임을 의미한다. 그리고 그의 파트너는 항상 거짓이다. 이로 인해 분노에 사로잡힌 자의 모든 행동은 '잔인함'과 '거짓'이라는 두 가지 특징을 띠게 된다.

제4장

분노를 이기는 길

1 그러므로 너희는 분노의 힘이 얼마나 헛된 것인지 깨달아라.

2 그것은 먼저 말로 도발하고, 그 다음에는 행동으로 분노한 자를 강하게 하며, 쓰라린 손실로 그의 마음을 어지럽히고, 그리하여 그의 혼을 큰 분노로 휘젓는다.

3 그러므로 누군가 너희에게 대항하여 비방하더라도 분노로 마음이 흔들리지 않도록 하여라. 또한 누가 너희를 선하고 의롭다고 칭찬할지라도 교만하게 우쭐대지 말고 그 칭찬의 말에 기뻐 날뛰지도 말고 불쾌해하며 동요되지도 말아라.

4 이는 비방의 말이 처음에는 귀를 솔깃하게 하여 마음을 자극하고, 분노할 명분을 찾도록 예민하게 만들기 때문이다. 그리고 일단 분노에 사로잡히면 그는 자신의 분노가 정당하고 의롭다고 여기게 된다.

5 너희가 어떤 손실을 당하거나 어떠한 일이 망하게 되더라도 나의 자녀들아, 괴로워하거나 속상해하지 말아라. 이 영은 사람들로 하여금 사라져 버린 것을 갈망하게 하여 그 갈망으로 인해 분노에 불타오르게 만들기 때문이다.

6 너희가 어떤 손실을 입든지 그것이 자의든 타의든 괴로워하지 말라. 이는 괴로움으로부터 분노가 거짓을 동반하여 함께 일어나기 때문이다.

7 분노와 거짓이 함께 작용하면 그 해악은 배가 되나니 이 둘은 서로 도우며 마음을 어지럽힌다. 혼이 계속해서 휘저어지면 여호와께서 그를 떠나시고 벨리알이 그를 다스리게 된다.

• •

4장은 분노와 거짓이라는 두 가지 악의 세력을 이겨낼 수 있는 구체적인 실천 방법을 제시한다.

분노의 심리적 과정 분석 (2, 4)

사람이 어떻게 비방을 듣고 분노가 유발되고 스스로 분노를 정당화하게 되는지에 대한 심리적 과정이 묘사되고 있다. (1)말로 하는 도발 → (2)내부의 감정적 자극 → (3)분노할 명분 찾기 → ⑷분노의 정당화라는 과정을 통해 분노가 외부 자극에 대한 단순한 반사 작용이 아니라, 내부의 교만과 자기기만이 만들어내는 능동적인 과정임을 보여준다.

해결책 1: 외부 평가로부터의 자유 (3)

분노를 이기는 첫 번째 길은 '외부의 평가로부터 자유로워지는 것'이다. 비방에도 분노하지 않고, 칭찬에도 교만하거나 동요하지 않는 내적 평정심을 유지해야 한다. 외부의 평가, 즉 '비방'과 '칭찬'이라는 두 가지 상반된 상황에 어떻게 반응해야 하는가? 비방에 분노하지 않는 소극적 차원을 넘어 칭찬에 대해서도 교만과 기쁨에 빠지지 말고, 동시에 거짓 겸손에서 비롯되는 혐오감이나 불쾌감에도 빠지지 말라는 매우 높은 수준의 내적 평정을 가르치고 있다. 타인의 긍정적 평가와 부정적 평가 모두에 흔들리지 말라는 가르침이다. 칭찬을 들었을 때 '아닙니다, 저는 그런 사람이 못 됩니다'라며 정색하거나 불쾌해하는 반응 역시 교만의 또 다른 형태 일 수 있다. 이는 자신의 가치와 정체성을 타인의 평가가 아닌, 오직 하나님 안에서 찾을 때 가능하다.

해결책 2: 상실감으로부터의 자유 (5-6)

두 번째 길은 '상실감으로부터 자유로워지는 것'이다. 분노의 영이 상실감을 어떻게 악용하여 분노를 일으키는지에 대한 심리적 과정을 설명하고 있다. 덧없는 것들에 대한 과도한 집착과 갈망은 분노의 영이 우리를 조종하기 위해 붙잡는 손잡이가 되기 때문이다. 분노의 영은 '사라져 버린 것'에 대한 갈망을 부추겨, 그 채워지지 않는 갈망을 분노로 전환시킨다.

상실감에 대한 내적 슬픔을 잘 다스리지 못하면, 그것이 분노라는 외적인 감정 폭발과 거짓이라는 자기기만/상황 왜곡으로 이어진다.

따라서 덧없는 것들에 대한 과도한 집착을 버리고, 상실의 슬픔이 분노와 거짓으로 이어지지 않도록 다스리는 것이 중요하다.

최종 경고: 하나님의 임재 상실 (7)

'분노와 거짓'이 함께 작용할 때 그 파괴력이 배가되어, 사람의 혼에 '두 배의 해악', '양날의 검과 같은 악(double-edged evil)'이 된다. 사람의 혼이 이 '분노와 거짓'의 연합체에 의해 지속적으로 교란될 때, 최종적으로 끔찍한 영적 결과가 초래된다.

상실에 대한 슬픔을 방치하면 분노와 거짓이 싹트고, 이 두 가지 악이 연합하여 혼을 완전히 장악하면, 결국 하나님의 임재를 잃고 사탄의 지배 아래 놓이게 된다. "여호와께서 그를 떠나시고 벨리알이 그를 다스리게 된다." 이는 개인의 감정 관리가 궁극적으로 하나님과의 관계 및 영적 주권의 문제와 직결되어 있음을 보여주는 마지막 때를 살아가는 사람들 향한 강력한 경고이다.

제5장

악을 이기는 길

1 그러므로 나의 자녀들아, 여호와의 계명을 지키고 그의 토라를 준수하라. 분노에서 떠나고 거짓을 미워하라. 그리하면 여호와께서 너희 가운데 거하시고 벨리알은 너희에게서 도망칠 것이다.

2 너희는 각자 이웃과 진실을 말하라. 그리하면 너희가 분노와 혼란에 빠지지 않을 것이요, 평화의 하나님을 모시고 평안하게 될 것이니 어떤 전쟁도 너희를 이기지 못할 것이다.

3 너희는 평생 여호와를 사랑하고 진실한 마음으로 서로를 사랑하라.

미래에 대한 예언

4 나는 마지막 날에 너희가 여호와를 떠나 레위를 자극하여 분노하게 하고 유다를 대적하여 싸울 것을 알고 있다. 그러나 너희는 그들을 이기지 못할 것이니 이는 여호와의 천사가 그 둘을 인도할 것이기 때문이다. 그들로 말미암아 이스라엘이 설 것이다.

5 너희가 주를 떠날 때 너희는 온갖 악 가운데 행하며, 이방인들의 가증한 일들을 저지르고, 불법을 행하는 자들의 여인들에 빠져들어 행음하며, 온갖 사악함 가운데 기만의 영들이 너희 안에서 활동할 것이다.

6 내가 의인 에녹의 책에서 읽은 바에 따르면 "너희의 군주(수호천사)는 사탄이며 모든 음행과 교만의 영들이 공모하여 레위의 아들들을 주 앞에서 죄짓게 하려고 그들에게 종속되어 곁에 머물며 함정을 놓을 것이라" 하였다.

7 내 아들들은 레위의 아들들에게 가까이 다가가 그들과 함께 모든 일에서 죄를 지을 것이며 유다의 아들들은 사자가 남의 것을 빼앗듯이 탐욕스럽게 남의

재물을 약탈할 것이다.

8 그러므로 너희는 그들과 함께 포로로 끌려갈 것이며 거기서 너희는 이집트의 모든 재앙과 이방인의 모든 악을 겪게 될 것이다.

9 너희가 주께 돌아올 때 너희는 자비를 얻을 것이며 그분께서 너희를 그분의 성소로 인도하여 데려가 너희에게 평화를 선포하실 것이다.

10 그리고 유다와 레위 지파에서 여호와의 구원이 너희에게 일어날 것이며, 그분은 벨리알과 전쟁을 벌이고, 우리 조상들을 위하여 우리의 원수들에게 영원한 복수를 행하실 것이다.

11 그분은 벨리알에게서 사로잡힌 자들, 곧 성도들의 혼들을 되찾으시고 불순종하는 마음들을 주께로 돌이키며 그분을 부르는 자들에게 영원한 평강을 주실 것이다.

12 성도들은 에덴에서 안식하며 의인들은 새 예루살렘에서 기뻐할 것이니 이는 영원토록 하나님의 영광이 될 것이다.

13 예루살렘은 더 이상 황폐함을 겪지 않을 것이며 이스라엘은 포로로 끌려가지 않을 것이다. 이는 여호와께서 예루살렘 가운데 거하시며 사람들과 어울려 함께 사실 것이고 이스라엘의 거룩하신 분께서 그들을 다스리실 것이기 때문이다. 그분을 믿는 자는 하늘에서 진리로 다스릴 것이다.

·······················

5장은 단의 유언의 핵심으로 후손들을 향한 윤리적 권면과, 단 지파와 이스라엘 전체의 미래에 대한 종말론적 예언이라는 두 부분으로 구성되어 있다.

윤리적 권면 (1-3)

단은 앞선 장에서 분석한 '분노와 거짓'을 이기는 길을 제시한다. 그 길은 (1)분노와 거짓을 버리고 (2)여호와의 토라를 지키며 (3)이웃에게 진실을 말하고 (4)무엇보다 여호와를 사랑하고 서로를 사랑하는 것이다. 이 길을 걸을 때 여호와께서 함께 거하시고, 벨리알은 떠나가며, 어떤 전쟁도 그들을 이길 수 없는 평화를 누리게 될 것이라고 약속한다.

종말론적 예언 (4-13)

그러나 단은 후손들이 이 길을 따르지 않을 것을 '에녹의 책'을 통해 알고 있다.

타락과 심판 (4-8): 단 지파는 장차 이스라엘의 두 중심 축인 레위와 유다를 대적할 것이나, 그 두 지파를 인도하는 '여호와의 천사'의 보호로 인해 실패할 것이다. 그들은 주를 떠나 온갖 이방의 가증한 일과 음행에 빠질 것이며, 그 배후에는 그들의 수호천사인 사탄 (대적자)과 기만의 영들이 있을 것이다. 그 결과, 그들은 다른 지파들과 함께 포로로 끌려가 온갖 고통을 겪는 심판을 받게 될 것이다.

의인 에녹의 책 (6): 단은 이 무서운 예언이 자신의 독자적인 생각이 아니라, 당시 그들에게 매우 권위 있는 가보(家寶)로 여겨졌던 '에녹의 책'에 기반하고 있음을 먼저 밝힌다. 제2성전 시대의 많은 유대인 그룹, 특히 쿰란 공동체와 같은 곳에서는 '에녹의 토라'가 '모세의 토라'에 버금가는 권위를 가진 경전으로 받아들여졌다. 단은 이 인용을 통해 자신이 전하는 내용이 고대로부터 내려온 거룩한 비밀임을 선포하고 있다. 열두 족장들에게는 현재 우리에게까지 전해지지 않은 에녹서 계열 문서들이 더 많이 있었던 것으로 보인다.

군주(רש 싸르) 사상 (6): 각 민족이나 나라마다 그들을 관장하는 영적 존재, 즉 군주(Prince)가 있다. 페르시아의 군주, 그리스의 군주가 있으며 이스라엘의 군주는 미가엘이다. 이처럼 각 지파에게도 고유한 영적 배후가 있다는 개념이 표현되고 있다.

악한 영들이 레위 지파에게 종속된다 subject unto/obey (6): 이 독특한 표현은 목표물을 파괴하기 위한 전략적 위장이자 전복적인 침투 방식을 의미한다. 이는 마치 스파이가 적국의 왕을 암살하기 위해 정면으로 공격하는 대신, 그의 가장 충성스러운 시종으로 위장하여 곁에 머무는 것과 같다. 음행과 교만의 영은 레위 지파의 권위 아래 종속된 '척'하며 그들 곁에 머물다가 그들의 목표를 달성한다.

경계심 해제: 레위 지파의 영적 경계심을 무너뜨린다.

약점 파악: 가장 가까운 거리에서 그들의 약점, 욕망, 영적 해이의 순간을 면밀히 주시한다.

결정적 함정: 가장 취약한 순간에, 가장 효과적인 방법으로 유혹의 함정을 놓아 주님 앞에서 죄를 짓게 만든다. 가장 거룩한 직무를 맡은 레위 지파가 받을 영적 공격은 가장 교활하고 예측하기 어려운 형태, 즉 '복종을 가장한 내부 침투'가 될 것이라고 경고하는 것이다.

회복과 구원 (9-13): 그러나 이 심판이 끝이 아니다. 이 예언의 절정은 회복의 약속에 있다. 그들이 주께로 돌아오면, 하나님께서는 자비를 베풀어 그들을 회복시키실 것이다. 그 구원은 '유다와 레위 지파'를 통해 올 것이며, 그 구원자는 (1)벨리알과 싸워 최종적인 승리를 거두고 ⑵사로잡힌 성도들의 혼을 되찾으며 ⑶불순종하는 마음을 돌이켜 영원한 평강을 주실 것이다.

새 시대의 모습 (12-13): 그가 가져올 새 시대는 성도들이 '에덴'과 '새 예루살렘'에서 안식하고 기뻐하는 시대이다. 그 시대의 가장 큰 특징은 '이스라엘의 거룩하신 분'께서 예루살렘에서 친히 그들 가운데 거하시며 다스리신다는 것이다.

알파(α) 계열 사본에서는 "이스라엘의 거룩하신 분께서 (겸손과 낮아짐 가운데서) 그들을 다스리실 것이기 때문이다"라고 ἐν πραότητι καὶ ἐν ταπεινώσει (겸손과 낮아짐 가운데서)라는 구절이 추가되어 있으나, 베타(β) 계열의 사본들과 아르메니아어 번역본에는 나타나지 않는다. 단의 유언 5:13의 전후 문맥 전체가 메시아의 영광스러운 재림과 그로 인해 완성될 하나님 나라에 대한 묘사이지만, 사본을 번역하고 필사하던 자가 그리스도의 재림과 천년왕국에 대한 이해가 부족하여 이 문장이 예수님의 초림을 묘사하는 증거라고 오해하고 초림의 이미지를 문장에 불어 넣어 강조하려 한 것으로 보인다.

제6장

마지막 권면과 당부

1 이제 나의 자녀들아, 여호와를 경외하고 사탄과 그의 영들을 경계하라.

2 하나님께 가까이 나아가고 너희를 위하여 중재하는 천사에게 나아가라. 그는 하나님과 사람 사이의 중재자이며 이스라엘의 평화를 위하여 원수의 왕국에 맞서 일어서실 것이다.

3 그러므로 원수는 여호와의 이름을 부르는 모든 자를 넘어뜨리려고 애쓴다.

4 이는 이스라엘이 믿고 회개하는 그 날에 원수의 왕국이 종말을 맞이할 것을 알기 때문이다.

5 평화의 천사 그 자신이 이스라엘을 강하게 하여 그들이 최악의 악에 빠지지 않도록 하실 것이다.

6 그러나 이스라엘의 불법의 시대에 여호와께서 그들을 떠나 그분의 뜻을 행하는 이방인들에게로 가시리니 이는 천사들 중 누구도 그분과 동등하지 않을

것이기 때문이다.⁴⁵

7 그의 이름은 이스라엘의 모든 곳과 이방인들 가운데 알려질 것이다.

8 그러므로 나의 자녀들아, 너희 자신을 모든 악한 행실에서 지키고, 분노와 모든 거짓을 버리며 진리와 오래 참음을 사랑하라.

9 너희가 너희 아버지에게서 들은 것들을 너희 자녀들에게도 전하여라. 그리하면 이방인의 구원자 (열국의 아버지)⁴⁶ 께서 너희를 받아주시리니 그는 진실하시고 오래 참으시며 온유하고 겸손하며 그의 행위로 하나님의 토라를 가르치시기 때문이다.

10 그러므로 모든 불의에서 떠나 여호와의 토라가 명하는 의에 굳게 붙으라. 그리하면 우리 족속이 영원히 구원받을 것이다.

11 나를 조상들 곁에 묻어다오."

• •

6장은 단의 마지막 유언의 결론으로 후손들이 어떻게 영적 전쟁에서 승리하고 구원을 얻을 수 있는지에 대한 실천적인 지침과 신학적인 원리를 담고 있다.

영적 전쟁의 원리 (1-5)

두 가지 핵심 명령: 승리의 길은 (1)여호와를 경외하고 사탄을 경계하며 (2)하나님과 '중재하는 천사'에게 가까이 나아가는 것이다. 이 '중재하는 천사'는 이스라엘을 위해 싸우는 수호천사로 하나님과 사람 사이를 잇는 중요한 역할을 한다.

---

45. 이 구절은 사본에 따라 그 의미가 정반대로 나뉘는 『열두 족장의 유언』에서 가장 중요하고도 어려운 본문 비평의 지점 중 하나이다. 이 차이는 οὐκ(not)의 유무에 따라, 이스라엘의 불법에 대한 하나님의 반응을 완전히 다르게 해석하게 만든다. 알파(α) 그룹을 포함한 다수의 헬라어 사본과 달리, 베타(β) 그룹 계열의 사본은 정반대의 내용을 담고 있다.
  "그러나 이스라엘의 불법의 시대에도 주께서는 그들을 떠나지 아니하시고 오히려 그의 뜻을 행하는 나라로 그들을 변화시키실 것이니, 이는 천사들 중 누구도 그분과 동등하지 않기 때문이다."
이 독법讀法에 의하면 하나님은 이스라엘의 불법에도 불구하고 그들을 떠나지 않으시고, 오히려 그들과 함께 머무시며 그들을 그의 뜻을 행하는 나라로 변화시키실 것이라 읽히지만, 이는 『열두 족장의 유언』의 전체적인 사상에 부합하지 않고 전후 문맥을 따져 볼 때도 맞지 않다.

46. '이방인의 구원자'(다수 사본)라는 칭호는 그의 사역이 이스라엘을 넘어온 세상으로 확장될 것을 보여주며, '열국의 아버지'(일부 아르메니아 사본)라는 칭호는 그가 아브라함의 언약(창17:5열국의 아비: אַב־הֲמוֹן גּוֹיִם 수많은 민족의 아버지)을 성취하고 모든 민족에게 복의 근원이 될 존재임을 암시해준다. 어느 쪽이든 이 구절은 단의 유언이 가진 놀라운 메시아 대망 사상을 분명하게 보여주는 중요한 부분이다.

승리의 조건: 원수(사탄)의 왕국이 무너지는 종말의 때는 '이스라엘이 믿고 회개하는 그 날'이다. 1948년에 이스라엘 나라가 다시 존재하게 되었다. 이스라엘의 유대인들의 믿음이 회복되고 그들이 큰 회개와 대각성으로 여호와께 돌아오는 그날은 곧 원수의 왕국이 종말이 다가왔음을 알리는 마지막 때 중에서도 마지막 순간이 될 것이다. 사탄(원수)의 패배가 하나님의 일방적인 시간표에 의해서만이 아니라 이스라엘의 영적 반응에 달려있다는 중요한 신학적 원리이다.

이방인 구원과 메시아의 성품 (6-9)

전인류적 구원의 과정 (6-7): 이 구절은 사본에 따라 의미가 크게 갈리는 중요한 부분이다. 다수 학자들이 지지하는 독법에 따르면 이스라엘이 불법을 행할 때, 여호와께서는 그들을 떠나 '그의 뜻을 행하는 이방인들에게로 가실 것'이다. 이는 하나님의 구원 계획이 이스라엘이라는 민족적 경계에 갇히지 않으며, 그의 이름과 명성이 이방인들 가운데서도 크게 될 것이라는 전인류적 구원론을 강력하게 제시한다.

각 민족을 담당하는 천사는 그 민족만 담당한다. 이스라엘은 하나님께서 친히 담당하신다. 그러나 하나님은 잠시 이스라엘에게서 손을 어느 정도 떼시고 이방 나라들 중에서 여호와의 뜻을 따르는 자들에게로 가신다. 하나님은 모든 민족들 중에서 크게 영광 받으시며 경배 받으시기 위해서 지경(地境)을 넘어 가신다.

각 민족을 담당하는 천사는 그렇게 할 수 없지만 하나님은 이스라엘에 국한되지 않으시고 해 뜨는 곳에서부터 해 지는 곳까지의 모든 열방 중에서 높임 받으시며 택한 자들을 하나님 나라 백성되게 하시고 하나님은 그 나라의 임금이 되신다.

【말 1:5】 너희는 목도하고 이르기를 여호와께서는 이스라엘 지경 밖에서 크시다 하리라.
【말 1:11】 만군의 여호와가 이르노라 해 뜨는 곳에서부터 해 지는 곳까지의 이방 민족 중에서 내 이름이 크게 될 것이라 각처에서 내 이름을 위하여 분향하며 깨끗한 제물을 드리리니 이는 내 이름이 이방 민족 중에서 크게 될 것임이니라.
【말 1:14】 나는 큰 임금이요 내 이름은 열방 중에서 두려워하는 것이 됨이니라 만군의 여호와의 말이니라.

9절에서 먼 미래에는 이방 민족들의 아버지(구원자)가 이스라엘을 받아주실 것이라는 독특한 표현이 나타난다. 이방인 가운데서 예수님을 구원자로 믿은 자들이 하늘 아버지의 자녀들로서 하나님을 아버지라 마음껏 부르는 은혜의 시대를 지금 우리는 보내고 있다.

이 시대의 끝에 유대인들도 하나님을 아버지라 마음껏 부르게 되도록 이방 민족들의 구원자이신 예슈아께 받아들여지게 될 것이다.

구원자의 모습 (9): 이 전인류적 구원을 이룰 '이방인의 구원자'는 힘과 권세가 아닌 '진실함, 오래 참음, 온유, 겸손'이라는 성품을 가지며, 말이 아닌 행위로 하나님의 토라를 가르치는 분이다. 이는 신약성경에 나타난 예수 그리스도의 성품과 사역의 모습을 정확하게 예고하고 있다.

구약성경에 '이방인의 구원자'라는 단어 자체는 없지만, 이사야 49:6에서 '나의 종'은 이스라엘 중에 보전된 자를 돌아오게 하는 일뿐만 아니라, 그 종을 이방의 빛으로 삼아 '나의 구원'을 베풀어서 땅 끝까지 이르게 할 '이방인의 구원자'이다. 시편 67:2에서는 주의 도를 땅 위에, 주의 구원을 모든 나라에게 알리기를 기도함으로 이방 민족들과 열방이 '우리'를 통해 구원받게 되리라는 사상이 나타난다. 하나님의 구원이 이스라엘을 통해, 그리고 메시아라는 한 인물을 통해 모든 이방 민족에게까지 확장될 것이라는 사상은 구약성경의 핵심적인 약속이자 예언이다. 그러므로 '이방인의 구원자'라는 단어가 구약시대에는 존재하지 않았으며, 신약 시대의 전유물이라는 판단은 기록으로 남은 단어만이 그들이 사용하던 용어였을 것이라고 생각하는 단편적인 추론이다.

최종 권면과 소망 (10-11)

단은 자신의 아들들과 후손들에게 유언을 남기면서 강도 높은 어조로 어두운 측면을 많이 다루었다. 그럼에도 불구하고 단은 마지막으로 '여호와의 토라의 의'에 굳게 붙으라고 명령하며, 그럴 때 비록 단 지파의 운명이 어두울지라도 '우리 족속이 영원히 구원받을 것'이라는 확신에 찬 믿음을 선포한다. 이는 단 지파가 요한계시록의 인침 받은 자 명단에는 빠져있지만, 에스겔 48장 천년왕국의 땅 분배 명단에 포함되는 것을 통해 단 지파의 최종적인 구원에 대한 소망을 가지게 해주는 중요한 구절이다

제7장

단의 죽음과 막벨라 무덤이 이장(移葬)됨
1 이 말을 마치고 그는 그들에게 입 맞추고 영원한 잠에 들었다.
2 그의 아들들이 그를 장사하였고, 그 후에 그의 뼈를 아브라함과 이삭과 야곱 곁으로 옮겼다.
3 단이 그들에게 예언한 대로 그들은 하나님의 토라를 잊고 그들의 유산의 땅과 이스라엘 민족과 그들의 가족과 후손으로부터 멀어지는 일이 그대로 일어났다.

••••••••••••••••••••••

단의 유언 7장은 단의 개인적인 삶의 마무리와 그의 뼈가 헤브론에 이장된 일과 그의 후손들을 향한 비극적인 예언이 역사 속에서 어떻게 성취되었는지를 기록하는 간결한 에필로그이다.

평화로운 죽음과 약속의 땅으로의 귀환 (1-2)

자신의 모든 죄를 고백하고 후손들에게 마지막 경고와 소망의 메시지를 전한 단은 다른 족장들과 마찬가지로 '영원한 잠'이라는 평화로운 죽음을 맞이하여 장사된다. 후에 그의 아들들은 그의 유언에 따라 그의 뼈를 이집트에서 가져다가 약속의 땅에 있는 조상들, 즉 아브라함, 이삭, 야곱 곁으로 옮겨 안장한다.

예언의 성취: 단 지파의 비극 (3)

단이 5장에서 예언했던 그대로 그의 후손들은 결국 하나님의 토라를 잊고, 그들의 모든 유산, 즉 땅과 민족과 가족으로부터 멀어지는 운명을 맞이했다.

역사적 배경: 역사적으로 단 지파는 북이스라엘 왕국의 최북단에 위치하여 가장 먼저 우상숭배에 빠지고(삿 18장의 미가 신상 사건) 이방 문화의 영향을 크게 받았다. 그 결과 그들은 이스라엘 공동체에서 점차 소외되었고, 역대기 상의 지파 명단(대상 2-9장)이나 요한계시록의 인침 받은 자 명단(계 7장)에서 누락되는 비운을 겪게 된다. 그러나 천년왕국에서 12지파의 땅분배 명단에서 단지파는 다시 나타난다(에스겔 48:2).

서론(1:1-2a)과 결론(7:1-3)이 추가된 시점 추론

'단의 유언'의 초기 원본(또는 초기 필사본)의 복사본이 필사되던 어느 시점에 서론과 결론이 추가되었다. 그 필사 시점은 7장 3절의 결정적인 문구를 통해 추론할 수 있다.

"단이 그들에게 예언한 대로... 그대로 일어났다."

이 문구는 단 지파의 타락과 유산 상실이 미래의 일이 아니라, 이 글을 쓰는 필사와 그의 독자들에게는 이미 일어난 명백한 역사적 사실임을 시사한다. 필사자는 과거에 주어진 예언이 역사 속에서 어떻게 성취되었는지를 확인하고 증언하는 입장에 서 있다.

그렇다면 이 '일어난 일'은 구체적으로 무엇이며, 언제 이 일이 '역사적 사실'로 굳어졌는가?

결정적 사건: 앗시리아의 북이스라엘 정복 (기원전 722년)

단 지파의 소멸을 결정지은 가장 큰 역사적 사건은 앗시리아 제국에 의한 북이스라엘 왕국의 멸망이다. 이 사건으로 인해 단 지파를 포함한 북쪽의 열 지파는 그들의 땅에서 쫓겨나 제국 전역으로 흩어졌고, 이는 3절이 묘사하는 "유산의 땅으로부터 멀어지는 일"의 성취이다.

역사적 사실로의 확립: 포로기 이후 시대

앗시리아의 정복 이후 수 세기가 지나면서 '사라진 열 지파'의 개념은 유대인들에게 돌이킬 수 없는 역사적 사실이자 신학적 교훈으로 자리 잡았다. 특히 역대기 저자(포로기 이후 시대)가 지파 명단에서 단 지파를 의도적으로 누락한 것은, 이스라엘 공동체 내에서 그들의 소멸이 공식적으로 인정되었음을 보여준다.

결론: 제2성전 시대의 필사

이러한 역사적 배경을 고려할 때, 단의 유언의 서론과 결론을 추가한 필사자는 앗시리아의 정복이 이미 먼 과거의 일이 되고, 단 지파의 상실이 이스라엘의 역사 서술에서 확고한 사실로 자리 잡은 시대의 인물임이 틀림없다.

따라서, 이 추가 작업은 제2성전 시대에 이루어졌을 가능성이 매우 높다. 이 시기의 유대인 필사자에게 단 지파의 비극은 과거의 예언이 어떻게 무섭게 성취되었는지를 보여주는 가장 강력한 역사적 실례였으며, 이를 통해 동시대의 독자들에게 경고와 교훈을 주고자 했을 것이다.

납달리의 유언

제1장

유언의 서론

1 이것은 '납달리의 유언'의 사본이니 그가 132세[47] 되던 해에 죽을 때 남긴 것이다.

2 그의 아들들이 일곱째 달, 그 달의 첫째 날[48]에 모였을 때 그는 여전히 건강한 상태에서 그들을 위해 음식과 포도주 잔치를 열었다.

3 이튿날 아침에 깨어난 후 그는 그들에게 말했다. "나는 죽을 것이다." 그러나 그들은 그 말을 믿지 않았다.

4 그가 주를 찬양하며 힘을 얻더니 전날의 잔치 이후 자신이 죽을 것이라고 확언하였다.

5 그러고 나서 그는 말하기 시작했다. "내 아들들아, 납달리의 아들들아, 내 말을 들어라. 너희 아버지의 말을 들어라.

---

47. 사본에 따라 130세 또는 132세로 기록되어 차이가 있다.

48. 여기서 일곱째 달은 아빕월을 기준으로 일곱째 달인 에타님월(티쉬레이월)이다. 출 12:2부터 아빕월을 첫달로 삼았다. 납달리가 1인칭 화자로 나타나는 긴 서술(1:5~8:10) 앞과 뒤에 3인칭 화자가 서술을 진행한다. 이 3인 서술자는 '납달리의 유언'의 사본을 만드는 자로 출애굽 이후 어느 시대의 사람이다. 사본에 따라 날짜가 '첫째 날'과 '넷째 날'로 다르게 나타난다.

출생의 비밀과 요셉과의 연결

6 나는 빌하에게서 태어났다. 이는 라헬이 계략을 써서 자신 대신 빌하를 야곱에게 주었고 빌하가 라헬의 무릎 위에서 나를 낳았기 때문이다. 그러므로 내 이름이 납달리가 되었다.

7 라헬은 나를 매우 사랑하였는데 이는 내가 그녀의 무릎 위에서 태어났기 때문이다. 내가 아직 어리고 살결이 보들보들할 때 그녀는 내게 자주 입맞추며 말했다. "너와 같은 아들을 내 태에서 직접 낳고 싶구나."

8 이러한 라헬의 기도에 따라 요셉 또한 모든 면에서 나와 같았다.

어머니 빌하의 가문

9 나의 어머니 빌하는 리브가의 유모 데보라의 남자 형제인 로데우스의 딸이었으며 빌하는 라헬과 같은 날 태어났다.

10 로데우스는 아브라함의 가문에 속한 갈대아인이며 하나님을 경외하는 자유민이자 귀족이었다.

11 그는 포로로 잡혀 라반에게 팔렸고 라반은 그에게 자신의 하녀 아이나를 아내로 주었다. 그녀는 딸을 낳아 그가 포로로 잡혔던 마을의 이름을 따서 실바라고 이름 지었다.

12 그 후에 그녀가 빌하를 낳으며 말했다. "나의 딸은 새로운 것을 향해 서두르는 아이로구나."라고 말했는데 이는 그녀가 태어나자마자 즉시 젖을 물고 빨려했기 때문이다.

· ·

납달리의 유언 1장은 창세기에는 기록되지 않은 그의 출생에 얽힌 상세한 배경을 설명하며 그의 정체성이 어떻게 형성되었는지를 보여준다.

납달리의 출생과 법적 정체성 (6-8)

이 단락의 핵심은 납달리가 단순히 빌하의 아들이 아니라 '라헬의 무릎 위에서' 태어남으로써 라헬의 완전한 '법적 아들'이 되었음을 강조하는 데 있다. 이는 고대 근동의 입양 관습을 반영하는 것으로 그의 출생이 라헬의 간절한 소망과 적극적인 법적 행위의 결과였음을 보여준다. 더 나아가 납달리의 존재는 라헬로 하여금 "너와 같은 아들을 내 태에서 직접 낳고 싶구나"라고 기도하게 만드는 동기가 되었고, 그 기도의 최종 성취가 바로 요셉이었음을 밝힘으로써 두 형제를 하나의 이야기로 묶어주고 있다.

라헬의 무릎 위에서-법적 입양 행위: 한글 개역 성경 창세기 30장 3절은 "그가 아들을 낳아 내 무릎에 두리니"라고 번역하여 마치 빌하가 낳은 아이를 라헬이 무릎에 올려놓고 양육하는 것처럼 묘사한다. 그러나 히브리적 관점과 고대 근동의 풍습에 따르면 이는 훨씬 더 깊은 법적 의미를 지닌다. '무릎 위에서 낳는다'는 것은 대리모인 빌하가 출산하는 그 순간에 라헬이 산모의 위치에서 두 다리 사이로 아이를 받는 행위를 그려준다. 이는 아이가 마치 라헬 자신의 몸을 통해 나오는 것처럼 보이게 하는 상징적 행위이자 그 아이에 대한 법적 소유권과 어머니로서의 권리를 주장하는 공식적인 입양 절차였다. 이 관습은 요셉이 자신의 증손자들을 자기 무릎에 놓고 양자로 삼는 창세기 50장 23절에서도 나타난다. 따라서 이 행위를 통해 납달리는 생모인 빌하가 아닌 라헬의 완전한 법적 아들로 선포된 것이다.

어머니 빌하의 가계 (9-12)

이 유언은 성경에 기록되지 않은 빌하의 가계도를 상세히 제공한다. 그녀의 아버지 로데우스는 '아브라함의 가문에 속한 하나님을 경외하는 자유민'이었으나 포로로 잡혀 라반의 종이 되었다. 빌하와 실바가 단순히 이방 출신의 여종이 아니라 본래 아브라함의 신앙을 공유했던 고귀한 혈통이었음을 알려준다. 이는 야곱의 모든 아들들이 아브라함의 가문에서 나왔음을 변호하는 역할을 한다.

제2장

창조의 질서와 인간의 본성

1 나는 발이 사슴처럼 빨랐으므로 내 아버지 야곱은 나를 모든 심부름과 소식을 전하는 일에 임명하셨고 또한 그는 사슴에 비유하여 나를 축복하셨다.

토기장이 비유: 영과 육의 조응(照應)

2 토기장이가 그릇에 얼만큼 담길지 가늠하여 그에 맞춰 진흙을 가져오듯이 여호와께서도 영의 모습에 따라 몸을 만드시고 몸의 능력에 따라 영을 심으신다.

3 영과 몸, 이 둘은 머리카락 삼분의 일만큼도 어긋나지 않으니 이는 지극히 높으신 분의 모든 피조물이 무게와 치수와 기준에 따라 만들어졌기 때문이다.

4 토기장이가 각 그릇의 용도와 그것이 무엇에 적합한지 알듯이 여호와께서도 그 육체가 어느 정도까지 선을 지속할 수 있는지 그리고 어느 시점에 악을 시작하는지를 아신다.

5 여호와께서 알지 못하시는 피조물의 성향이나 생각이란 없으니 이는 그가 모든 사람을 자신의 형상대로 창조하셨기 때문이다.

내면과 외면의 일치

6 사람의 힘이 그러하듯 그의 행위도 그러하며, 그의 생각이 그러하듯 그의 재능도 그러하고, 그의 의도가 그러하듯 그의 성취도 그러하며, 그의 마음이 그러하듯 그의 입도 그러하고, 그의 눈이 그러하듯 그의 잠도 그러하며, 그의 혼이 그러하듯 그의 말도 그러하니 그것이 여호와의 토라 안에 있든 벨리알의 법 안에 있든 그러하다.

7 빛과 어둠, 보는 것과 듣는 것 사이에 구분이 있듯이 남자와 남자 사이, 여자와 여자 사이에도 구분이 있다. 모습이나 생각에 있어서 하나가 다른 하나와 같다고 말할 수 없다.

8 하나님께서는 모든 것을 그 질서대로 선하게 만드셨다. 머리에는 오감을 주시고, 머리에 목을 연결하셨으며, 아름다움과 영광을 위해 머리카락을 더하셨다. 그리고 명철과 분별을 위해 심장을, 배설을 위해 배를, 소화를 위해 위를, 호흡을 위해 기관(氣管)을, 분노를 위해 간을, 쓰라림을 위해 쓸개를, 웃음을 위해 비장을, 신중함을 위해 신장을, 권세를 위해 허리 근육을, 강인함을 위해 등허리를 주시는 등 이 모든 것을 만드셨다.

9 그러므로 나의 자녀들아, 하나님을 경외함 안에서 선한 의도와 목적으로 모든 일을 질서 있게 행하고 아무 일도 적절한 때를 벗어나서 무질서하고 거만하게 행하지 말라.

10 눈에게 들으라고 명해도 들을 수 없는 것처럼 너희도 어둠 속에서는 빛의 일을 행할 수 없다.

• •

2장은 납달리의 유언에서 가장 철학적인 부분으로 자신의 개인적인 특징(빠른 발)을 소재로 삼아 하나님께서 정하신 우주적 창조 질서와 인간 본성에 대한 심오한 신학적 성찰로 나아간다.

개인의 특성과 소명 (1)

납달리는 자신의 타고난 재능(사슴처럼 빠른 발)이 '전령'이라는 사회적 역할과 '사슴'이라는 아버지의 축복으로 직접 연결되었음을 보여주며, 이는 하나님의 설계 안에 있었음을 암시한다.

창조의 원리: 토기장이 비유 (2-5)

이 장은 '토기장이 비유'를 통해 하나님께서 영과 육을 완벽한 조화 속에 창조하셨음을 설명한다. 하나님은 토기장이가 그릇의 용도와 용량을 미리 알고 진흙을 준비하듯이 각 영에 맞는 육체를 설계하시고, 각 육체의 역량에 맞는 영을 부여하신다. 이 창조는 '무게, 치수, 기준'이라는 정밀한 질서에 따라 이루어지며, 머리카락 한 올의 오차도 없다. 더 나아가 하나님의 지혜는 피조물의 도덕적 운명, 즉 언제까지 선을 행하고 언제부터 악에 기울어질 것인지까지 미리 아는 예지(foreknowledge)를 포함한다. 이 모든 전지(omniscience)하심의 근거는 바로 인간이 '하나님의 형상'으로 창조되었다는 데 있다.

내면과 외면의 일치: 삶으로 드러나는 영적 소속 (6)

이 구절은 인간의 모든 활동이 분리된 것이 아니라 서로 유기적으로 연결되어 있으며, 모든 외적인 것은 결국 내적인 것의 표현이라는 원리를 반복적으로 강조한다. 육체적인 힘은 그 사람의 노동의 결과로 나타나고, 정신력은 그가 가진 기술의 숙련도로 증명되며, 마음속 깊은 의지는 결국 삶의 성취로 이어진다. 이처럼 한 사람의 말과 행동, 성취와 안식 등 삶의 모든 표현은 그가 '여호와의 토라'라는 신적인 질서에 순응하고 있는지, 아니면 '벨리알의 법'이라는 혼돈과 파괴의 질서에 동조하고 있는지를 드러내는 시금석이 된다. 이 구절의 최종 목적은 단순한 인간 분석에 있지 않다. 오히려 이 모든 인간 활동의 총합이 결국 그 사람의 혼이 궁극적으로 누구에게 속해 있는지를 보여준다고 선언하는 것이다. 이는 인간의 삶 전체가 보이지 않는 치열한 영적 전쟁터이며, 모든 순간의 선택과 행동이 자신의 혼의 주인이 누구인지를 증명하는 행위가 됨을 의미한다.

창조의 질서와 구별됨 (7-8)

이 원리는 인간 개개인을 넘어 창조 세계 전체로 확장된다. 7절은 빛과 어둠, 보는 것과 듣는 것이 명확히 구분되듯이, 사람과 사람 사이에도 고유한 구별됨이 존재함을 말한다. 이는 획일성이 아닌, 각자의 고유한 역할과 목적 안에서의 다양성을 인정하는 질서이다. 8절은 이 창조 질서의 구체적인 예시를 인체를 통해 상세히 보여준다. 머리의 오감, 목, 머리카락, 허리 근육(권세), 등허리(강인함)과 같은 외적인 부분부터 심장(명철), 간(분노), 쓸개(쓰라림), 비장(웃음), 신장(신중함)과 같은 내적인 기관에 이르기까지, 모든 신체 부위는 단순한 물리적 기능을 넘어 정신적, 감정적, 영적 기능과 목적을 가지고 질서 있게 창조되었다. 이는 인간 존재의 모든 측면이 하나님의 선하신 설계 안에 있음을 강조하며, 다음 구절의 윤리적 권면을 위한 신학적 토대를 마련한다.

질서에 순응하는 삶에 대한 권면 (9-10)

앞서 제시된 창조의 질서라는 대전제 위에서, 납달리는 후손들에게 구체적인 삶의 방식을 명령한다. 모든 일은 하나님의 창조 질서와 목적에 맞게 '질서 안에서(in order)' 그리고 '적절한 때에(at an appropriate time)' 행해져야 한다. 무질서하고 거만한 행위와 때를 거스르는 행동은 창조의 원리를 위배하는 것이다. 10절의 '눈에게 들으라고 명할 수 없는 것'처럼 어둠 속에서 빛의 일을 행하려는 시도는 근본적으로 불가능하며 어리석은 일이다. 이는 자신의 영적 소속(벨리알의 법)과 반대되는 행위(여호와의 토라)를 하려는 것은 창조의 질서를 거스르는 것이므로 결국 실패할 수밖에 없다는 강력한 경고이다. 따라서 인간은 자신의 근본적인 소속을 먼저 바로잡고 그에 맞는 질서 있는 삶을 살아야 함을 역설한다.

제3장

질서를 따르는 삶

1 그러므로 너희는 탐욕으로 너희 행위를 부패시키거나 헛된 말로 너희 혼을 속이려 애쓰지 말라. 마음의 순결함 속에서 침묵을 지키면 너희는 하나님의 뜻을 굳게 붙들고 벨리알의 뜻을 버리는 법을 알게 될 것이다.

2 해와 달과 별들이 그들의 질서를 바꾸지 않듯이 너희도 너희의 무질서한 행위로 하나님의 법을 바꾸지 말라.

3 이방인들은 길을 잃고 주를 버렸기 때문에 그들의 질서를 바꾸고 돌과 나무를 따르며 속이는 영들을 따랐다.

4 그러나 나의 자녀들아, 너희는 그리하지 말라. 궁창과 땅과 바다와 모든 피조물 안에서 만물을 지으신 여호와를 인식하여 너희가 그 본성의 질서를 바꾼 소돔과 같이 되지 않도록 하라.

5 이와 같이 감찰자들도 그들의 본성의 질서를 바꾸었으므로 여호와께서 홍수 때 그들을 저주하셨고, 그들 때문에 그분은 땅을 황폐하게 만드셔서 사람이 살지 않고 열매도 맺지 못하게 하셨다.

· ·

3장은 2장에서 제시된 '창조의 질서'라는 주제를 윤리적 실천의 영역으로 가져와 구체화한다.

순결한 침묵과 분별력 (1)

'탐욕'과 '헛된 말'은 창조의 질서를 파괴하는 대표적인 내적, 외적 행위이다. 이에 대한 해법으로 납달리는 '순결한 마음으로 지키는 침묵'을 제시한다. 이는 세상의 소음과 자기기만을 차단하고 하나님께 집중할 때, 비로소 하나님의 뜻과 벨리알의 뜻을 분별하고 선택할 수 있는 영적인 힘이 생긴다는 것이다.

질서 파괴의 역사 (2-5)

납달리는 '질서를 파괴하는 것'이 얼마나 심각한 죄인지를 세 가지 역사적 사례를 통해 보여준다.

자연 세계 (2): 해, 달, 별은 하나님의 질서를 어기지 않는다.

이방 민족 (3): 그들은 주를 버림으로써, 창조주와 피조물 사이의 근본 질서를 파괴하고 피조물(돌, 나무)과 악한 영을 섬겼다.

소돔 (4): 그들은 본성의 질서, 즉 하나님께서 정하신 성적인 질서를 파괴했다.

감찰자들 (5): 이 죄의 원형은 바로 에녹서에 나오는 '감찰자들'이다. 하늘의 존재인 그들이 인간 여인과 결합한 것은 하늘과 땅의 질서를 근본적으로 파괴한 최악의 범죄였으며, 그 결과는 온 땅을 멸하는 홍수 심판이었다.

결론적으로 3장은 후손들에게 탐욕과 헛된 말로 자신의 삶을 부패시키지 말고, 자연과 역사를 통해 드러난 하나님의 질서를 인식하고 순응하며 살아갈 것을 경고하고 있다.

제4장

이스라엘의 배도와 회복에 대한 예언

1 나의 자녀들아, 내가 너희에게 이 말을 하는 이유는 너희 또한 주를 떠나 이방인들의 모든 사악함을 따라 행하며 소돔의 모든 죄악대로 행할 것을 내가 에녹의 거룩한 책에서 읽었기 때문이다.

2 여호와께서 너희에게 포로 생활을 내리실 것이며, 너희는 거기서 너희의 원수들을 섬기고, 여호와께서 너희 모두를 소멸시키실 때까지 온갖 고난과 환난으로 덮일 것이다.

3 너희가 쇠하여지고 수가 적어진 후에야 너희는 돌아와 주 너희 하나님을 인정할 것이요, 그분께서 그의 풍성한 자비에 따라 너희를 너희 조상들의 땅으로 다시 데려오실 것이다.

4 그러나 그들이 그들의 조상들의 땅으로 들어온 후에, 다시 여호와를 잊고 불경건하게 행할 것이다.

5 그리고 여호와께서 그들을 온 땅 위에 흩으실 것이니, 이는 여호와의 긍휼이 임하여 '먼 데 있는 자들'과 '가까운 데 있는 모든 자들'에게 의를 행하고 자비를 베푸는 한 사람이 올 때까지이다.

....

4장은 납달리 유언의 예언적인 부분으로, 이스라엘의 미래 역사가 '배교 → 심판 → 회개 → 회복 → 다시 배교 → 최종 심판과 구원자의 도래'라는 반복적인 패턴을 통해 전개될 것을 예고한다.

첫 번째 배교와 심판 (1-2)

납달리는 '에녹의 책'을 인용하여 자신의 후손 또한 이방인과 소돔의 죄악을 따라 하나님을 떠나게 될 것을 예언한다. 그 결과는 '포로 생활'과 '공동체가 거의 소멸될 지경에 이르는 극심한 고난'이 될 것이다.

첫 번째 회복 (3)

그러나 이 심판 속에서 살아남은 남은 자들은 마침내 주께로 돌아오고, 하나님께서는 당신의 풍성한 자비에 따라 그들을 약속의 땅으로 다시 데려오실 것이다.

두 번째 배교와 최종 심판 (4-5)

하지만 비극은 반복된다. 약속의 땅으로 돌아온 후손들은 다시 여호와를 잊고 불경건하게 행할 것이다. 이 죄에 대한 최종적인 심판은 그들을 '온 땅 위에 흩으시는 것', 즉 완전한 디아스포라이다.

구원자의 도래 (5절 후반부)

이 완전한 흩어짐과 절망의 상태는 영원하지 않다. 그것은 "여호와의 긍휼이 임하여, 먼 데 있는 자들과 가까운 데 있는 모든 자들에게 의를 행하고 자비를 베푸는 한 사람(메시아)"이 올 때까지 계속될 것이다. 여기서 '먼 데 있는 자들'(이방인)과 '가까운 데 있는 자들'(유대인) 모두에게 구원을 베푼다는 개념은 신약에서 사도 바울이 예수 그리스도의 사역을 설명할 때 사용한 표현과 놀랍도록 일치한다. 에베소서 2장 17절은 "또 오셔서 먼 데 있는 너희에게 평안을 전하시고 가까운 데 있는 자들에게 평안을 전하셨으니"라고 기록하며, 그리스도를 통해 유대인과 이방인 사이의 장벽이 허물어졌음을 선포한다. 이처럼 이 구절은 이스라엘의 모든 실패에도 불구하고, 하나님의 구원 계획이 마침내 한 구원자를 통해 유대인과 이방인 모두를 아우르는 방식으로 성취될 것이라는 최종적인 소망을 제시하며 다음 장의 환상으로 이어진다.

제5장

첫 번째 환상
레위와 유다의 역할과 권위와 조화

1 내 생애 40년째 되던 해, 나는 예루살렘 동쪽 올리브산에서 해와 달이 멈춰 서 있는 환상을 보았다.

2 그리고 보라, 내 조부 이삭이 우리에게 말씀하셨다. "달려가서 각자의 힘에 따라 그것들을 붙잡아라. 그것들을 붙잡는 그에게 해와 달이 속할 것이다."
3 우리 모두가 함께 달렸고 레위가 해를 붙잡았으며 유다는 나머지 형제들보다 앞서 달려 달을 붙잡았다. 그리고 그 둘은 해와 달과 함께 위로 들려 올라갔다.
4 레위가 해와 같이 되었을 때 한 젊은이가 그에게 종려나무 가지 열두 개를 주었고, 유다는 달처럼 밝게 빛나고 있었으며, 그의 발 아래에는 열두 개의 광선이 있었다.
5 레위와 유다는 서로를 향해 달리며 서로를 맞잡았다.

요셉의 역할과 이스라엘의 수난 예고
6 보라, 땅 위에 두 개의 큰 불과 등에 독수리 날개를 가진 황소가 있었고 우리는 그를 붙잡으려 했으나 잡을 수 없었다.
7 그러나 요셉이 앞질러 가서 그를 붙잡아 그와 함께 높이 올라갔다.
8 나는 거기에 있었고 보라, 우리에게 한 '거룩한 글'이 나타나 말했다. "앗수르인, 메대인, 페르시아인, 엘람인, 갈대아인, 시리아인들이 이스라엘의 열두 지파를 사로잡아 갈 것이다."

• •

5장의 첫 번째 환상과 6장의 두 번째 환상, 그리고 7장의 해석은 시간적으로 긴밀하게 연결된다. 희년서의 정보에 따르면 납달리와 요셉의 출생은 약 3년 9개월 차이가 나는데, 이를 통해 환상의 시점을 추정할 수 있다. 납달리가 40세에 5장의 환상을 본 시점은, 이집트에 있던 요셉의 나이가 37세가 되던 해, 즉 7년 풍년의 마지막 해 즈음이다. 그리고 6장에서 7개월 후 두 번째 환상을 보고 야곱에게 알렸을 때, 야곱이 요셉을 그리워하며 울었던 때는 바로 흉년 1년차가 시작되었을 때였다.

5장은 이스라엘의 미래에 대한 상징적인 첫 번째 환상을 담고 있다. 이 환상은 이스라엘의 내부 지도 체제(레위, 유다)와 외부 세계와의 관계(요셉, 이방 제국)가 어떻게 전개될지를 예고한다.

레위와 유다의 두 권위 확립 (1-5)
환상은 이스라엘의 두 중심 권력인 레위와 유다의 역할과 위상을 확립하는 데 초점을 맞춘다.

해와 달의 상징: 스스로 빛을 내는 '해'는 최고의 영적 권위인 제사장직(레위)을, 해의 빛을 받아 빛나는 '달'은 그 영적 권위 아래에서 백성을 다스리는 왕권(유다)을 의미한다. 이는 이 유언서 전체에 흐르는 '제사장직 우위 사상'을 명확히 보여준다.

열두 지파에 대한 권위: 레위가 받은 '열두 개의 종려나무 가지'와 유다의 발아래 있던 '열두 개의 광선'은 그들의 권위가 이스라엘 열두 지파 전체에 미치게 될 것임을 상징한다.

두 권위의 연합: 5절에서 레위와 유다가 서로를 맞잡는 장면은 이스라엘의 이상적인 상태가 바로 이 두 권위가 서로 조화롭게 협력하는 것임을 보여준다.

요셉의 특별한 역할과 이스라엘의 수난 예고 (6-8)

환상의 초점은 레위와 유다의 공동 지도 체제에서 갑자기 요셉 개인의 특별한 역할로 이동하며, 이스라엘의 미래에 대한 더 어두운 예언으로 이어진다.

황소의 상징: '두 개의 큰 뿔'(힘)과 '독수리의 날개'(제국의 위엄)를 가진 황소는 고대 근동의 강력한 이방 제국, 즉 이집트를 상징하는 것으로 해석된다. 다른 형제들은 이 거대한 힘을 제압하지 못했다.

요셉의 특별한 승리: 오직 요셉만이 그 황소를 붙잡아 그와 함께 높이 올라갔다. 이는 요셉이 이집트의 총리가 되어 당대 최강대국인 이집트 전체를 다스리는 권세를 얻게 될 것을 상징적으로 보여준다.

미래 수난에 대한 예고: 그러나 환상은 요셉의 영광스러운 성공으로 끝나지 않는다. 곧이어 나타난 '거룩한 글'은 요셉의 시대 이후 이스라엘 민족이 앗수르, 바벨론(갈대아), 페르시아 등 수많은 이방 제국에 의해 포로로 잡혀가는 기나긴 수난의 역사를 겪게 될 것임을 예고한다. 이는 요셉의 통치가 이스라엘에게 일시적인 구원을 가져다주었을 뿐, 더 큰 틀에서 민족의 고난은 이미 예견되어 있었음을 암시하며 환상에 비극적인 깊이를 더한다.

제6장

두 번째 환상 – 이스라엘의 분산과 회복

야곱의 배

1 또 다시 7개월 후에 나는 우리 아버지 야곱이 얌니아 바닷가에 서 계신 것을

보았고 그의 아들들인 우리도 그와 함께 있었다.

2 보라, 선원이나 조타수 없이 말린 생선으로 가득 찬 배 한 척이 항해해 왔고 그 배에는 '야곱의 배'라고 쓰여 있었다.

3 우리 아버지가 우리에게 말씀하셨다. "자, 우리의 배에 오르자."

폭풍과 흩어짐: 이스라엘의 분산

4 우리가 배에 오르자 격렬한 폭풍과 거대한 회오리바람이 불어닥쳤고 배의 키를 잡고 우리를 인도하시던 아버지는 우리 곁을 떠나 날아가셨다.

5 우리는 폭풍에 시달리며 바다 위를 떠돌았으며 배는 물로 가득 차고 거대한 파도에 부딪혀 거의 산산조각이 났다.

6 요셉은 작은 배를 타고 피하였고, 우리 모두는 흩어져 판자 위에 있었으며, 레위와 유다는 함께 있었다.

7 그리하여 우리 모두는 땅끝까지 흩어졌다.

레위의 중보, 귀향, 야곱과의 재회: 알리야와 천년왕국

8 그때 레위가 굵은 베옷으로 허리를 동이고 우리 모두를 위해 주께 기도하였다.

9 폭풍이 그치자 배는 평화롭게 그 땅에 도달하였다.

10 보라, 우리 아버지 야곱이 오셨고 우리는 모두 한마음으로 기뻐하였다.

• •

6장은 이스라엘 민족의 역사를 '배의 항해'라는 하나의 거대한 상징으로 압축하여 보여주는 두 번째 환상을 담고 있다.

야곱의 배 (1-3)

'야곱의 배'는 이스라엘 민족 공동체의 운명 그 자체를 상징한다. 족장 야곱이 열두 아들을 하나의 배에 태우는 것은 이스라엘 열두 지파가 하나의 언약 공동체로서 통일된 상태로 역사를 시작했음을 의미한다.

폭풍과 흩어짐 (4-7)

'폭풍'은 이스라엘이 겪게 될 역사적 재난과 심판을 상징한다. 배의 키를 잡고 있던 아버지가 사라지는 것은 족장 시대 이후 이스라엘이 구심점을 잃고 영적으로 방황하게 될 것을 암시한다. 결국 배가 산산조각 나고 아들들이 뿔뿔이 흩어지는 장면은 통일 왕국의 분열과 앗수르 및 바벨론에 의한 멸망으로 열두 지파가 온 세상으로 흩어지는 디아스포라(분산)의 역사를 생생하게 예고한다. 여기서도 요셉(개별적 구원)과 함께 남은 레위와 유다(남 유다 왕국의 제사장직과 왕권)의 특별한 역할이 암시된다.

레위의 중보와 재회 (8-10)

이 절망적인 흩어짐의 상황 속에서 구원의 길을 여는 것은 바로 레위, 즉 제사장 지파의 중보기도이다. 그의 기도를 통해 심판의 폭풍이 그치고, 민족은 다시 평화를 찾게 된다. 마침내 아버지 야곱과 기쁨으로 재회하는 마지막 장면은 고난의 역사가 끝난 후 종말의 때에 흩어졌던 모든 이스라엘 백성이 다시 한 곳에 모이고 야곱이 함께 하니 모두 한마음으로 기뻐한다. 이는 마지막 때에 있을 이스라엘의 귀환(알리야)과 부활한 자들이 함께 살아가는 메시아 왕국(천년왕국)에서의 기쁨을 예고하는 소망의 그림이다.

제7장

환상의 해석

1 내가 이 두 꿈을 아버지께 말씀드리니 그가 내게 말씀하셨다. "이 일들은 이스라엘이 많은 고난을 겪은 후 그 일들의 정한 때에 반드시 성취될 것이다."
2 그때 아버지께서 내게 말씀하셨다. "나는 요셉이 살아있다고 믿는다. 왜냐하면 나는 항상 여호와께서 그를 너희와 함께 계수하시는 것을 보기 때문이다."
3 그리고 그는 울면서 말했다. "내 아들 요셉아, 너는 살아있구나! 그러나 나는 너를 보지 못하고 너는 너를 낳은 야곱을 보지 못하는구나!"
4 아버지의 그 말씀에 우리 역시 울음을 터뜨리게 되었다. 나는 그가 팔렸다는 사실을 밝히고 싶은 마음에 속이 타들어갔지만 형들이 두려워 그리하지 못했다.

• •

7장은 앞선 두 환상에 대한 야곱의 해석과 그 과정에서 드러나는 요셉에 대한 그의 믿음과 슬픔을 다루고 있다.

야곱의 예언적 해석 (1)

야곱은 두 환상이 먼 미래, 즉 "이스라엘이 많은 고난을 겪은 후, 그 일들의 정한 때에" 성취될 예언임을 확증한다.

요셉에 대한 믿음과 고뇌 (2-3)

야곱은 물리적 증거가 없음에도 "여호와께서 그를 너희와 함께 계수하시는 것을 본다"는 영적인 통찰을 통해 요셉의 생존을 확신한다. 그러나 이 강한 믿음은 아들을 볼 수 없는 현실의 슬픔과 병치되며, 신앙과 인간적인 고뇌가 교차하는 아버지의 깊은 내면을 절절하게 보여준다.

납달리의 죄책감과 침묵 (4)

아버지의 순수한 슬픔은 진실을 아는 납달리에게는 감출 수 없는 죄책감의 거울이 된다. 그는 진실을 고백하고 싶은 속이 타들어가는 양심의 가책과 형제들에 대한 인간적인 두려움 사이에서 갈등하다 결국 침묵을 선택한다. 이는 그의 개인적인 죄의 고백이자, 족장들의 유언 전체를 관통하는 '죄와 회개'라는 주제를 심화시키는 역할을 한다.

제8장

마지막 권면

1 보라, 나의 자녀들아, 내가 너희에게 마지막 때에 이스라엘에서 모든 일이 어떻게 일어날지를 보여주었다.

레위와 유다를 통한 전인류적 구원의 약속

2 그러므로 너희도 너희 자녀들에게 명하여 그들이 레위와 유다와 연합하게 하라. 이는 그들을 통해 이스라엘에 구원이 일어날 것이며 그들 안에서 야곱이 복을 받을 것이기 때문이다.

3 그들의 지파를 통해 하나님께서 땅 위에 사람들 가운데 거하시는 모습으로 나타나셔서 이스라엘 민족을 구원하시고 이방인들 가운데서 의로운 자들을 모

으실 것이다.

선과 악의 결과: 축복과 저주

4 너희가 선한 일을 행하면 나의 자녀들아, 사람들과 천사들이 너희를 축복할 것이요, 하나님께서는 너희를 통해 이방인들 가운데서 영광을 받으실 것이며, 마귀는 너희에게서 도망칠 것이고, 들짐승들도 너희를 두려워할 것이며, 여호와께서 너희를 사랑하시고 천사들이 너희 곁을 지킬 것이다.

5 어떤 사람이 자녀를 잘 양육하면 사람들이 그 사람을 좋게 기억해주는 것처럼 사람이 선한 일을 행하면 하나님 앞에 좋은 기억이 남는다.

6 그러나 선을 행하지 않는 자는 사람들과 천사들이 저주할 것이요, 하나님께서는 그로 인해 이방인들 가운데서 모욕을 당하실 것이며, 마귀가 그를 자기의 특별한 도구로 삼고, 모든 들짐승이 그를 지배하며, 여호와께서 그를 미워하실 것이다.

토라 준수의 지혜: 질서의 법칙

7 토라의 계명은 두 가지 측면이 있으며 신중함을 통해 이루어져야 한다.

8 남자가 아내를 품을 때가 있고 기도를 위해 그것을 자제해야 할 때가 있다.

9 이 두 가지가 다 계명이지만 만일 그것들이 적절한 질서에 따라 행해지지 않으면 죄를 짓게 되나니 다른 모든 계명들도 마찬가지이다.

10 그러므로 나의 자녀들아, 하나님 안에서 지혜롭고 신중하여 그분의 계명의 순서와 모든 행위의 법칙을 이해하라. 그리하면 여호와께서 너희를 사랑하실 것이다."

••••••••••••••••••••••

8장은 앞선 환상과 해석을 마무리하며, 후손들이 걸어가야 할 구체적인 삶의 길과 그 근본 원리를 제시하는 마지막 권면이다.

레위와 유다를 통한 전인류적 구원의 약속 (1-3)

납달리는 미래에 대한 모든 계시를 요약하며, 이스라엘의 구원과 소망이 레위(제사장권)와 유다(왕권)와의 연합에 달려있음을 강조한다. 이는 『열두 족장의 유언』전체를 관통하는 핵심 사상이다. 특히 주목할 점은 3절에서 이 구원이 "하나님께서 사람들 가운데 거하시는 모습으로 나타나셔서" 이스라엘뿐만 아니라 "이방인들 가운데서 의로운 자들을 모으시는" 전인류적인 성격을 띤다고 예언하는 것이다. 이는 구약의 민족적 경계를 넘어 성 육신하실 메시아를 통해 이루어질 전 인류적 구원의 비전을 명확하게 제시하고 있다. 이는 초림부터 시작된 메시아의 사역이 재림 때까지 계속 진행되다 최종 완성되는 예수 그리스도의 전체 사역을 다 묘사하고 있다.

선과 악의 결과: 우주적 영향력 (4-6)

이 부분은 전형적인 지혜 문학의 형식을 빌려 한 사람의 윤리적 선택이 얼마나 광범위한 우주적 결과를 낳는지를 극명하게 대조한다.

선한 행위: 선행은 단순히 개인적인 차원에 머물지 않는다. 그것은 '사람들과 천사들'의 축복을 이끌어내고, 이방인들 가운데서 하나님께 영광을 돌리게 하며, 마귀를 도망치게 하고, 심지어 들짐승과의 관계까지 회복시키는 온 우주와 조화를 이루는 힘이 있다.

악한 행위: 반대로 악행은 이 모든 관계를 파괴한다. 사람과 천사의 저주를 받고, 하나님의 이름을 모독하며, 마귀의 도구가 되고, 자연 질서(들짐승의 지배)마저 파괴하는 결과를 낳는다.

이처럼 납달리는 개인의 윤리적 선택이 사회적, 영적, 우주적 차원 모두에 영향을 미치는 중대한 사건임을 가르친다.

토라 준수의 지혜: 질서의 법칙 (7-10)

마지막으로 납달리는 선을 행하는 것이 구체적으로 무엇을 의미하는지 설명한다. 그것은 맹목적인 율법 준수가 아니라, 지혜와 신중함을 통해 계명의 '질서(순서)'를 이해하고 실천하는 것이다.

두 가지 측면: 그는 "토라의 계명이 두 가지 측면이 있다"고 말하며, 모든 계명이 단순하지 않고 복합적인 관계 속에 있음을 암시한다.

'질서'의 원리: "아내를 품을 때와 기도를 위해 자제해야 할 때"라는 구체적인 예시는 모든 계명에는 그것이 행해져야 할 적절한 때와 순서가 있으며, 이 '질서'를 어기면 선한 행위조차 죄가 될 수 있다는 깊은 통찰을 보여준다. 각 계명들 사이의 관계와 우선순위, 그리고 적용해야 할 때와 올바른 순서를 파악해야 함을 의미한다.

결론적 권면: 그러므로 진정한 순종은 단순히 법 조항을 아는 것이 아니라, 하나님 안에서 지혜롭고 신중하여 모든 계명과 행위 속에 담긴 '질서와 법칙'을 깨닫고 실천하는 것이다. 이는 2장에서 강조했던 '창조의 질서'가 인간의 윤리적 실천에도 동일하게 적용됨

을 역설(力說)하며, 지혜로운 신앙을 강력하게 촉구하는 것이다.

제9장

죽음
1 그가 이와 같은 여러 말로 그들에게 명한 후에 그는 자신의 뼈를 헤브론으로 옮겨 조상들과 함께 묻어달라고 부탁하였다.
2 그리고 그는 기쁘고 즐거운 마음으로 먹고 마신 후 얼굴을 덮고 죽었다.
3 그의 아들들은 그들의 아버지 납달리가 명령한 대로 모두 행하였다.

....

9장은 납달리의 마지막 부탁과 평화로운 죽음을 기록하며 유언을 마무리한다.

마지막 부탁: 헤브론에 대한 소망: 그의 마지막 유언은 자신의 뼈를 헤브론에 묻어달라는 것이다. 이는 그의 영원한 안식처는 이집트가 아닌, 하나님께서 약속하신 '언약의 땅'이며, 조상들과 함께 부활할 것에 대한 믿음을 선포하는 강력한 신앙고백이다.

평화로운 죽음: 그는 후손들에게 모든 유언을 남기고, 기쁘고 즐거운 마음으로 먹고 마신 후 스스로 얼굴을 덮고 평안하게 죽음을 맞이한다. 자신의 모든 소명을 다하고, 하나님의 약속을 신뢰하는 자의 존엄하고 평화로운 최후를 자녀들에게 '유언'으로써 보여준다.

갓의 유언

제1장

증오의 시작

1 이것은 '갓의 유언'의 사본이니 그가 125세[49] 되던 해에 그의 아들들에게 전한 말이다.

2 "내 자녀들아, 들으라. 나는 야곱의 일곱째 아들로 태어났으며 양 떼를 지키는 일에 용맹하였다.

3 나는 밤에도 양 떼를 지켰는데 사자나 늑대, 표범, 곰 또는 어떤 들짐승이 양의 우리를 덮치면 나는 그것을 뒤쫓아가 손으로 그 발을 잡고 빙빙 돌려 기절시킨 후 돌 던질 만큼 멀리 내던져 죽이곤 했다.

4 한번은 내 형제 요셉이 약 30일 동안 우리와 함께 양 떼를 돌보다가 어리고 연약하여 더위 때문에 병이 났다.

5 그는 헤브론에 있는 우리 아버지에게로 돌아갔고 아버지는 그를 매우 사랑하셨기에 그를 곁에 눕혔다.

6 요셉은 우리 아버지께 실바와 빌하의 아들들[50]이 유다와 르우벤의 판단을

---

49. 사본에 따라 갓의 나이는 125세 또는 127세로, 출생 순서는 일곱 번째 또는 아홉 번째 아들로 다르게 나타난다.
50. 빌하의 아들들: 갓, 아셀. 실바의 아들들: 단, 납달리.

무시하고 양 떼 중 가장 좋은 것들을 잡아먹고 있다고 말했다.

7 내가 곰의 입에서 어린 양을 구해내고 곰을 죽였다. 그러나 그 어린 양이 살지 못할 것을 슬퍼하며 내가 그 양을 잡아 우리가 먹는 것을 그가 보았다. 그리고 그는 그것을 우리 아버지에게 말했다.

8 이 일로 나는 요셉에게 격노하여 그가 이집트에 팔리는 날까지 그에게 분노를 품었다.

9 증오의 영이 내 안에 있었고 나는 요셉의 말을 듣거나 그를 눈으로 보는 것을 원치 않았다. 이는 우리가 유다 없이 갓 태어난 새끼 양을 먹고 있다고 그가 우리 얼굴에 대고 꾸짖었기 때문이다. 아버지는 요셉이 하는 말은 무엇이든 다 믿으셨다.

••••••••••••••••••••••

갓의 유언은 『열두 족장의 유언』에서 '증오'라는 단일한 주제를 가장 깊이 있게 파고드는 본문이다. 1장은 갓 자신이 어떻게 요셉을 향한 증오에 사로잡히게 되었는지를 상세하게 고백하며, 그 죄의 뿌리를 분석한다.

자기 인식: 용맹함과 그 이면 (2-3)

갓은 자신을 '양 떼를 지키는 일에 용맹한 자'로 소개한다. 맹수를 맨손으로 제압하는 그의 모습은 영웅적인 목자의 이미지이다. 이러한 묘사는 유다의 유언(유다 2:3-7)에 나오는 유다의 자기소개와 매우 흡사하다. 유다 역시 사자, 곰, 표범, 야생 소 등을 맨손으로 제압하는 자신의 용맹함을 상세히 묘사한다. 이처럼 유다와 갓은 모두 양 떼를 지키는 목자로서 타고난 용맹과 전투력을 소유한 인물로 그려진다. 그러나 갓의 유언에서는 이 강인함이 그의 죄의 동기와 미묘하게 연결된다. 그는 자신의 힘과 역할을 자랑스러워했지만, 그 자부심은 연약한 동생 요셉에 대한 우월감과 시기심의 토대가 되었다.

증오의 시작: 요셉의 고발 (4-7)

증오의 직접적인 계기는 요셉이 아버지 야곱에게 자신(갓)과 다른 여종의 아들들의 잘못을 고한 사건이었다. 이 유언은 창세기 37장 2절의 "그들의 잘못을 아버지에게 말하더라"는 짧은 기록에 대한 상세한 해설을 제공한다. 고발의 내용은 (1)지도자 그룹(유다와 르우벤)의 판단과 결정권을 무시하고 (2)가장 좋은 양을 허락 없이 잡아먹었다는 것이다. 갓의 입장에서 이는 자신들의 자율성과 명예가 아버지의 편애를 받는 동생의 '고자질'로 인해 훼손된 사건이었다.

증오의 심화: 영적 실체와 아버지의 편애 (8-9)

갓은 자신의 감정이 단순한 미움을 넘어 인격적인 실체인 '증오의 영'에게 사로잡힌 상태였음을 고백한다. 이 영은 그로 하여금 요셉의 존재 자체를 거부하게 만들었다. 이 증오를 돌이킬 수 없게 만든 결정적인 요소는 바로 "아버지는 요셉이 하는 말은 무엇이든 다 믿으셨다"는 사실이다. 아버지의 절대적인 신뢰가 요셉에게 쏠려있음을 확인한 순간, 갓은 깊은 소외감과 불공평함에 대한 분노에 사로잡혔고, 이 증오는 마침내 요셉을 제거하려는 살의로 발전하게 된다.

제2장

죄의 고백

1 나의 자녀들아, 이제 내가 나의 죄를 고백하나니 내가 여러 차례 그를 죽이고자 했었다. 이는 내가 마음속 깊이 그를 미워했으며 내 안에는 그에 대한 자비심이 전혀 없었기 때문이다.

2 게다가 나는 그의 꿈들 때문에 그를 더욱 증오했으며 소가 들판의 풀을 핥아 버리듯 그를 산 자들의 땅에서 없애 버리기를 원했다.

3 그러므로 나와 유다[51] 가 그를 이스마엘 사람들에게 금 서른 개에 팔았고 그 중 열 개는 숨기고 스무 개만 우리 형제들에게 보여주었다.

4 이처럼 나는 탐욕으로 인해 그를 죽이려는 마음으로 가득 차 있었다.

5 그러나 우리 조상의 하나님께서 요셉을 우리의 손에서 구하셔서 우리가 이스라엘 안에서 큰 불법을 행하지 않도록 막으셨다.

---

51. 다수의 헬라어 사본(알파 그룹)에서는 '나와 유다'로, 다른 중요한 사본 그룹(베타 그룹)에서는 '나와 시므온'으로 번역되었다.

2장은 갓이 자신의 증오가 어떻게 구체적인 살의와 범죄로 이어졌는지를 정직하게 고백하는 부분이다.

증오의 심화: 살의와 소멸에 대한 욕망 (1-2)

갓의 증오는 이제 요셉을 죽이고자 하는 구체적인 의지로 발전한다. 그는 "내 안에는 그에 대한 자비심이 전혀 없었다"고 고백하며 자신의 마음이 얼마나 무자비했는지를 드러낸다. 특히 요셉의 꿈은 그의 증오에 불을 붙여 단순히 죽이는 것을 넘어 "소가 들판의 풀을 핥아 없애듯" 요셉의 존재 자체를 완전히 소멸시키고 싶다는 끔찍한 욕망을 불러일으켰다.

범죄의 실행과 그 동기 (3-4)

이 살의는 결국 요셉을 이스마엘 상인에게 팔아넘기는 범죄로 이어진다. 그는 이 일을 '유다'와 공모했음을 밝힌다. 특히 중요한 것은 그가 요셉의 몸값 중 일부를 숨겼다고 고백하며, 자신의 행동이 증오뿐만 아니라 '탐욕'에서도 비롯되었음을 인정한다는 점이다. 증오와 탐욕이라는 두 가지 죄악이 결합하여 그를 파멸적인 행동으로 이끌었던 것이다.

금 삼십? 은 이십? (3): 창세기 37장 28절의 '은20' 기록과 달리 갓의 유언 2장 3절은 요셉의 몸값이 '금30'이었다고 밝히고 있다. 이 차이에 대해, 우리는 갓의 고백을 통해 사건의 진실에 더 가까이 다가갈 수 있다. 그의 증언에 따르면 실제 가격은 '금 30'이었고, 그가 열을 숨긴 뒤 형제들에게 보여준 '금20'이 '은20'으로 알려지게 된 것으로 이해할 수 있다. 한편, 모든 헬라어 사본이 명백히 '금(χρυσῶν)'으로 기록하고 있음에도 불구하고, 이것이 혹시 고대 원문(히브리어 혹은 아람어)에 있었을 '은30'에 대한 번역상의 오류일 가능성을 제기하는 의견도 있다. 하지만 갓의 구체적인 고백 내용은 전자의 해석, 즉 숨겨진 탐욕의 결과로 기록의 차이가 발생했다는 설명에 더 큰 무게를 실어준다.

하나님의 개입과 이중적 구원 (5)

갓은 자신의 살해 계획이 실패한 이유가 자신들의 변심 때문이 아니라, 오직 우리 조상의 하나님께서 요셉을 우리의 손에서 구하셨기 때문이라고 고백한다. 이는 하나님의 주권적인 개입을 인정하는 중요한 신앙고백이다. 더 나아가, 이 하나님의 개입은 요셉뿐만 아니라, 역설적으로는 갓과 형제들 또한 이스라엘 안에서 큰 불법(동족 살해)을 저지르지 않도록 막으심으로써 그들 역시 더 깊은 파멸로부터 구원하셨다는 이중적 구원의 의미를 담고 있다.

제3장

증오의 본질에 대한 가르침

1 이제 나의 자녀들아, 의를 행하고 지극히 높으신 분의 모든 토라를 행하기 위해 진리의 말씀에 귀를 기울이라. 그리고 증오의 영으로 인해 길을 잃지 말라. 이는 사람의 모든 행위 중에서 악한 것이 때문이다.

2 사람이 무엇을 하든지 증오하는 자는 그것을 혐오한다. 그가 여호와의 토라를 행하더라도 그를 칭찬하지 않고, 그가 주를 두려워하며 의를 기뻐하더라도 그를 사랑하지 않는다.

3 그는 진리를 비난하고, 번성하는 자를 시기하며 험담을 음미하고, 교만을 사랑한다. 이는 증오가 그의 혼을 눈멀게 하였기 때문이다. 나 또한 요셉을 그렇게 보았다.

· ·

3장은 갓 자신의 경험을 바탕으로 '증오의 영'이 인간의 인식과 판단을 어떻게 왜곡시키는지를 분석하는 교훈적인 부분이다.

증오의 왜곡된 인식 (1-3)

'증오'의 가장 큰 특징은 맹목성이다. 증오에 사로잡힌 사람은 대상을 있는 그대로 보지 못하고, 모든 것을 증오라는 필터를 통해 왜곡하여 인식한다.

선행에 대한 혐오: 상대방이 선한 일(여호와의 토라를 행함)을 하더라도 칭찬하지 않고, 오히려 그 행위 자체를 '혐오'한다.

진리에 대한 비난: 그는 '진리'를 비난하고, 상대방이 '번성하는 것'을 시기하며, '험담'을 즐기고, '교만'을 사랑하게 된다.

영적 실명: 이 모든 왜곡의 근본 원인은 증오가 그의 혼을 눈멀게 하였기 때문이다. 증오는 영적인 눈을 멀게 하여, 선을 악으로, 진리를 거짓으로 보게 만드는 힘이 있다. 갓은 "나 또한 요셉을 그렇게 보았다"고 고백하며, 이 모든 분석이 자신의 실제 경험이었음을 증언한다.

제4장

증오의 파괴적인 결과

1 그러므로 나의 자녀들아, 증오를 조심하라. 그것은 여호와를 대적하는 죄악이기 때문이다.

2 그것은 이웃을 사랑하라는 그분의 계명의 말씀을 듣지 않으며 하나님께 죄를 짓는다.

3 형제가 넘어지면 증오는 즉시 그것을 모든 사람에게 알리고 싶어 하며 그가 그 일로 심판받고 처벌받고 죽임당하기를 강력히 촉구한다.

4 만일 그 대상이 종이라면 증오는 그를 주인에게 대항하도록 선동하며 그에게 닥치는 모든 고난을 기뻐하며 어떻게든 그를 죽일 방도를 꾸민다.

5 증오는 시기심과 함께 역사하여 선을 행하며 번성하는 자들을 대적한다. 그들의 성공을 보거나 들을 때마다 증오하는 자는 언제나 시기심으로 병들어 간다.

6 사랑이 죽은 자를 살리고 사형 선고받은 자를 다시 불러오려 한다면 증오는 살아있는 자를 죽이려 하고 작은 잘못을 저지른 자라도 살려두지 않으려 한다.

7 증오의 영은 사탄과 협력하여 성급한 마음으로 모든 일에서 사람을 죽음으로 이끌지만 사랑의 영은 오래 참음으로 하나님의 토라와 협력하여 사람을 구원으로 이끈다.

• •

4장은 증오가 구체적으로 어떤 파괴적인 결과를 낳는지를 조목조목 설명한다.

하나님을 대적하는 죄 (1-2)

갓은 증오를 인간관계의 문제를 넘어 '여호와를 대적하는 죄악'으로 규정한다. 이는 증오가 '이웃을 사랑하라'는 하나님의 핵심 계명을 정면으로 거부하는 행위이므로 본질적으로 하나님께 죄를 짓는 것이기 때문이다.

관계의 파괴자 (3-4)

증오는 타인의 작은 실수나 넘어짐을 기뻐하며, 그것을 온 세상에 알려 그가 심판받고 파멸되기를 촉구한다. 심지어 주인과 종의 관계마저도 선동하여 파괴하고, 그 대상이 죽음에 이르도록 모든 계략을 꾸민다.

자기 파괴적 본질 (5)

증오는 시기심과 협력하여 타인의 성공을 볼 때마다 오히려 자기 자신을 병들게 하는 자기 파괴적인 속성을 가진다.

사랑과의 극명한 대조 (6-7)

이 장의 결론은 '사랑'과 '증오'의 극명한 대조이다. 사랑은 죽은 자도 살리려 하지만, 증오는 살아있는 자도 죽이려 한다. 사랑의 영은 오래 참음으로 '하나님의 토라'와 협력하여 사람을 구원으로 이끌지만, 증오의 영은 성급함으로 '사탄'과 협력하여 사람을 죽음으로 이끈다. 이는 인간의 마음속에서 벌어지는 두 영의 싸움이 결국 구원과 죽음이라는 정반대의 결과로 이어짐을 보여주는 강력한 경고이다.

제5장

증오로부터의 해방과 회개
증오의 악한 본질

1 그러므로 증오는 악한 것이니 그것은 끊임없이 거짓과 짝을 이루어 진리를 거슬러 말하고, 작은 일을 크게 만들며, 빛을 어둠으로, 달콤한 것을 쓴 것으로 바꾸고, 비방과 분노와 전쟁과 폭력과 모든 악한 탐욕을 가르치며, 마음을 악마의 독으로 채운다.

증오를 이기는 길

2 나는 경험을 통해 너희에게 이 말들을 하노니 너희가 증오를 몰아내고 여호와의 사랑에 붙어 있기를 바란다.

3 의는 증오를 내쫓고 겸손은 증오를 파괴한다. 의롭고 겸손한 자는 불의를 행하기를 부끄러워하며 다른 사람의 책망이 아닌 자기 자신의 마음으로부터 책망을 받는다. 이는 여호와께서 그의 마음의 의도를 살피시기 때문이다.

4 그는 어떤 사람도 비방하지 않으니 지극히 높으신 분을 두려워하는 마음이 증오를 이기기 때문이다.

5 그는 주를 거스르기를 두려워하여 어떤 사람에게도, 심지어 생각으로도 악을 행하지 않을 것이다.

회개를 통한 깨달음

6 나는 요셉에 대해서 회개한 후에야 비로소 이 모든 것을 깨달았다.

7 하나님께 합당한 참된 회개는 무지를 파괴하고, 어둠을 몰아내며, 눈을 밝히고, 혼에 지식을 주며, 마음의 성향을 구원으로 인도한다.

8 회개는 사람이 배우지 못한 것을 알게 한다.

죄와 심판의 원리

9 하나님께서 내 간에 질병을 내리셔서 만일 내 아버지 야곱의 기도가 아니었다면 내 혼이 떠날 뻔했다.

10 사람이 무엇으로 죄를 짓든지 그것으로 벌을 받는다.

11 그러므로 내 간이 요셉에게 무자비하게 향했던 것처럼 나도 내 간에서 무자비하게 고통을 받았고 요셉이 팔릴 때까지 그를 증오했던 기간만큼 열한 달 동안 심판을 받았다.

• •

5장은 갓의 유언의 핵심으로 증오의 본질을 다시 한번 요약하고, 그것을 이기는 길, 그리고 회개를 통해 얻게 되는 깨달음과 심판의 원리를 종합적으로 제시한다.

증오의 본질 요약 (1)

갓은 증오가 거짓과 짝을 이루어 진리를 왜곡하고, 가치를 전복시키며, 온갖 파괴적인 악을 가르치고, 마음을 '악마의 독'으로 채우는 것임을 최종적으로 선언한다.

증오를 이기는 길: 의, 겸손, 하나님 경외 (2-5)

갓은 자신의 경험을 통해 증오를 이기는 세 가지 덕목을 제시한다. (1) 의(義Righteousness)는 증오를 내쫓고 (2) 겸손은 증오를 파괴하며 (3) 지극히 높으신 분을 경외하는 마음이 증오를 이긴다. 이 세 가지 덕목을 가진 사람은 외부의 책망이 아닌 자신의 양심의 책망을 들으며, 하나님의 시선을 의식하기에 생각으로도 악을 행하지 않게 된다.

깨달음의 통로: 회개 (6-8)

갓은 이 모든 깊은 진리를 요셉에 대해 회개한 후에야 비로소 깨달았다고 고백한다. '하나님께 합당한 참된 회개'는 단순히 잘못을 뉘우치는 것이 아니라, 영적인 '무지'와 '어둠'을 몰아내고, 눈을 밝혀 진리를 보게 하며, '혼에 지식'을 주어 구원으로 인도하는 전인적인 변화의 과정이다. 회개는 인간적인 배움을 넘어선 영적인 깨달음의 통로이다.

심판의 원리: 인과응보 (9-11)

갓은 자신의 회개가 하나님의 심판을 통해 촉발되었음을 보여준다.

건강의 심판: "내 간이 요셉에게 무자비하게 향했던 것처럼, 나도 내 간에서 무자비하게 고통을 받았다." 고대 히브리 사상에서 간은 감정의 중심으로 여겨졌기에 이는 매우 상징적인 심판이다.

정확한 대가: 그는 심지어 그를 증오했던 기간만큼 열 한 달 동안 심판을 받았다고 고백하며, "사람이 무엇으로 죄를 짓든지, 바로 그것으로 벌을 받는다"는 엄중한 인과응보의 원리를 증언한다.

제6장

증오를 이기는 실천적 방법: 사랑과 용서

1 이제 나의 자녀들아, 너희는 각자 형제를 사랑하고, 마음에서 증오를 버리며, 행위와 말과 혼의 생각으로 서로 사랑하라.

2 나는 아버지 앞에서는 요셉에게 평화롭게 말하였으나 밖으로 나가자 증오의 영이 내 마음을 어둡게 하고 내 혼을 흔들어 그를 죽이도록 부추겼다.

3 그러므로 서로 마음으로 사랑하고, 만일 어떤 사람이 너에게 죄를 지으면 증

오의 독을 버리고 그에게 평화롭게 말하면 네 혼에 속셈을 품지 말라. 그가 고백하고 회개하면 그를 용서하라.

4 그러나 그가 부인하면 그와 다투지 말라. 그가 맹세하게 되어 너희가 이중으로 죄를 짓게 될까 두렵다.

5 너희끼리 다툴 때 외부인이 너희의 비밀을 듣게 하지 말라. 그가 너희를 증오하게 되어 너희의 원수가 되고 너희에게 끔찍한 죄를 저지를 수 있기 때문이다. 그는 너희의 다툼 속에서 증오의 독을 흡수한 뒤 교활한 말로 너희를 속이거나 악의적으로 너희 일에 관여할 것이다.

6 그가 부인하더라도 책망받을 때 부끄러움을 느낀다면 책망을 그만두라. 왜냐하면 부인하는 자도 회개하여 다시는 너희에게 잘못을 저지르지 않을 수 있으며 오히려 너희를 존경하고 두려워하며 너희와 화목하게 지낼 수 있기 때문이다.

7 그러나 그가 뻔뻔스럽고 자기의 악행을 고집하더라도 마음으로 그를 용서하고 복수는 하나님께 맡기라.

· ·

6장은 앞선 장들에서 분석한 '증오'의 파괴적인 본질에 대한 구체적인 실천적 해법을 제시한다. 갓은 자신의 실패 경험을 바탕으로 공동체 안에서 죄와 갈등의 문제가 발생했을 때 이를 어떻게 다루어야 하는지에 대한 단계별 지침을 제공한다.

근본 원리: 사랑 (1-2)

모든 해법의 기초는 '형제 사랑'이다. 갓은 '행위, 말, 혼의 생각' 모든 차원에서 사랑할 것을 명한다. 그는 자신의 위선적인 경험, 즉 아버지 앞에서는 평화롭게 말하고 뒤에서는 살의를 품었던 이중성을 고백하며, 진정한 사랑은 내면과 외면이 일치해야 함을 강조한다.

갈등 해결의 단계별 지침 (3-7)

이 부분은 공동체 내의 갈등 해결에 대한 매우 지혜롭고 현실적인 지침을 담고 있다.

1단계: 직접 대면과 회개 촉구 (3): 죄지은 형제에게 증오의 독 없이 평화롭게 다가가 대화해야 한다. 만일 그가 잘못을 인정하고 회개하면, 즉시 용서하라고 가르친다. 이는 마태복음 18장 15절의 가르침과도 일맥상통한다.

2단계: 부인할 경우, 분쟁 확산 방지 (4-5): 상대방이 잘못을 부인할 경우, 그와 언쟁을 벌이지 말라고 경고한다. 언쟁은 상대방을 거짓 맹세라는 더 큰 죄로 이끌 수 있으며(이중의 죄), 다툼이 공개되어 제삼자가 알게 되면 더 큰 원한과 죄를 낳을 수 있기 때문이다. 이는 공동체 내의 문제를 지혜롭게 내부적으로 처리해야 함을 강조한다.

3단계: 양심의 가책을 보일 경우, 인내 (6): 비록 입으로는 부인하지만 책망 앞에서 부끄러움을 느끼는 기색이 보인다면, 더 이상 압박하지 말고 기다리라고 가르친다. 그 부끄러움이 결국 그를 회개로 이끌어 관계를 회복시킬 수 있다는 깊은 신뢰가 담겨있다.

4단계: 완고할 경우, 하나님의 손에 맡김 (7): 상대방이 뻔뻔스럽게 악을 고집하는 최악의 경우에도 마음으로는 그를 용서하고, 최종적인 심판과 "복수는 하나님께 맡기라"고 가르친다. 이는 인간적인 보복의 악순환을 끊고 하나님의 공의로운 심판을 신뢰하는 성숙한 신앙의 태도이다.

결론적으로 6장은 증오를 극복하는 길이 단순히 감정을 억누르는 것이 아니라 사랑을 기반으로 한 적극적이고 지혜로운 관계 회복의 노력을 통해 이루어짐을 보여준다. 이는 개인의 내면 수양을 넘어 공동체의 평화와 거룩함을 지키기 위한 구체적인 실천 윤리를 제시한다는 점에서 큰 의미를 가진다.

제7장

시기심 극복과 하나님의 주권에 대한 신뢰

1 만일 어떤 사람이 너희보다 더 번성하더라도 괴로워하지 말고 오히려 그가 온전한 번영을 누리도록 그를 위해 기도하라. 그것이 너희에게 유익하기 때문이다.

2 그가 더욱 존귀하게 되더라도 시기하지 말고, 모든 육체가 죽을 것임을 기억하며, 모든 사람에게 선하고 유익한 것을 주시는 하나님께 찬양을 드리라.

3 여호와의 공의로운 판결들을 헤아려보아라. 그리하면 너희 마음에 쉼과 평강이 있을 것이다.

4 비록 사람이 내 아버지의 형제 에서처럼 악한 방법으로 부자가 되더라도 시

기하지 말고 여호와의 최종 결산을 기다리라.

5 여호와께서는 악인에게서 악한 수단으로 얻은 부를 거두시거나, 회개하는 자에게는 용서를 베푸시거나, 회개하지 않는 자에게는 영원한 형벌을 예비해 두시기 때문이다.

6 시기심이 없는 가난한 자는 모든 일에 여호와께 감사하므로 모든 사람 가운데서 부요하니 이는 그에게는 헛된 욕망이 주는 괴로움이 없기 때문이다.

7 그러므로 너희 혼에서 증오를 버리고 마음의 정직함으로 서로 사랑하라.

· ·

7장은 앞선 장들에서 분석한 증오의 뿌리가 되는 시기(envy)와 질투(jealousy)를 어떻게 극복할 것인가에 대한 구체적이고 영적인 해법을 제시한다.

적극적인 축복 기도 (1)
갓은 단순히 '시기하지 말라'고 명령하는 것을 넘어 나보다 잘되는 사람을 위해 "그가 온전한 번영을 누리도록 기도하라"는 적극적인 대안을 제시한다. 이는 시기심이라는 부정적인 감정을 긍정적인 영적 행위(중보기도)로 전환시키는 매우 실제적인 방법이다.

인생의 유한성 인식과 감사 (2)
인간의 성공이 영원하지 않으며 "모든 육체는 죽는다"는 사실을 기억하라고 가르친다. 이는 시기심의 대상을 상대적인 관점에서 바라보게 하여 그 감정의 무게를 덜어내고, 오히려 모든 좋은 것을 주시는 하나님께 감사하는 데 집중하게 한다.

하나님의 최종 심판에 대한 신뢰 (3-5)
부당한 방법으로 부유해진 사람(에서를 예로 듦)을 볼 때에도 시기하지 말고 '여호와의 최종 결산', 즉 하나님의 최종적이고 공의로운 심판을 신뢰하며 기다리라고 권면한다. 하나님께서 결국 모든 것을 바로잡으실 것이라는 믿음이 시기심을 이기는 힘이 된다.

진정한 부요함에 대한 정의 (6)
이 장의 결론은 역설적이다. 세상의 기준으로 볼 때 가장 시기심을 많이 느껴야 할 가난한 자가 만일 그 마음에 시기심이 없다면 오히려 모든 사람보다 부요하다고 선언한다. 이는 진정한 부요함이 물질적 소유가 아니라, 시기심과 같은 '헛된 욕망이 주는 괴로움'이 없는 마음의 상태, 즉 하나님께 감사하는 평안한 마음에 있음을 가르치는 것이다.

제8장

마지막 명령과 예언

1 너희도 이 모든 말을 너희 자녀들에게 전하여 그들이 유다와 레위를 존경하게 하라. 이는 여호와께서 그들로부터 이스라엘에 구원자를 일으키실 것이기 때문이다.
2 나는 마지막에 너희 자녀들이 그들을 떠나 모든 사악함과 재앙과 부패 가운데 여호와 앞에서 행할 것을 안다."
3 잠시 쉬고 나서 그가 다시 그들에게 말했다 "나의 자녀들아, 너희 아버지에게 순종하고 나를 내 조상들 곁에 묻어다오"
4 그리고 그는 발을 모으고 평안히 잠들었다.
5 그가 죽은 지 5년 후에 그들은 그를 헤브론으로 옮겨 그의 조상들 곁에 묻었다.

· ·

8장은 그의 마지막 말과 죽음을 기록하며 후손들을 향한 두 가지 핵심 메시지, 즉 '명령'과 '예언'을 남긴다.

마지막 명령 (1, 3)

갓의 최종 명령은 두 가지이다. 첫째는 후손들이 이스라엘의 구원의 통로가 될 유다와 레위를 존경하고 그들과 연합하라는 것이다. 이는 이스라엘 공동체의 영적, 정치적 질서를 따르라는 유언이다. 둘째는 자신을 다른 곳이 아닌 조상들이 묻힌 헤브론에 묻어달라는 것이다.

마지막 예언 (2)

그러나 갓은 이 명령이 지켜지지 않을 것임을 아는 비극적 현실 인식을 보여준다. 그는 후손들이 결국 유다와 레위(그들)를 떠나 온갖 죄악 가운데 행하게 될 것을 예언한다. 이 어두운 예언은 그의 유언 전체를 통해 경고했던 '증오'와 그 파괴적인 결과가 결국 미래에 현실이 될 것임을 암시하며 여운을 남긴다.

평화로운 죽음 (4-5)

그럼에도 불구하고 갓 자신은 모든 것을 고백하고 후손들에게 마지막 진심을 전한 후 평안히 잠들었다. 이는 자신의 죄를 회개하고 하나님의 주권을 인정한 자의 평화로운 최후를 보여준다.

아셀의 유언

제1장

두 길과 두 성향에 대한 가르침

1 이것은 '아셀의 유언'의 사본이니 그가 125세[52] 되던 해에 그의 아들들에게 한 말이다.

2 그가 아직 건강할 때 그들에게 말했다. "아셀의 자녀들아, 너희 아버지의 말을 들어라. 내가 너희에게 하나님 보시기에 의로운 모든 것을 말해주리라.

3 하나님께서는 사람의 아들들에게 두 가지 길과 두 가지 성향, 두 가지 행동, 두 가지 장소, 두 가지 끝을 주셨다.

4 그러므로 모든 것은 둘씩 짝을 이루어 하나가 다른 하나와 마주 보고 있다.

5 선과 악의 두 가지 길이 있으며, 그 두 가지와 함께 우리 가슴에는 그것들을 분별하는 두 가지 성향이 있다.

선과 악을 선택한 혼의 결과

6 그러므로 혼이 선한 성향을 기뻐하면 그의 모든 행동은 의로움 안에 있으며 만일 죄를 짓더라도 즉시 회개한다.

7 그의 마음이 의로움에 고정되어 있고 악을 버리기 때문에 그는 즉시 악을 뒤

---

52. 주요 헬라어 사본: 125세. 아르메니아어 역본: 126세. 슬라브어 역본: 120세.

엎고 죄를 뿌리 뽑는다.

8 그러나 그의 마음이 악한 성향으로 기울면 그의 모든 행실은 악의에 차게 되고, 선을 몰아내며 악을 취하고, 벨리알에게 지배를 받게 된다. 그리하여 그가 비록 선한 일을 행하더라도 벨리알은 그것을 악으로 변질시킨다.

9 이는 그 사람이 선한 일을 시작하기만 하면 벨리알이 그 행동의 결말을 악으로 몰아가기 때문이다. 이는 그 사람의 성향의 보고(寶庫)가 악한 영의 독으로 가득 차 있기 때문이다.

· ·

아셀의 유언 1장은 이 유언 전체의 핵심 주제인 '두 길 사상'을 제시한다. 이는 특히 쿰란 공동체의 '공동체 규율'(Community Rule)과 같은 문헌에서 반영되는 '이원론적 세계관'(Dualism)이다.

우주적 이원론 (3-4)

아셀은 하나님께서 인간 세상의 모든 것을 '둘씩' 짝지어 놓으셨으며, 인간의 삶 전체가 두 개의 근본적인 원리 사이에서의 끊임없는 선택으로 이루어져 있음을 선언한다. 아셀은 이 선택의 과정을 다섯 개의 단계, 즉 길, 성향, 행동, 장소(입장), 그리고 끝(운명)으로 나누어 모든 영역에 선과 악이라는 두 가지 근본적인 원리가 공존하며 대립하고 있음을 보여준다.

1. 두 가지 길

'두 길' 사상은 유대교와 초기 기독교 문헌에서 널리 발견되는 윤리적 가르침의 틀이다 (예: 디다케, 바나바 서신). 하나는 '선과 빛, 생명의 길'이며, 다른 하나는 '악과 어둠, 죽음의 길'이다. 이는 모든 선택의 시작점이다. 모든 인간 앞에는 '선과 생명의 길'과 '악과 죽음의 길'이라는 두 갈래 길이 놓여 있는데, 이는 신명기에서 하나님께서 이스라엘 앞에 '생명과 사망, 복과 저주'를 두셨으니 생명을 선택하라(신 30:19)고 명하신 신명기 사상과도 연결된다. 이것은 하나님께서 인간에게 부여하신 자유의지의 공간이다. 아셀의 유언 3:2의 "너희의 선한 행실로 마귀를 멸하고 악에서 도망하라"는 명령은 이 두 길 사이에서의 명확한 선택을 촉구하는 것이다.

2. 두 가지 성향

인간은 이 두 길 앞에서 중립적이지 않다. 우리 내면, 즉 '가슴'에는 이 두 길을 향해 이끌리는 두 가지 근본적인 충동, 즉 선을 향하려는 '선한 성향'(יֵצֶר הַטוֹב, 예쩨르 하토브)과 악으로 기울어지는 '악한 성향'(יֵצֶר הָרַע, 예쩨르 하라아)이 존재한다. 이는 랍비 유대교의 중요한 심리학적 개념으로 이어진다. 인간의 첫 번째 영적 싸움은 바로 이 두 성향 사이에서 어느 쪽의 목소리에 더 귀를 기울일 것인가를 결정하는 내면의 투쟁이다. 아셀의 유언 1:6-9은 혼이 어느 성향을 따르냐에 따라 그 결과가 어떻게 달라지는지를 명확히 보여준다. 선한 성향은 의로움과 회개로, 악한 성향은 악의와 벨리알의 지배로 이어진다.

3. 두 가지 행동

이는 두 성향에서 비롯되는 구체적인 행동들을 의미한다. 모든 인간의 행동은 그 근본 동기에 따라 '선한 행동'과 '악한 행동'으로 나뉜다. 아셀의 유언 2장과 4장은 이 '두 가지 행동'의 복잡한 양상을 상세히 분석한다. 특히 2장은 선한 행위(자선)와 악한 행위(도둑질)를 함께하는 '두 혀를 가진' 위선적인 행동을 집중적으로 비판하며, 부분적인 선행이 전체의 악을 정당화할 수 없음을 강조한다.

4. 두 가지 장소

여기서 '장소'는 물리적인 공간을 넘어 한 사람의 혼이 정착하게 되는 '영적인 입'(stance) 혹은 '관점'(perspective)을 의미한다.

과정: 처음에는 '성향'에 따라 '길'을 선택하고, 그 길 위에서 구체적인 행동들을 하나둘씩 실천하기 시작한다. 이 행동들이 반복되고 습관이 되면 마침내 그 사람의 혼은 특정 장소, 즉 특정 입장에 완전히 정착하게 된다.

선한 장소: 선한 장소에 선 사람은 이제 세상을 '선함'이라는 관점으로 바라보고 해석하게 된다. 그는 모든 것을 하나님의 선하신 뜻 안에서 이해하며, 그의 세계관은 진리와 의로움으로 채워진다. 그는 더 이상 매 순간 고통스럽게 선을 선택하지 않아도 자연스럽게 선을 행하는 사람이 된다.

악한 장소: 반대로 악한 장소에 선 사람은 '악의'라는 관점으로 세상을 보게 된다. 그는 모든 것을 벨리알의 시각, 즉 시기, 증오, 거짓의 필터를 통해 왜곡하여 해석한다. 1장 8-9절에서 묘사되듯, 그는 심지어 선한 일을 하더라도 그 결과를 악으로 왜곡하고 그의 마음의 근원 자체가 악한 영의 독으로 가득 차게 된다.

5. 두 가지 끝

어떤 '장소'(세계관)에 정착했는가에 따라 인생의 '최종적인 끝', 즉 영원한 운명이 결정된다. '선한 장소'에 섰던 사람은 평화의 천사를 만나 영원한 생명으로 인도받는 끝을 맞이하고(6:6), '악한 장소'에 섰던 사람은 자신이 평생 섬겼던 악한 영에게 고문을 당하는 파멸의 끝을 맞이하게 된다(6:5).

결론적으로 아셀의 유언 1장 3-5절은 인간의 삶 전체를 '선과 악'이라는 두 개의 근본적인 원리가 지배하는 거대한 영적 투쟁의 장으로 그리고 있다. 인간은 내면의 '두 성향' 사이에서 끊임없이 갈등하며, 그의 모든 행동은 이 선택의 결과이다. 그리고 이 땅에서의 모든 선택은 자신의 입장과 세계관의 '두 장소'와 죽음 이후에 가게 될 영원히 결정될 '두 끝'이라는 최종적인 운명으로 직결된다.

선한 성향을 선택한 혼의 모습 (6-7)

이 단락은 1장 5절에서 제시된 '두 가지 성향' 중 어느 쪽을 선택하는지에 따라 한 사람의 삶 전체가 어떻게 극명하게 다른 결과를 맞이하는지와 인간의 마음이 선과 악의 치열한 영적 전쟁터임을 보여준다.

'선한 성향'을 따른 혼의 삶은 두 가지 특징으로 나타난다.

기쁨과 의로움: 그는 선한 성향을 기뻐하며 자발적으로 선을 따른다. 그 결과 그의 모든 행동은 자연스럽게 의로움 안에 있게 된다.

즉각적인 회개: 선한 혼은 죄를 전혀 짓지 않는 상태는 아니다. 그 역시 죄를 지을 수 있다. 그러나 그의 마음은 의로움에 고정되어 있기 때문에 죄를 짓는 즉시 그것이 자신의 본성과 어긋남을 깨닫고 즉시 회개한다. 그는 죄를 용납하지 않고 그것을 뒤엎고 뿌리 뽑는 적극적인 행동을 통해 자신의 순결함을 회복한다. 이는 영적인 면역력이 건강하게 작동하는 상태와 같다.

악한 성향을 선택한 혼의 비극 (8-9)

반면, '악한 성향'에 기운 혼은 점진적이고 총체적인 파멸의 과정을 겪는다.

지배권의 상실: 그는 처음에는 단순히 악한 성향에 기울 뿐이지만, 그 결과 모든 행실이 악의에 차게 되고, 능동적으로 선을 몰아내고 악을 취하며, 최종적으로는 벨리알에게 지배를 받게 되는 영적 노예 상태에 이른다.

선(善)의 변질: 이 상태의 가장 비극은 그가 선한 일을 시도할 때조차 그를 지배하는 벨리알이 적극적으로 개입하여 그 선한 행위마저 악으로 변질시킨다.

독으로 가득 찬 성향의 주머니: 9절은 그 이유를 설명한다. 그의 마음, 즉 '성향의 보고(寶庫)'가 이미 악한 영의 독으로 가득 차 있기 때문이다. 마음의 샘이 이미 독으로 오염되었기 때문에 그곳에서 나오는 모든 것은 결국 독이 묻어 나올 수밖에 없다. 선한 의도조차도 오염된 마음의 필터를 거치면서 악한 결과로 귀결되는 것이다.

제2장

선과 악의 혼합: 선의 가면을 쓴 악

1 어떤 혼은 악을 위해 선을 말할 수 있으나 그 행동의 끝은 해악으로 이어진다.

2 어떤 사람은 악한 일을 하는 것에 있어서 자신을 섬긴 자에게조차 자비를 베풀지 않는다. 이것도 두 가지 측면이 있지만 그 전체가 악하다.

3 또 어떤 사람은 악을 행하는 자를 사랑하며 심지어 그 악인을 위해 기꺼이 악한 명분 속에서 죽기를 선택하기도 한다. 이에 대해서도 두 가지 측면이 있음이 분명하지만 그 전체는 악한 행위이다.

4 비록 그 행위 안에 사랑이 있다 할지라도 그것이 좋은 평판을 위하여 악을 감추는 것이라면 악한 것이다. 그 행동의 끝은 결국 악으로 향한다.

5 또 어떤 사람은 훔치고 불의를 행하며 약탈하고 사기를 치면서도 가난한 자를 불쌍히 여긴다. 이것 역시 두 가지 측면이 있지만 그 전체가 악하다.

6 이웃을 속여 하나님을 격노케 하고 지극히 높으신 분의 이름으로 거짓 맹세까지 하는 자가 한편으로는 가난한 이를 불쌍히 여기며 자비를 베푼다. 그는 토라를 명하신 여호와를 무시하고 진노하게 하면서도 궁핍한 자들을 위로하는 자이다.

7 그는 혼을 더럽히면서도 몸은 치장하며 많은 사람을 죽이면서도 소수는 불쌍히 여긴다. 이것 역시 두 가지 측면이 있지만 그 전체가 악이다.

8 또 다른 사람은 간음과 음행을 저지르면서도 음식을 절제하고, 금식하면서

도 악을 행한다. 그는 그의 권력과 재물로 많은 사람들을 짓누르면서도 몇 가지 계명을 행한다. 이것 역시 두 가지 측면이 있지만 그 전체가 악하다.

9 이런 사람들은 토끼[53] 같으니 그들은 반쯤은 정결하나 실제로는 완전히 부정하다.

10 이는 하나님께서 하늘의 돌판들을 통해서 이와 같이 선포하셨기 때문이다.

· ·

2장은 1장에서 제시한 '두 길 사상'을 구체적인 예시들을 통해 심화시킨다. 이 장의 핵심은 선과 악이 혼합된 것처럼 보이는 위선의 본질을 폭로하고, 부분적인 선행이 근본적인 악을 결코 정당화할 수 없음을 선언하는 데 있다. 아셀은 여러 유형의 '두 혀를 가진 사람'의 사례를 통해 선과 악이 섞여 있는 모든 행위는 결국 두 가지 측면이 있지만 그 전체가 악하다고 반복해서 판결하며, 도덕적 타협을 단호히 거부하고 그 실체를 분별하라고 촉구한다.

목적이 수단을 오염시키는 경우 (1)

악한 목적을 위해 선한 말을 하는 것은 그 말의 선함에도 불구하고 결국 해악으로 귀결된다. 이는 동기가 행위의 가치를 결정하는 중요한 기준임을 보여준다.

악을 위한 협력과 배신 (2)

악한 일을 위해 자신을 도운 동료(하수인)에게조차 무자비한 사람의 예시는 악의 연대가 얼마나 이기적이고 신뢰할 수 없는지를 보여준다. 권력자가 자신의 죄를 덮기 위해 공범을 제거하고 모든 책임을 전가하는 행위는 겉보기에는 정의 구현처럼 보일 수 있다. 그러나 그 본질은 자신의 죄를 덮으려는 교활한 배신이므로 그 행위 전체는 악한 것이다.

왜곡된 사랑과 희생 (3-4)

2절의 '자비'와 마찬가지로 '사랑' 또한 그 자체로 선한 것이 아니다. 아셀은 사랑이라는 행위가 어떤 대상을 향하고, 어떤 대의를 위해 이루어지는지에 따라 그 본질이 결정된

---

53. 주요 헬라어 사본에는 '토끼'($\lambda\alpha\gamma\omega\sigma\iota$)만 언급되지만, 아르메니아어 번역본, 슬라브어 번역본, 그리고 일부 후대 헬라어 사본들에서는 '돼지나 토끼'라고 되어 있다.

다고 가르친다. 악인을 사랑하고 그의 악한 목적을 돕는 것은 비록 사랑과 희생이라는 고귀한 형태를 가지고 있더라도, 결국 악의 편에 서는 행위일 뿐이다. 이 행위가 '두 가지 측면'을 가지는 이유는 겉으로 드러난 모습(사랑, 충성, 희생)은 선해 보이기 때문이다. 사람들은 동료나 지도자를 위해 목숨을 바치는 행위를 숭고하다고 여길 수 있다. 그러나 그 대의 자체가 악하다면, 그 숭고해 보이는 희생은 악을 영속시키고 정당화하는 더 큰 악이 된다. 이것이 바로 이 행위의 '두 혀'이다.

이 가르침은 오늘날 맹목적인 이념이나 잘못된 신념 체계, 혹은 범죄 집단에 대한 충성과 같이 대의를 위해 개인의 윤리적 판단을 포기하는 모든 상황에 적용될 수 있다. 공동체에 대한 사랑과 헌신이라는 이름으로 자행되는 수많은 악행들이 바로 이 구절이 경고하는 '두 혀를 가진 악'의 현대적인 모습이다.

불의한 재물로 베푸는 자선 (5-6)

도둑질과 사기로 부를 쌓으면서 그 일부로 가난한 자를 돕는 행위는 하나님을 기만하는 것이다. 이는 하나님의 토라를 정면으로 무시하면서(불의) 동시에 하나님의 자비를 흉내 내는(자선) 위선적인 행동이다.

불경건한 삶 속의 종교 행위 (7-8)

음행과 억압이라는 죄악된 삶을 살면서 금식이나 일부 계명 준수와 같은 종교적인 행위로 자신의 죄를 상쇄하려는 시도 또한 "전체가 악하다"고 선언된다. 이는 종교적인 행위가 삶의 근본적인 방향과 일치하지 않을 때, 얼마나 공허하고 위선적인 것이 될 수 있는지를 보여준다.

두 혀를 가진 자는 토끼와 같다 (9)

이 장의 백미는 이 겉과 속이 다른 위선적인 사람들을 토끼에 비유하는 것이다. 이는 레위기 11장과 신명기 14장의 정결법에도 반영된 매우 정교한 비유인데 정결한 짐승이 되기 위해서는 (1)굽이 갈라지고 (2)되새김질을 해야 한다는 두 가지 조건을 모두 충족해야 한다. 토끼는 되새김질은 하지만 굽이 갈라지지 않아 부정한 짐승으로 분류된다. 아셀은 이 원리를 영적, 윤리적 순결에 그대로 적용한다. 어떤 사람이 금식이나 자선과 같은 선한 행위(한 가지 조건 충족)를 하더라도 간음이나 도둑질과 같은 악한 행위(다른 조건 불충족)를 저지른다면 부분적인 선행을 하는 그 위선자는 '부분적으로 깨끗한 것이 아니라 온전히 부정한 것'으로 판명된다. 반쯤 깨끗한 것이 아니라 되새김질은 하지만 굽이 갈라지지 않은 토끼처럼 완전히 부정한 존재라는 것이다. 이것으로 마지막 시대의 늑대의 탈을 쓴 정치 지도자들을 분별하라.

권위의 출처 (10)

마지막으로 이러한 판단의 근거가 인간의 생각이 아닌 '하늘의 돌판들'에 기록된 하나님의 선포임을 밝힘으로써 자신의 가르침에 신적인 출처와 권위를 부여한다.

결론적으로 아셀의 유언 2장은 부분적인 선행으로 자신의 전체적인 악을 가리고 포장하려는 모든 형태의 자기기만과 위선을 폭로한다. 진정한 의로움은 선과 악의 혼합이 아니라, 오직 선에만 온전히 붙어 있을 때 가능함을 강력하게 역설하고 있다.

제3장

두 혀를 버리고 선을 택하라

1 그러므로 나의 자녀들아, 너희는 선함 안에서 그리고 악함 안에서 '두 혀를 가진 자들'이 되지 말고 오직 선함에만 굳게 붙어 있으라. 이는 하나님께서는 그 선함 안에서 안식을 누리시며, 사람들도 그 선함을 갈망하기 때문이다.

2 악한 성향에서 떠나 너희의 선한 행실로 마귀를 멸하라. 두 혀를 가진 자들은 하나님을 섬기는 것이 아니라 자기 자신의 욕망을 섬기는 것이며 벨리알과 자신과 같은 사람들을 기쁘게 할 뿐이다.

....

3장은 2장에서 길게 설명한 '두 혀를 가진 악'에 빠지지 않기 위한 구체적인 지침과 그 해결책을 제시한다.

두 혀를 가진 자들 (1)

아셀의 유언 3:1-2, 4:1, 6:2에서 사용되는 δίγλωσσος(디글로쏘스, 두개의 혀를 가진 자들)는 ἁπλοῖ(하플로이, 꼬이지 않은 순전한 마음을 가진 자들)의 반대 개념어로 사용된다. 아셀은 후손들에게 선한 척하면서 동시에 악을 품고 행하는 이중적인 상태인 '두 혀'를 갖지 말고 오직 선함에만 굳게 붙으라고 명령한다. 그 이유는 (1)하나님께서 바로 그 선함 안에서 안식을 누리시며 (2)인간 또한 본성적으로 그것을 갈망하기 때문이다.

선행의 능력 (2)

악을 이기는 길은 단순히 악을 떠나는 소극적인 자세에 있지 않다. '선한 행실' 그 자체가 마귀의 세력과 내면의 악한 충동을 멸하는 능동적이고 공격적인 힘을 가지고 있음을 선언한다. 빛이 임하면 어둠이 물러가듯, 선한 행위가 있는 곳에 악한 세력은 설 자리를 잃는다는 것이다. 또한 '두 혀를 가진 자'의 정체는 하나님이 아닌 자기 자신의 욕망을 섬기며, 결국 '벨리알'을 기쁘게 하는 자임을 폭로한다.

선행의 공격성: 악을 이기는 길은 단순히 악을 피하는 데 있지 않다. 적극적인 선한 행실의 실천 그 자체가 마귀의 세력과 내면의 악한 충동을 파괴하는 능동적이고 공격적인 힘을 가지고 있다. 빛이 임하면 어둠이 물러가듯, 선한 행위가 있는 곳에 악한 세력은 설 자리를 잃는다. 마귀(벨리알)는 인간의 '악한 성향'(יֵצֶר הָרַע)을 통로로 삼아 역사하기 때문이다. 따라서 선한 행실은 내면의 '악한 충동'(יֵצֶר הָרַע)을 이기는 동시에, 그 배후에 있는 마귀의 세력을 파괴하는 이중의 효과를 가진다. 적극적으로 선행을 실천함으로써 악의 세력을 멸할 수 있다.

제4장

참된 의인의 모습

1 선한 사람들, 곧 꼬임이 없는 순전한 마음[54]을 가진 이들은 두 혀를 가진 자들에게는 죄인으로 여겨지지만 하나님 앞에서는 의롭다.

2 많은 이들이 악인을 죽이는 과정에서 선과 악, 두 가지 일을 행하더라도 그 전체는 선하다. 이는 그가 악한 것을 뿌리 뽑아 파괴했기 때문이다.

---

54. '꼬임이 없는 순전한 마음'은 '두 혀'의 반대 개념으로 ἁπλοῖ는 문자적으로는 '접히지 않은', '꼬이지 않은', '단일한 겹의'이며, '단순한(simple)', '순전한(sincere)', '진실한(frank)', '한결같은(single)'이라는 풍부한 의미를 가진다.

3 어떤 사람은 '자비로우면서도 불의한 자'를 미워하고, '금식하면서도 간음하는 자'를 미워한다. 이것 또한 두 가지 측면이 있지만 그 전체는 선한 것이다. 이는 그가 여호와의 본을 따라 겉보기에 선한 것을 그 악한 실체와 함께 받아들이지 않기 때문이다.

4 또 다른 사람은 방탕한 자들과 어울려 즐거운 날 보내기를 원치 않으니 이는 그의 입을 더럽히지 않고 혼을 오염시키지 않기 위함이다. 이것 또한 두 가지 측면이 있지만 그 전체가 선하다.

5 이런 사람들은 수사슴이나 암사슴 같아서 야생 짐승이기에 겉으로는 부정해 보이나 실상은 완전히 정결하다. 그 이유는 그들이 하나님을 향한 열심으로 살아가며 하나님께서 미워하시고 계명으로 금하신 모든 것을 멀리하고 악한 것이 선한 것을 침범하지 못하도록 지켜내기 때문이다.

· ·

4장은 2장과 대조적으로 겉보기에는 두 가지 측면이 있지만 전체적으로 선한 행위의 사례들을 제시한다. 이를 통해 아셀은 진정한 의로움이 무엇인지를 변증한다.

하나님의 평가 기준 (1)

아셀은 인간의 평가(두 혀를 가진 자들의 시선)와 하나님의 평가가 다름을 선언한다. '꼬임이 없는 순전한 마음'을 가진 의인은 세상으로부터 오해받거나 죄인 취급을 받을 수 있지만, 하나님 앞에서는 의롭다.

'두 혀를 가진 자들'이 어떻게 선한 사람을 바라보는지 그들의 왜곡된 세상적인 시선과 하나님의 시각이 대조된다. 두 혀를 가진 그들에게는 두 얼굴이 있기 때문에 스스로는 '내로남불'하면서 꼬임이 없는 순전하고 한결같은 마음을 가진 자 때문에 스스로 정죄를 받는다. 스스로 정죄감을 받는 그들은 하나님께서 의롭다고 보시는 자들을 '죄인으로 취급하는' 능동적이고 적대적인 행위를 드러낸다.

궁극적으로 선한 행위들 (2-4)

악인 심판 (2): 악인을 제거하는 행위는 '죽임'이라는 악한 측면을 포함하지만, 공동체에서 악을 뿌리 뽑는 더 큰 선을 이루기에 궁극적으로 선하다.

그 전체는 선하다라는 표현은 행위의 과정에 논란의 여지가 있거나 부정적인 측면이 포함되어 있더라도, 그 행위의 궁극적인 동기와 결과가 하나님의 뜻에 부합할 때, 그 행위 전체가 선한 것으로 평가받을 수 있다. 비느하스가 하나님의 질투심으로 음행한 이스라엘 남자와 미디안 여인을 죽여 염병을 그치게 한 사건(민 25장)이나, 모세가 이집트 사람을 죽인 사건(출 2장)처럼, 수단과 과정에 논란의 여지가 있더라도 하나님의 공의를 세우고 더 큰 악을 제거하려는 동기에서 비롯된 행위는 전체적으로 혹은 궁극적으로 선하게 평가될 수 있다.

위선에 대한 증오 (3): 위선자(불의하면서 자비로운 자, 간음하면서 금식하는 자)를 증오하는 것은, 증오라는 부정적 감정에도 불구하고, '선으로 위장된 악'을 분별하고 거부하는 행위이므로 선하다.

참된 의인이 가진 분별력의 본질은 '외견상의 선'과 '본질적인 악'을 혼동하지 않는 능력이다. 의로운 사람은 여호와의 본을 따르기 때문에 겉으로 '선해 보이는 것'과 '실제로는 악한 것'을 함께 받아들이거나 섞지 않는다는 것이다.

거룩한 분리 (4): 죄악된 자리(방탕한 자들의 잔치)를 피하는 것은 비사교적으로 보일 수 있으나, 자신의 영적 순결을 지키기 위한 행위이므로 선하다.

이 구절의 핵심은 '거룩한 분리'에 있다. 악한 자들과의 교제를 끊는 행위는 겉보기에는 사람들과 어울리지 못하는 비사교적인 태도, 혹은 그들을 정죄하는 교만한 태도처럼 보일 수 있다(이것이 '두 가지 측면'이 있다는 의미이다). 그러나 그 근본 동기가 자신의 입(말과 행동)과 혼(영적 순결)을 지키기 위한 것이므로 그 행위 전체는 하나님 앞에서 선한 것으로 인정받는다.

이는 시편 1편 1절의 "복 있는 사람은 악인들의 꾀를 따르지 아니하며 죄인들의 길에 서지 아니하며 오만한 자들의 자리에 앉지 아니하고"라는 가르침과 정확히 일치한다. 죄와의 타협을 거부하고 거룩함을 지키기 위한 의지적인 분리는 소극적인 회피가 아니라 하나님을 향한 적극적인 사랑과 순종의 표현임을 이 구절은 가르치고 있다.

사슴 비유 (5)

아셀은 의인들을 수사슴이나 암사슴에 비유하여 설명한다. 이는 2장의 '토끼 비유'와 완벽한 대칭을 이룬다. 사슴은 야생에 있어 겉보기에는 거칠고 부정해 보일 수 있다. 그러나 토라의 기준(굽이 갈라지고 되새김질)으로는 완전히 정결한 짐승이다. 이처럼 세상과 타협하지 않아 겉으로는 비사교적이고 편협해 보이는 의인일지라도, 그 동기가 '하나님을 향한 열심'이고 그의 삶의 원칙이 하나님의 토라에 부합한다면 그는 하나님 앞에서 온전히 깨끗하고 의로운 자라는 것이다.

사슴 비유는 토끼 비유(아셀 2:9)와 대조적이다. 죄인들과의 교제를 피하여 겉보기에는 거칠고 비사교적으로 보이는 의인은 들짐승이기에 겉으로는 부정해 보이나 굽이 갈라지고 되새김질을 하는 사슴처럼 '겉보기에는 부정해 보여도 실상은 온전히 깨끗한 것'으로 판명된다.

이 두 비유를 통해 아셀은 다음과 같은 깊은 진리를 가르친다. 하나님의 평가는 외적인 모습이나 사회적 평판에 근거하지 않는다. 하나님은 오직 당신의 토라(정결법의 기준)를 통해 그 본질을 판단하신다. 위선자는 겉으로 보이는 선행에도 불구하고 그 본질이 악하기에 부정하며, 의인은 겉으로 보이는 비사교적인 모습에도 불구하고 그 동기와 삶의 원칙이 하나님의 뜻에 부합하기에 온전히 정결하다.

결론적으로 아셀은 후손들에게 세상의 시선이나 평가에 연연하지 말고, 오직 하나님의 기준, 즉 그의 토라에 따라 '하나님을 향한 열심'으로 살아갈 것을 강력하게 권면하고 있다.

제5장

만물의 이중성과 불가피한 최종 결산의 날과 영원한 생명

1 그러므로 나의 자녀들아, 너희는 모든 것에 두 가지가 있으며 하나가 다른 하나와 대립하고, 하나가 다른 하나에 의해 감추어져 있음을 보아라. 재물 속에는 탐욕이, 잔치 속에는 술취함이, 웃음 속에는 슬픔이, 결혼 속에는 방탕이 숨겨져 있다.

2 죽음이 생명을 뒤따르며 불명예가 영광을, 밤이 낮을, 어둠이 빛을 뒤따른다. 그러나 모든 것은 '그 날' 아래에 있고, 의로운 것은 생명 아래에 있고, 불의한 것은 사망 아래에 있다. 그러므로 영원한 생명은 죽음을 기다리고 있다.

3 진리가 거짓이라 말할 수 없으며 옳은 것이 그르다고 말할 수 없다. 이는 모든 진리가 빛 아래에 있고 모든 것이 하나님 아래에 있기 때문이다.

4 나는 이 모든 것을 내 삶을 통해서 증명하였고, 여호와의 진리에서 벗어나지

않았으며, 지극히 높으신 분의 계명을 탐구하면서 한결같은 마음으로 내 모든 힘을 다해 선(善)을 향해 걸어왔다.

....

5장은 아셀의 유언 전체의 철학적 정점으로 '두 길 사상'을 '만물의 이중성'이라는 보편적인 원리로 확장시키며, 이 혼돈 속에서 성도가 붙들어야 할 절대적인 기준과 최종적인 소망을 제시한다.

모든 것의 양면성: 영적 분별력에 대한 촉구 (1)

아셀은 세상의 모든 현상에는 긍정적인 측면과 부정적인 측면이 동전의 양면처럼 함께 존재하며, 하나가 다른 하나를 감추고 있다고 가르친다. 재물은 탐욕을, 잔치는 술취함을, 웃음은 슬픔을, 심지어 거룩한 결혼마저 방탕의 위험을 내포하고 있다. 이는 신앙인이 세상의 피상적인 모습에 속지 않고 그 이면에 숨겨진 영적인 위험의 가능성을 항상 분별해야 함을 촉구하는 것이다.

빛과 어둠의 대립과 종말론적 결산 (2-3)

이 이중성은 결국 '빛과 어둠', '생명과 죽음'이라는 두 근본 세력의 대립으로 귀결된다. 의로운 것은 생명의 편에, 불의한 것은 사망의 편에 서게 된다. 여기서 "모든 것은 '그 날' 아래에 있다"는 선언은 매우 중요하다. 이는 이 모든 대립과 혼돈이 결국 마지막 심판의 '그 날'(בַּיּוֹם הַהוּא 바욤 하후, 그날), '여호와의 날'(יוֹם יְהוָה 욤 아도나이)에 명확히 결산될 것임을 암시하는 강력한 종말론적 표현이다.

또한 "영원한 생명은 죽음을 기다리고 있다"는 역설적인 표현은 의인에게 있어 육체적 죽음이 소멸이나 끝이 아니라, 영원한 생명으로 들어가기 위해 반드시 통과해야 하는 관문이자 과정임을 보여주는 확신에 찬 신앙고백이다. 이 모든 혼돈 속에서도 흔들리지 않는 절대적인 기준은 바로 진리와 하나님 자신이며, 모든 가치의 근원이 그분께 있음을 아셀은 분명히 한다.

삶을 통한 증명: 한결같은 마음 (4)

아셀의 가르침이 가진 가장 큰 힘은 그것이 단순한 이론이 아니라 자신이 삶으로 증명한 진리라는 점이다. 그는 이 혼돈된 이중성의 세계 속에서 진리의 길을 걸을 수 있었던 비결을 제시한다. 그것은 바로 '한결같은 마음'(singleness of heart), 즉 히브리어로 '레브 아히드' לֵב אָחִיד, 곧 '하나로 통일된 마음'으로 지극히 높으신 분의 계명을 탐구하며 모든 힘을 다해 선을 향해 걸어간 것이다. 그의 삶 자체가 분열된 세상 속에서 통일된 마음으로 살아가는 것이 어떻게 가능한지를 보여주는 살아있는 증거가 된다.

제6장

인류를 대적하는 두 혀의 죄

1 그러므로 나의 자녀들아, 너희도 '꼬임이 없는 순전하고 한결같은 마음'으로 진리를 따라 여호와의 계명에 주의를 기울이라.

2 '두 혀를 가진 자들'은 두 배의 벌을 받는다. 그들은 악을 행할 뿐만 아니라 그것을 행하는 자들을 기뻐하며 속임의 영들의 본을 따르고 인류를 대적하기 때문이다.

3 그러므로 나의 자녀들아, 여호와의 토라를 준수하고, 악을 선으로 여기며 주목하지 말며, 참으로 선한 것을 바라보고, 여호와의 모든 계명을 지키며, 계명 안에서 말하고 그것을 너희의 삶의 방식으로 삼으며, 그 안에서 안식을 누리라.

죽음의 순간 어떤 천사가 찾아와 만날 것인가?

4 사람의 마지막 순간은 그의 의로움을 보여주나니 그때 그가 여호와의 천사들을 마주할지, 혹은 사탄의 천사들을 마주할지 판가름 나기 때문이다.

5 혼이 괴로움 속에서 떠날 때 그는 생전에 욕정과 악한 행실로 섬겨왔던 바로 그 악한 영에게 고문을 받는다.

6 그러나 만일 기쁨으로 평안하게 떠나면 그는 평화의 천사를 만나 생명으로 인도받는다.

• •

6장은 '두 혀를 가진' 위선의 죄가 왜 심각하며 그 최종적인 운명이 어떻게 갈라지는지를 설명하고 그에 대한 유일한 해독제를 제시한다.

위선의 본질과 죄의 확산 (1-2)

아셀은 후손들에게 '꼬임이 없는 순전한 마음' 즉, 내면과 외면이 일치하는 삶을 살라고 명령한다. 이와 반대되는 '두 혀를 가진 자'가 '두 배의 벌'을 받는 이유는 그들이 (1)스스로 악을 행할 뿐만 아니라 (2)악을 행하는 다른 이들을 기뻐하고 동조함으로써 악의 문화를 확산시키고 공고히 하는 역할을 하고 (3)궁극적으로는 '인류를 대적하는 속임의 영들'의 편에 서기 때문이다.

'꼬임이 없는 순전한 마음'은 겉으로 드러나는 모습과 내면의 동기가 일치하는 상태, 표리일치(表裏一致)를 의미한다. 이는 2장에서 비판했던 선한 행위와 악한 행위를 뒤섞는 위선자들의 '두 혀'와 정반대되는 개념이다.

두 혀를 가진 삶, 즉 위선과 표리부동(表裏不同)의 죄가 왜 심각한가? 이 죄는 단지 개인적인 악행에 머물지 않는다. 두 혀를 가진 자는 적극적으로 악을 행하는 동시에 다른 사람이 악을 행하는 것을 보고도 기뻐하고 동조함으로써 악의 문화를 확산시키고 공고히 하며 '꼬임이 없는 순전한 마음을 가진 삶', 즉 정직과 진실로 표리일치(表裏一致)하는 진정성을 죄와 악으로 사회적 정의를 내리는 역할을 한다. 이는 공동체 전체를 파괴하는 더 큰 죄악이다.

'두 혀'의 배후에는 단순히 개인의 나쁜 성품이 있는 것이 아니라 인류를 대적하는 '미혹의 영들'이 있다. 두 혀를 가진 자는 바로 이 악한 미혹의 영들을 감싸줄 뿐 아니라 그들이 지지를 얻어 마음껏 휘두를 수 있도록 그들의 편이 되어주며 결국 그들의 하수인이 되어 행동한 것으로 심판받게 될 것이다. 결론적으로 아셀은 이러한 위선이 단순한 성격적 결함이 아니라 악을 행하고 악을 용인함으로써 공동체를 파괴하며 궁극적으로는 인류를 대적하는 악한 영들의 편에 서는 배교 행위임을 경고하고 있다.

참된 순종의 길 (3)

그는 위선에 대한 해독제로서 참된 순종의 길을 단계적으로 제시한다.

분별: 먼저 악을 선으로 여기지 말며, 참으로 선한 것을 선한 것으로 바라보는 영적 분별력을 가져야 한다.

내재화: 그 분별된 선함을 여호와의 모든 계명을 지키며, 나아가 그것을 자신의 삶의 방식으로 완전히 내재화해야 한다. 즉, 하나님의 토라가 단순히 지켜야 할 규칙이 아니라, 생각하고 말하고 행동하는 모든 삶의 기준이자 거처가 되어야 한다는 것이다.

안식: 이처럼 하나님의 토라 안에 온전히 거할 때, 비로소 인간은 모든 혼돈과 불안으로부터 벗어나 참된 평안, 즉 '안식'을 누릴 수 있다.

아셀의 유언 6장 4-6절은 한 사람의 삶에 대한 최종 판결이 어떻게, 그리고 누구에 의해 이루어지는지에 대한 신학적 그림을 제시하며, 히브리적 내세관과 천사론을 엿볼 수 있는 중요한 창을 제공한다.

죽음, 의로움의 최종 계시 (4)

아셀은 죽음이 단순히 생명이 끝나는 순간이 아니라 한 사람의 평생의 삶이 영적으로 결산되고, 그의 진정한 정체성이 드러나는 최종 계시의 순간이라고 가르친다. 그 판결은 그가 평생 동안 섬겨온 영적 실체, 즉 '여호와의 천사들'과 '사탄의 천사들'과의 만남을 통해 확증된다.

악한 혼의 운명: 섬김의 대상이 고문관으로 (5)

악인의 죽음과 그 직후의 상태는 영적 인과응보의 원리를 명확하게 보여준다. 죽음 이후 그를 고문하는 존재는 낯선 심판관이 아니라, 그가 생전에 욕정과 악한 행실로 섬겨왔던 바로 그 악한 영 자신이다. 평생 욕망을 섬기며 자유롭다고 착각했던 삶의 실체가 실은 악한 영을 주인으로 섬기는 노예 상태였음이 죽음의 순간에 드러나는 것이다. 생전의 주종 관계가 사후의 가해자와 피해자 관계로 역전되는 이 끔찍한 아이러니는 악을 따르는 삶의 비참한 실체와 최종적인 결과를 강력하게 경고한다.

의로운 혼의 운명: 영생으로의 인도 (6)

의인의 죽음은 악인의 운명과 완벽한 대칭을 이룬다. 그의 혼은 기쁨과 평안 속에서 떠나며, 자신을 괴롭히던 악한 영이 아닌, 그의 수호 천사였던 '평화의 천사'를 만나게 된다. 이 천사는 그를 안전하게 영생으로 인도하는 혼의 안내자 역할을 수행한다. 이는 하나님께서 평생 당신을 섬긴 자를 죽음의 순간에 버려두지 않으시고, 당신의 거룩한 사자를 보내어 영원한 안식처로 친히 인도하신다는 하나님의 언약적 신실함을 보여준다. 아셀은 이 구절을 통해 죽음이 끝이 아니라 영원한 운명이 결정되는 중요한 순간이며, 의인에게는 영생으로 들어가는 축복의 관문임을 자녀들에게 가르치고 있다.

제7장

미래에 대한 예언: 타락, 멸망, 흩어짐, 그리고 성육신하실 인류 구원자

1 나의 자녀들아, 여호와의 천사들을 알아보지 못하여 영원히 멸망한 소돔과 같이 되지 말라.

2 나는 너희가 죄를 짓고 원수들의 손에 넘겨질 것을 안다. 너희 땅은 황폐해지고, 너희 성소는 파괴될 것이며, 너희는 땅의 네 모퉁이로 흩어질 것이다. 그리고 너희는 지극히 높으신 분께서 이 땅을 방문하실 때까지 아무 쓸모없게 된 물처럼 여겨질 것이다.

3 그분은 한 사람으로 오셔서 사람들과 함께 먹고 마실 것이며, 물을 통과하여 지나감으로 용의 머리를 부수실 것이다. 그분께서 이스라엘과 모든 이방인들을 구원하실 것이며, 하나님께서 사람의 모습으로 말씀하실 것이다.

미래에 대한 예언: 불순종과 궁극적인 회복

4 그러므로 너희도 이 말들을 너희 자녀들에게 전하여 그들이 그분께 불순종하지 않게 하여라.

5 이는 내가 하늘의 돌판들, 곧 의로운 에녹의 글에 기록된 것을 읽었기 때문이니 너희가 틀림없이 그분께 불순종하고 철저히 불경건하게 행할 것이며 하나님의 토라가 아닌 사람의 계명에 주의를 기울일 것이다.

6 그러므로 너희는 나의 형제 갓과 단처럼 흩어질 것이요, 너희 자신의 땅과 지파와 언어를 알지 못하게 될 것이다.

7 그러나 여호와께서는 그의 크신 자비와 소망으로 아브라함과 이삭과 야곱을 위하여 너희를 믿음 안에서 다시 모으실 것이다."

....

7장은 아셀 유언의 예언적인 부분으로 이스라엘의 미래에 대한 비극적인 예언과 그 속에서 나타나는 놀라운 구원의 소망을 담고 있다.

영적 무지에 대한 경고: 소돔의 길 (1)

아셀은 후손들에게 소돔을 반면교사로 삼으라고 경고한다. 아셀이 언급한 소돔의 죄는 하나님의 사자, 즉 여호와의 천사들을 알아보지 못한 영적인 무지에 있었다. 이 영적인 분별력의 부재가 결국 그들을 영원한 멸망으로 이끌었다.

총체적 심판과 그 기간 (2)

아셀은 자손들의 죄가 가져올 심판의 과정을 4 단계로 나눈다. (1) 죄로 인해 원수에게 넘겨짐 → (2) 땅의 황폐 → (3) 성소의 파괴 → (4) 전 세계로의 분산. 흩어진 이스라엘의 상태가 쏟아져서 아무 쓸모없게 된 물처럼 여겨질 것이라 비유한다. 이는 흩어진 민족의 힘과 목적, 가치를 모두 상실한 완전한 무력감의 상태를 상징한다(스불론 9:1-2). 그러나 이처럼 암울한 상태는 "지극히 높으신 분께서 땅을 방문하실 때까지"라는 조건과 함께 명확한 시간적 한계를 가진다. 즉, 이 쓸모없는 물과 같이 흩어진 절망적인 상태는 영원한 것이 아니라, 장차 오실 구원자를 통해 회복될 전인류적 소망이 있음을 전제하는 것이다. 이는 이스라엘의 고난이 하나님의 더 큰 구원 계획 안에 있는 과정인 것이다.

성육신과 구원자에 대한 예언 (3)

이 짧은 구절은 장차 오실 구원자의 성품과 사역, 그리고 그 구원의 범위와 본질을 증언하고 있다.

성육신: 인류 구원을 위해서 지극히 높으신 분께서 직접 사람으로 오셔서 사람들과 함께 먹고 마시는 평범하고 일상적인 삶의 모습으로 나타나신다. 이는 신약성경에서 예수 그리스도께서 "먹고 마시기를 탐한다"고 비판받으셨던 바로 그 공생애의 모습을 예고하며, 하나님의 구원이 인간의 삶 가장 깊은 곳까지 들어오는 성육신의 신비를 증언한다.

영적 전쟁의 승리: 물을 통과하여 지나감으로 용의 머리 깨뜨림

그의 핵심 사역은 "물을 통과하여 지나감으로 용의 머리를 부수는 것"이다. 용은 성경 전체에서 혼돈과 악의 세력, 즉 사탄을 상징한다. 그 머리를 '물을 통과하여 지나감으로' 부순다는 것은 일차적으로는 메시아의 침례를 통해 사탄의 권세에 대한 공적인 승리가 시작됨을 암시한다. 더 나아가, 예수님께서 자신의 십자가 죽음을 '내가 받을 침례'(눅 12:50)라고 말씀하셨듯이, 이 물은 궁극적으로 메시아의 대속적인 죽음과 부활이라는 영적 전쟁의 클라이맥스를 보여주고 있다.

보편적 구원과 말씀의 성육신

그의 구원은 이스라엘을 넘어 모든 민족을 향하는 보편적인 것이다. 그리고 이 모든 위대한 일은 하나님께서 사람의 인격으로 말씀하시는 신비를 통해 성취된다.

그럼에도 남은 회복의 소망 (7)

이 모든 배교와 심판에도 불구하고 하나님께서는 조상들과 맺으신 언약 때문에 당신의 백성을 완전히 버리지 않으신다. 그분은 '크신 자비'로 흩어진 자들을 믿음 안에서 다시 모으실 것이라는 최종적인 회복의 소망을 약속한다.

앞서 3절에서 제시된 영광스러운 구원자의 비전에도 불구하고 이스라엘이 겪게 될 비극적인 불순종의 역사와 그 속에서 신실하게 일하시는 하나님의 궁극적인 자비를 대조하며 보여준다.

권면과 예고된 실패 (4-5)

아셀은 먼저 후손들에게 자신이 전한 이 예언의 말씀들을 자녀들에게 잘 전하여 장차 오실 구원자께 후손들이 "불순종하지 않게 하라"고 명령한다. 그러나 그는 곧바로 이 명령이 지켜지지 않을 것을 예고한다. 그 근거는 그의 추측이 아니라 '하늘의 돌판들, 곧 의로운 에녹의 글'에 기록된, 즉 이미 정해진 하나님의 예지(豫知)에 있다.

그들의 죄의 본질은 "하나님의 토라가 아닌 사람의 계명에 주의를 기울이는 것"이다. 이는 이스라엘의 가장 큰 영적 위기가 외부의 핍박이 아니라, 내부에서 하나님의 절대적인 권위(토라)를 인간적인 권위(전통, 학설)로 대체하려는 시도에서 비롯될 것임을 정확히 꿰뚫어 보는 통찰이다. 그들은 하나님의 영원한 토라 대신, 인간이 만든 전통이나 계명이나 학설을 더 중요한 기준으로 삼게 될 것이며, 이는 결국 사악함에 물들어 부패하는 결과로 이어질 것이다. 이는 신약에서 예수께서 사람의 전통으로 하나님의 말씀을 폐하는(막 7:13) 바리새인들을 책망하신 모습과 일치하며, 세상 학문의 권위 아래 성경을 두고 해석하고 있는 유대인 학자들과 기독교 신학자들의 학풍에도 경고가 된다.

심판: 정체성의 상실 (6)

신적인 권위와 인간적인 권위를 뒤바꾸는 이러한 배교의 결과는 단순한 징계가 아니라 완전한 정체성의 상실이다. 그들은 갓과 단처럼 흩어질 것이라고 예언된다. 갓과 단은 다른 유언서들에서 이스라엘 공동체의 질서를 어지럽히거나 배교의 길을 걷는 부정적인 지파로 묘사된다. 그들처럼 흩어져 자신들의 땅(기업), 지파(소속), 언어(문화)를 모두 잃어버리는 것은 언약 백성으로서의 모든 정체성을 상실하게 되는 가장 끔찍한 심판을 의미한다.

회복의 근거: 하나님의 자비와 언약 (7)

이 완전한 절망의 상태에서 회복의 유일한 근거가 제시된다. 그것은 이스라엘의 회개나 자격이 아니라, 오직 여호와의 크신 자비와 소망이며, '아브라함과 이삭과 야곱을 위하여'라는 언약적 신실함이다. 하나님께서는 그들의 조상들과 맺으신 언약을 기억하시어, 그들을 버리지 않으시고 마침내 "믿음 안에서 다시 모으실 것"이다. 이는 이스라엘의 최종적인 회복이 인간의 행위가 아닌, 전적인 하나님의 은혜와 언약에 대한 신실함에 달려있음을 보여주는 강력한 복음의 메시지이다.

제8장

죽음과 장례

1 이 말을 그들에게 마치고 그는 명령하며 말했다. "나를 헤브론에 묻어다오." 그리고 그는 평안히 잠들어 죽었다.

2 그의 아들들은 그가 명한 대로 행하였고 그를 헤브론으로 옮겨 그의 조상들과 함께 묻었다.

· ·

아셀의 유언은 그의 평화로운 죽음과 장례를 기록하며 간결하게 마무리된다. 그의 마지막 유언 역시 다른 족장들과 마찬가지로 자신의 뼈를 헤브론에 묻어달라는 것이다

요셉의 유언

제1장

승리의 서론: 고난과 구원의 교향곡

1 이것은 '요셉의 유언'의 사본이다. 그가 마지막 숨을 거두기 전 그의 아들들과 형제들을 불러 모아 그들에게 말했다.

2 나의 형제들과 자녀들아, 이스라엘이 사랑했던 요셉의 말을 들어라. 나의 아들들아, 너희 아버지의 말에 귀를 기울이라.

3 나는 내 삶에서 시기와 죽음의 위협을 보았으나 여호와의 진리에서 벗어나지 않고 인내하며 견뎠다.

4 나의 형제들은 나를 증오하였으나 여호와께서는 나를 사랑하셨다. 그들이 나를 죽이려 하였으나 내 조상들의 하나님께서 나를 지켜주셨다. 그들이 나를 구덩이에 던졌으나 지극히 높으신 분께서 나를 다시 끌어올리셨다.

5 나는 노예로 팔렸으나 만물의 주께서 나를 자유롭게 하셨다. 나는 포로로 잡혔으나 그의 강한 손이 나를 도우셨다. 나는 굶주림에 시달렸으나 여호와께서 친히 나를 먹이셨다.

6 내가 홀로 있을 때 하나님은 나의 위로자가 되셨고 내가 병상에 누웠을 때 여호와께서 나의 의원이 되셨다. 내가 감옥에 갇혔을 때 나의 하나님은 내게 은총을 베푸셨고 내가 사슬에 묶였을 때 그분께서 친히 나를 풀어주셨다.

7 나는 거짓된 비방에 시달렸으나 그분께서 나의 변호인이 되셨고, 이집트인들의 악랄한 말로부터 그분께서 나를 건져내셨으며, 동료 노예들의 시기 속에서 그분께서 나를 존귀하게 하셨다.

....

요셉의 유언 1장은 그의 파란만장했던 삶 전체를 요약하는 장엄한 서곡과 같다. 그는 자신의 유언이 단순한 회고가 아니라 고난과 승리의 교향곡임을 선언한다. 이 장의 구조는 인간의 악행과 하나님의 선하심이 극명하게 대조되는 평행 구조로 이루어져 있다

인내의 선포 (3)

요셉 자신의 삶을 한 문장으로 요약하며 시작한다. 그의 삶은 시기와 죽음의 위협으로 점철되었지만, 그는 그 모든 고난 속에서 "여호와의 진리에서 벗어나지 않고 인내하며 견뎠다"고 선포한다. 이는 그의 모든 승리의 비결이 하나님의 진리를 붙드는 인내에 있었음을 강조한다.

대조를 통한 하나님의 신실하심을 증언 (4-5)

요셉은 자신이 겪었던 모든 고난의 순간을 나열하며, 그 각각의 고난이 어떻게 하나님의 구원과 은혜로 역전되었는지를 대조적으로 증언한다.

증오 vs. 사랑: 형제들의 증오 / 여호와의 사랑

살해 위협 vs. 보호: 형제들의 살해 시도 / 조상들의 하나님의 보호

구덩이 vs. 일으켜 세우심: 구덩이와 감옥 / 지극히 높으신 분의 구원

노예 vs. 자유: 노예로 팔림 / 만물의 주의 자유케 하심

포로 vs. 도움: 포로로 잡힘 / 그의 강한 손의 도움

굶주림 vs. 먹이심: 굶주림의 고통 / 여호와께서 친히 먹이심

인간의 모든 악한 계획과 행동의 이면에는 그것을 합력하여 선으로 바꾸시는 하나님의 더 큰 계획과 주권적인 섭리가 항상 작동하고 있다. 요셉은 자신의 간증을 통해 하나님께서는 당신을 신뢰하고 인내하는 자를 어떠한 절망 속에서도 결코 버리지 않으시며, 가장 낮은 곳에서 가장 높은 곳으로 일으켜 세우시는 분임을 증언하고 있다. 이는 그의 후손들에게 고난 속에서도 소망을 잃지 말라는 강력한 메시지가 된다.

제2장

보디발의 집에서의 시험

1 이 모든 과정 끝에 바로의 경호대장인 보디발이 나를 신뢰하여 그의 모든 소유를 내 손에 맡기게 되었다.

2 나는 나와 함께 죄를 범하자고 재촉하는 수치심도 모르는 한 여인의 집요한 유혹과 싸워야 했지만 나의 아버지 이스라엘의 하나님께서 나를 타오르는 불길 속에서 건져내 주셨다.

3 내가 감옥에 갇히고 채찍에 맞고 사람들의 조롱거리가 되었을 때에도 여호와께서는 역사하시어 그 감옥 간수가 나에게 긍휼을 베풀게 하셨다.

4 참으로 여호와를 경외하는 자라면 그가 어둠에 갇히든, 사슬에 매이든, 환난에 빠지든, 궁핍에 허덕이든, 여호와께서는 결단코 그를 외면하지 않으신다.

5 이는 하나님께서는 사람처럼 실패하여 수치를 당하는 일이 없으시고, 연약한 인생처럼 두려움에 떠는 일도 없으시며, 땅에서 태어난 자처럼 무력하게 내쳐지는 일도 없으시기 때문이다.

6 그분은 어느 곳에나 함께 계시며 다양한 방법으로 위로를 베푸시지만 때로는 우리 혼의 진정한 의중을 시험하시려고 잠시 떠나 계시기도 한다.

7 그분께서는 나를 열 번이나 시험하여 나의 올바름을 드러내셨고 나는 그 모든 시험을 견뎌냈다. 인내는 강력한 능력이며 오래 참음은 많은 선한 것을 가져다준다.

· ·

2장은 요셉의 고난이 보디발의 집에서 어떻게 더 구체적인 시험의 형태로 나타났는지를 보여주며, 열 번의 시험을 통과하며 하나님께서 어떤 분이신지 고백하게 된다.

유혹과 고난 속에서의 하나님의 역사 (1-3)

요셉은 보디발 아내의 유혹을 '타오르는 불길'에 비유하며, 그 시험이 얼마나 강렬했는지를 보여준다. 그러나 그는 그 불길 속에서 이스라엘의 하나님께서 자신을 건져내셨다고 고백한다. 또한, 부당하게 감옥에 갇혀 매질과 조롱을 당하는 최악의 상황 속에서도 하나님께서는 역사하시어 감옥 간수의 마음을 움직여 그에게 긍휼을 베풀게 하셨다.

하나님의 초월적 본질 (4-5)

요셉은 자신의 경험을 바탕으로 하나님의 본질을 인간의 유한성과 대조하며 찬양한다. 그는 '사람'(man), '사람의 아들'(son of man), '땅에서 태어난 자'(earth-born)라는 세 가지 다른 표현을 통해 인간 실존의 다양한 측면(사회적 명예, 심리적 상태, 물리적 근원)을 보여주고, 각각의 한계점(부끄러움, 두려움, 연약함)을 하나님의 완전한 속성과 대조시킨다. '사람의 아들'은 인간의 연약한 실존을 나타내는 히브리적 표현이며, '땅에서 태어난 자'는 흙으로 지음 받은 인간의 근본적인 연약함과 죽을 수밖에 없는 운명을 상징한다.

이 고백은 요셉이 겪는 모든 시련과 고난 속에서도 그가 궁극적으로 흔들리지 않는 이유를 설명해준다. 그의 소망은 연약하고 변덕스러운 인간이나 세상의 상황에 있는 것이 아니라 결코 수치를 당하지도, 두려워하지도, 약해지지도 않는 전능하신 하나님께 뿌리내리고 있기 때문이다. 이 하나님에 대한 신뢰가 바로 요셉의 인내와 형통의 원천이었다.

시험의 목적과 인내의 열매 (6-7)

하나님께서 때로 잠시 떠나 계시는 것처럼 보이는 이유는 우리를 버리시기 위함이 아니라 우리 혼의 진정한 의중을 시험하시기 위함이다. 하나님께서는 '열 번의 시험'을 통해 요셉의 올바름을 드러내셨고 요셉은 그 모든 시험을 인내로 통과했다. 그는 이 경험을 통해 "인내는 강력한 능력이며 오래 참음은 많은 선한 것을 가져다준다"는 위대한 영적 원리를 깨닫게 된 것이다. 희년서 17-19장에서 '아브라함의 열 가지 시험'도 참고하라.

제3장

이집트 여인의 첫 번째 유혹

1 그 이집트 여인이 얼마나 자주 나를 죽음으로 위협했던가! 내가 그녀와 동침하기를 거부할 때마다 그녀는 나를 형벌에 넘겼다가 다시 불러들여 협박하기를 반복했다.

2 그녀는 내게 말했다. "네가 만일 네 자신을 내게 준다면 너는 나의 주인이 되고 내 집에 있는 모든 것의 주인이 될 것이며 너는 우리 집주인처럼 될 것이다."

3 그럴 때마다 나는 내 아버지 야곱의 말씀을 기억하고 나의 골방으로 들어가

주께 울며 기도했었다.

4 나는 그 7년 동안 금식하였고 금식으로 싸웠지만 다른 이집트인들의 눈에는 호화롭게 사는 사람처럼 보였다. 이는 하나님을 위해 금식하는 자들은 얼굴에 아름다움을 얻기 때문이다.

5 주인이 집을 비웠을 때면 나는 결코 포도주를 입을 대지 않았으며 사흘 동안은 내 음식을 가난한 자들과 병자들에게 나누어 주었다.

6 나는 아침 일찍 여호와를 찾았고 나를 끊임없이 괴롭히는 그 멤피스 여인으로 인해 눈물을 흘렸다. 그녀는 밤에도 나를 방문한다는 구실로 찾아왔다.

7 자식이 없던 그녀는 처음에는 나를 아들처럼 여기는 척했다. 내가 여호와께 기도하자 그녀가 아들을 낳게 되었다.

8 한동안 그녀는 나를 아들처럼 대하며 포옹하였지만 나는 그녀가 무슨 속셈인지 전혀 몰랐다. 그러나 결국 그녀는 나를 음행으로 이끌려 하였다.

9 내가 그녀의 의도를 알아차렸을 때 나는 죽을 만큼 슬펐다. 그녀가 나간 후, 나는 정신을 차렸고 그녀의 간교한 속임수를 깨닫고 여러 날 동안 그녀 때문에 애통해했다.

10 나는 그녀가 혹 그 악한 욕망에서 돌아서기를 바라며 지극히 높으신 분의 말씀을 그녀에게 전했다.

· ·

3장은 창세기에서는 단순하게 묘사된 보디발 아내의 유혹 사건에 깊은 심리적, 영적 차원을 부여하는 매우 중요한 부분이다. 이 단락은 유혹이 어떻게 교묘하게 위장되어 접근하는지, 그리고 진정한 정결함이 무엇인지를 상세하게 보여주는 하나의 '유혹에 대한 심리학 보고서'와 같다.

이집트 여인의 집요한 협박 (1)

1절은 보디발 아내의 유혹이 단발적인 사건이 아니라, 죽음의 위협과 실제적인 처벌, 그리고 교묘한 회유가 반복되는 지속적이고 집요한 영적 전쟁이었음을 생생하게 고발한다. 그녀가 "나를 형벌에 넘겼다가 다시 불러들여 협박하기를 반복했다"는 묘사는 그녀가 가진 절대적인 권력을 이용하여 요셉을 심리적으로 굴복시키려 했던 치밀하고 악랄한 길들이기 과정이었음을 암시한다. 이는 처벌의 고통과 일시적인 회유라는 채찍과 당근을 반복하며 그의 저항 의지를 꺾으려 한 것이다.

따라서 이 구절은 보디발의 아내를 단순히 유혹하는 여인이 아니라, 자신의 지위와 권력을 이용하여 한 인간의 육체와 정신을 파괴하려 한 가해자의 모습으로 그리고 있다. 이는 요셉이 처한 상황이 얼마나 절망적이고 폐쇄적이었는지를 보여주며, 이러한 극심한 압박 속에서도 그가 끝까지 정결함을 지킬 수 있었던 신앙의 위대함을 역설적으로 증명한다.

유혹의 장기적 설계: '어머니'라는 이름의 위장 (7-8)

이 텍스트가 창세기와 구별되는 가장 큰 특징은 보디발 아내의 유혹이 충동적인 사건이 아니라, 매우 치밀하고 장기적으로 설계된 '덫'이었음을 폭로한다는 점이다. 그녀는 처음부터 성적인 욕망을 드러내지 않는다. 오히려 자식이 없던 자신의 결핍을 이용해 요셉에게 어머니 역할을 자처하며 접근한다. 심지어 요셉이 여호와께 기도하여 그녀가 아들을 낳게 되는 사건은 이 위장된 관계를 더욱 견고하게 만드는 극적인 장치가 된다. 요셉의 순수한 신앙의 결과물(아들의 출생)이 역설적으로 그녀에게는 요셉을 옭아맬 더 깊은 신뢰의 빌미가 된 것이다. "나는 그녀가 무슨 속셈인지 전혀 몰랐다"는 요셉의 고백은 그의 순수함과 동시에 유혹의 교활함을 극명하게 보여준다.

요셉의 반응: 분노가 아닌 슬픔 (9)

유혹의 본질을 깨달았을 때 요셉의 반응은 분노하거나 정욕에 흔들리지 않고, "죽을 만큼 슬펐다"고 고백한다. 이 슬픔은 자신을 향한 신뢰가 사실은 '간교한 속임수'였다는 사실에 대한 인간적인 배신감과, 한 인간이 죄의 욕망에 사로잡혀 거룩한 어머니의 관계마저 더러운 욕망의 도구로 사용하는 그 상황 자체에 대한 깊은 애통함이다. 그의 슬픔은 자기 의를 지키려는 교만한 마음에서 비롯된 것이 아니라, 죄의 비참함을 목도하는 깨끗한 혼의 본질적인 반응이다.

저항의 원천: 기도와 경건 (3-6)

이 모든 집요한 유혹을 이겨낸 힘의 원천은 바로 그의 경건의 습관이었다. 그는 (1) 아버지 야곱의 말씀을 기억하고 (2) 골방에 들어가 주께 기도하며 (3) 7년간 금식하고 (4) 금욕하며 (5) 가난한 자를 구제하고 (6) 아침 일찍 여호와를 찾았다. 그의 저항은 그의 의지력이 강해서가 아니라, 그의 삶이 끊임없이 하나님과의 교제 속에 뿌리내리고 있었기 때문이다. 그의 기도는 단순한 간구가 아니라 유혹의 한복판에서 하나님의 임재와 보호를 구하는 영적 싸움 그 자체였다.

제4장

유혹의 심화

1 그녀는 사람들 앞에서는 나를 거룩한 사람이라 치켜세우며 자기 남편 앞에서는 나의 정결함을 칭찬하면서도 단둘이 있을 때면 나를 유혹하려 했다.

2 그녀는 공개적으로 나를 정결하다고 칭찬했지만 은밀히 내게 말했다. "내 남편은 두려워할 것 없다. 그는 너의 정결함을 굳게 믿고 있으니 누가 우리에 대해 무슨 말을 한들 결코 믿지 않을 거야."

3 이 모든 일 때문에 나는 베옷을 입고 땅에 엎드려 여호와께서 나를 그녀의 속임수에서 구해 주시기를 간절히 기도드렸다.

4 그녀가 자신의 뜻을 이루지 못하자 그녀는 여호와의 말씀을 배우고 싶다는 핑계를 대며 다시 내게 찾아왔다.

5 그녀는 이렇게 말했다. "네가 정녕 내가 섬기는 우상들을 버리길 원한다면 먼저 나와 동침하자. 그러면 나도 내 남편을 설득하여 우상을 버리게 할 것이고 우리는 너의 주님의 토라를 따라 살게 될 것이다."

6 나는 그녀에게 말했다. "여호와께서는 그분을 경외하는 자들이 부정함에 있는 것을 원치 않으시며 간음하는 자들을 기뻐하지 않으십니다. 여호와께서는 오직 순결한 마음과 더럽혀지지 않은 입술로 그분께 나아오는 자들을 기뻐하십니다."

7 그러나 그녀는 침묵하며 자기의 악한 욕망을 이루기를 갈망하였다.

8 나는 더욱 금식과 기도에 힘쓰며 여호와께서 나를 그녀로부터 구해 주시기를 간구하였다.

• •

4장은 보디발 아내의 유혹이 어떻게 더 교묘한 형태로 심화되는지를 보여준다.

이중적인 칭찬 (1-2)

그녀는 이제 공개적으로 요셉의 정결함을 칭찬하는 이중적인 전략을 사용한다. 이는 남편과 주변 사람들의 의심을 피하는 동시에 요셉에게는 '아무도 모를 것이다'라는 안도감을 주어 죄를 짓도록 유도하는 매우 교활한 심리전이다.

신앙을 이용한 유혹 (4-5)

그녀의 유혹은 이제 종교적인 형태를 띤다. 그녀는 "여호와의 말씀을 배우고 싶다"는 거룩한 명분으로 접근하며, 심지어 "우상을 버리고 너의 하나님을 섬기겠다"는 제안까지 한다. 그러나 그 조건은 먼저 나와 동침하는 것이다. 이는 개종이라는 선한 목적을 위해 간음이라는 악한 수단을 정당화하려는 가장 교묘하고 위험한 형태의 유혹이다.

요셉의 신앙적 반박 (6)

요셉은 이 유혹의 핵심을 정확히 꿰뚫어 본다. 그는 하나님을 경외하는 것(예배)과 윤리적 순결(부정함에서 떠남)은 결코 분리될 수 없음을 선언한다. 하나님께서는 부정한 수단을 통해 영광 받으시는 분이 아니며, 오직 '순결한 마음과 더럽혀지지 않은 입술'로 나아오는 자를 기뻐하신다고 반박한다.

제5장

극단적인 위협

1 또 다른 때에 그녀가 내게 이렇게 협박했다. "네가 나와 동침하지 않으면 내가 내 남편을 죽여서라도 너를 법적인 나의 남편으로 만들고야 말겠다."

2 그 말을 듣는 순간 나는 내 옷을 찢으며 소리쳤다. "여인이여, 하나님을 두려워하고 이 사악한 짓을 멈추시오. 그러지 않으면 당신이 멸망할 것이오! 나는 당신의 이 불경한 음모를 만천하에 폭로할 것이오."

3 그러자 그녀는 두려움에 떨며 자신의 이 계획을 제발 아무에게도 말하지 말아 달라고 애원했다.

4 그리고 그녀는 나를 달래기 위해 선물들을 보내고 세상 사람들이 누리는 온갖 즐거움을 내게 보내며 나를 회유하려 했으나 나는 그 어떤 것에도 손대지 않았다.

5장은 모든 회유책이 실패하자 보디발 아내의 유혹이 어떻게 폭력적이고 극단적인 위협으로 변질되는지를 보여준다.

살인 협박 (1)

그녀는 이제 남편을 죽여서라도 자신의 욕망을 이루겠다는 이성을 상실한 극단적인 협박을 한다. 이는 그녀의 욕망이 얼마나 통제 불가능하고 파괴적인 수준에 이르렀는지를 보여준다.

요셉의 단호한 거절 (2-3)

이 위협 앞에서 요셉은 옷을 찢으며 그녀의 죄를 강력하게 꾸짖고, 그 계획을 폭로하겠다고 맞선다. 이는 죄 앞에서 결코 타협하지 않는 그의 단호한 태도를 보여준다. 그의 이 단호함에 그녀는 비로소 두려움을 느끼고 물러선다.

마지막 회유 (4)

그녀는 마지막 수단으로 선물들과 세상의 즐거움을 통해 요셉을 회유하려 하지만, 요셉은 이 모든 것을 거부한다.

제6장

독살 시도와 하나님의 보호

1 그 후 그녀는 내게 마법이 섞인 음식을 보냈다.

2 음식을 가져온 내시가 들어올 때 내가 고개를 들어보니 한 무섭고 끔찍한 남자가 그릇과 함께 칼 한 자루를 내게 건네주는 것이 보였다. 나는 그 순간 그녀의 계획이 내 혼을 파멸시키려는 것임을 간파했다.

3 내시가 나간 후 나는 울었고 그 음식은 물론 그녀가 보낸 그 어떤 것도 입에 대지 않았다.

4 다음 날 그녀가 와서 음식을 자세히 살피더니 말했다. "어찌 된 일로 네가 이 음식을 먹지 않았느냐?"

5 내가 답했다. "당신이 이 음식을 치명적인 마법으로 채웠기 때문이오. 당신

은 '나는 우상을 멀리하고 오직 여호와만 섬긴다'고 말하면서 어찌하여 이런 악한 주술을 행할 수 있단 말이오?

6 이제 똑똑히 들으시오. 내 조상의 하나님께서 그분의 천사를 보내 당신의 악행을 내게 드러내셨소. 내가 이 음식을 그대로 둔 것은 당신의 죄를 증명하여 혹시라도 당신이 이것을 보고 회개할 기회를 주려 함이었소.

7 하지만 이제 불경한 자의 사악함이 하나님을 순결하게 섬기는 자를 결코 해할 수 없음을 당신이 깨닫도록 내가 당신 앞에서 이 음식을 먹겠소." 그리고 나는 이렇게 말하며 기도했다. "나의 조상들의 하나님, 아브라함의 천사여, 나와 함께하소서." 그리고 나는 그 음식을 먹었다.

8 이를 보던 그녀는 내 발 앞에 얼굴을 대고 엎드려 울었다. 나는 그녀를 일으켜 세우고 꾸짖어 훈계하였다.

9 그러자 그녀는 다시는 이런 악한 짓을 저지르지 않겠다고 약속했다.

· ·

6장은 보디발 아내의 유혹이 마침내 주술적인 공격으로까지 이어지는, 영적 전쟁의 클라이맥스를 담고 있다.

마법을 통한 공격 (1-2)

모든 유혹과 협박이 실패하자, 그녀는 '마법이 섞인 음식'을 통해 요셉의 의지와 정신을 조종하려 한다. '마법 섞인 음식'은 요셉을 죽이기 위한 독약이라기보다는 그의 정신과 의지를 통제하여 성적인 죄를 짓게 하려는 '정신을 조종하는 주술'이 담긴 '음녀의 약물'을 의미한다. 이는 그녀가 이교적인 주술의 힘을 빌려서라도 자신의 욕망을 이루려 했음을 보여준다. 요셉은 환상을 통해 이 음식에 담긴 파괴적인 의도를 간파하는데, 이는 그의 영적 분별력이 하나님의 특별한 계시 아래 있었음을 보여준다.

신앙의 대결 (5-7)

이 사건은 이제 두 사람 사이의 대결을 넘어 하나님과 우상(주술) 사이의 영적인 대결로 발전한다.

위선에 대한 질책 (5): 요셉은 "여호와만 섬기겠다"는 그녀의 고백과, 주술을 사용하는 그녀의 행동 사이의 모순을 날카롭게 지적하며 그녀의 위선을 폭로한다.

하나님의 보호에 대한 믿음 선포 (7): 이 대결의 정점은 요셉이 "불경한 자의 사악함이 정결하게 하나님을 섬기는 자를 결코 해할 수 없음"을 증명하기 위해 기도하며 그 음식을 직접 먹는 행위이다. 이는 자신의 생명을 걸고, 악한 주술의 힘보다 하나님의 보호하심이 더 강력함을 믿음으로 선포하는 위대한 행위이다.

악의 굴복 (8-9)

요셉의 이 믿음의 행동 앞에서 그녀는 마침내 완전히 굴복한다. 그녀는 그의 발 앞에 엎드려 울며 다시는 악을 행하지 않겠다고 약속한다.

제7장

마지막 유혹과 지혜로운 대처

1 하지만 그녀의 마음속에는 여전히 나를 향한 음욕이 불타고 있었기에 그녀는 깊은 한숨을 쉬었고 상심에 빠져 지냈다.

2 그 모습을 본 남편이 그녀에게 물었다. "어찌하여 얼굴에 그늘이 가득하시오?" 그녀가 답했다. "마음이 아파서 견딜 수가 없고 영의 신음이 나를 짓누릅니다." 그는 아프지도 않은 그녀를 위로했다.

3 어느 날 남편이 집을 비운 사이 그녀는 내게 달려와 최후통첩을 했다. "나와 동침하지 않으면 나는 목을 매든, 우물에 빠지든, 절벽에서 뛰어내리든, 내 목숨을 끊어 버리겠다."

4 나는 벨리알의 영이 그녀를 괴롭히고 있음을 보았고 여호와께 기도한 뒤 그녀에게 이렇게 말했다.

5 "어찌하여 당신은 죄에 눈이 멀어 이토록 괴로워하며 소란을 피우십니까? 기억하십시오. 만일 당신이 스스로 목숨을 끊는다면 당신의 경쟁자인 남편의

첩 세토[55] 가 당신의 자녀들을 학대하고 이 땅에서 당신에 대한 모든 기억을 지워버릴 것입니다."

6 내 말을 듣던 그녀가 말했다. "아, 그렇다며 네가 나를 사랑하는 것이구나. 네가 나의 생명과 나의 자녀들을 이토록 염려해주다니 그것만으로도 족하다. 이제 나는 나의 욕망을 채울 수 있으리라 기대가 된다."

7 그러나 그녀는 내가 그녀를 위해서가 아니라 나의 하나님을 경외하기에 그렇게 말했다는 것을 깨닫지 못했다.

8 이처럼 악한 정욕에 사로잡힌 사람은 선한 의도로 건넨 말조차도 자기 자신의 악한 욕망을 채우기 위한 것으로 왜곡하여 받아들인다.

· ·

7장은 음녀의 유혹이 그 절정에 이르는 부분으로 죄와 벨리알에 사로잡힌 인간의 자기 파괴적인 모습과, 그에 맞서는 요셉의 영적 분별력 및 지혜로운 대처를 극적으로 보여준다.

욕망의 자기 파괴적 본질 (1-3)

보디발 아내의 욕망은 이제 그 자신을 파괴하는 단계에 이른다. 채워지지 않는 음욕은 그녀를 상심에 빠지게 하고, 급기야 "마음이 아프다"며 남편을 속이는 위선적인 모습을 보인다. 마침내 그녀는 자신의 목숨을 담보로 요셉을 협박하는 최후의 수단을 사용한다. 이는 그녀의 욕망이 얼마나 통제 불가능한 상태에 이르렀으며, 그녀를 비이성적이고 자기 파괴적인 행동으로 몰아가고 있는지를 보여준다.

영적 분별과 진단 (4)

이 극단적인 상황 앞에서 요셉은 그녀의 행동을 인간적인 히스테리로 보지 않고, 그 배후에서 역사하는 '벨리알의 영'을 꿰뚫어 본다. 문제의 근원이 영적인 것임을 간파한 그는

---

55. 보디발의 아내의 경쟁자, 즉 '첩'의 이름은 사본에 따라 여러 다른 형태로 나타나는 대표적인 텍스트 변이 사례이다. 이름과 지명 같은 고유명사가 다른 언어로 발음되거나 번역되고 다시 필사 과정에서 쉽게 변형이 일어남을 우리는 안다. Σηθώ (세토)는 알파(α) 그룹으로 분류되는 사본들에서, Ἀστεθώ (아스테토)는 베타(β) 그룹으로 분류되는 다른 주요 사본 그룹에서 발견된다.

인간적인 논쟁에 앞서 먼저 여호와께 기도하며 하나님의 지혜를 구한다.

지혜로운 대처 (5)

요셉은 그녀에게 도덕적인 설교나 윤리적인 질책을 하지 않는다. 이는 벨리알의 영에 사로잡힌 그녀에게 아무런 효과가 없음을 알기 때문이다. 대신 그는 가장 현실적이고 그녀의 마음을 움직일 수 있는 방법을 사용한다. 바로 그녀의 '자녀들의 미래'와 '경쟁자인 첩 세토'의 문제를 언급한 것이다. 이는 그녀의 가장 큰 두려움과 세속적인 욕망(집안 내에서의 입지)을 역으로 이용하여 그녀의 극단적인 선택을 막으려는 매우 지혜로운 대처이다.

욕망의 왜곡된 인식 (6-8)

이 대화 장면의 아이러니는 6절에서 절정에 달한다. 보디발 아내는 요셉의 지혜로운 권면을 오직 자신의 욕망이라는 필터를 통해 해석한다. 그녀는 자녀와 자신의 명예에 대한 요셉의 염려를 자신에 대한 사랑의 증거로 왜곡하여 받아들이고, 마침내 자신의 욕망을 채울 수 있으리라는 그릇된 희망을 품는다. 8절은 이 상황을 "악한 정욕에 사로잡힌 사람은 선한 의도로 건넨 말조차도 자기 자신의 악한 욕망을 채우기 위한 것으로 왜곡하여 받아들인다"는 교훈적 격언으로 요약한다.

결론적으로 7장은 죄와 유혹의 본질에 대한 깊은 통찰을 제공한다. 죄에 깊이 빠진 사람은 모든 것을 자기중심적으로 왜곡하여 해석하며, 선의마저 악의의 도구로 삼는다. 이에 맞서는 길은 단순히 유혹을 거부하는 것을 넘어 문제의 영적 본질을 꿰뚫어 보고, 하나님께 의지하며, 상대의 수준에 맞는 가장 지혜로운 말로 대처하는 영적 통찰력에 있음을 요셉의 모습을 통해 보여주고 있다.

제8장

육체적 속박과 영적 자유의 역설

1 나의 자녀들아, 잘 들어라. 그녀가 나를 떠난 것은 대략 여섯 시경, 즉 정오쯤이었다. 나는 즉시 여호와 앞에 무릎을 꿇고 엎드려 그날 온종일 그리고 밤새도록 기도에 매달렸다. 동이 틀 무렵이 되어서 나는 일어나면서 그 여인의 손에서 벗어나게 해달라고 눈물을 흘리며 다시 간구했다.

2 마침내 그녀는 내 옷자락을 잡고 강제로 나와 동침하려고 나를 끌고 갔다.

3 그녀가 미친 듯이 내 옷을 꽉 잡고 놓아주지 않는 것을 보고 나는 내 옷을 버려두고 벌거벗은 채로 도망쳐 나왔다.

4 그녀는 자기 남편에게 나를 모함했고 보디발은 나를 자기 집 감옥에 가두었다. 그리고 다음 날 나를 채찍질한 후 파라오의 감옥으로 이송했다.

5 내가 결박되어 어두운 감옥에 갇혀 있는 동안 그 이집트 여인은 슬픔에 잠겨 병들어 앓아누웠다. 그녀는 내가 어두운 감옥 속에 갇혀있으면서도 기쁜 목소리로 즐거워하며 여호와께 감사드리며 나의 하나님을 영화롭게 하는 것을 들으러 오곤 했다. 내가 그토록 기뻐하며 하나님께 영광을 돌렸던 단 한 가지 이유는 마침내 그녀의 음욕에서 해방되었기 때문이다.

....

8장은 창세기에 기록된 유혹 사건의 클라이맥스를 요셉 자신의 시점에서 설명하며 육체적 속박과 영적 자유의 역설이라는 심오한 주제를 다룬다.

필사적인 기도 (1)

상상을 초월한 집요한 유혹이 절정을 향해 가고 있다. 요셉은 즉각적이고 필사적으로 기도했다. '정오부터 다음 날 동이 틀 때까지' 이어진 그의 철야 기도는 이 싸움이 자신의 힘만으로는 이길 수 없는 영적인 씨름임을 그가 깊이 인식하고 있었음을 보여준다. 그는 하나님의 직접적인 개입으로 즉시 "벗어나게 해달라"고 간구한다.

의로운 도주 (2-3)

음녀가 성도를 붙잡고 미쳐 날 뛸 때, 요셉은 자신의 옷을 버려두고 벌거벗은 채로 도망친다. 여기서 '옷'은 단순한 의복이 아니라, 그가 보디발의 집에서 누렸던 총무로서의 지위, 명예, 신뢰 등 모든 세상적인 테두리를 상징한다. 그는 자신의 사회적 생명과도 같은 이 모든 것을 버리는 대가를 치르더라도 하나님 앞에서 자신의 정결함을 지키는 길을 선택한다. 그의 도주는 비겁한 회피가 아니라, 죄로부터 떠나는 가장 적극적이고 거룩한 의로운 도주였다(아가서 8:14; 요한계시록 18:4).

거짓 고발과 세상 권세의 심판 (4)

의로운 선택의 결과는 즉각적인 이 세상 권세의 심판이었다. 그는 모함을 당하고, 채찍질을 당했으며, 결국 파라오의 감옥이라는 가장 깊은 절망의 장소로 던져진다. 세상의 법정에서 그는 유죄였지만, 하나님의 법정에서는 의로웠다.

감옥 속의 역설적 자유 (5)

이 장의 정점은 5절의 극적인 대조에 있다.

요셉 (육체적 속박, 영적 자유): 그는 결박되어 어두운 감옥에 갇혀 있지만, 그의 내면은 기쁜 목소리로 즐거워하며 여호와를 찬양할 만큼 완전한 자유와 평안을 누린다.

이집트 여인 (육체적 자유, 영적 속박): 감옥에 갔어야할 그녀는 자유의 몸으로 집에 있지만, 채워지지 않는 욕망과 죄의 노예됨으로 인해 슬픔에 잠겨 병들어 있다. 그녀는 자기 욕망의 감옥에 갇힌 것이다.

요셉이 찬양한 이유는 자신의 무죄나 장래의 회복 때문이 아니었다. 그는 마침내 음녀에게서 해방되었기 때문이라는 단 한 가지 이유로 기뻐했다. 이는 요셉에게 진정한 감옥은 감옥의 좁고 어두운 방이 아니라, 매일 자신을 옭아매던 '죄의 유혹'이었음을 고백하는 것이다. 따라서 세상의 감옥은 역설적으로 그에게 영적인 자유와 해방을 가져다준 하나님의 섭리의 장소가 되었다.

제9장

감옥 속에서의 신앙

1 그녀는 여러 번 내게 전갈을 보내어 말했다. "내 욕망을 채워주는데 동의하고 내 소원을 들어준다면 너를 묶은 사슬을 풀어주고 이 어둠에서 너를 꺼내주겠다."

2 그러나 나는 생각으로도 그녀에게 기울지 않았다. 하나님께서는 어두운 굴 속에서 금식하며 정결을 지키는 자를 사랑하시고 왕궁에서 사치하며 방종하게 사는 자를 사랑하지 않으시기 때문이다.

3 만일 어떤 사람이 정결하게 살면서 영광의 자리를 원하는 경우 지극히 높으신 분께서 그것이 그에게 유익하고 합당하다는 것을 보신다면 그분은 나에게 허락하셨던 것처럼 그에게도 그것을 허락하실 것이다.

4 그녀가 병들었음에도 불구하고 얼마나 자주 예기치 않은 시간에 내게로 내려와 내가 기도하는 소리에 귀를 기울여 들었던가! 나는 그녀가 고통으로 신음하는 소리를 들을 때면 잠잠히 기도를 멈추곤 했다.

5 내가 그녀의 집에 있을 때 그녀는 나와 동침하려고 팔과 가슴과 다리를 드러내어 보여주곤 했다. 그녀는 나를 유혹하기 위해 매우 아름답고 눈부시게 치장하였으나 여호와께서 나를 그녀의 계략으로부터 보호해주셨다.

······················

9장은 물리적인 공간(감옥)을 초월하여 계속되는 유혹과 영적 싸움, 그리고 그 속에서 요셉이 가졌던 신앙의 본질이 무엇인지를 보여준다.

감옥으로 이어진 유혹 (1)

유혹은 요셉이 감옥에 갇혔다고 해서 끝나지 않는다. 음녀는 이제 자신의 권력을 이용하여 자유를 대가로 한 거래를 제안한다. 그녀가 제시하는 것은 '어둠에서의 해방'이라는 세상적인 빛이지만, 그 조건은 타협과 배도의 죄를 통해 영적인 어둠 속에서 사슬에 매이는 것이다. 이는 세상이 제시하는 구원과 하나님께서 주시는 구원의 본질적인 차이를 보여준다.

요셉의 가치관 전복 (2-3)

요셉의 신앙의 핵심은 세상의 가치관을 완전히 뒤집는다.

입장Stance의 역설 (2): 세상이 볼 때 가장 비참한 장소인 어두운 감옥속에서의 금식과 정결이, 가장 영화로운 장소인 왕궁에서의 사치와 방종보다 하나님 보시기에 더 사랑스럽다고 선언한다. 진정한 가치는 외적 환경이 아닌 하나님 앞에서의 영적 태도에 의해 결정된다.

영광의 자리의 원리 (3): 경건한 사람이라도 세상적인 영광의 자리를 원할 수 있음을 인정하지만, 영광이라는 보상조차도 인간의 소망이 아니라, 전적으로 하나님의 주권적인 판단과 허락에 달려있음을 고백한다. 하나님께서 그 영광이 그 사람에게 '유익하고 합당하다'고 판단하실 때에만 비로소 허락하신다. 이는 요셉의 삶(노예로 팔리고 감옥에 갇혔으나 결국 총리가 된)을 통해 증명된 원리이며, 인간의 야망이 아닌 하나님의 때와 절대 주권을 기다리며 인정하는 신앙의 진면모를 보게 한다.

원수를 향한 연민과 하나님의 보호 (4-5)

요셉의 긍휼 (4): 자신을 파멸로 이끈 여인이 고통으로 신음할 때 요셉은 그녀를 외면하거나 저주하지 않고 자신의 기도를 멈춘다. 이는 자신을 괴롭히는 원수를 향한 놀라운 수준의 연민과 사랑을 보여주며 그의 마음이 증오가 아닌 하나님의 성품으로 채워져 있음을 증명한다.

하나님의 보호 (5): 마지막으로 요셉은 과거의 노골적인 유혹들을 회상하며 자신이 이길 수 있었던 것은 자신의 의지력 때문이 아니라 전적으로 여호와께서 나를 그녀의 계략으로부터 보호해주셨기 때문이라고 고백한다. 이는 그의 승리가 교만이 아닌 하나님의 은혜에 대한 깊은 감사와 겸손에 뿌리내리고 있음을 보여준다.

제10장

인내와 겸손의 교훈

1 그러므로 나의 자녀들아, 너희는 인내와 금식하며 드리는 기도가 얼마나 위대한 일을 이루는지 깨달아라.

2 너희 또한 인내와 겸손한 마음으로 금식하며 기도하면서 정결과 순결을 추구한다면 여호와께서 너희 가운데 거하실 것이다. 이는 그분께서 정결한 자를 사랑하시기 때문이다.

3 지극히 높으신 분께서 함께하시는 자는 시기심의 공격을 받거나, 노예로 팔리거나, 비방에 휩싸여도 그 안에 거하시는 여호와께서 그의 정결함을 보시고 악에서 건져내실 뿐 아니라 나에게 그러하셨듯 그를 높여 영화롭게 하실 것이다.

4 그 사람은 그의 행위와 말과 생각, 그 모든 면에서 하나님의 보호하심을 받는다.

5 나의 형제들은 내 아버지가 나를 얼마나 아끼고 사랑하셨는지 잘 안다. 그러나 나는 결코 그것으로 교만해지지 않았다. 비록 내가 어렸지만 항상 마음속에 하나님을 경외하는 마음을 품고 있었으니 이는 모든 것이 결국 지나갈 것임을 알았기 때문이다.

6 나는 절제하며 스스로 분수를 지켰고 나의 형제들을 존중했다. 그리고 형들을 존중하는 마음에서 내가 팔려갈 때에 잠잠히 침묵했으며 내가 위대하고 능력 있는 사람인 야곱의 아들이라는 나의 신분을 이스마엘 사람들에게 결코 드러내지 않았다.

....

10장은 요셉이 기나긴 시련을 이겨낼 수 있었던 내면의 힘이 무엇이었는지를 구체적으로 요약하고, 후손들에게 그 원리를 전수하는 핵심적인 교훈의 장이다.

승리의 영적 원리: 인내, 금식, 기도 (1-4)

요셉은 자신의 승리가 인내, 금식, 기도라는 세 가지 영성 훈련의 결합을 통해 이루어졌음을 가르친다. 이것들은 각각 분리된 행위가 아니라, '겸손한 마음'과 '정결을 추구하는 하나의 통합된 신앙 자세'이다. 요셉은 이러한 삶의 태도가 하나님의 임재를 보장하는 조건임을 분명히 한다. 그리고 하나님의 임재는 시기, 노예 생활, 비방과 같은 외부의 모든 공격으로부터 그 사람을 보호하고, 궁극적으로는 그를 높여 영화롭게 하는 결과로 이어진다. 그 보호하심은 '행위, 말, 생각'이라는 인간 존재의 모든 영역에 미치는 총체적인 '지켜 주심'이다.

겸손의 내면적 기초 (5)

요셉의 인격은 '겸손'이라는 견고한 뿌리에 기초를 두고 있었다. 그의 겸손은 아버지의 편애라는 교만해지기 가장 쉬운 환경 속에서도 흔들리지 않았다.

하나님 경외: 그의 삶의 기준은 아버지의 사랑이 아니라, '하나님을 경외하는 마음'이었다. 그는 언제나 자신을 향한 인간적인 평가보다 더 높은 곳에 계신 하나님의 시선을 의식했다.

인생의 유한성 인식: 그는 어릴 때부터 '모든 것이 결국 지나갈 것임'을 아는 지혜를 가졌다. 세상의 지위, 사랑, 명예는 모두 일시적이고 유한하다는 것을 깨달은 자는 그것에 집착하여 교만해지거나 그것을 잃었다고 절망하지 않는다.

존중의 실천적 증거: 형제를 위한 침묵 (6)

그의 내면적 겸손과 하나님 경외는 형제들을 향한 구체적인 존중의 행동으로 나타났다.

그는 스스로를 절제하고 분수를 지켰으며, 자신에게 악을 행한 형제들마저 존중했다. 그 존중의 가장 위대한 증거는 바로 팔려가는 순간의 침묵이었다. 그는 자신이 위대하고 능력 있는 야곱의 아들임을 밝혀 노예가 아니라 자유자라는 사실로 위기를 모면할 수도 있었지만, 그렇게 하지 않았다. 이는 형제들의 죄악된 행위가 만천하에 드러나 그들이 수치를 당하지 않도록 하려는 놀라운 수준의 자기희생적 사랑이자 존중의 표현이었다.

제11장

형제애의 실천

1 그러므로 나의 자녀들아, 너희도 모든 행실에 있어 하나님을 경외하는 마음을 항상 인식하고 너희 형제들을 존중하라. 이는 여호와의 토라를 행하는 모든 자는 그분에게 사랑을 받을 것이기 때문이다.

2 내가 이스마엘 상인들을 따라 인도콜피타이[56] 에 이르렀을 때 그들이 나를 심문했다. "너는 노예냐?" 나는 나의 형제들에게 수치를 돌리지 않으려고 "저는 그들의 집에서 태어난 종입니다"라고 답했다.

3 그들 중 가장 나이 많은 자가 내게 말했다. "너는 노예가 아니다. 네 외모가 그것을 분명히 드러내고 있다." 그리고 그는 나를 죽음으로 위협했지만 나는 끝까지 그들의 노예라고 주장했다.

4 우리가 이집트에 도착하자 그들은 나를 차지하려고 서로 다투기 시작했다. 누가 추가로 돈을 지불하고 나를 자신의 소유로 삼을지를 두고 언쟁을 벌였다.

5 결국 그들은 내가 그들의 무역을 담당하는 상인과 함께 이집트에 남아 그들이 다른 상품을 가지고 돌아올 때까지 기다리게 하는 것이 최선이라고 뜻을 모았다.

6 여호와께서는 내가 그 상인에게 호의를 얻게 하셨고 그는 자신의 온 집안일을 나에게 위임했다.

---

56. 특정 지명이나 민족명으로 이해되는 이 헬라어 Ἰνδοκόλπιται는 모든 문헌들 중에서 오직 이곳에만 한번 등장하는 단어(hapax legomenon)이다.

7 그리고 하나님께서 나를 통해 그에게 복을 주셔서 그의 금과 은과 집안의 소유가 불어나게 하셨다.
8 나는 그와 함께 석 달 하고도 닷새를 지냈다.

· ·

11장은 10장에서 제시된 '형제 존중'이라는 내면적 덕목이 구체적인 고난의 상황 속에서 어떻게 자기희생적인 행동으로 나타났는지를 생생하게 보여준다.

권면: 하나님 경외와 형제 존중 (1)

요셉 자신의 삶의 원칙을 '하나님 경외'와 '형제 존중'이라는 이 두 가지 핵심으로 요약하며, 이것이 여호와의 토라를 행하는 삶이며, 또한 하나님의 사랑을 받는 길임을 선언한다.

자기희생적 침묵: 형제애의 증거 (2-3)

요셉은 형들을 염려하였기에 이스마엘 상인들에게 자신의 신분을 속이고 스스로 '노예'라고 칭했다. 당시 자유민을 납치하여 노예로 파는 행위는 대부분의 고대 근동 법전에서 사형에 해당하는 중범죄로 다루어졌다(출 21:16; 신 24:7; 함무라비 법전; 우르-남무 법전). 요셉이 죽음의 위협 속에서도 끝까지 자신의 신분을 숨기고 "나는 노예입니다"라고 주장한 것은 형들을 사형 죄라는 끔찍한 법적 처벌로부터 보호하기 위한 자기희생적인 행동이었다. 이는 자신에게 악을 행한 형제들을 보호하기 위해 기꺼이 자신의 안전과 명예, 심지어 생명까지도 내려놓는 자기희생적 사랑의 극치를 보여준다.

혼란 속의 하나님의 인도하심 (4-8)

이집트에 도착하자마자 요셉이 상인들 사이에서 이익 다툼의 대상이 되는 혼란스러운 상황을 겪는 중에도 하나님의 보이지 않는 손길이 개입하신다. 요셉은 한 무역 상인의 집에 머물게 되며, 그 상인에게 은총과 신뢰를 받게 되어 모든 집안일을 맡는다.

임시 거처 마련 및 신뢰 획득 (5-6)

상인들의 합의를 통해 요셉은 한 상인의 집에 머물게 되고, 그곳에서 하나님의 은혜로 신뢰를 얻어 집안일을 맡게 된다.

축복의 통로 (7)

"나를 통해 그에게 복을 주셨다." 하나님께서는 요셉 개인뿐만 아니라 요셉을 통해 그 상인에게도 복을 주셨다. 이는 창세기 12장에서 아브라함에게 약속하신 '복의 근원'으로서의 삶이 증손자 요셉을 통해 이방인에게까지 흘러가고 있음을 보여주는 대목이다.

제12장

보디발 아내와의 첫 만남

1 그때쯤 멤피스 여인 보디발의 아내가 화려한 행렬을 이끌고 지나가다가 나를 눈여겨보았다. 이는 그녀의 내시들이 이미 나에 대해 그녀에게 말했기 때문이었다.

2 그녀는 자기 남편에게 이렇게 말했다. "내가 들으니 저 상인이 한 젊은 히브리인 때문에 큰 부자가 되었다고 하고, 사람들은 그 젊은이가 가나안 땅에서 납치당한 것이 분명하다고들 합니다.

3 그러니 이제 당신께서 공의를 베풀어 그 젊은이를 구하고 당신의 집안을 돌보는 청지기로 삼으소서. 그리하면 히브리인의 하나님께서 당신을 축복하실 것입니다. 하늘로부터 온 은혜가 그와 함께 하기 때문입니다."

·······················

12장은 요셉이 어떻게 보디발의 집에 들어가게 되었는지를 창세기보다 훨씬 더 구체적이고 극적으로 묘사한다. 이 단락의 핵심은 유혹자인 보디발 아내가 처음부터 요셉을 얻기 위해 얼마나 전략적이고 교활하게 행동했는지를 폭로하는 데 있다.

계획된 만남과 권력의 과시 (1)

이 만남은 우연이 아니었다. 그녀의 내시들이 이미 나에 대해 그녀에게 말했기 때문이라는 구절은 그녀가 사전에 요셉에 대한 정보를 듣고 의도적으로 그를 보러 왔음을 암시한다. 그녀가 화려한 행렬을 이끌고 나타난 것은 그녀의 높은 사회적 지위와 권세를 과시하는 행위이다. 이는 상인의 집에 임시로 머무는 미천한 노예 신분인 요셉의 처지와 극명한 대조를 이루며, 앞으로 전개될 두 사람의 관계가 결코 평등하지 않은, 압도적인 권력의 불균형 속에서 이루어질 것임을 예고한다.

교묘한 설득의 기술 (2-3)

이 단락의 백미는 보디발 아내가 남편을 설득하는 논리의 치밀함에 있다. 그녀는 자신의 음욕을 감추고, 세 가지 논리를 통해 남편을 설득한다.

가치의 논리: 그녀는 요셉을 단순한 노예가 아니라 그 때문에 상인들이 큰 부자가 된 복덩어리이자, 가나안에서 납치당한 고귀한 희생자로 포장한다. 이를 통해 요셉의 가치를 극대화하고, 그를 소유해야 할 당위성을 만들어낸다.

정의의 논리: 그녀는 자신의 요구를 개인적인 욕심이 아닌 공의를 베풀어 그 젊은이를 구하는 정의로운 행위로 위장한다. 이는 자신의 음욕에 '정의'라는 거룩한 명분을 덧씌우는 교활한 말 기술이다.

축복의 논리: 가장 교활한 마지막 단계로 그녀는 남편의 신앙심과 현실적인 이익을 동시에 자극한다. 요셉을 데려오면 "히브리인의 하나님께서 당신을 축복하실 것"이라고 말하며, 마치 남편의 신앙과 가문의 번영을 위하는 것처럼 행동한다. 그녀는 요셉과 함께하는 '하늘의 은혜'를 역설적으로 요셉을 유혹의 장으로 끌어들이기 위한 가장 강력한 설득의 도구로 사용하는 것이다.

제13장

보디발의 심문

1 보디발은 그녀의 말에 설득되어 상인을 불러오라고 명하고 그에게 말했다. "내가 너에 대해 듣는 이것이 무엇이냐, 네가 가나안 땅에서 히브리 사람을 훔쳐 노예로 판다는 것이냐?"

2 그러자 상인은 그의 발 앞에 엎드려 탄원하며 말했다. "주인이시여, 저는 당신이 무슨 말씀을 하시는지 알지 못합니다."

3 보디발이 물었다. "그렇다면 저 히브리 노예는 어디서 온 것이냐?" 그가 답

했다. "이스마엘 상인들이 돌아올 때까지 저에게 잠시 맡기고 간 것입니다."

4 그러나 보디발은 그를 믿지 않고 그의 옷을 벗겨 채찍질하라고 명했다. 그가 끝까지 같은 말을 하자 보디발이 명했다. "그 젊은이를 이리로 데려오너라."

5 나는 불려 들어가서 내시들의 우두머리에게 절을 했다. 그는 파라오의 세 번째 서열 고관이었으며 아내와 자식들과 첩들을 둔 자였다.

6 그는 나를 따로 데리고 가서 내게 물었다. "너는 노예냐, 자유인이냐?" 나는 말했다. "노예입니다."

7 그가 다시 물었다. "누구의 노예냐?" 나는 답했다. "이스마엘 상인들의 노예입니다."

8 그가 다시 물었다. "어떻게 그들의 노예가 되었느냐?" 내가 말했다. "그들이 나를 가나안 땅에서 샀습니다."

9 그는 내게 말했다. "진실로 네가 거짓말을 하고 있구나." 그리고 즉시 내 옷을 벗기고 채찍질하라고 명했다.

· ·

13장은 요셉이 보디발의 집에 들어가기 전, 그의 신분을 둘러싸고 벌어지는 심문 과정을 상세히 묘사한다. 이 장의 핵심은 형제들을 보호하기 위한 요셉의 일관된 침묵과 그로 인한 고난이다.

상인에 대한 심문 (1-4)

보디발은 아내의 말에 따라 요셉을 데리고 있던 상인을 '자유민 납치' 혐의로 심문한다. 상인은 두려움에 떨며 혐의를 부인하고, 요셉이 "이스마엘 사람들이 잠시 맡긴 것"이라고 둘러댄다. 보디발은 그의 말을 믿지 않고 채찍질을 가하며, 마침내 요셉을 직접 대면하기로 결정한다.

요셉에 대한 심문과 고난 (5-9)

일관된 침묵: 보디발의 집요한 심문("너는 누구냐?", "누구의 노예냐?", "어떻게 노예가 되었느냐?")에도 불구하고, 요셉은 오직 "나는 노예입니다"라는 대답으로 일관한다. 이는 11장에서 보여준 형제들의 죄를 덮어주기 위한 그의 자기희생적인 결심이 흔들리지 않고 있음을 보여준다.

부당한 고난: 그의 이 침묵의 결과는 거짓말쟁이라는 오명과 함께 옷이 벗겨지고 채찍질을 당하는 부당한 고난이었다. 그는 진실을 말함으로써 이 고난을 피할 수도 있었지만, 형제들을 지켜주기 위해 기꺼이 모든 고통을 감내한다.

제14장

보디발 아내의 교활한 전략과 보디발의 위선적인 판결

1 멤피스 여인은 내가 매질당하는 동안 창문으로 나를 보고 있었는데 그녀의 집이 가까웠기 때문이다. 그녀는 남편에게 전갈을 보내 말했다. "당신의 재판은 공정치 못합니다. 당신은 납치당한 자유인을 마치 범법자처럼 벌주고 있습니다."

2 내가 채찍질을 당하면서도 내 진술을 바꾸지 않자 그는 이 아이의 원래 주인이 올 때까지라며 나를 감옥에 가두라고 명했다.

3 그러자 그 여인이 다시 남편에게 말했다. "어찌하여 포로로 잡힌 이 귀한 소년을 결박하여 가두십니까? 그는 오히려 자유롭게 풀어주어 당신을 시중들게 해야 하지 않겠습니까?"

4 그녀는 죄악된 욕망을 채우기 위해 나를 보고 싶어 했으나 나는 그 모든 속내를 알지 못했다.

5 보디발이 아내에게 말했다. "명확한 증거가 있기 전까지는 남의 소유를 함부로 빼앗지 않는 것이 이집트의 관습이오."

6 그의 이 말은 상인에게 해당하는 것이었고 나에 대해서는 나를 감옥에 가두어야 한다는 것이었다.

· ·

14장은 보디발 아내의 교활한 전략과 보디발의 위선적인 판결, 그리고 그 속에서 묵묵히 고난받는 요셉의 모습을 통해 사건의 아이러니를 극대화한다.

여인의 이중적 전략 (1-4)

1절과 3절에서 여인이 요셉을 옹호하는 듯한 발언을 하는 것은 그녀의 마음이 변했기 때문이 아니다. 이는 요셉을 자신의 영향권 아래에 두기 위한 고도의 전략이다. 그녀의 목표는 요셉을 상인의 소유에서 빼내어 자신의 남편인 보디발의 소유로 만드는 것이다. 그녀는 정의와 자비를 명분으로 내세워 남편을 압박함으로써, 자신의 진짜 목적인 '요셉의 소유권 이전'을 관철시키려 하고 있다. 4절은 이러한 그녀의 행동이 죄악된 욕망을 채우기 위함이었음을 요셉의 시점에서 명확히 폭로하며, 그녀의 모든 선한 듯 보이는 행동의 위선적인 본질을 드러낸다.

보디발의 선택적 정의 (5-6)

5-6절은 보디발의 판결이 가진 이중 잣대를 보여준다. 그는 "증거 없이는 남의 소유를 빼앗지 않는다"는 공정한 법 원칙을 말하지만, 이 원칙은 상인의 소유권을 보호하는 데만 적용될 뿐, 자유인으로서 요셉의 권리를 보호하는 데는 적용되지 않는다. 결국 그의 판결은 아내의 요구와 사회적 관습 사이에서 타협하여 힘없는 요셉을 희생시키는 위선적인 결론에 이른다. 이로써 요셉은 모함과 불공정한 사법 체제 양쪽 모두의 희생자가 된다.

제15장

드러난 진실과 새로운 음모

1 스무나흘 뒤, 이스마엘 사람들이 돌아왔다. 그들은 내 아버지 야곱이 나 때문에 크게 슬퍼하고 있다는 소식을 들었다. 그들이 와서 내게 말했다.

2 "어찌하여 너는 스스로를 노예라 말했느냐? 우리는 네가 가나안 땅의 유력한 집안의 아들임을 알게 되었다. 네 아버지는 아직도 너 때문에 베옷을 입고 재에 앉아 애통하고 있다고 한다."

3 그 말을 듣고 나의 마음은 무너져 울고 싶었으나 나는 형제들에게 수치를 돌리지 않기 위해 감정을 억누르고 이렇게 말했다. "저는 모르는 일입니다. 저는 노예일 뿐입니다."

4 그러자 그들은 자신들의 죄가 드러나지 않도록 나를 다른 곳에 팔아버리기

로 공모했다.

5 그들은 내 아버지를 두려워했는데 그가 하나님과 사람들 앞에서 강하다는 소문을 들었기 때문이다.

6 그때 상인이 그들에게 말했다. "나를 보디발의 재판에서 풀어주시오."

7 이스마엘 사람들은 내게 와서 부탁했다. "네가 우리에게 정당한 값에 팔렸다고만 말해주면 그가 우리를 놓아줄 것이다."

· ·

15장은 진실이 드러났을 때, 관련된 인물들의 동기가 어떻게 변하고 사건이 새로운 국면으로 접어드는지를 보여준다. 이 장의 핵심은 요셉의 자기희생적인 사랑이 가장 큰 시험에 직면하는 순간과 죄를 덮으려는 자들의 두려움이다.

진실의 무게와 요셉의 고뇌 (1-3)

이스마엘 상인들은 이제 요셉이 단순한 노예가 아니라, 아버지가 크게 슬퍼하며 찾고 있는 유력한 집안의 아들이라는 진실을 알게 되었다. 이 소식, 특히 아버지의 고통에 대한 소식은 요셉의 마음을 무너지게 한다. 이는 그의 침묵이 감정이 없어서가 아니라, 의지적인 결단이었음을 보여준다. 그는 자신의 정체성을 밝혀 이 모든 고통을 끝낼 수도 있었지만, 형제들에게 수치를 돌리지 않기 위해 다시 한번 자신의 신분을 부정한다. 이는 그의 형제 사랑이 얼마나 깊고 자기 희생적인지를 보여주는 가장 가슴 아픈 대목이다.

두려움이 낳은 새로운 음모 (4-5)

진실을 알게 된 이스마엘 상인들의 반응은 회개가 아닌 두려움이었다. 그들은 자신들이 사형에 해당하는 범죄(자유민 납치 및 매매)에 연루되었음을 깨닫고, "하나님과 사람들 앞에서 강하다"고 알려진 야곱의 보복을 두려워한다. 이 두려움은 그들로 하여금 자신들의 죄를 덮기 위해 요셉을 다른 곳에 팔아버리기로 공모하게 만든다. 처음에는 단순한 이익을 위해 요셉을 거래했던 그들이, 이제는 자신들의 죄를 은폐하고 스스로를 보호하기 위해 더 적극적인 범죄의 공모자가 된 것이다.

거짓말의 연쇄 (6-7)

이 단락은 죄와 거짓말이 어떻게 또 다른 거짓말을 낳는지를 보여준다. 요셉의 첫 번째 거짓말(형제들을 보호하기 위한)은 상인을 법적인 곤경에 빠뜨렸다. 이제 상인을 구하기 위해 이스마엘 사람들은 요셉에게 또 다른 거짓말("정당한 값에 팔렸다"고 말해달라)을 요구한다. 이는 하나의 죄가 어떻게 여러 사람을 얽어매는 거짓의 사슬을 만들어내는지를 보여준다.

제16장

보디발에게 팔리다

1 그때 멤피스 여인이 남편에게 말했다. "그 소년을 사세요. 내가 들으니 그들이 그를 팔고 있다고 합니다."
2 그녀는 곧장 자기 내시를 이스마엘 사람들에게 보내어 값을 치르고 나를 사오라고 시켰다.
3 하지만 내시는 그들이 부르는 값을 깎으려다 실패하고 돌아와서 여주인에게 그들이 노예 한 명에 너무 비싼 값을 부른다고 보고했다.
4 그녀는 다른 내시를 보내며 명했다. "그들이 금 두 므나를 달라 해도 그냥 주어라. 돈을 아끼지 말고 반드시 그 아이를 사서 내게 데려오너라."
5 그 내시가 가서 그들에게 금 팔십 개를 주고 나를 데려왔으나 이집트 여인에게는 백 개를 주었다고 말했다.
6 나는 그 사실을 알았지만 그 내시가 부끄러움을 당하지 않도록 잠잠히 있었다.

....

16장은 보디발 아내의 집요한 욕망이 어떻게 거래를 성사시키는지, 그리고 그 거래의 과정에서 나타나는 작은 부패와 그에 대한 요셉의 반응을 그리고 있다.

욕망의 관철 (1-4)

이 단락의 주도자는 온전히 멤피스 여인이다. 그녀의 욕망은 이제 단순한 감정을 넘어 구체적인 행동과 명령으로 나타난다.

적극적인 행동: 그녀는 요셉이 팔릴 것이라는 정보를 듣자마자, 즉시 남편에게 그를 사

라고 부추기고, 자신의 내시를 직접 보내 거래를 시도한다. 이는 그녀가 더 이상 남편을 설득하는 단계를 넘어 자신이 직접 상황을 통제하고 주도하고 있음을 보여준다.

돈을 아끼지 않는 집착: 그녀는 "돈을 아끼지 말고 반드시 그 아이를 데려오너라"고 명한다. 이는 요셉을 향한 그녀의 욕망이 이성적인 판단을 마비시킬 정도로 강력하며, 그를 소유하기 위해서라면 어떠한 대가도 치를 준비가 되어 있음을 보여준다.

작은 부패와 요셉의 침묵 (5-6)

이 작은 일화는 당시 사회의 부패상과 요셉의 비범한 성품을 동시에 보여준다.

내시의 부정: 내시는 요셉의 몸값으로 금화 80닢을 지불하고, 주인에게는 100닢을 지불했다고 거짓 보고를 하여 20닢을 횡령한다.

요셉의 침묵: 요셉은 이 사실을 알았지만 "그 내시가 부끄러움을 당하지 않도록 잠잠히 있었다." 이는 11장에서 형제들의 죄를 덮어주기 위해 침묵했던 것과 같은 맥락의 행동이다. 비록 자신을 물건처럼 거래하는 과정에서 발생한 부정이라 할지라도, 요셉은 그 작은 악에 대해 분노하거나 고발하여 소란을 일으키는 대신, 한 개인의 수치를 덮어주는 관용을 선택한다. 그의 침묵은 무관심이나 동조가 아니라 더 큰 악을 피하고 한 인간의 체면을 지켜주려는 성숙한 배려였다.

제17장

형제 사랑의 완성: 용서와 겸손의 실천

1 나의 자녀들아, 보아라. 내가 나의 형제들의 명예를 지켜주기 위해 얼마나 많은 부당한 일들을 감내했는지를.

2 너희 역시 서로 사랑하고 오래 참음으로 서로의 잘못과 결점을 덮어주어야 한다.

3 하나님께서는 형제간의 화합을 기뻐하시며 사랑으로 행하는 마음의 동기를 받으신다.

4 나의 형제들이 이집트에 도착했을 때 그들은 내가 그들의 돈을 돌려보냈다는 사실과 내가 그들을 불명예스럽게 만들지 않고 오히려 그들을 안심시켰다

는 사실을 깨닫게 되었다.

5 그리고 내 아버지 야곱이 돌아가신 뒤에도 나는 그들을 더욱 극진히 사랑했으며 그가 명하신 것이 무엇이든지 그 모든 것을 그들을 위해 넘치도록 행하였더니 그들은 매우 놀라워했다.

6 나는 그들이 아주 사소한 일로도 괴로움을 당하지 않도록 해주었고 내게 있는 모든 좋은 것을 그들에게 내어주었다.

7 그들의 자녀는 나의 자녀였고 나의 자녀는 그들의 종과 같았다. 그들의 삶은 나의 삶이었고, 그들의 모든 고통은 나의 고통이었으며, 그들의 모든 질병은 나의 아픔이었다. 나의 땅이 곧 그들의 땅이었고 그들의 계획이 곧 나의 계획이었다.

8 나는 내가 가진 세상의 영광 때문에 그들 가운데서 교만하게 나 자신을 높이지 않았고 오히려 그들 가운데서 가장 작은 자 중 하나처럼 있었다.

....

17장은 그의 유언 전체의 윤리적 정점이라 할 수 있다. 앞선 장들에서 고난 속에서의 개인적인 인내와 정결을 증언했다면, 17장은 그 인내의 열매가 어떻게 공동체 안에서, 특히 자신에게 악을 행한 형제들을 향한 적극적인 사랑과 용서로 나타났는지를 구체적으로 보여준다.

허물을 덮는 사랑 (1-3)

요셉은 자신의 삶을 모델로 제시하며, 형제 사랑의 핵심이 "오래 참음으로 서로의 잘못과 결점을 덮어주는 것"에 있다고 가르친다. '덮어준다'는 것은 단순히 죄를 못 본 척하는 소극적 용서를 넘어 11장에서 자신이 그랬던 것처럼 형제들의 수치와 명예를 지켜주기 위해 적극적으로 행동하는 것을 의미한다. 그는 이러한 행위의 동기가 사랑일 때, 하나님께서 그 마음을 기쁘게 받으신다고 선언한다.

용서의 실천 (4-6)

요셉은 형제들이 가장 두려워했을 '돈 자루 사건'에 대해 잘못을 추궁하지 않고 오히려 그들을 안심시켰다. 아버지 야곱의 죽음 이후, 형제들은 보복에 대한 두려움에 떨었지만(창 50:15), 요셉의 사랑은 오히려 더욱 극진해졌고 그들을 넘치도록 부양했다. 그는 복수할 수도 있는 절대적인 힘을 가졌을 때, 그 힘을 용서와 사랑을 위해 사용함으로써 자신의 진정성을 증명했다.

자기 비움과 동일시 (7-8)

요셉의 사랑이 도달한 경지를 가늠해보라.

고통의 동일시 (7): "그들의 고통은 나의 고통이었으며, 그들의 모든 질병은 나의 아픔이었다." 이는 단순한 공감을 넘어 다른 사람의 고통을 자신의 고통과 동일시하는 하나님 사랑과 같다. 그는 자신의 자녀를 종처럼 낮추고 형제들의 자녀를 자신의 자녀처럼 여기며, 자신과 형제들 사이의 모든 경계를 허물어 버린다.

겸손 (8): 이집트의 2인자라는 세상의 영광 속에서도 그는 교만하지 않고, 오히려 스스로를 '가장 작은 자 중 하나처럼' 낮추었다.

결론적으로 17장은 고난을 통해 연단된 요셉의 성품이 어떻게 자기 희생적인 사랑과 겸손으로 완성되었는지를 보여준다. 특히 7-8절에 나타난 자기 비움과 고통의 동일시는 신약에서 그려지는 그리스도의 성품과 사역의 가장 강력하고 분명한 예고편 중 하나라 할 수 있다.

제18장

겸손의 결과와 하나님의 축복

1 그러므로 나의 자녀들아, 너희도 여호와의 계명 안에서 행한다면 그분께서 그곳에서 너희를 높이시고 영원토록 좋은 것으로 복 주실 것이다.

2 그리고 만일 누가 너희에게 악을 행하려 하거든 너희는 오히려 선을 베풀고 그를 위해 기도하라. 그리하면 여호와께서 너희를 모든 악에서 건져주실 것이다.

3 보라, 너희가 아는 바와 같이 나는 오래 참음으로 말미암아 헬리오폴리스 제사장의 딸을 아내로 맞이하였다. 그리고 그녀와 함께 금 백 달란트를 받았으니 이는 여호와께서 그 모든 것이 나를 섬기게 하셨기 때문이다.

4 그는 또한 나를 이스라엘의 아름다운 자들보다 더 아름다운 꽃으로 만들어

주셨고 내가 노년에 이르기까지 힘과 아름다움 속에서 나를 보존해 주셨다. 이는 내가 모든 면에서 야곱을 닮았기 때문이다.

....

18장은 요셉의 삶 전체를 통해 증명된 신앙의 원리를 후손들에게 유산으로 물려주는 축복과 권면의 장이다. 내용은 크게 두 부분, 즉 후손들을 향한 약속과 그 약속에 대한 자신의 삶을 통한 증거로 나뉜다.

약속: 순종과 선행의 결과 (1-2)
요셉은 먼저 두 가지 보편적인 원리를 제시한다. 첫째는 순종에 대한 축복이다. '여호와의 계명 안에서 행하는 것'은 하나님께서 그를 높이시고 영원한 복을 주시는 결과로 이어진다. 둘째는 악을 선으로 이기는 원리이다. 자신에게 악을 행하는 자를 저주하는 대신, 선을 베풀고 그를 위해 기도하는 것은 모든 악으로부터 보호받고 구원받는 길이다. 이는 신약에서 예수님께서 가르치신 원수 사랑의 가르침과도 일치한다.

증거: 요셉의 삶에 나타난 축복 (3-4)
요셉은 이 원리가 단순한 이론이 아님을 자신의 삶을 통해 증명한다.

사회적 축복 (3): 그는 오래 참음의 결과로 이집트 최고 명문가인 헬리오폴리스 제사장의 딸과 결혼하고, 상상할 수 없는 재물(금 백 달란트)을 얻는 사회적 성공을 거두었다. 그는 이 모든 것이 자신의 능력 때문이 아니라, 여호와께서 그 모든 것이 나의 유익이 되게 하셨기 때문이라고 고백하며 모든 영광을 하나님께 돌린다.

개인적 축복 (4): 하나님의 축복은 외적인 것에만 머물지 않았다. 하나님께서는 그를 내면적으로도 '아름다운 꽃'처럼 만드셨고, '노년까지 힘과 아름다움'을 보존해주시는 육체적인 건강의 복까지 주셨다. 흥미롭게도 요셉은 자신의 이 아름다움의 근거를 그가 모든 면에서 야곱을 닮았기 때문이라고 말한다. 이는 단순히 외모의 유사성을 넘어 그의 삶의 방식과 신앙이 아버지 야곱의 길을 충실히 따랐음을 의미하는 깊은 고백이다.

제19장

요셉의 동물묵시

1 나의 자녀들아, 내가 본 환상도 들어보아라.

2 열두 마리의 수사슴이 풀을 뜯고 있었다. 그 중 아홉 마리는 흩어져서 땅의 곳곳으로 퍼져 갔다. 나머지 세 마리는 보존되었으나 그 다음 날 그들도 흩어졌다.

3 그리고 내가 보니 세 마리의 수사슴이 세 마리의 어린 양으로 변했다. 그들이 주께 울부짖자 주께서 그들을 어둠에서 빛으로 이끌어내시고 그들을 푸르고 물이 있는 곳으로 인도하셨다.

4 그리고 세 마리의 양들은 그곳에서 여호와께 계속 부르짖었고 마침내 흩어졌던 아홉 마리의 수사슴이 그들에게로 모여들어 그들은 모두 열두 마리의 양같이 되었다. 잠시 후에 그들은 번성하여 많은 무리가 되었다.

5 그 후에 내가 보니 보라, 열두 마리의 황소가 한 마리의 암소에게서 젖을 빨고 있었다. 그 암소의 젖은 바다를 이루었으며 열두 무리와 헤아릴 수 없는 수많은 가축들이 거기서 마시고 있었다.

6 그리고 네 번째 황소의 뿔들은 하늘로 올려졌으며 가축 무리들을 위한 방벽이 되었다. 그리고 두 뿔 사이에서 '다른 뿔' 하나가 돋아났다.

7 그리고 나는 한 마리 어린 송아지를 보았는데 그 송아지는 열두 황소 주위를 열두 번 돌았다. 그리고 그 황소들에게 완전한 도움과 완벽한 조력자가 되었다.

8 그리고 나는 그 뿔들 한가운데에서 채색옷을 입은 한 처녀와 그녀에게서 한 어린 양이 나오는 것을 보았다. 그의 다른 한 면은 사자와 같았다. 각종 짐승들과 파충류들이 그것을 향해 달려들었으나 어린 양은 그것들을 이기고 멸망시켰다.

9 어린 양의 그 승리로 말미암아 황소들이 기뻐했으며 암소와 수사슴들도 그들과 함께 크게 기뻐하였다.[57]

10 이 일들은 그들의 정한 때에, 곧 마지막 날에 일어날 것이다.

11 그러므로 나의 자녀들아, 너희는 여호와의 계명을 지키고 유다와 레위를 존

---

57. 아르메니아어 역본과 일부 후대 헬라어 사본에서는 "천사들과 사람들과 온 땅이 기뻐하였다"라고 되어있다.

경하라. 이는 그들로부터 하나님의 어린 양이 일어나 세상의 죄를 제거하고 모든 이방인들과 이스라엘을 구원하실 것이기 때문이다.

12 그의 왕국은 결코 사라지지 않을 영원한 왕국이다. 그러나 너희 가운데 세워질 나의 왕국은 여름이 지나면 사라져 버리는 과수원의 오두막처럼 끝이 있을 것이다.

• •

19장은 에녹서의 '동물 묵시'와 같은 방법을 사용하여 이스라엘의 전 역사와 종말의 때를 압축적으로 보여주는 장엄한 예언이다. 이 환상은 이스라엘의 분열과 흩어짐, 남은 자들의 기도, 메시아 시대의 도래, 영적 전쟁과 최종 승리, 그리고 새 시대의 충만한 축복을 순차적으로 그리고 있다.

이스라엘의 분열과 회복 (2-4)

환상은 이스라엘 열두 지파를 상징하는 '열두 마리의 수사슴'으로 시작한다. 아홉 마리가 흩어지는 것은 북이스라엘의 멸망과 열 지파의 분산을, 이후 남아있던 세 마리마저 흩어지는 것은 남유다 왕국의 멸망과 바벨론 유수를 상징한다. 여기서 주목할 점은 야생에서 스스로를 지키며 생존할 수 있는 '수사슴'이 바벨론 포로기를 기점으로 목자의 돌봄 없이는 생존할 수 없는 연약한 '어린 양'으로 변한다는 것이다. 이는 이스라엘이 '70 목자의 시대'로 들어가 열강의 지배 아래 고통받는 무력한 상태가 되었음을 의미한다. 그러나 이 연약한 '세 마리의 어린 양'(남은 자)이 때가 되어 절망 속에서 주께 울부짖자 하나님께서는 그들을 포로 상태(어둠)에서 풀려나게 하시고(빛) 약속의 땅(푸르고 물이 있는 곳)으로 귀환시키신다. 이 귀환한 공동체(제2성전 시대)의 계속적인 기도를 통해 흩어졌던 아홉 지파 중 일부가 돌아와 다시 '열두 마리의 양'이라는 통일된 공동체를 이루고 번성하게 될 것을 예고한다.

생명과 진리의 성령 시대의 도래와 열방을 향한 공급 (5)

회복된 공동체는 새로운 차원의 축복을 경험한다. 여기서 '열두 마리의 황소'는 힘과 능력을 얻게 된 새 시대의 지도자들, 즉 열두 사도를 상징한다. 그들의 힘의 근원은 '우유(젖)의 바다'를 만들어내는 '한 마리 암소'이다. 이 암소는 무한한 생명과 진리의 근원으로써, 이는 메시아의 구속 사역의 결과로 부어지는 '진리와 생명의 성령'을 상징한다. 이 성령의 은혜(젖)는 이스라엘을 넘어 '헤아릴 수 없는 수많은 가축들', 즉 이방인 신자들에게까지 차별 없이 흘러가 그들을 생명과 진리로 양육하고 성장시킬 것이다.

메시아 왕권과 적그리스도 (6, 8)

환상은 네 번째 황소, 즉 유다 지파에서 나온 왕권이 하늘까지 닿는 신적인 권위를 얻어 성도들을 보호하는 '방벽'이 될 것을 보여준다. 그러나 그 권세의 '두 뿔 사이에서 다른 뿔'이 돋아난다. 이는 다니엘서의 예언처럼 마지막 때에 나타나 하나님의 백성을 핍박할 적그리스도의 세력을 암시한다.

> "아이들아, 지금은 마지막 때라 적그리스도가 오리라는 말을 너희가 들은 것과 같이 지금도 많은 적그리스도가 일어났으니 그러므로 우리가 마지막 때인 줄 아노라"(요한일서 2:18)

이방인 성도들의 역할 (7)

'어린 송아지'는 이스라엘의 언약 밖에 있다가 메시아를 통해 새롭게 하나님의 백성으로 들어온 이방인 교회들을 상징한다. 그들은 처음에는 이스라엘(열두 황소)의 주위를 열두 번 도는 모습으로 일정한 거리를 두고 처음에는 약간의 거리감, 또는 동화되기 전의 단계를 암시한다. 그러나 결국 이들은 이스라엘에게 없어서는 안 될 '완전한 도움과 완벽한 조력자'가 되어 마지막 때 짐승들이 어린 양을 대적하여 일으키는 전쟁에서 함께 어린 양의 승리에 동참하게 될 것이다.

3~7절의 난해한 동물묵시: 이 부분은 베타(β) 그룹 사본에만 있고, 알파(α) 그룹 사본에는 생략(omission)되어 있다. 생략 사본에서는 8절은 다음과 같이 번역되었다.

> "그리고 나는 유다에서 베옷을 입은 한 처녀가 태어나는 것을 보았고 그녀에게서 흠 없는 어린 양이 나왔다. 그의 우편에는 사자 같은 것이 있었으며, 모든 짐승들이 그에게 달려들었으나 어린 양이 그들을 이기고 멸하여 발아래 짓밟았다."

과거에는 이 두 버전의 관계를 어느 한쪽이 원본이고 다른 한쪽이 변질된 것이라는 이분법적인 틀로 보려는 경향이 있었다. 그러나 이 난해한 동물 묵시 구절을 번역자가 '신학적 번역, 교정, 조화'의 과정을 통해서 최선을 다하려고 했을 상황을 생각하면 충분히 이해할 수 있게 된다.

난해함으로 인한 생략: 후대의 필사자나 번역가가 3-7절의 복잡하고 해석하기 어려운 동물 알레고리를 마주했을 때, 그 의미의 실마리를 찾지 못하고 번역의 어려움을 느껴 이 부분을 의도적으로 생략(omission)하고 더 명확한 8절의 내용으로 건너뛰었을 수 있다.

해석학적 의역: 그러므로 8절은 긴 사본이 더 잘 원형을 반영해주고 있는 것으로 추정할 수 있고, 짧은 사본은 8절(짧은 사본에서는 3절)을 독자들의 이해를 돕기 위해 해석학적 번역을 한 것으로 보인다. '그 뿔들 한가운데에서 난 한 처녀'는 6절에서 '네 번째 황소의 뿔들', 곧 야곱의 넷째 아들 유다를 의미하므로 난해한 상징을 '유다에게서 난 한 처녀'로 의역하여 독자의 이해를 도우려고 했을 것이다.

최후의 영적 전쟁과 승리 (8)

8절은 이 마지막 때의 영적 전쟁을 묘사한다. '뿔들 한가운데서(유다의 왕권 속에서) 난 처녀'에게서 태어난 '어린 양', 즉 메시아는 두 가지 모습을 가진다. 그는 희생 제물인 '어린 양'인 동시에, 심판과 통치의 권세를 가진 '사자'(유다 지파의 사자, 계 5:5)이다. 세상의 모든 악한 세력(각종 짐승들과 파충류들)이 연합하여 그에게 대적하지만, 어린 양은 마침내 그들을 이기고 심판하여 발아래 짓밟음으로써 최종적인 승리를 거둘 것이다. 이러한 '어린 양의 전쟁' 주제는 요한계시록에서 잘 나타난다(계 17:14).

종말론적 기쁨과 하나님 나라의 완성 (9-12)

어린 양의 최종 승리로 인해 이스라엘의 지도자들(황소), 성령(암소), 돌아온 백성들(수사슴)뿐만 아니라, 천사들과 온 땅이 함께 기뻐하는 우주적인 축제가 열리게 된다.

> "성령과 신부가 "오십시오!" 하고 말씀하십니다. 이 말을 듣는 사람도 또한 "오십시오!" 하고 외치십시오. 목이 마른 사람도 오십시오. 생명의 물을 원하는 사람은 거저 받으십시오."(계 22:17)

이 모든 일은 다니엘과 하박국이 예언한 것처럼 하나님께서 정하신 '정한 때 끝'(עֵת־קֵץ)에 정확히 성취될 것이다. 그러므로 여름(카이쯔 קַיִץ)이 다 지나면 더 이상 소용이 없어 철거되는 '과수원의 오두막'처럼, 이 땅에 세워질 요셉의 왕국은 일시적인 왕국에 불과하다. 이는 에브라임을 중심으로 세워질 북이스라엘 왕국을 암시하는 것으로, 역사 속에서 결국 사라질 것이다. 반면, 유다와 레위를 통해 오셔서 세상의 죄를 제거하실 하나님의 어린 양이 세우실 그의 왕국은 결코 사라지지 않는 영원한 왕국이다. 그 왕국은 이스라엘과 이방인이 함께 기뻐하며 참여하게 될 참된 하나님 나라로서, 요셉은 자신의 자녀들에게 유언으로 유다와 레위를 존경하라고 마지막으로 당부한다.

'하나님의 어린 양': 낯설지 않은 구약의 예언

예수님이 인정하신 '구약 시대의 마지막 선지자'이면서 신약 시대의 문을 연 세례 요한이 "보라! 세상 죄를 제거하는 하나님의 어린 양이로다!"(요 1:29)라고 선포했을 때, 그 자리에 있던 유대인들은 이 말을 어떻게 이해했을까? 이 선포는 이전에 없던 완전히 새로운 계시였을까, 아니면 그들의 마음속에 이미 존재하던 소망의 메아리였을까? 『열두 족장의 유언』과 같은 고대 문헌과 구약의 배경을 살펴보면, 이 선포가 결코 낯선 것이 아니라 구약 시대에 깊이 뿌리내린 메시아 예언의 절정이었음을 알 수 있다.

요셉의 유언 19장은 동물 묵시를 통해, 세상의 죄를 제거하는 '하나님의 어린 양'이 유다와 레위로부터 나올 것이며 그가 모든 이방인과 이스라엘을 구원할 것이라는 놀라운 예언을 담고 있다. 이 어린 양은 단순히 희생제물이 아니라, 다른 한편으로는 '사자와 같은' 권능을 지녀 마지막 날에 모든 악의 세력(짐승들과 파충류들)과 싸워 이기는 정복자이기도 하다. 이러한 묘사가 너무나 신약의 그리스도와 닮아서 또한 너무 기독교 신학적인 표현들이라서 구약 시대의 기록이라고 믿기 어렵다고 느끼는 사람도 있을 수 있다.

그러나 '어린 양' 또는 '양'이라는 이미지는 당시 유대인들에게 매우 익숙한 상징이었다.

유월절 어린 양: 모든 유대인의 삶과 문화의 중심에는 '유월절 어린 양'이 있었다. 출애굽의 구원을 기억하며 수천 년간 지켜온 유월절은 유대인들의

삶과 문화의 중심이었다. 그들은 절기가 다가오면 흠 없는 어린 양을 며칠간 집안에 들여 정을 붙인 뒤, 정해진 날에 직접 그 양을 잡아 피를 문에 바르는 과정을 매년 경험했다. 그리고 모리아 산을 향하여 가던 아브라함과 이삭이 묻고 답하는 대화 속에서 언급된 '번제할 어린 양'은 이스라엘 민족 역사 속에서 '대속을 위해 희생될 어린 양'에 대한 개념이 뿌리 박히게 하는 영구한 네러티브였다. 또한 상번제의 규례를 따라 아침과 저녁에 일년 된 숫어린 양을 매일 희생 제사로 잡아 드리는 일을 수백년 동안 해왔다라고 생각해보라. 이처럼 이스라엘 민족 역사에서 '어린 양'은 희생을 통한 죄의 대속이라는 개념과 분리할 수 없는, 그들의 삶에 각인된 이미지였다.

하나님의 백성을 상징하는 양: 에녹서와 같은 묵시 문학에서 '양'은 이스라엘 백성을 상징하는 대표적인 동물이었다. 예를 들어, 에녹서의 동물 묵시에서는 야곱과 열두 아들, 모세, 다윗, 여러 선지자들, 심지어 포로기 이후의 지도자들까지 모두 '양'으로 묘사된다. '요셉의 유언' 19장에서도 이스라엘 열두 지파는 처음에는 '열두 마리의 수사슴'이었다가 나중에는 '열두 마리의 양'이 되며, 남유다의 남은 자들은 '세 마리의 어린 양'으로 표현된다.

메시아를 예표하는 어린 양: 요셉의 유언 19장은 장차 유다와 레위로부터 '하나님의 어린 양'이 일어나 세상의 죄를 제거하고 모든 이방인과 이스라엘을 구원할 것이라고 명확히 예언한다. 이 어린 양은 희생제물인 동시에, 마지막 날에 모든 악의 세력과 싸워 이기는 사자 같은 정복자의 모습으로도 그려진다.

이러한 풍부한 예언적, 문화적 배경 속에서 세례 요한의 선포는 결코 무에서 창조된 것이 아니었다. 구약과 신약의 경계에 선 마지막 선지자로서, 그는 구약에 흩어져 있던 메시아에 대한 모든 예언과 상징의 조각들을 하나로 모아 그 실체가 바로 예수 그리스도임을 선포하는 최종적인 역할을 한 것이다. 제사장 가문 출신으로, 에세네파나 쿰란 공동체와 같은 경건한 그룹과 깊은 연관이 있었을 그는 이 고대의 예언들을 누구보다 잘 알고 있었을 것이다.

따라서 세례 요한의 외침은 당시 메시아를 간절히 기다리던 이스라엘 백성에게 전혀 새로운 개념이 아니라, 오랫동안 기다려온 약속이 마침내 눈앞의 현실로 나타났음을 알리는 가장 영광스러운 선포로 들렸을 것이다. '세상 죄를 제거하는 하나님의 어린 양'은 신약만의 전유물이 아니라, 구약 전체를 흐르며 마침내 그 정체성을 드러낸 위대한 예언의 성취였다.

제20장

출애굽의 예언과 마지막 유언

1 "내가 죽고 나면 이집트 사람들이 너희를 억압할 것을 안다. 그러나 하나님께서 너희를 변호해 주시고, 너희를 조상들에게 약속하신 땅으로 이끄실 것이다.

2 다만 너희는 내 뼈를 너희와 함께 가지고 올라가라. 내 뼈가 그곳으로 옮겨질 때 여호와께서는 빛 가운데 너희와 함께 계실 것이요, 벨리알은 어둠 가운데 이집트인들과 함께 있을 것이다.

3 너희는 너희 어머니 아스낫의 유골을 에브랏 길로 가지고 올라가서 너희 조모 라헬 곁에 그녀를 묻어라."

죽음과 애도

4 이 말을 마치고 그는 발을 뻗고 영원한 잠에 들었다.

5 온 이스라엘이 그를 위하여 슬퍼하였고 온 이집트가 크게 애통하였으니 이는 그가 이집트 사람들을 마치 자기 몸의 지체처럼 여기며 그들의 모든 일에 조언을 아끼지 않고 그들을 도우며 친절을 베풀었기 때문이다.

6 그리고 그들은 그의 뼈를 가져지고 나와 세겜에 묻었다. 그의 생애는 110년이었다.

••••••••••••••••••••••••

20장은 요셉의 마지막 예언과 명령, 그리고 죽음을 통해 그의 삶 전체를 요약하고 이스라엘의 미래 구속사에 대한 소망을 제시하며 장엄하게 마무리된다.

미래에 대한 예언과 유언 (1-3)

출애굽 예언 (1): 요셉은 자신이 죽은 후 이스라엘이 이집트에서 겪게 될 압제와 그럼에도 불구하고 하나님께서 그들의 '변호인'이 되어주셔서 그들을 구출하고 약속의 땅으로 인도하실 출애굽을 명확히 예언한다. 이는 그의 유언이 개인적인 차원을 넘어 민족 전체의 구원 역사와 연결되어 있음을 보여준다.

뼈에 담긴 신학 (2): 이 구절은 창세기의 기록을 넘어서는 매우 깊은 신학적 통찰을 보여준다. 요셉의 뼈를 가지고 가는 행위는 단순한 장례 절차를 넘어 영적인 의미를 지니는 상징적 행위이다. 그의 뼈는 이스라엘에게는 '빛 가운데 계시는 여호와의 임재'를 보증하는 표식이 되고, 이집트에게는 '어둠 가운데 있는 벨리알'을 상징하는 심판의 징표가 된다. 즉, 요셉의 뼈는 두 영적 왕국을 가르는 거룩한 승리의 깃발과도 같은 역할을 한다.

아내의 장례 (3): 그가 자신의 아내 아스낫을 조모 라헬 곁에 묻어달라고 부탁하는 것은 이방 여인이었던 그녀가 이제는 이스라엘의 위대한 족보에 온전히 편입되었음을 선언하는 행위이다.

평화로운 죽음과 모두의 애도 (4-5)

죽음과 애도: 요셉은 모든 유언을 마친 후 '영원한 잠'이라는 평화로운 죽음을 맞이한다. 그의 죽음에 대해 온 이스라엘과 온 이집트가 함께 슬퍼했다는 기록은 매우 중요하다. 이는 그의 의로움과 지혜, 그리고 자비가 자신의 민족을 넘어 그가 섬겼던 이방 민족에게까지 얼마나 큰 영향을 미쳤는지를 증언한다. 요셉이 이집트인들을 "자기 몸의 지체처럼" 여겼다는 표현은, 이웃을 내 몸과 같이 사랑하는 실천의 모델로써 그의 통치가 민족과 혈통을 넘어선 사랑과 공의에 기반했음을 보여준다.

세겜 매장과 사본의 전승 (6절): 본문 6절은 아르메니아어 사본이 보존하고 있는, 가장 원문에 가까운 순수한 독법을 따른다. 이는 요셉의 뼈가 세겜에 묻혔다는 여호수아 24장 32절의 기록과 그의 나이가 110세였다는 창세기 50장 26절의 기록을 정확하게 반영한다. 6절은 사본들 사이에 본문 변이가 나타난다. 더 오래된 헬라어 사본 그룹(베타 그룹)은 지명은 '세겜'으로 올바르게 기록했지만, 장소 묘사는 '헤브론'의 막벨라 굴에 대한 설명을 덧붙이는 '본문 혼합(conflation)'을 보여준다. 한편, 후대 사본 그룹(알파 그룹)은 이 혼란을 해결하기 위해 지명 자체를 '헤브론'으로 수정하여 다른 족장들과의 통일성을 꾀하려 한 것으로 보인다.

세겜 매장과 그 신학적 의미 (6절): 다른 열한 족장들과 달리 요셉의 뼈가 헤브론이 아닌 세겜에 묻히게 된 이유에 대해서는 어떤 문헌과 정보를 통해서도 알려진 바가 없다. 그러나 그 배경에는 깊은 신학적, 역사적 추론이 가능하다. 요셉의 뼈에 깃들어 있다고 믿어졌던 신성한 권능 때문에(시므온 8:4; 요셉 20:2), 그의 직계 후손인 에브라임과 므낫세 지파는 그 뼈를 자신들의 영지에 모시고자 하는 열망이 매우 컸을 것이다. 따라서 그들은 자신들의 영토에서 멀리 떨어진 유다 지파의 헤브론이 아닌, 그들 두 지파의 경계에 놓인 중요한 성읍인 세겜에 요셉의 뼈를 안장하기를 강력히 원했을 것이라는 점은 매우 합리적 추론이다.

세겜과 헤브론은 각각 약속의 땅의 북쪽과 남쪽 끝에 위치한 관문 도시로서 중요한 상징성을 가진다. 세겜은 아브라함이 믿음으로 약속의 땅을 밟은 첫 시작점이며, 헤브론은 그의 믿음의 여정의 마지막 안식처이다. 신성한 권능을 가진 것으로 여겨지던 요셉의 뼈가 세겜 땅에 묻힘으로써, 요셉의 후손들 입장에서는 그의 뼈가 약속의 땅의 '메주자'(מְזוּזָה)와 같이 북쪽 관문을 영적으로 수호하는 역할을 하게 된 것이다.

베냐민의 유언

제1장

특별한 출생과 그 이름의 의미

1 이것은 '베냐민의 유언'의 사본이니 그가 125세를 살고 나서 그의 아들들에게 명령한 말들이다.

2 그는 아들들에게 입 맞추고 말했다. "이삭이 아브라함의 백 세에 태어난 것처럼 나 또한 야곱의 노년에 태어났다.

3 나의 어머니 라헬은 나를 낳다가 돌아가셨으므로 나는 어머니의 젖을 빨지 못하고 대신 그녀의 여종 빌하에 의해서 길러졌다.

4 라헬은 요셉을 낳은 후 12년 동안 아이를 낳지 못했고 그녀는 12일 동안 금식하며 여호와께 기도한 끝에 마침내 나를 잉태하고 낳았다.

5 나의 아버지는 라헬을 극진히 사랑하셨기에 그녀를 통해 두 아들이 태어나는 것을 보게 해달라고 기도하셨다.

6 그래서 나는 베냐민이라 불리게 되었으니 이는 '날들의 아들'이라는 뜻이다.

· ·

베냐민의 유언 1장은 그의 출생에 얽힌 특별한 배경을 서술한다.

노년에 얻은 아들 (2-5)

베냐민은 자신의 출생을 "이삭이 아브라함의 백 세에 태어난 것처럼"이라고 말하며, 자신 역시 아버지 야곱이 100세가 넘은 노년에 얻은 아들임을 강조한다. 그의 탄생은 어머니 라헬의 죽음이라는 비극과 동시에, 12년의 기다림과 12일의 금식기도 끝에 이루어진, 아버지 야곱의 '두 아들'에 대한 소망이 성취된 사건이었다. 숫자 12를 반복하여 사용하는 것은 그의 출생으로 야곱의 아들들이 비로소 완전한 수인 열둘을 채우게 되었음을 상징적으로 보여준다.

'베냐민' 이름의 다의적 해석 (6, 2)

창세기 35:18에서 라헬은 죽음의 고통 속에서 아들의 이름을 '벤-오니'(בֶּן-אוֹנִי), 즉 '내 슬픔의 아들'이라고 짓는다. 그러나 야곱은 즉시 그 이름을 '벤-야민'(בִּנְיָמִין), 즉 '오른손의 아들'(권능, 남쪽을 상징)로 바꾼다. 그러나 베냐민의 유언에서는 창세기에서는 알려지지 않게 될 또 다른 의미가 그 이름에 부여되어 있음을 알리는 데, 그 뜻은 "날들의 아들"이다. 이는 야곱의 '많은 날들', 즉 '노년'에 얻은 아들이라는 의미다. 베냐민이 출생할 때 야곱의 나이는 약106세로 추정되며, 아브라함보다 더 늙은 나이에 야곱은 막내를 얻었다. 당시 족장들은 아람어와 히브리어 두 언어를 익숙하게 사용하였으며, 히브리어 '벤-야민'(בִּנְיָמִין)과 아람어 '벤-요민'(בֶּן-יוֹמִין 많은 날들의 아들)과 히브리어 '벤-야밈'(בֶּן-יָמִים 많은 날들의 아들)이 서로 비슷하여 이 이름에 다의적인 의미를 부여한 것이다. 다니엘서 7:9에서 한국어로 의역된 '옛적부터 항상 계신 이'라는 하나님의 칭호는 아람어로 '아티크 요민'(עַתִּיק יוֹמִין)이며, 영어로는 'Ancient of Days'라 잘 직역되었다.

제2장

요셉의 지혜로운 용서와 형제들을 위한 알리바이

1 내가 이집트에 이르러 내 형 요셉이 나를 알아보았을 때 그가 내게 말했다. "그들이 나를 팔아넘겼을 때, 내 아버지께 무어라 말했느냐?"

2 나는 그에게 답했다. "그들이 당신의 옷에 피를 묻혀 보내며 '이것이 아버지의 아들의 옷인지 살펴보소서'라고 말했습니다."

3 그가 내게 말했다. "네 말이 맞다, 내 아우야. 이스마엘 사람들이 나를 데려갔을 때 그들 중 하나가 내 겉옷을 벗기고는 허리띠 하나만 두르게 한 채 채찍으로 나를 때리며 뛰어가라고 명령했었다.

4 그리고 나를 막대기로 때리던 그가 내 옷을 숨기러 잠시 무리를 벗어났을 때 사자가 나타나 그를 찢어 죽였다.

5 그러자 그의 일행들은 두려움에 떨며 나를 다른 상인들에게 팔아넘겼다.

6 내 형들은 거짓말하지 않았다." 이렇게 말함으로써 요셉은 나에게 내 형들의 행위를 감추고 그들의 죄악을 완전히 덮어주기를 원했던 것이었다. 요셉은 형들을 불러 모아 이렇게 말했다.

7 "당신들이 내게 저지른 일에 대해서는 아버지께 결코 사실대로 다 말하지 마세요. 오직 내가 나의 아우 베냐민에게 말해준 대로만 아버지께 고하세요.

8 당신들 사이의 생각도 이와 같이 하여 이러한 일들이 내 아버지의 마음에 전해지는 일이 없게 해주세요."

9 요셉은 죽을 때까지 그 비밀에 대해 스스로 말하려 하지 않았으나 야곱은 여호와의 계시를 통해 그 진실을 알게 되었고 그 사실을 요셉에게 말했다. 그럼에도 요셉은 계속해서 부인했다. 그러다가 마침내 이스라엘의 간곡한 맹세로 말미암아 겨우 설득되었다.

∙∙∙∙∙∙∙∙∙∙∙∙∙∙∙∙∙∙∙∙∙∙∙∙

2장은 베냐민의 시각에서 요셉의 용서가 얼마나 지혜롭고 다층적이었는지를 보여주는 매우 중요한 부분이다. 그는 단순히 죄를 용서하는 것을 넘어 과거의 상처가 더 이상 가족 공동체를 파괴하지 않도록 진실을 재구성하고 관리하는 놀라운 지혜를 보여준다.

고난의 재구성: 형제들의 죄를 가리는 알리바이 (1-5)

요셉은 자신의 유일한 친동생 베냐민에게 자신이 겪었던 고난의 초기 상황을 설명한다. 여기서 중요한 것은 그가 자신을 학대한 가해자를 형제들이 아닌 '이스마엘 상인 중 한 명'으로 지목한다는 점이다. 그리고 그 가해자는 요셉의 옷을 가지고 떠났다가 곧바로 사자에게 죽임당한다.

이 이야기는 단순한 과거 회상이 아니다. 이것은 요셉이 의도적으로 설계한 완벽한 알리바이이다. 이 이야기를 통해 형들이 아버지에게 가져갔던 '피 묻은 채색옷'의 출처가 설명된다. 즉, 형제들은 거짓말을 한 것이 아니라, '요셉의 채색옷을 탐내던 상인이 사자에게 찢겨 죽으면서 피가 묻게된 옷을 형제들이 우연히 발견한 것'이 된다. 요셉은 자신의 고통스러운 경험을 오히려 형제들의 끔찍한 죄를 영원히 덮어줄 수 있는 보호 장치로 재창조하고 있는 것이다.

공동체 전체를 위한 배려와 늙은 아버지에 대한 깊은 사랑 (6-8)

6절은 이러한 요셉의 깊은 의도를 베냐민이 깨닫는 장면이다. 요셉의 목표는 '내 형들은 거짓말하지 않았다'는 결과를 만들어 내어 그들의 죄를 완전히 덮어주는 것이었다. 그는 모든 형제를 불러 모아 자신이 베냐민에게 말해준 이 '편집된 진실'을 가족의 공식적인 역사로 삼으라고 당부한다. 이는 진실의 폭로가 때로는 치유가 아닌 파괴를 가져올 수 있음을 아는 깊은 지혜이다.

그의 이러한 행동의 동기는 '아버지의 마음을 고통스럽게 하지 않도록' 하기 위함이다. 요셉은 자신이 겪었던 고통보다 그 진실이 늙은 아버지에게 안겨줄 더 큰 고통을 염려하고 있다. 이는 자기중심적인 상처에서 벗어나 타인의 고통을 먼저 헤아리는 이타적인 사랑의 절정을 보여준다. 그는 진실의 폭로가 가져올 파괴력, 즉 늙은 아버지가 받게 될 충격과 형제들 사이의 신뢰 붕괴를 막고자 한다. 그는 자신이 모든 진실의 아픔을 짊어지는 대신 가족 모두가 상처 없이 앞으로 나아갈 수 있는 새로운 이야기를 제시한다.

이 요셉의 '사랑의 침묵'은 과거 형제들이 피 묻은 옷으로 아버지를 속였던 '증오의 기만'과 극명한 대조를 이룬다. 형제들의 거짓말은 자신들의 죄를 덮고 아버지에게 고통을 주었지만 요셉의 거짓말은 형제들의 죄를 덮어주고 아버지의 고통을 막아준다. 이는 요셉이 단순히 그들의 죄를 용서한 것을 넘어 그들의 죄악된 방식을 정반대의 선한 방식으로 되갚음으로써 악을 선으로 이기고 있음을 보여주고 있는 것이다.

결론적으로 이 장은 요셉의 용서가 감정적인 차원을 넘어 공동체의 회복과 보호라는 더 큰 목적을 위한 적극적이고 지혜로운 실천이었음을 보여준다. 그는 과거의 사실을 재구성하여 가해자인 형제들과 피해자인 자신, 그리고 가장 큰 상처를 입을 늙은 아버지 모두를 보호하는 놀라운 화해의 길을 열었다. 이는 진정한 용서가 때로는 진실을 덮어주는 더 적극적인 사랑의 행위일 수 있음을 보여주는 심오한 통찰이다.

이스라엘의 간곡한 맹세: 형제들의 죄악을 끝까지 덮어주려는 요셉의 흔들리지 않는 완고한 사랑 앞에서 아버지 야곱은 아들의 뜻에 따라 그 아들의 위대한 용서에 동참하기로 맹세한다. 즉, "나 또한 이 과거의 죄악을 아들들에게 따져 묻지 않고, 너의 뜻대로 그들의 수치를 덮고 가겠다"고 '이스라엘'이라는 족장의 이름을 걸고 아들에게 맹세한다. 이는 야곱이 아들의 자기 희생적인 사랑에 감복하여 그 거룩한 침묵의 공모자가 되기를 자처한 것으로 볼 수 있다. 요셉의 이러한 모습 속에서 하나님 아버지의 사랑받는 아들이신 예수님이 죄인된 인간을 위해 아버지 앞에서 어떻게 중보하시고 변호하시는지 가늠해 볼 수 있다.

야곱의 마음: 비통함과 경외감의 교차

이러한 요셉의 모습을 지켜보는 아버지 야곱의 마음은 어떠했을까? 그의 마음은 두 가지 감정이 교차하는 경이와 비통의 장이었을 것이다.

비통함: 한편으로는 자신의 다른 아들들이 저지른 죄악의 깊이와 그로 인해 사랑하는 아들 요셉이 겪어야 했던 끔찍한 고통의 실체를 알게 되면서 찢어지는 듯한 비통함을 느꼈을 것이다.

경외감: 다른 한편으로는 그 모든 배신과 고통을 넘어 자신에게 죄를 지은 형제들을 보호하기 위해 죽음으로 위협받으면서까지 침묵하고, 심지어 그들을 위한 완벽한 알리바이까지 설계하는 아들 요셉의 모습을 보며 인간의 수준을 넘어선 신적인 사랑 앞에 경외감을 느꼈을 것이다. 그는 자신의 아들이 하나님의 마음을 품은 거룩한 대리자임을 깨달았을 것이다.

구속사의 패턴: '필요한 악'과 하나님의 선

> *"당신들은 나를 해하려 하였으나 하나님은 그것을 선으로 바꾸사 오늘과 같이 많은 백성의 생명을 구원하게 하시려 하셨나니"* (창 50:20)

요셉이 형들을 용서하고 보호할 수 있었던 근본적인 이유는 그가 형들의 악행을 하나님의 더 큰 구속사의 섭리 안에서 해석했기 때문이다. 형들의 죄악은 분명 '악'이었지만, 하나님께서는 바로 그 악을 사용하여 야곱의 온 가족을 기근에서 구원하고, 이스라엘이 이집트에서 큰 민족을 이루게 하는 '선'으로 바꾸셨다.

이러한 '악을 통해 선을 이루시는 하나님의 주권'이라는 패턴은 이스라엘 역사 전체를 관통하는 신비로운 주제이다. 가장 대표적인 예가 바로 예수님의 죽음이다. 이스라엘의 일부 지도자들과 로마의 권력은 악의를 가지고 예수님을 십자가에 못 박아 죽음으로 몰아갔다. 그러나 하나님께서는 바로 그 최악의 악행, 즉 '예수님의 죽음'을 통해 온 인류를 죄에서 구원하고 이방인들에게까지 구원의 문을 활짝 여는 가장 위대한 선을 이루셨다.

요셉은 자신을 판 형들을 단순한 가해자가 아니라, 하나님의 거대한 구원 드라마 속에서 비록 '악역'을 맡았지만 결국에는 하나님의 선한 목적을 이루는 데 사용된 도구였음을 이해했을 것이다. 이러한 통찰이 있었기에 그는 형들을 개인적인 원한의 대상이 아닌, 긍휼과 보호의 대상으로 품을 수 있었다.

창세기 50장의 마지막 장면은 이러한 요셉의 마음을 증명한다. 아버지 야곱이 죽자 형들은 요셉의 보복을 두려워하며 그의 앞에 엎드린다. 그러나 요셉은 그들을 꾸짖지 않고 오히려 "내가 하나님을 대신하리이까"라고 말하며 심판이 자신에게 속한 것이 아님을 선언한다. 그는 "내가 당신들과 당신들의 자녀를 기르리이다"라고 약속하며 그들을 '간곡한 말로 위로'한다.

베냐민의 유언에 이 숨겨진 이야기들은, 요셉의 용서가 얼마나 깊고 지혜로우며, 모든 것을 계획하고 덮어주는 위대한 사랑이었는지를 증언하고 있다(베냐민 2:6-9은 'β' 계열 사본들에서만 발견된다).

제3장

의로운 사람 요셉을 본받으라

1 그러므로 나의 자녀들아, 너희도 하늘의 주 하나님을 사랑하고 그분의 계명을 지키며 선하고 거룩한 사람 요셉의 본을 따르도록 하여라.

2 너희의 생각의 성향을 선한 것에 두어라. 너희가 나를 아는 것 같이 생각이 선한 사람은 모든 것을 올바르게 보기 때문이다.

3 여호와를 경외하고 너희 이웃을 사랑하여라. 설령 벨리알의 영들이 온갖 악으로 너희를 괴롭히려 할지라도 그들이 나의 형 요셉을 이기지 못했던 것처럼 결코 너희를 지배하지 못할 것이다.

4 얼마나 많은 사람이 그를 죽이려 했으나 하나님께서 그를 보호하셨는가! 하나님을 경외하고 이웃을 사랑하는 자는 공중의 벨리알의 영에게 공격받을 수 없으니 이는 하나님을 경외하는 그 마음이 그의 방패가 되기 때문이다.

5 사람의 음모나 짐승의 위협도 그를 지배할 수 없나니 이는 이웃을 향해 그가 가지고 있는 여호와의 사랑으로 그가 도움을 얻기 때문이다.

6 요셉은 또한 우리 아버지께 자신에게 악을 행했던 형들을 위해 기도해주시기를 간청했으며 그들이 자신에게 저지른 모든 악을 여호와께서 죄로 여기지 않으시기를 기도했다.

7 그러자 야곱이 울며 말했다. "내 착한 아이 요셉아, 네가 네 아버지 야곱의 마음을 이겼구나." 그리고 그는 요셉을 두 시간 동안 끌어안고 입을 맞추며 말했다.

8 "너를 통해 하늘의 예언이 성취될 것이니 곧 흠 없는 이가 불법한 자들을 위해 더럽혀지고 죄 없는 이가 불경건한 자들을 위해 죽으리라."

....

3장은 요셉의 삶을 모델로 삼아 악의 세력을 이기는 궁극적인 비결을 제시하고 그의 삶을 통해 성취될 메시아의 대속적 고난을 예언한다.

영적 승리의 공식 (1-5)

베냐민은 후손들에게 악의 세력(벨리알의 영들)을 이기는 완전한 공식을 제시한다. 그것은 바로 '하나님 경외'와 '이웃 사랑'이라는 두 개의 기둥이다. 이 두 계명은 분리될 수 없는 하나로 '하나님 경외'는 사탄의 영적 공격을 막아내는 수직적 방패가 되고, '이웃 사랑'은 사람과 세상의 위협을 이겨내는 수평적 방패가 된다. 베냐민은 이 모든 것의 완벽한 증거이자 모델로서 "선하고 거룩한 사람 요셉"을 제시한다. 요셉의 삶은 이 두 계명을 실천하는 자가 어떻게 하나님의 보호하심 아래 모든 공격을 이겨내고 승리하는지를 보여주는 살아있는 예증이다.

용서의 절정: 중보기도 (6)

요셉은 형들이 하나님 앞에서 받을 죄의 대가를 염려하여 이집트 총리 요셉은 이스라엘의 족장인 아버지 야곱에게 형들을 위한 중보기도를 요청한다. 이를 통해 요셉은 아버지 야곱 또한 아들들의 죄를 용서하고 그들을 위해 중보하는 가족 공동체 전체의 화해의 과정에 동참하게 만든다.

메시아의 예표, 요셉 (7-8)

야곱은 이러한 요셉의 모습을 보고 그의 삶이 장차 오실 메시아의 삶을 미리 보여주는 예표임을 깨닫는다.

야곱의 탄복 (7): "네가 네 아버지 야곱의 마음을 이겼구나"라는 야곱의 말은 아들의 신적인 사랑 앞에 인간적인 모든 슬픔과 분노가 녹아내렸음을 의미한다.

대속의 예언 (8): 야곱은 요셉의 삶(죄 없는 자가 죄 많은 형제들을 위해 고난받고 그 결과로 모두를 구원함)을 통해 장차 메시아의 대속적 죽음에 대한 하늘의 예언을 선포한다. 8절의 문장은 짧고 간결한 본문인 아르메니아어 역본을 기본으로 택했다. 그러나 주요 헬라어 사본 그룹인 알파(α) 그룹은 다음과 같은 긴 본문을 제시한다.

알파(α) 그룹 사본의 8절: "너를 통해 '하나님의 어린 양'이시며 '세상의 구원자'에 관한 하늘의 예언이 성취될 것이다. 흠 없는 그분이 범법자들을 위해 넘겨지시고, 죄 없는 그분이 불경건한 자들을 위해 '언약의 피' 안에서 죽으심으로 이방인과 이스라엘의 구원을 이루고 벨리알과 그의 종들을 멸하실 것이다."

이 긴 본문은 초기 기독교 필사자가 기존의 유대 문헌에 자신들의 신학을 반영하여 내용을 구체화한 전형적인 기독교적 삽입(Christian Interpolation) 사례로 여겨진다. 이 본문은 짧은 본문의 '의인의 대속적 죽음'이라는 뼈대 위에 다음과 같이 매우 구체적이고 발전된 기독론적 신학 개념들을 덧붙인다.

1. '의인'은 '하나님의 어린 양'이자 '세상의 구원자'로 의역된다.
2. 그의 죽음은 '언약의 피'를 통해 이루어지는 희생제사로 규정되어, 예수님의 최후의 만찬과 십자가의 피로 세운 새 언약의 의미를 부각한 단어로 풀어 설명된다.
3. 그의 구원은 '이방인과 이스라엘' 모두를 포함하며, 그의 죽음은 최종적으로 벨리알(사탄)과 그의 종들을 멸망시키는 우주적인 승리의 사건으로 명확하게 제시된다.

이 긴 본문은 짧은 본문의 예언이 예수 그리스도를 통해 어떻게 성취되었는지를 설명하려는 완결된 형태의 초기 기독교 신앙고백이라 할 수 있다. 초기 기독교인들은 이 책에 담긴 '의인의 대속적 죽음'이라는 예언을 읽으며, 그것이 바로 예수 그리스도의 십자가 사건을 통해 성취되었음을 확신했고, 그 확신을 더 명확하게 드러내기 위해 원문의 예언에 이러한 용어들('하나님의 어린 양', '세상의 구원자', '언약의 피')을 사용하여 더욱 명확하게 하고 자 했을 것이다. 이 구절은 이사야 53장의 '고난받는 종'이 다른 이들의 죄와 질고를 대신 짊어지는 모습을 연상시킨다.

제4장

선한 사람의 특징

1 그러므로 나의 자녀들아, 선한 사람의 결국이 어떠한지를 보고 너희도 선한 마음으로 그의 자비를 본받아 행하라. 그리하면 너희 또한 영광의 면류관을 쓰게 될 것이다.

2 선한 사람은 어두운 눈을 갖지 않는다. 그는 모든 사람에게 심지어 죄인에게도 자비를 베푼다.

3 비록 악인들이 그를 해하려고 음모를 꾸밀지라도 그는 선을 행함으로 악을 이긴다. 선하신 하나님께서 그를 보호하시기 때문이다. 그리고 그는 의로운 사람을 자기 자신처럼 사랑한다.

4 그는 다른 이가 영광을 얻어도 시기하지 않으며 다른 이가 부유해져도 질투하지 않는다. 용맹한 자를 보면 칭찬하고 절제하는 자를 신뢰하며 찬사를 보낸다. 가난한 자에게 자비를 베풀고, 약한 자에게 친절하며, 하나님께 찬양을 드린다.

5 그는 하나님을 경외하는 자를 방패로 지켜주고, 하나님을 사랑하는 자를 도우며, 지극히 높으신 분을 부인하는 자를 훈계하여 돌이키게 하고, 선한 영의 은총을 입은 자를 자기 자신처럼 사랑한다.

·······················

4장은 3장에서 제시된 '선하고 거룩한 사람 요셉'의 모습을 일반적인 원리로 확장하여, 선한 사람의 구체적인 특징과 그가 받는 복이 무엇인지를 상세하게 묘사하는 지혜 문학적 단락이다.

선한 마음의 결과: 영광의 면류관 (1)

이 장은 '선한 마음'에서 비롯된 '자비'를 실천하는 것이 궁극적으로 '영광의 면류관'이라는 최종적인 보상으로 이어진다는 약속으로 시작한다. 이는 윤리적 실천이 종말론적 소망과 직접적으로 연결되어 있음을 보여준다.

긍휼의 보편성 (2)

선한 사람의 핵심적인 특징은 그의 눈이 어둡지 않다는 것이다. 어두운 눈은 편견과 시기, 증오로 가득 찬 왜곡된 시선을 의미한다. 선한 사람은 이러한 어두운 필터 없이 세상을 보기에 그의 자비는 대상을 가리지 않고 모든 사람, 심지어 죄인에게까지 흘러간다.

악을 이기는 방식 (3)

선한 사람은 악에 대해 악으로 맞서지 않는다. 그는 "선을 행함으로 악을 이긴다". 이는 로마서 12장 21절의 "악에게 지지 말고 선으로 악을 이기라"는 가르침과 일치한다. 그의 이러한 승리가 가능한 이유는 그가 도덕적으로 우월해서가 아니라 선하신 하나님께서 그를 보호하시기 때문이다. 그는 또한 의로운 자들과 깊은 유대감을 형성하며 그들을 자기 자신처럼 사랑한다.

타인의 성공에 대한 태도 (4)

선한 사람은 타인의 성공 앞에서 시기하거나 질투하지 않는다. 오히려 그는 다른 사람의 장점(용맹함, 절제)을 칭찬하고 신뢰하며 찬사를 보내는 긍정적인 태도를 보인다. 동시에 그는 사회적 약자(가난한 자, 약한 자)를 향한 자비와 친절을 잊지 않으며, 이 모든 것의 근원이신 하나님께 찬양을 드린다. 이는 그의 마음이 타인과의 경쟁이 아닌, 각 사람의 가치를 인정하고 공동체의 덕을 세우는 데 집중되어 있음을 보여준다.

공동체 안에서의 역할 (5)

선한 사람은 공동체 안에서 다양한 역할을 수행한다. 그는 동료 신앙인들을 방패처럼 지켜주고 돕는 보호자이며, 동시에 진리를 떠난 자들을 훈계하여 돌이키게 하는 영적인 안내자이다. 그리고 그는 선한 영의 은총을 입은 자, 즉 성령 안에서 교제하는 형제들을 자신의 몸처럼 아끼고 사랑한다.

제5장

선한 마음의 능력과 최종 영광

1 나의 자녀들아, 너희가 선한 마음을 품으면 악한 자들도 너희와 화평하게 될 것이요, 방탕한 자들도 너희를 존경하고 선으로 돌아설 것이다. 탐욕에 빠진 자들 또한 과도한 욕망을 그칠 뿐만 아니라, 탐욕으로 쌓아 올린 재물들을 고통받는 이들에게 나누어 줄 것이다.

2 너희가 선을 행하면 부정한 영들조차 너희를 피하여 달아날 것이며 사나운 짐승들도 너희를 두려워하여 도망칠 것이다.

3 마음속에 선한 일을 향한 경외심이 있는 사람에게서는 어둠이 설 자리를 잃고 물러간다.

4 만일 누가 거룩한 사람에게 해를 끼쳤다면 그는 결국 회개하게 된다. 거룩한 자는 자신을 비방하는 자에게도 긍휼을 베풀고 잠잠히 있기 때문이다.

5 만일 누가 의로운 혼을 배반하더라도 그 의로운 사람은 기도한다. 비록 그가 잠시 굴욕을 당하여 낮아질지라도 오래지 않아 그는 나의 형 요셉의 경우처럼 이전과는 비교할 수 없는 더 큰 영광 가운데 드러나게 될 것이다.

....

5장은 4장에서 묘사된 '선한 사람'의 내면적 성품이 단순히 내면적 성품과 수동적인 덕목이 아니라, 외부 세계에 실질적이고 초자연적인 영향력을 미치고, 주변의 악을 변화시키고 혼돈을 질서로 바꾸는 능동적인 힘이라 설명한다.

악을 변화시키는 힘 (1-3)

'선한 마음'은 세 가지 영역에서 강력한 영향력을 발휘한다.

사회적 변화 (1): 선한 마음은 악인의 적대감을 평화로, 방탕한 자의 삶을 회개로, 탐욕스러운 자의 이기심을 나눔으로 변화시킨다. 이는 선한 사람의 존재 자체가 주변 공동체의 도덕적, 사회적 질서를 회복시키는 힘이 있음을 보여준다. 특히 탐욕스러운 자가 단순히 악행을 멈추는 것을 넘어 적극적으로 자선을 베푸는 사람으로 변화한다는 것은 선한 마음이 가진 적극적 변화의 능력이다.

영적·자연적 권위의 회복 (2-3): 선한 사람 앞에서는 '부정한 영들'과 '사나운 짐승들'조차 두려워하며 도망친다. 이는 아담이 타락 이전에 가졌던 영적 세계와 자연 세계에 대한 본래의 권위를 회복한 모습을 연상시킨다. 3절은 그 원리가 '선한 일을 향한 경외심'이 내면의 어둠을 몰아내기 때문이라고 설명하며, 내적인 거룩함이 외적인 권위로 이어진다는 영적 원리를 제시한다.

비방에 대한 응답: 긍휼과 침묵 (4)

선한 사람은 자신을 비방하는 자에게 복수하는 대신 오히려 긍휼을 베풀고 잠잠히 있는다. 이 비폭력적이고 온유한 대응이 역설적으로 가해자의 마음을 움직여 결국 그를 회개에 이르게 하는 힘이 된다. 악의 연쇄를 끊는 것은 더 큰 악이 아니라 긍휼을 품은 침묵인 것이다.

배신에 대한 응답: 기도와 소망 (5)

배신이라는 더 큰 악에 직면했을 때, 의인의 첫 번째 반응은 기도이다. 그는 자신의 문제를 하나님께 의탁한다. 그 결과 그는 잠시 굴욕을 당하여 낮아지지만 결국에는 하나님의 개입을 통해 이전과는 비교할 수 없는 더 큰 영광 가운데서 회복되고 드러나게 된다. 베냐민은 이 모든 과정의 완벽한 모델이자 증거로서 '나의 형 요셉'을 제시하며 이 역설적인 승리의 원리가 결코 공허한 이론이 아님을 증언한다.

결론적으로 5장은 '선한 마음'이 가진 놀라운 능력을 찬양한다. 그것은 악한 사람을 변화시키고, 악한 영을 내쫓으며, 자연 세계에까지 질서를 회복시킨다. 그리고 부당한 고난과 배신의 순간에조차 기도를 통해 그 모든 상황을 역전시켜 이전보다 더 큰 영광의 자리로 나아가게 하는 궁극적인 승리의 열쇠이다.

제6장

선한 마음의 본질과 그 보호

1 선한 사람의 마음의 성향은 벨리알의 영의 속임수의 권세 아래 있지 않으니 이는 평화의 천사가 그의 혼을 인도하기 때문이다.

2 그는 썩어질 것들을 열정적으로 바라보지 않고, 쾌락을 위한 욕망을 위해 재물을 모으지도 않는다.

3 그는 쾌락에서 즐거움을 찾지 않고, 이웃에게 해를 끼치지 않으며, 사치로 자신을 충족시키지 아니하고, 교만한 눈으로 잘못을 저지르지도 않는다. 이는 여호와께서 그의 분깃이시기 때문이다.

4 선한 마음은 세상의 영광이나 치욕에 흔들리지 않으며, 간사함이나 거짓, 다툼이나 험담을 알지 못한다. 여호와께서 그 사람 안에 거하시며 그의 혼을 비추시니 그는 언제나 모든 사람을 보며 기뻐한다.

5 선한 마음은 축복과 저주, 모욕과 존중, 슬픔과 기쁨, 평온과 혼란, 위선과 진실, 가난과 부에 대해서 두 개의 다른 혀로 말하지 않는다. 그는 모든 사람을 향해 순수하고 부패하지 않은 하나의 성향만을 가질 뿐이다.

6 그는 이중적인 시선이나 이중적인 귀를 가지고 있지 않다. 그가 행하고 말하고 보는 모든 것 가운데 여호와께서 자기 혼을 지켜보고 계심을 알기 때문이다.

7 그는 하나님과 사람 앞에 정죄받을 일이 없도록 자기 마음을 깨끗하게 지킨다. 그러나 벨리알의 모든 일은 이중적이며 그 안에 순전(純全)함이 없다.

••••••••••••••••••••••

6장은 5장에서 묘사된 '선한 마음'의 능력이 어디에서 비롯되는지, 그 근원과 본질을 심도 있게 탐구한다. 이 장은 '선한 마음'이 단순한 윤리적 상태가 아니라, 하나님의 특별한 보호와 임재 아래 있는 거룩한 영적 상태임을 선언한다.

영적 보호와 세상으로부터의 자유 (1-3)

영적 보호 (1): 선한 마음이 벨리알의 속임수에 넘어가지 않는 근본적인 이유는 그의 혼이 '평화의 천사'의 인도를 받기 때문이다. 이는 인간의 의지력만으로는 악의 세력을 이길 수 없으며, 하나님의 거룩한 천사의 보호와 인도가 함께 따를 때 비로소 온전한 영적 승리가 가능함을 보여준다.

세상으로부터의 자유 (2-3): 이러한 영적 보호 아래 있는 사람은 세상적인 가치로부터 자유롭게 된다. 그는 썩어질 재물이나 일시적인 쾌락, 사치, 그리고 교만과 같은 것들에서 즐거움을 찾지 않는다. 그 이유는 그의 궁극적인 만족과 유업이 세상에 있지 않고, 오직 여호와께서 그의 분깃이시기 때문이다. 여호와 자신이 그의 모든 것이 되기에 세상의 것들로 자신을 채울 필요가 없는 것이다.

내면의 평안과 순전(純全)함 (4-7)

내면의 평안 (4): '선한 마음'의 가장 큰 특징은 외부 환경에 흔들리지 않는 내면의 평안이다. 그는 세상의 영광이나 치욕에 동요하지 않는다. 그 이유는 여호와께서 그 사람 안에 거하시며 그의 혼을 비추시기 때문이다. 하나님의 임재라는 내적인 빛이 있기에 외부의 어둠(비방, 거짓, 다툼)이 그를 침범하지 못하며, 오히려 그는 모든 사람을 보며 기뻐할 수 있는 초월적인 능력을 갖게 된다.

순전(純全)함 (5-7): '선한 마음'의 본질은 ἁπλότης(하플로테스: 단일함, 순전함, 한결같음)의 상태로, '벨리알의 일'의 본질은 '이중성'으로 규정되어 극명하게 대조된다. 선한 마음은 축복과 저주, 칭찬과 모욕 등 모든 상반된 상황 속에서도 '두 개의 다른 혀'로 말하지 않고, 오직 '하나의 성향'만을 유지한다. 이 한결같은 순전함은 '이중적인 시선(double sight)'이나 '이중적인 귀(double hearing)'를 가지지 않기 때문에 가능하다. 이는 정보를 받아들이는 감각기관인 눈과 귀조차도 '두 겹'으로 왜곡되게 보거나 듣지 않는다는 의미이다. 이러한 순수한 인식을 가진 사람은 사람을 의식하는 이중적인 시선으로 살지 않고 이 사람의 말과 저 사람의 말을 다르게 듣고 이간질하지 않는 순수한 인식 상태를 가지고 있으며, 오직 여호와께서 지켜보고 계심을 의식하는 '코람 데오'(Coram Deo)의 삶을 살기 때문에 그의 삶의 기준은 오직 하나님이시다. 이러한 삶은 선악 지식 나무의 영향이 아니라 생명 나무의 영향 안에서 살아가는 삶이며, 또한 '선한 마음'은 단순한 윤리적 상태가 아니라 하나님의 특별한 보호와 임재 아래 있는 거룩한 영적 상태이다. 이는 하나님께서는 그 선함 안에서 안식을 누리시며 머무시기 때문이다(아셀의 유언 3:1).

제7장

벨리알의 일곱 가지 악과 일곱 단계 심판

1 그러므로 나의 자녀들아, 벨리알의 악을 피하라. 그는 그것을 따르는 자들에게 칼을 주며 그 칼은 일곱 가지 악의 어미이기 때문이다.

2 마음이 벨리알을 통해 악을 잉태하면 첫째로 시기와 적대감이 태어난다. 둘째는 파괴와 파멸이요, 셋째는 억압과 눌림이며, 넷째는 추방과 포로됨이요, 다

섯째는 궁핍과 결핍이며, 여섯째는 공황과 혼란이요, 일곱째는 황폐함이다.

3 그러므로 가인 또한 하나님께로부터 일곱 가지 형벌을 받았으니 주께서 매 백 년마다 그에게 재앙을 하나씩 내리셨다.

4 가인은 이백 살부터 고통받기 시작하여 구백 년째 되던 해에 그의 의로운 형제 아벨의 일로 인하여 홍수로 멸망하였다. 이처럼 가인은 일곱 가지 악으로 심판받았지만, 라멕은 그보다 칠십 배나 더 큰, 일흔 번씩 일곱 번의 심판을 받았다.

5 형제를 향한 시기와 증오심에서 가인을 본받는 모든 자는 영원히 그와 같은 형벌로 심판받을 것이다.

....

7장은 죄의 기원과 그 파괴적인 결과를 '벨리알의 일곱 가지 악'이라는 구조를 통해 분석하고, 가인과 라멕이라는 역사적 사례를 통해 그 원리가 어떻게 실현되는지를 보여준다.

악의 기원: '칼'과 '마음' (1-2)

베냐민은 악의 근원을 두 가지 이미지로 설명한다. 첫째, 벨리알은 그를 따르는 자에게 '칼'을 준다. 여기서 칼은 단순한 무기가 아니라, 폭력, 분쟁, 그리고 파괴적인 행동을 가능하게 하는 악한 힘을 상징한다. 둘째, 이 칼은 마음이 벨리알을 통해 악을 잉태함으로 나온다. 즉, 외부적인 폭력(칼)은 내면에서 악을 받아들이고 품는(잉태) 것에서 시작된다는 것이다.

파멸의 7단계는 내면의 죄가 어떻게 외부의 완전한 파멸로 이어지는지를 보여주는 연쇄 과정이다. 이는 죄의 씨앗이 일단 잉태되면, 한 개인과 공동체를 완전한 파멸에 이를 때까지 멈추지 않는다는 무서운 연속성을 보여준다.

1.내면의 죄: 시기, 적대감 → 2.행위의 발현: 파괴, 파멸 → 3.사회-심리적 경험: 억압, 눌림 → 4.공동체적 심판: 추방, 포로 → 5.물질적 단절: 궁핍, 결핍 → 6.정신적 붕괴: 공황, 혼란 → 7.최종 결과: 완전한 황폐함

역사적 증명: 가인과 라멕 (3-5)

이 7단계의 파멸은 역사 속에서 실제로 가인을 통해 처음 적용되었다.

가인의 심판: 가인은 형제를 향한 시기심으로 인류 최초의 살인이라는 '칼'을 휘둘렀고, 그 결과 땅에서 쫓겨나 유리하는 자가 되었으며(추방, 포로), 땅이 그를 위해 효력을 내지 않는(궁핍, 결핍) 저주를 받았다. 100년마다 900세까지의 재앙은 가인의 죄에 대한 하나님의 심판이 완전하게, 그리고 그의 전 생애에 걸쳐 임했음을 강조한다.

라멕의 가중된 심판: 자신의 폭력을 자랑하며 "가인을 위하여는 벌이 칠 배일진대 라멕을 위하여는 벌이 칠십칠 배"라고 선언했던 그는, 바로 그 자신의 말대로 70x7배의 심판을 받게 된다. 이는 죄를 회개하지 않고 오히려 자랑하며 악을 심화시키는 자에게는 훨씬 더 큰 심판이 임한다는 것을 보여준다.

제8장

태양과 같은 순결한 마음의 능력

1 그러므로 나의 자녀들아, 너희는 모든 악행과 시기, 그리고 형제를 향한 증오를 피하고 오직 선함과 사랑에 굳게 붙들리라.

2 사랑으로 가득 찬 순결한 마음을 가진 사람은 음행의 의도로 여인을 바라보지 않는다. 그의 마음에는 더러움이 자리 잡을 수 없으니 하나님의 영이 그 사람 위에 머무시기 때문이다.

3 태양이 똥과 악취나는 진흙탕 위를 비춘다고해서 더럽혀지지 않으며, 오히려 그것들을 말려 악취를 없애는 것처럼 순결한 마음도 세상의 더러움에 둘러싸여 있지만 오히려 그것들을 정화하며 스스로는 더럽혀지지 않는다.

· ·

8장은 7장에서 경고한 '벨리알의 일곱 가지 악'에 대한 구체적인 해독제로써 '순결한 마음'을 제시한다. 이 장은 순결한 마음의 본질이 무엇이며, 그것이 어떻게 세상의 더러움 속에서 자신을 지키고 오히려 세상을 변화시키는지를 비유를 통해 설명한다.

순결의 근원과 능력 (1-2)

순결함은 단순히 악행과 시기, 증오를 피하는 소극적인 차원을 넘어 선함과 사랑에 굳게 붙들리는 적극적인 연합을 촉구한다. 이는 악과의 분리가 선과의 완전한 결합을 통해서만 가능하다는 것을 의미한다. 이 순결한 마음은 음욕으로부터 자유로운데 이는 하나님의 영이 그 사람 위에 머무시기 때문이다.

태양의 비유: 순결의 능력 (3)

순결한 마음의 능력을 '태양'에 비유하고 있다.

내적 불변성: 태양은 악취나는 더러운 것을 비추지만, 그 더러움에 의해 결코 오염되거나 그 본질이 변하지 않는다. 이와 같이, 하나님의 영이 거하시는 순결한 마음은 세상의 온갖 더러움과 죄악에 노출되더라도 그것에 물들거나 더럽혀지지 않는 내적인 거룩함과 불변성을 가진다.

외적 정화 능력: 태양은 오히려 강렬한 빛과 열로 그것들을 말려 악취를 없애는 적극적인 정화 능력을 발휘한다. 이처럼 순결한 마음 또한 세상의 더러움 앞에서 움츠러드는 것이 아니라, 오히려 그 선함과 거룩함으로 주변의 악을 정화시켜 세상을 맑게하는 능동적인 힘을 가진다.

제9장

배교, 성전, 선지자, 구원자, 십자가, 부활, 영화, 성령

1 이제 나는 의인 에녹의 글을 통해 너희 가운데서도 악행이 있을 것을 안다. 너희는 소돔의 음행과 같은 음행을 저지르게 되고 소수를 제외하고는 모두 멸망할 것이나, 너희는 다시 여자들과 함께 무절제한 정욕을 시작할 것이다. 여호와의 왕권이 너희 가운데 있지 않을 것이니 그분께서 즉시 그것을 거두어 가실 것이다.

2 그러나 하나님의 성전은 너희의 영토 안에 있을 것이며 마지막은 처음보다 더 영화로울 것이다. 그리고 열두 지파와 모든 이방인들이 그곳에 함께 모일 것이니 이는 지극히 높으신 분께서 유일한 선지자를 통해 그의 구원을 보내실 때

까지니라.

3 그리고 그는 성전 뜰 안으로 들어갈 것이며 거기서 여호와께서 온갖 모욕과 멸시를 당하시고 마침내 나무 위에 달리실 것이다.

4 성전의 휘장이 찢어질 것이며 하나님의 영이 불처럼 부어져 이방인들에게 임할 것이다.

5 그는 무덤에서 일어나 땅에서 하늘로 올라가실 것이다. 이는 그가 땅에서는 얼마나 낮아지실지, 하늘에서는 얼마나 영광스러우실지를 내가 앎이라.

••••••••••••••••••••••••

『열두 족장의 유언』 전체를 통틀어 베냐민의 유언 9장은 가장 명시적이고 상세하며, 가장 완결된 형태의 구속자에 대한 예언이다. 이 짧은 장은 이스라엘의 배교에서 시작하여, 메시아의 성전 입성, 수난, 죽음, 그리고 그 결과로 나타나는 불과 성령 시대, 그리고 부활과 승천에 이르기까지, 복음서의 핵심적인 서사를 놀라울 정도로 압축하여 보여준다.

배교와 심판, 그러나 남겨진 소망 (1-2)

이 장은 베냐민 후손들의 영적 타락(소돔과 같은 음행)과 그로 인한 '여호와의 왕권' 상실이라는 어두운 예언으로 시작한다. 그러나 이 절망 속에서 하나의 소망이 제시되는데, 바로 베냐민의 영토 안에 세워질 '하나님의 성전'이다. 이 성전은 학개서의 예언처럼 나중 영광이 이전 영광보다 큰 장소가 될 것이며, 이스라엘뿐만 아니라 모든 이방인들까지 함께 모이는 전인류적 구원의 중심지가 될 것이다. 이 모든 일은 '유일한 선지자'가 길을 예비한 후, '지극히 높으신 분'의 구원사적 방문을 통해 성취될 것이다.

메시아의 수난 (3)

예언의 초점은 이제 성전에 오실 메시아에게로 이동한다. 그의 여정은 영광이 아닌 수난의 길이다.

성전에서의 모욕: 그는 자신의 집인 성전 뜰 안으로 들어갈 것이지만, 그곳에서 환영이 아닌 온갖 모욕과 멸시를 당하게 될 것이다. 이는 예수께서 예루살렘 성전에서 종교 지도자들에게 배척당하신 사건을 정확히 예고한다.

십자가의 예고: 그의 죽음은 '나무 위에 달리실 것'이라고 묘사된다. 이는 "나무에 달린 자마다 저주 아래에 있는 자"라는 신명기 21장 23절의 말씀과 함께 십자가 죽음에 대한

가장 직접적인 예언이다.

십자가의 결과 (4)

메시아의 죽음은 실패가 아니라, 새로운 시대를 여는 두 가지 극적인 결과를 낳는다.

성전 휘장의 찢어짐: 이는 가장 거룩한 곳을 향한 접근을 가로막던 장벽이 허물어지고, 누구든지 그리스도의 피를 힘입어 지성소로 담대히 나아갈 수 있게 되었음을 상징한다(히 10:19-20).

성령의 부어주심: 구원의 은혜가 더 이상 이스라엘에게만 머물지 않고, 하나님의 영이 불처럼 이방인들에게 부어지는 오순절 사건과 교회의 탄생을 예고한다.

궁극적인 승리: 부활과 승천 (5)

예언은 메시아의 최종적인 승리로 마무리된다. 그는 '무덤에서 일어나'(부활), '땅에서 하늘로 올라가실 것'(승천)이다. 이는 땅에서는 낮아지시고 하늘에서는 영광스럽게 되시는 자기 비움과 높아지심의 신비를 통해 그가 죽음을 이기고 온 우주의 주가 되셨음을 선포하는 것이다(빌 2:6-11). 이집트에 정착해 살던 그 시대에 야곱과 베냐민은 요셉의 일생이 비추고 있는 구속자(고엘גאל)의 모습을 깊이 깨달으면서 요셉의 삶에서 나타난 패턴 속에서 미래에 올 메시아의 계시를 깊게 깨닫고 예언의 영으로 미래를 바라보게 된다. 아브라함 이전 시대의 인물인 욥도 일찍이 이런 구속자(고엘גאל)의 계시를 체험으로 알고 고백했었다. "내가 알기에는 나의 구속자(고엘גאל)가 살아 계시니 마침내 그가 땅 위에 서실 것이라"

제10장

요셉의 이미지와 겹쳐지는 메시아의 예언

1 요셉이 이집트에 있는 동안 나는 그의 모습과 얼굴 보기를 간절히 원했으며 내 아버지 야곱의 기도를 통해 깨어 있는 대낮에 그의 모습을 완전히 그대로 본 적이 있었다."

2 이 말을 마치고 나서 그가 그들에게 말했다. "나의 자녀들아, 이제 내가 죽어가고 있구나.

3   너희는 각자 이웃에게 진리와 의를 행하고, 공의를 실천하며 여호와의 토라와 그의 명령을 지키라.

4   나는 다른 어떤 유산 대신에 이 모든 것을 너희에게 가르치노니 너희 또한 이것을 너희 자녀들에게 영원한 소유로 물려주어라. 아브라함과 이삭과 야곱도 그렇게 하셨기 때문이다.

5   그들은 이 모든 것을 우리에게 유산으로 주며 말했다. "여호와께서 모든 이방 민족에게 그의 구원을 드러내실 때까지 하나님의 계명들을 지키라."

6   그때가 되면, 너희는 에녹과 노아와 셈, 그리고 아브라함과 이삭과 야곱이 기쁨 가운데 오른편에서 일어나는 것을 보게 될 것이다.

7   그때 우리 역시 각자의 지파를 다스리며 겸손하게 인간의 모습으로 이 땅에 나타나신 하늘의 왕께 경배할 것이다. 땅에서 그분을 믿는 모든 자는 그분과 함께 기뻐하게 될 것이다.

8   그후에 모든 사람이 일어나리니 어떤 이는 영광으로, 어떤 이는 수치로 일어날 것이다. 여호와께서 먼저 이스라엘을 심판하실 것이니 이는 그들이 그분께 저지른 잘못 때문이다.

9   그분께서 구원자로, 육신을 입은 하나님으로 나타나셨을 때 그들은 그분을 믿지 않았기 때문이다.

10   그 후에 그분이 땅에 나타나셨을 때 그분을 믿지 않던 모든 이방인들을 심판하실 것이다.

11   그분은 택함 받은 이방인들을 통해 이스라엘을 꾸짖으실 것이니 마치 자기 형제들을 꾀어 음행과 우상숭배에 빠뜨린 미디안 사람들을 통해 에서를 책망하신 것과 같다.

12   만일 너희가 여호와의 계명을 따라 거룩하게 살아간다면 너희는 다시 소망 안에서 나와 함께 안전하게 거할 것이며 온 이스라엘이 주께로 모여들 것이다.

....

10장은 베냐민의 마지막 유언의 핵심으로 자신의 개인적인 체험을 바탕으로 후손들에게 마지막 유산을 남기고, 종말의 때에 일어날 부활과 심판의 질서, 그리고 최종적인 회복의 소망을 제시한다.

신비로운 체험 (1)

베냐민의 모든 가르침의 기초에는 친형 요셉을 향한 깊은 그리움과 사랑이 자리 잡고 있다. 그는 야곱의 기도를 통해 멀리 떨어져 있는 요셉의 모습을 깨어있는 대낮에 환상으로 보는 신비로운 체험을 한다. 이는 그의 유언 전체를 통해 요셉을 의인의 모델로 제시하는 이유가 단순한 혈연관계를 넘어선 깊은 영적 교감과 하나님께서 주신 특별한 계시에 근거하고 있음을 보여준다.

마지막 유산: 토라의 전수 (2-5)

베냐민이 후손들에게 물려주는 가장 중요한 유산은 땅이나 재물이 아니라, 바로 '가르침', 즉 '토라'תּוֹרָה이다. 그 가르침의 핵심은 이웃에게 진실과 의를 행하고, 공의를 실천하며, 여호와의 토라를 지키는 것이다. 그는 이 가르침이 아브라함, 이삭, 야곱으로부터 내려온 거룩한 전통임을 밝히며(창 18:19), 이 계명을 지키는 것이 "여호와께서 그의 구원을 모든 민족에게 드러내실 때까지", 즉 메시아의 시대가 올 때까지 이어져야 할 언약 백성의 사명임을 선언한다.

부활의 순서: 두가지 부활 (6-11)

이 단락은 먼저 있게 될 첫째 부활(생명의 부활)과 기쁨의 통치 후에 있게 될 나중 부활(심판의 부활)을 명확하게 구분하여 설명해준다.

족장들과 의인들의 부활: 첫째 부활 (6-7): 종말의 때에, 에녹부터 야곱에 이르는 모든 믿음의 조상들이 기쁨 가운데 오른편(남쪽)에서 부활한 모습으로 나타날 것이다. 그리고 베냐민의 후손들을 포함한 의인들은 '겸손하게 인간의 모습으로 오신 하늘의 왕'(메시아)께 경배하며 그와 함께 기쁨의 통치에 참여하게 될 것이다.

하늘의 왕, 재림의 현현 (7절): 이 구절은 베냐민의 유언에 나타난 종말론적 예언의 정점을 이룬다. 본문의 핵심은 모든 성도들이 부활하여 경배하게 될 '하늘의 왕'의 정체와 그가 나타나는 방식에 있다.

먼저, 이 구절의 텍스트 비평이 필수적이다. 신뢰도 높은 초기 헬라어 사본들(β 그룹)에는 단순히 "사람의 형상으로"(ἐν μορφῇ ἀνθρώπου) 나타나신다고 기록되어 있다. 그러나 후대의 일부 사본 그룹들에는 "겸손한(ταπεινώσεως) 사람 형상으로"라는 단어가 첨가되었다. 이 '겸손'이라는 단어는 후대 기독교 필사자가 이 구절을 예수 그리스도의 성육신, 즉 '초림' 사건으로 이해하고 그렇게 읽히도록 하기 위해 삽입한 의도적인 첨삭으로 보는 것이 학계의 정설이다. 필사자는 이 단어를 통해 빌립보서 2장의 '자기 비하'를 연상시키려 했을 것이다.

그러나 10장 전체의 문맥은 이 사건이 결코 초림이 아님을 명백히 증거한다. 바로 앞 6절에서 모든 족장들과 성도들의 '첫째 부활'을 언급하고, 이어지는 8절에서는 영광스런 부활과 수치스런 부활과 심판을 묘사한다. 부활, 심판, 통치라는 주제들은 모두 예수 그리스도의 재림과 관련된 전형적인 종말론적 요소들이다.

따라서 이 구절의 원의미는, 종말의 때에 모든 성도들이 부활하여 자신들의 지파를 다스리는 권세를 회복하고, 영광 가운데 '사람의 형상으로' 이 땅에 다시 오시는 왕, 즉 재림의 주님께 경배하는 장엄한 모습을 예언한 것이다. '사람의 형상'이라는 표현은 재림의 주님이 추상적이며 영적이기만 한 존재가 아니라, 인간의 모습으로 영광스럽게 나타나실 것임을 강조하는 중요한 진술이다.

땅에서 그분을 믿는 모든 자 (7): 여기서 '믿는 자들'(πιστεύοντες)을 묘사하는 헬라어 현재 분사는 매우 중요한 의미를 가진다. 이는 단순히 그 순간에 믿는 일회성 행위가 아니라, 과거부터 계속 믿음을 지켜왔고 그 순간에도 여전히 그 믿음의 '상태'를 지속하고 있는 모든 신자들의 정체성을 나타낸다.

둘째 부활과 심판의 순서와 심판의 기준 (8-11): 족장들과 의인들의 부활 후에 그들은 기쁨의 통치에 참여하여 천년의 시간을 보낸다. 천년 왕국의 기쁨의 통치가 끝나 인류역사 7천년이 마감할 그때, 모든 사람이 '영광'으로 혹은 '수치'로 부활하게 될 것이며 심판이 순서대로 진행될 것이다.

예수님은 두가지 부활(생명의 부활, 심판의 부활)을 이야기하셨다(요 5:28-29). 생명의 부활은 영생으로 표현되고 심판의 부활은 영벌로 표현된다(마 25:46).

사도 바울도 고린도전서 15:23-26에서 부활의 순서를 세가지로 설명한다. 먼저는 첫 열매인 그리스도의 부활, 그 다음은 그리스도 강림하실 때 그에게 속한 자들의 부활(첫째 부활), 그 후에는 나중 부활인데 첫째 부활에 참여하지 않았던 나머지 모든 자들이 부활하는 심판의 부활이다.

요한계시록 20장에서도 천년의 시간차를 두고 첫째 부활과 나중(둘째) 부활이 있을 것을 설명한다.

베냐민의 유언에서도 두가지 종류의 부활이 '기쁨의 통치'를 사이에 두고 있을 것을 가르친다.

첫째 부활은 다 생명의 부활이다. 그러나 둘째 부활이 다 영벌의 부활만 있는 것은 아니다. 비록 첫째 부활에 참여하지는 못했으나 둘째 부활 때 부활하여 생명의 부활로 나아갈 자들도 있다. 또 천년왕국 기간 동안 의롭게 죽은 자들 중에서 둘째 부활 때 바로 생명의 부활로 나아갈 자들도 있을 것이다. 그러나 첫째 부활이 복있고 거룩한(독특하고 구별된) 이유는 천년왕국 동안 그리스도와 더불어 왕노릇하며 '기쁨의 통치'에 그때부터 참여하게 될 것이기 때문이다.

나중 부활 때 심판의 순서: 베냐민은 그 심판의 순서가 이스라엘 먼저, 그 후 이방인임을 명시한다. 먼저 이스라엘이 심판받는 이유는 주님께서 그들을 방문하셨음에도 믿지 않았기 때문이다. 더 나아가, 하나님께서는 '택함 받은 이방인들'을 통해 믿지 않는 이스라엘을 꾸짖고 책망하실 것이라는, 매우 급진적인 장면이 보인다(마 12:41-42; 눅 11:31-32).

온 이스라엘의 회복 (12)

이 모든 심판의 경고 끝에 베냐민은 회복의 소망을 제시한다. 만일 후손들이 여호와의 계명을 따라 거룩하게 살아간다면 그들은 죽은 자신과 다시 함께 거하게 될 것이며, 흩어졌던 온 이스라엘이 여호와께로 모여드는 완전한 회복이 이루어질 것이라고 약속하며 유언을 마무리한다.

제11장

'약탈하는 늑대'에서 '복음을 나누는 여호와의 일꾼'으로

1 나는 더 이상 너희의 약탈하는 습성 때문에 '굶주린 늑대'라 불리지 않을 것이요, 오히려 선을 행하는 이들에게 양식을 나누어 주는 '여호와의 일꾼'이라 불릴 것이다.

2 마지막 때에 나의 씨(후손) 가운데서 주께 사랑받는 자가 일어나 땅 위에서 그분의 음성을 듣고 새로운 지식으로 모든 이방인들을 비출 것이다. 그는 구원의 지식이라는 빛을 가지고 이스라엘에 홀연히 나타나 마치 늑대처럼 그들에게서 빼앗아 이방인의 회당에 줄 것이다.

3 그리고 '시대들의 완성'까지 그는 이방인의 회당들과 그들의 통치자들 가운

데 있을 것이며 모든 이의 입에서 음악의 선율처럼 울려 퍼질 것이다.

4 그의 행적과 그의 말은 거룩한 책들에 기록될 것이요, 그는 영원히 하나님의 택함을 받은 자가 될 것이다.

5 내 아버지 야곱처럼 이리저리 다니게 될 그에 대하여 내 아버지 야곱이 내게 가르치며 말씀하시기를 "그가 네 지파의 부족함을 채우리라."고 하셨다."

• •

11장은 구약에 나타난 베냐민 지파의 예언적 운명과 이를 통해 성취될 놀라운 구속사의 비밀을 예언하는 매우 중요한 장이다. 이 예언의 중심에는 베냐민의 후손으로 올 한 특별한 인물 사도 바울이 있다.

정체성의 변혁: '굶주린 늑대'에서 '양식을 나누는 여호와의 일꾼'으로 (1)

"베냐민은 물어뜯는 이리라 아침에는 빼앗은 것을 먹고 저녁에는 움킨 것을 나누리라"는 야곱의 예언이 밝게 재해석된다(창세기 49:27). 베냐민 지파는 사사 시대의 잔혹한 내전(삿 19-21장)이나 이스라엘의 초대 왕 사울의 비극 등, 역사 속에서 '약탈하는 늑대'와 같은 호전적인 모습을 자주 보여주었다. 그러나 먼 훗날에 그들은 부정적인 약탈자가 긍정적인 약탈자, 곧 '선을 행하는 이들에게 양식을 나누어 주는 여호와의 일꾼'이라는 긍정적이고 적극적인 정체성을 갖게 될 것이다.

미래의 후손: 이방인의 사도 바울 (2-5)

이 놀라운 전환은 베냐민의 후손으로 올 '주께 사랑받는 자'를 통해 이루어진다. 이 인물에 대한 묘사는 사도 바울의 삶과 사역과 일치한다.

이방인을 향한 사명 (2): 그는 "새로운 지식으로 모든 이방인들을 비출 것"이다. 이는 바울이 '이방인의 사도'로서, 그리스도를 믿음으로 말미암는 구원이라는 '새로운 지식'(복음)을 온 세상에 전파하는 사역을 묘사한다.

'늑대처럼 빼앗아' (2): 이 표현은 매우 역설적이고 심오하다. 그는 '구원의 지식'을 이스라엘에게서 마치 늑대처럼 빼앗아 이방인에게 나눈다. 이는 그의 사역이 가진 급진성과 논쟁적인 성격을 보여준다. 바울의 복음은 당시 많은 유대인들에게 이스라엘 고유의 유산을 이방인에게 빼앗아 나눠주는 것처럼 보였을 것이다. 베냐민의 '야성적인 늑대의 기질'이 마지막 때에는 복음을 새로운 지식 체계로써 온 세상에 전파하는 거룩한 열정으로 변화될 것을 암시한다.

영원한 영향력 (3-4): 그의 가르침은 '시대의 끝까지' 이방 교회 안에 머물 것이며, 그의 말과 행적(바울 서신)은 '거룩한 책들'(신약 성경)에 기록되고, '새로운 지식'인 복음은 노래로 불리며, 시대의 말까지 계속 울려 퍼질 것이다. 이는 희생 제물을 제단에 드리는 방식의 예배가 아닌 찬양으로 드려지는 다윗의 장막 예배의 회복에 대한 다른 표현이다.

베냐민 지파의 부족함을 채우는 자 (5): 야곱은 베냐민 후손 중에서 후세에 태어날 바울에 대해서 베냐민에게 예언했다. "그가 네 지파의 부족함을 채우리라". 이는 베냐민 지파가 가진 호전적이고 전투적인 기질이 그 지파에서 나올 사도 바울의 복음 사역을 통해 오히려 온 세상을 향하여 뻗어 나가며 복음을 나누고 하나님 나라를 전진하게 할 영광스러운 사명으로 쓰임 받게 될 것이라는 하나님의 놀라운 섭리를 보여준다.

베냐민의 유언 11장에 대한 본문 비평 (Textual criticism)

베냐민의 유언 11장의 사도 바울에 대한 예언은 사본에 따라 본문의 포함 여부가 달라지는 대표적인 부분이다. 다수 그리스어 본문인 α 사본군에서는 11장이 포함되어 있지만, β 사본군(c 사본, d 사본)과 아르메니아어 역본에는 누락되어 있다. 그러나 '아람어 레위문서(ALD)'의 레위의 기도문과 이삭의 제사장 세부 토라를 유일하게 포함하고 있는 **Athos** 사본도 11장을 포함하고 있다. 많은 학자들은 사도 바울의 생애를 놀라울 정도로 정확하게 예언하는 이 부분을 후대의 기독교인들이 삽입한 것(기독교적 첨가)으로 추정한다.

그러나 이 구절이 본래 유언의 일부였으나, 특정 사본 계열에서 누락되었을 가능성 또한 존재한다. 이러한 사례는 신약성경 본문 비평 (Textual Criticism)에서도 발견된다. 대표적인 예가 '간음한 여인의 이야기'(요 7:53-8:11)이다. 이 이야기는 5세기 이전의 초기 헬라어 사본들에는 나타나지 않으며 초기 교부들도 주석하지 않았지만, 예수님의 실제 행적에 대한 고대의 진정한 전승으로 널리 받아들여진다. 아우구스티누스는 이 구절이 간음에 대해 너무 관대하다고 여긴 일부 서기관들에 의해 의도적으로 제외되었을 수 있다고 보았으며, 초기 사본에는 그녀에 대한 신상 보호로 이 부분이 초기 주요 사본에서 제외되었을 수도 있다.

이와 같이, 베냐민의 유언 11장 역시 그 기원을 확정할 수는 없다. 이것이 바울 이전에 주어진 놀라운 예언이었는지, 아닌지 단정하기는 어렵다.

특히 2절의 '늑대처럼 그들에게서 빼앗아 이방인의 회당에 줄 것'이라는 표현은, 예수께서 이미 예고하신 구속사의 전환을 사도 바울이 어떻게 집행했는지를 보여준다.

이방인의 사도로 부름받은 바울은 이 전환을 자신의 사역의 핵심 원리로 삼았다. 그는 먼저 유대인에게 복음을 전했으나 그들이 거부할 때마다 "우리가 이방인에게로 향하노라"(행 13:46)고 선언하며 이방인에게로 향했다. 이 패턴은 그의 사역 내내 반복되었으며(행 18:6, 28:28), 이는 예수께서 포도원 농부 비유에서 "하나님의 나라를 너희는 빼앗기고 그 나라의 열매 맺는 백성이 받으리라"(마 21:43)고 하신 예언의 직접적인 성취였다. 즉, 베냐민의 유언은 바울의 사역이 이스라엘의 유산을 배신하는 행위가 아니라, 거부된 복음을 그들에게서 빼앗아 이방 세계로 나누어 주는 거룩한 '약탈'이자, 지난 2천 년간 이어진 이방인 구원 시대를 여는 예언적 사명이었음을 증언하는 것이다.

결론적으로 이 구절은 야곱의 예언(창 49:27), 예수님의 예언(마 21:43), 그리고 사도 바울의 역사적 사명을 하나의 장엄한 구속사적 그림으로 엮어내는 심오한 통찰을 담고 있다.

성경 전체를 관통하는 이방인 구원의 흐름

1. 구약에서 이방인을 향한 하나님의 관심

하나님의 구원 계획이 본질적으로 이방인을 포함하고 있었다는 사실은 "땅의 모든 족속이 너로 말미암아 복을 얻을 것이라"고 하신 아브라함을 부르심(창12:3)에서부터 구약 시대 전반에 걸쳐 나타난다.

선지자들의 이방인 사역

이사야: 열방의 빛이신 메시아와 이방인의 예배

이사야서는 구약 전체에서 이방인의 구원에 대한 비전을 가장 풍성하고 명확하게 제시하는 책이다.

이방의 빛, 메시아 (사 42:6, 49:6): 장차 오실 '여호와의 종'은 이스라엘을 회복시키는 것을 넘어 "이방의 빛"이 되어 하나님의 구원을 땅 끝까지 전파하는 사명을 가질 것이다.

"내가 또 너를 이방의 빛으로 삼아 나의 구원을 베풀어서 땅 끝까지 이르게 하리라" (사 49:6)

만민이 기도하는 집 (사 56:7): 하나님께서는 자신의 성전이 이스라엘만을 위한 장소가 아니라, 그분께 나아오는 모든 이방인들까지도 함께 예배하는 "만민이 기도하는 집"이 될 것이라고 선포하신다.

열방의 예루살렘 순례 (사 2:2-3, 60:1-3): 마지막 때에는 모든 민족이 여호와의 말씀을 배우기 위해 시온(예루살렘)으로 몰려올 것이며, 이스라엘의 영광스러운 빛을 보고 함께 예배하게 될 것이다.

"만방이 그리로 모여들 것이라 많은 백성이 가며 이르기를 오라 우리가 여호와의 산에 오르며 야곱의 하나님의 전에 이르자 그가 그의 길을 우리에게 가르치실 것이라 우리가 그 길로 행하리라 하리니 이는 율법이 시온에서부터 나올 것이요 여호와의 말씀이 예루살렘에서부터 나올 것임이니라" (사 2:2-3).

이방인 제사장 (사 66:21): 이사야는 더 나아가, 하나님께서 마지막 때에 이방인들 가운데서도 제사장과 레위인을 삼으실 것이라는 파격적인 예언을 선포한다.

요나: 이방 적대국을 향한 하나님의 긍휼

요나서는 하나님의 긍휼이 이스라엘의 민족적 경계를 넘어 그들의 원수인 앗수르의 수도 니느웨에까지 미침을 보여주는 강력한 서사이다. 요나 선지자의 저항에도 불구하고, 하나님께서는 이방 도시 전체가 회개하고 구원받기를 원하셨다.

"하물며 이 큰 성읍 니느웨에는 좌우를 분변하지 못하는 자가 십이만여 명이요 가축도 많이 있나니 내가 어찌 아끼지 아니하겠느냐 하시니라" (욘 4:11)

스가랴: 열방의 동참

스가랴서는 메시아 시대에 이방인들이 적극적으로 이스라엘의 하나님을 찾고, 그들의 예배에 동참하게 될 것을 예언한다.

"그 날에 많은 나라가 여호와께 속하여 내 백성이 될 것이요 나는 네 가운데에 머물리라..." (슥 2:11)

"많은 백성과 강대한 나라들이 예루살렘으로 와서 만군의 여호와를 찾고 여호와께 은혜를 구하리라... 그 날에는 말이 다른 이방 백성 열 명이 유다 사람 하나의 옷자락을 잡을 것이라 곧 잡고 말하기를 하나님이 너희와 함께 하심을 들었나니 우리가 너희와 함께 가려 하노라 하리라 하시니라" (슥 8:22-23)

말라기: 해 돋는 곳에서 해 지는 곳까지

구약의 마지막 선지자인 말라기는 하나님의 이름이 이스라엘을 넘어 온 세상에서 찬양받게 될 것을 선포하며 구약 시대를 마무리한다.

"만군의 여호와가 이르노라 해 뜨는 곳에서부터 해 지는 곳까지의 이방 민족 중에서 내 이름이 크게 될 것이라 각처에서 내 이름을 위하여 분향하며 깨끗한 제

물을 드리리니 이는 내 이름이 이방 민족 중에서 크게 될 것임이니라"(말 1:11)

이처럼 구약 선지자들의 메시지는 이스라엘의 선택이 궁극적으로 모든 민족을 구원하기 위한 하나님의 더 큰 계획의 일부였음을 일관되게 증언한다. 그들은 메시아를 통해 이스라엘과 이방인이 함께 하나님을 예배하는 영광스러운 미래를 바라보았다.

2. 예수님의 사역과 가르침: 전환의 예고

예수님은 나사렛 회당에서의 첫 설교에서 이방인 과부와 이방인 나병환자 이야기를 통해 이스라엘이 환영하지 않는 은혜를 이방인이 받게 될 것을 선포하시며 시작하셨으나, 예수님의 공생애 사역 자체는 '이스라엘 집의 잃어버린 양'에게 집중되었다. 그의 여러 가르침과 행적은 복음이 이방인에게로 확장될 것을 분명히 예고했다.

이방인의 믿음을 칭찬하심: 로마 백부장의 믿음(마 8:10-12)과 수로보니게 여인의 믿음(마 15:21-28)을 이스라엘의 믿음보다 크게 칭찬하시며 천국 잔치에 이방인들이 참여할 것을 예고하셨다.

비유를 통한 경고: 포도원 품꾼 비유를 통해 "하나님의 나라를 너희는 빼앗기고 그 나라의 열매 맺는 백성이 받으리라"(마 21:43)고 직접적으로 선포하셨고, 큰 잔치 비유(눅 14:16-24)를 통해 먼저 청함 받은 자들이 거절하고 그 자리를 다른 이들이 채울 것을 경고하셨다.

궁극적인 명령: 부활하신 후에는 "가서 모든 민족을 제자로 삼아"(마 28:19), "땅 끝까지 이르러 내 증인이 되리라"(행 1:8)는 지상 대위임령을 주셨다.

이처럼 구약의 예표와 예수님의 가르침은 사도 바울이 유대인의 거부에 직면했을 때 "우리가 이방인에게로 향하노라"(행 13:46)고 선언한 것이 그의 독단적인 결정이 아니라, 이미 성경 전체를 통해 예고된 구속사의 필연적인 흐름을 집행한 것임을 강력하게 증언한다.

제12장

베냐민의 죽음과 전쟁 중 조상들의 비밀 이장(移葬)

1 그가 이 말을 마치고 말했다. "내가 너희에게 명하노니 내 뼈를 이집트에서 가지고 올라가 헤브론에, 내 조상들 곁에 묻어다오."
2 베냐민은 125세를 살고 복된 노년에 잠들었으며 그들은 그를 관에 넣었다.
3 이스라엘 자손이 이집트에 들어간 지 91년이 되던 해, 그들과 그들의 형제들이 가나안 전쟁 중에 은밀히 그들의 조상들의 뼈를 가지고 올라가 헤브론에 있는 그 조상들의 발치에 안장하였다.
4 그리고 그들은 가나안 땅에서 돌아와 이집트 땅을 떠나는 날까지 그곳에 거주했다.

....

12장은 베냐민의 개인적인 죽음과 함께 구약 성경에서는 찾아볼 수 없는 매우 독특하고 중요한 역사적 전승을 기록하며 대단원의 막을 내린다.

마지막 유언과 평화로운 죽음 (1-2)

베냐민의 마지막 유언 역시 모든 다른 족장들과 마찬가지로 자신의 뼈를 약속의 땅 헤브론에 묻어달라는 것이다.

전쟁 중 조상들의 비밀 이장(移葬) (3-4)

이 내용은 구약 성경 다른 곳에서는 없지만 『열두 족장의 유언』과 『희년서』와 『아므람의 비전(유언)』에서만 기록된 전승이다. 이 사건은 "이스라엘 자손이 이집트에 들어간 지 91년이 되던 해"에 일어났다고 구체적인 연대를 제시한다. 이스라엘 자손들은 가나안과 이집트와 블레셋 간의 전쟁 중에 은밀히 야곱의 열한 아들, 즉 족장들의 뼈를 이집트에서 가지고 헤브론으로 올라가 아브라함과 이삭, 야곱이 묻힌 막벨라 굴에 안장했다. 베냐민의 유언은 부활을 믿는 실천적 믿음으로써 후손들이 조상들의 뼈를 약속의 땅으로 옮기는 거룩한 임무를 전쟁 중에 완수했다는 특별한 전승과 함께 막을 내린다.

베냐민의 유언 4Q538-4Q Tbenjamin

　이 사본은 연대 측정 결과 기원전 50-25년경, 즉 하스몬 왕조 말기에서 헤롯 왕조 초기의 사본으로 추정된다. 사본의 내용은 요셉의 옷에 피를 묻혀 야곱에게 가져갔을 때의 상황을 베냐민의 시점에서 서술하는 부분이며, 헬라어 번역본 이전에 존재했던 아람어 원본의 또 다른 사본인 것으로 평가된다.

　식별 가능한 주요 아람어 단어: **יעקוב**: 야곱, **יוסף**: 요셉, **כתנתה די יוסף**: 요셉의 그 옷, **דמא**: 피, **אבוהי**: 그의 아버지, **אחי**: 형제들, **בכא**: 그가 울었다.

제3부

『열두 족장의 유언』에 흩어져 있는
주제들을 종합하여 하나의 일관된
히브리적 세계관의 그림을 보게하는 글의 모음집이다

These things shall surely be fulfilled in their appointed time,
after Israel has suffered much affliction.

이 일들은 이스라엘이 많은 고난을 겪은 후,
그 일들의 정한 때에 반드시 성취될 것이다.
- 야곱 (납달리 7:1) -

제3부 주제글

유언 문학과 성경의 관계

'유언 문학(Testamental Literature)'은 제2성전 시대에 비로서 유행하기 시작했던 장르가 아니다. 모세오경에는 유언 문학 양식 포함되어 있으며 오경 이전 시대의 족장들로부터 유언의 양식은 시작되었다. '유언'은 성경의 핵심적인 사상, 즉 하나님의 언약과 토라, 그리고 미래에 대한 소망이 세대에서 세대로 전수되는 가장 중요한 방식 중 하나였다. 족장이나 위대한 지도자의 마지막 유언은 단순한 유훈을 넘어 다음 세대가 반드시 지켜야 할 거룩한 명령이자 법적 효력을 지닌 선포로 여겨졌다.

성경 속 유언의 원형

유언 문학의 진정한 원조는 아담의 일곱 번째 족장인 에녹으로 거슬러 올라간다. 『에녹서』의 후반부(특히 81-91장)는 에녹이 하늘로 완전 승천하기 전, 그의 아들 므두셀라와 후손들을 불러 모아 하늘에서 본 모든 비밀과 인류 역사의 시작과 끝에 대한 예언, 그리고 의로운 삶에 대한 교훈을 전수하는 장엄한 유언의 형태를 띠고 있다. 이처럼 죽음(떠남)을 앞둔 거룩한 조상이 자녀들에게 지혜와 예언을 남기는 에녹의 행위는 이후 모든 유언 문학의 가장 중요한 원형이 되었다.

정경에 나타난 유언 문서의 가장 중요하고 원형적인 첫 사례는 단연 창세기 49장에 기록된 야곱의 축복이다. 죽음을 앞둔 야곱은 그의 열두 아들을 모두 불러 모은다. 그는 각 아들들의 과거 행적과 성품을 바탕으로 그들과 그들의 지파가 장차 겪게 될 미래의 운명을 예언하며 마지막 축복(혹은 저주)을 남긴다. 이 구조, 즉 (1) 죽음을 앞둔 족장 (2) 자녀들을 소집 (3) 과거에 대한 회고 (4) 윤리적 교훈 (5) 미래에 대한 예언이라는 다섯 가지 요소는 이후 모든 유언 문학의 기본적인 틀이 되었다. 이 외에도 성경에는 이삭의 유언(창 27장), 모세의 고별 설교와 축복(신 31-33장), 여호수아의 고별 설교(수 23-24장), 다윗의 유언(왕상 2장), 예수님의 유언(요 13-17장) 등 여러 중요한 유언들이 등장하며 이 전통을 이어간다.[58]

언약 갱신 의식으로서의 유언

유언과 언약은 신학적으로 매우 밀접하게 연결되어 있다. 족장의 유언은 종종 하나님과 맺었던 언약을 다음 세대에게 상기시키고, 그 언약에 대한 순종을 다시 한번 맹세하게 하는 '언약 갱신 의식'의 성격을 띤다. 떠나는 지도자는 언약의 내용을 요약하고, 순종에 따르는 축복과 불순종에 따르는 저주를 다시 한번 선포함으로써 언약의 정신이 다음 세대에도 이어지도록 한다.

이 관계는 언약을 의미하는 히브리어 '브리트'(בְּרִית)가 헬라어 구약성경(70인역)에서 '디아테케'(διαθήκη)로 번역되었다는 점에서 극명하게 드러난다. '디아테케'는 '언약'이라는 의미와 함께 '마지막 유언'이라는 의미도 가지고 있다. 우리가 구약(Old Testament)과 신약(New Testament)이라고 부르는 것 자체가 사실은 옛 선조들의 '옛 유언서'이자 하나님과의 '옛 언약'이며, 예수님의 피로 세운 '새로운 유언서'이자 '새 언약'임을 보여주는 것이다.

예언적 선포로서의 유언

유언에 예언이 포함되는 것은 필연적이다. 고대 사회에서는 죽음을 앞둔 족장이나 경건한 인물의 마지막 말이 특별한 영적 권위와 통찰력을 가진다고 믿었다. 이 세상을 떠나 하나님께로 가까이 가는 그 순간에, 그가 미래를 꿰뚫어 보는 예언의 능력을 부여받는다고 생각했기 때문이다.

또한, 유언 속의 예언은 단순히 미래를 예측하는 것을 넘어 현재의 윤리적 결단을 촉구하는 강력한 동기가 된다. "너희가 이렇게 살면, 장차 복을 받을 것이다" 혹은 "너희가 이

---

58. 모세오경 전체를 마무리하는 신명기는 그 자체가 모세가 이스라엘 민족에게 남기는 거대한 유언 문학이다.

렇게 죄를 지으면, 너희 후손이 포로로 잡혀갈 것이다"라는 예언은 후손들이 현재의 삶에서 올바른 선택을 하도록 이끄는 가장 강력한 설득의 도구가 된다.

결론적으로 『열두 족장의 유언』은 에녹의 유언 문학과 창세기 49장의 야곱의 유언을 원형으로 삼아 언약과 신앙을 후대에 전수하고, 죄와 심판에 대해 엄중히 경고하며, 예언을 통해 미래의 소망을 제시하고, 구체적인 윤리적 삶을 촉구하는 문헌이라 할 수 있다.

각 유언의 핵심 주제와 구조 분석

『열두 족장의 유언』의 각 유언은 족장 자신의 삶의 경험을 바탕으로 고유한 주제와 메시지를 전달한다. 그러나 동시에 이 열두 유언은 다음과 같은 공통된 세계관의 틀 안에서 하나의 통일된 목소리를 낸다.

- **죄와 회개**: 각 족장은 자신의 대표적인 죄를 고백하고, 그 경험을 통해 죄의 파괴적인 본질과 참된 회개의 길을 가르친다(르우벤, 시므온, 유다, 단, 갓).
- **레위와 유다의 권위**: 이스라엘의 구원, 그리고 이방인의 구원까지도 레위(제사장권)와 유다(왕권) 두 중심 축의 연합에 달려 있음을 반복적으로 강조한다. 이와 더불어, 후손들에게 이 두 지파의 권위에 순종할 것을 거듭 촉구한다(스불론과 아셀은 언급하지 않는다).
- **메시아 대망**: 장차 레위와 유다의 계열에서 오실, 신성과 인성을 가지신 메시아의 초림과 재림, 그리고 그의 대속적 죽음과 영원한 왕국에 대한 소망을 제시한다(르우벤, 잇사갈, 갓에는 언급 없음).
- **요셉의 탁월함과 메시아 예표**: 시므온, 유다, 갓 등 다른 족장들은 요셉의 용서와 고결함을 통해서 그를 '본받아야 할 의인의 모범'으로 제시한다. 그러나 베냐민은 요셉의 삶 전 생애, 즉 죄 없이 고난받고, 형제들에게 배신당하며 죽음을 지나 마침내 이스라엘과 이방 민족 모두를 구원하는 그의 생애를 장차 오실 메시아가 겪게 될 대속적 고난, 죽음, 무덤, 부활, 최종적인 영광을 미리 보여주는 가장 완벽한 예표이자 원형으로 설명한다.

• **고난의 역사와 최종 회복**: 이스라엘의 미래 역사를 그들의 배교로 인한 흩어짐과 고난, 그러나 그 끝에 있을 하나님의 자비로운 회복이라는 거대한 구속사의 패턴으로 이해한다(죄와 덕목에 집중하는 르우벤, 시므온, 갓에는 이 패턴에 대한 언급 없음).

• **이방인을 포함한 전인류적 구원**: 메시아를 통한 구원이 이스라엘 민족에게만 국한되지 않고, 모든 이방 민족까지 포함하여 온 세상으로 확장될 것이라는 전지구적 비전을 제시한다(르우벤, 잇사갈, 갓에는 이방 민족 구원 주제 없음).

• **두 영과 마음의 전쟁**: 인간의 마음속에는 '진리의 영'과 '미혹의 영'(벨리알)이라는 두 영이 끊임없이 싸우고 있으며, 인간은 자신의 의지로 어느 한쪽을 선택해야 하는 영적 전쟁터의 한복판에 서 있음을 보여준다(유다, 아셀, 르우벤, 단, 베냐민에서 이 주제가 다뤄짐).

• **에녹 전승과 고대 문헌의 권위**: 모세의 토라 이전에 이미 '에녹의 토라', '조상들의 책들', '하늘의 돌판'과 같은 거룩한 계시의 기록이 존재했으며, 이것이 자신들의 예언과 가르침의 중요한 권위가 됨을 지속적으로 언급한다(잇사갈, 스불론을 제외한 나머지 10족장).

각 유언의 핵심 키워드, 서사 구조, 그리고 독특성과 공통점은 다음과 같이 정리할 수 있다.

1. 르우벤의 유언

• **핵심 키워드**: 음행, 인간을 구성하는 일곱 영과 일곱 미혹의 영, 철저한 회개

• **서사 흐름**: 자신의 죄(빌하와의 동침)를 정직하게 고백하며 시작한다. 그 죄의 원인을 분석하기 위해 '인간을 구성하는 일곱 영'과 '일곱 미혹의 영'이라는 인간의 본성과 죄에 대한 독특한 영적 분석을 제시하고, 자신의 구체적인 범죄 과정과 그로 인한 하나님의 심판(허리 병), 그리고 7년간의 철저한 금욕적 회개를 상세히 설명한다.

• **독특한 점**: 인간의 감각과 신체 기관을 통로로 삼아 역사하는 '일곱 미혹의 영'과 '여덟 번째 수면의 영'에 대한 상세한 목록과 분석은 이 유언서에만 나타나는 매우 독특한 부분이다.

• **공통점**: 후손들에게 '레위와 유다'에게 순종할 것을 명령하며, 메시아가 이 두 지파를 통해 올 것을 예언한다.

• **조상들로부터 받은 영향**

구전/경험: 그의 회개와 생존에 결정적인 역할을 한 것은 바로 아버지 야곱의 중보 기도(1:7)였다. 그는 아버지의 기도를 통해 하나님의 진노에서 벗어나는 것을 직접

체험했으며, 아버지의 애통함(3:15)을 통해 자신의 죄의 무게를 깨달았다.

문서: '일곱 미혹의 영'에 대한 그의 상세한 지식은 당시 그들이 조상들로부터 내려오던 영적 유업과 영적 지식을 통해 깊은 영성 생활을 체험하고 알고 있었다는 것을 보여준다.

2. 시므온의 유언

- **핵심 키워드**: 질투, 증오, 회개
- **서사 흐름**: 자신의 타고난 강인한 기질이 어떻게 '질투의 영'과 결합하여 요셉을 향한 살의로 발전했는지를 고백한다. 그는 질투의 자기 파괴적인 본질을 분석하고, 하나님의 물리적인 심판(손의 마비)을 통해 비로소 회개에 이르렀음을 증언한다.
- **독특한 점**: '질투'라는 단일한 감정이 어떻게 한 인간의 인식을 왜곡하고 육체를 병들게 하며 공동체를 파괴하는지를 가장 깊이 있게 분석한다.
- **공통점**: 죄의 배후에 있는 '미혹의 영'(벨리알)의 활동을 언급하며, 구원이 '레위와 유다'를 통해 올 것임을 명시한다.
- **조상들로부터 받은 영향**

    구전/경험: 그의 죄의 근원은 아버지 야곱이 요셉에게 보인 편애에 대한 직접적인 반응이었다.

    문서: 그는 자신의 후손들이 장차 음행에 빠질 것을 예언하며, 그 근거가 "에녹의 책에 기록된 것을 보았기 때문"(5:4)이라고 명확히 밝힌다. 이는 그가 에녹서를 직접 읽고 연구했음을 보여준다.

3. 레위의 유언

- **핵심 키워드**: 제사장직, 하늘의 계시, 토라
- **서사 흐름**: 온 세상에 만연한 죄악을 보며 구원을 위해 기도하던 중, 천사의 인도를 받아 '일곱 하늘'을 여행하는 신비로운 영적 체험을 통해 제사장으로 임명받는 과정을 상세히 묘사한다. 그는 아버지로부터 비난받았던 세겜 학살 사건을 '하나님의 공의로운 심판 집행'으로 재해석했으며, 조부 이삭으로부터 제사장의 토라를 전수받는다.
- **독특한 점**: '일곱 하늘'의 구조와 기능에 대한 상세한 묘사, '아람어 레위 문서'와 같은 고대 전승과의 깊은 연관성, 그리고 '새로운 제사장'으로서의 메시아에 대한 가장 심화

된 예언을 담고 있다.

・**공통점**: 유다 지파와의 연합을 강조하며, 메시아가 제사장직과 왕권을 겸비할 것임을 예언한다.

・**조상들로부터 받은 영향**

　구전/경험: 그의 제사장직은 조부 이삭으로부터 직접 제사의 법과 규례를 배우고 전수받음으로써(9:6-14) 구체화되었다. 이삭은 또한 그 가르침이 자신의 아버지 아브라함에게서 온 것임을 밝힌다(9:12). 이는 조상들로부터 전승되어 내려오던 제사장 직분과 직무가 존재했음을 보여준다.

　문서: 그는 자신의 예언적 지식의 근거로 '에녹의 책/글'(10:5, 14:1, 16:1)과 '하늘의 돌판들'(5:4)을 반복적으로 언급하며, 문서화된 계시를 중요하게 여겼음을 보여준다.

4. 유다의 유언

・**핵심 키워드**: 왕권(Kingship), 용맹, 돈을 사랑함과 음행

・**서사 흐름**: 자신의 젊은 시절의 영웅적인 전쟁 서사를 길게 나열하며, 자신의 왕권이 하나님의 도우심과 자신의 용맹함에 근거하고 있음을 역설한다. 그러나 동시에 '술 취함'으로 인해 가나안 여인과 결혼하고, '돈을 사랑함'과 '음행'에 빠져 자신의 왕권을 위태롭게 했던 부끄러운 죄를 고백하며 후손들에게 경고한다.

・**독특한 점**: 다른 유언들과 달리 자신의 지파(유다)의 우위와 왕권을 가장 강력하게 주장하며, 레위 지파를 자신보다 높은 권위로 명시적으로 인정하면서도 그 관계를 상호 보완적으로 그린다.

・**공통점**: '진리의 영'과 '미혹의 영'이라는 두 영 사상을 제시하며, 레위의 제사장직을 존중하고 연합할 것을 명령한다.

・**조상들로부터 받은 영향**

　구전/경험: 그의 왕권의 정당성은 아버지 야곱(1:6, 17:5)과 조부 이삭(17:5)이 자신을 직접 왕권으로 축복하며 자신의 혈통으로부터 왕이 나올 것을 예언한 데서 비롯된다.

　문서: 그는 마지막 때에 후손들이 저지를 악한 일들을 "의인 에녹의 책에서 읽었다"(18:1)고 명시적으로 밝힌다.

5. 잇사갈의 유언

· **핵심 키워드**: 순전함, 정직한 노동
· **서사 흐름**: 자신의 출생 배경인 '합환채 사건'을 레아와 라헬의 관점에서 재해석하며 시작한다. 그는 자신의 삶 전체를 어떤 계략이나 악의 없이 오직 땅을 섬기는 '순전한 농부'의 삶으로 요약한다. 그는 이 순전한 삶이야말로 하나님과 사람 모두에게 사랑받는 길임을 강조한다.
· **독특한 점**: 다른 족장들의 유언이 주로 죄에 대한 고백과 경고에 집중하는 반면, 잇사갈의 유언은 '순전함'이라는 긍정적인 덕목을 중심으로 전개된다.
· **공통점**: 레위와 유다의 권위를 인정하고 그들에게 순종할 것을 명령한다.
· **조상들로부터 받은 영향**

　　구전/경험: 그의 삶의 모델은 아버지 야곱이다. 그는 "아버지 야곱은 땅과 첫 열매의 축복으로 나를 축복하셨다"(5:6)고 말하며, 아버지의 축복 안에서 자신의 소명을 확인했다. 또한 그는 '첫 열매'를 드리는 자신의 행위가 아벨로부터 이어진 거룩한 전통임을 인식하고 있었다(5:4).
　　문서: 문헌을 직접 인용하지는 않지만 그의 유언 전체는 토라의 가르침에 깊이 뿌리내리고 있다.

6. 스불론의 유언

· **핵심 키워드**: 긍휼과 연민
· **서사 흐름**: 요셉이 팔려가던 순간 다른 형제들과 달리 자신은 요셉의 고통에 함께 아파하며 울었던 것을 회상한다. 그는 성실한 어부로서 가족들을 부양하고 자신이 잡은 물고기를 나그네와 병자, 노인들과 나누었던 구체적인 긍휼의 실천을 이야기하며, 이것이 하나님의 축복의 통로였음을 증언한다.
· **독특한 점**: '긍휼'이라는 단일한 덕목을 가장 깊이 있게 다룬다. 특히 직접적으로 도울 물질이 없을 때는 '함께 울며 걸어주는 것'이 진정한 긍휼이라고 가르치는 부분은 매우 인상적이다. 특히 "너희 마음에 자비를 품으라. 이는 사람이 자기 이웃에게 행하는 그대로 여호와께서도 그에게 행하시기 때문이다."(5:3)고 강조하며 사람이 이웃에게 행하는 방식대로 주님께서도 심판대 앞에서 그에게 행하실 것이라고 가르친다. 즉, 긍휼을 베푸는 행

위가 마지막 심판에서 자비로운 대우를 받는 결정적인 요소가 될 것이라고 가르치고 있다. 긍휼을 베풀지 않으면 심판에서 자비를 기대할 수 없지만, 긍휼을 베풀면 심판을 넘어설 수 있다는 것이다. 자비를 베풀지 않은 자에게는 무자비한 심판이 있을 것이나, 자비는 심판을 이길 뿐만 아니라 자랑한다(에녹1서 27장, 야고보서 2:13).

· **공통점**: 요셉을 긍휼과 용서의 모델로 제시하며, 후손들의 분열과 회복, 그리고 메시아의 도래를 예언한다.

· **조상들로부터 받은 영향**

구전/경험: 그의 윤리적 교훈의 중심에는 아버지 야곱이 있다. 아버지의 가축과 양떼가 자신의 출생으로 인해 크게 번성하는 복을 받았으며, 그는 아버지 집을 위해 물고기를 잡아 아버지의 온 집안에 충분히 공급하였다(6:3, 6:7).

문서: 그는 후손들의 분열과 흩어짐을 예언하며, 그 근거로 "내 조상들의 책들에서 배웠다"(9:5)고 명시하여 문서화된 전승이 있었음을 보여준다.

7. 단의 유언

· **핵심 키워드**: 분노와 거짓

· **서사 흐름**: 자신의 죄의 근원이 '분노'와 '거짓'이었음을 고백하며, 이 두 가지가 어떻게 분노의 영을 통해 한 사람의 인식을 왜곡하고, 혼을 장악하여 파멸로 이끄는지를 심리학적으로 분석한다.

· **독특한 점**: 자신의 지파의 수호천사가 '사탄(대적자)'이라고 직접적으로 선언하는 충격적인 예언을 담고 있으며, 이로 인해 단 지파가 겪게 될 비극적인 배교의 운명을 예고한다.

· **공통점**: 구원이 레위와 유다를 통해 올 것을 증언한다.

· **조상들로부터 받은 영향**

구전/경험: 그의 모든 죄의 동기는 아버지 야곱이 요셉을 편애한 것에 대한 직접적인 반응에서 시작되었다(1:5).

문서: 그는 자신의 지파의 수호천사가 사탄(대적자)이라는 충격적인 예언과 레위 지파가 겪을 유혹에 대한 지식의 근거가 "의인 에녹의 책에서 읽었기 때문"(5:6)이라고 명확히 밝힌다.

8. 납달리의 유언

- **핵심 키워드**: 자연적 선함, 창조의 질서
- **서사 흐름**: 자신의 출생과 어머니 빌하의 가계에 대한 상세한 설명을 통해 자신의 정체성을 밝힌다. 그는 자신의 신체적 특징(빠른 발)을, 영과 육을 완벽하게 조화시키시는 하나님의 '창조 질서'의 한 예로 승화시키는 깊이 있는 설명을 펼친다.
- **독특한 점**: '토기장이 비유'를 통해 하나님의 창조와 예지를 설명하고, '질서'라는 개념을 통해 윤리적 삶의 원리를 제시하는 등, 다른 유언에 비해 철학적이고 지혜 문학적인 성격이 매우 강하다. 두 가지 상징적인 묵시적 환상(해와 달, 배)을 통해 이스라엘의 미래를 예고한다.
- **공통점**: 레위와 유다의 연합을 통한 구원을 예언한다.
- **조상들로부터 받은 영향**

    구전/경험: 그의 삶의 방향은 아버지 야곱의 축복(2:1)과 환상 중에 나타난 조부 이삭이 내린 명령(5:2)에 의해 결정되었다.

    문서: 그는 후손들의 타락을 예언하며, 그 근거로 "에녹의 거룩한 글에서 읽었다"(4:1)고 명시한다.

9. 갓의 유언

- **핵심 키워드**: 증오, 용서
- **서사 흐름**: 자신의 용맹함을 소개한 뒤, 요셉의 고자질로 인해 그에게 품게 된 '증오'의 감정이 어떻게 살의로 발전했는지를 고백한다. 그는 증오의 파괴적인 본질과 자기 파괴적인 속성을 상세히 분석하고, 진정한 회개를 통해 증오를 극복한 자신의 경험을 바탕으로 형제를 용서하는 구체적인 방법을 가르친다.
- **독특한 점**: '증오'라는 단일한 죄악에 대해 가장 깊이 있고 체계적으로 분석한다. 특히 공동체 내에서 갈등이 생겼을 때, 어떻게 지혜롭게 대처하고 용서해야 하는지에 대한 단계별 실천 지침을 제공한다.
- **공통점**: 레위와 유다를 존경할 것을 명령하며, 구원자가 그들을 통해 올 것을 예언한다.
- **조상들로부터 받은 영향**

구전/경험: 그의 모든 죄와 회개의 과정은 아버지 야곱과 형제 요셉과의 관계 속에서 일어난 실제적인 경험에 바탕을 두고 있다. 특히 아버지 야곱의 기도가 자신을 질병에서 구했다고 고백한다(5:9).
문서: 문헌을 직접 인용하지는 않지만, 그의 가르침은 토라의 정신과 깊이 연결되어 있다.

10. 아셀의 유언

- **핵심 키워드**: 두 길 사상, 꼬임이 없는 순전한 마음과 두 혀
- **서사 흐름**: 세상의 모든 것이 선과 악이라는 '두 길'로 나뉘어 있으며, 인간의 마음속에도 '두 가지 성향'이 존재한다는 이원론적 세계관을 제시한다. 그는 두 혀를 가진 위선자들의 모습을 '토끼 비유'를 통해 비판하고, 겉보기와는 다른 참된 의인의 모습을 '사슴 비유'를 통해 변호한다.
- **독특한 점**: 쿰란 공동체의 '두 영 교리'와 가장 유사한 사상을 보여준다. 선과 악의 대립을 '꼬임이 없는 순전한 마음'과 '두 혀'라는 개념으로 설명하는 것이 매우 독특하다.
- **공통점**: 메시아의 성육신과 전인류적 구원에 대한 명확한 예언을 담고 있다.
- **조상들로부터 받은 영향**

   구전/경험: 특정 조상이나 부모의 가르침을 직접 언급하지는 않지만, 그의 윤리적 교훈은 족장으로부터 내려온 지혜의 전통에 기반함을 밝힌다.
   문서: 그는 자신의 가르침의 권위를 "하늘의 돌판들"(2:10)에서 찾으며, 후손들의 타락을 예언할 때는 "의로운 에녹의 글"(7:5)을 언급한다.

11. 요셉의 유언

- **핵심 키워드**: 정결함, 인내, 용서
- **서사 흐름**: 자신의 파란만장했던 삶 전체를 인간의 악행과 하나님의 신실한 구원이 대조되는 한 편의 교향곡으로 요약하며 시작한다. 그는 특히 보디발 아내의 집요하고 교활한 유혹을 어떻게 **인내와 기도와 금식**으로 이겨냈는지를 매우 상세하게 증언한다.
- **독특한 점**: 창세기에는 기록되지 않은 보디발 아내와의 심리전과 영적 싸움에 대한 생생한 세부 묘사를 담고 있다. 또한, 그의 삶 전체가 장차 오실 메시아의 고난과 영광을 예표하는 원형으로 가장 분명하게 제시된다.

- **공통점**: 레위와 유다를 존경할 것을 명령하며, '하나님의 어린 양'을 통해 올 구원을 예언한다.
- **조상들로부터 받은 영향**

    구전/경험: 그는 유혹을 이겨낼 때마다 "내 아버지 야곱의 말씀을 기억했다"(3:3)고 고백하며, 아버지의 가르침이 그의 삶의 가장 중요한 지침이었음을 보여준다.

    문서: 문헌을 직접 인용하지는 않지만, 그의 유언 19장에 나타나는 '동물 묵시'는 '에녹1서'에서 '동물 묵시'의 방법으로 인류 역사를 비유했던 것과 그 맥락을 같이 한다.

12. 베냐민의 유언

- **핵심 키워드**: 순결한 마음, 자기희생적인 용서와 사랑, 요셉과 메시아
- **서사 흐름**: 자신의 특별한 출생 배경과 이름의 의미를 설명하며 시작한다. 그는 유언의 대부분을 자신이 얼마나 형 요셉을 사랑했으며, 그의 의로운 삶을 본받으려 했는지를 증언하는 데 할애한다. 특히 요셉이 형들의 죄를 덮어주기 위해 어떻게 '알리바이'를 만들었는지에 대한 독특한 전승을 소개한다.
- **독특한 점**: 다른 유언들이 레위와 유다를 중심에 두는 것과 달리, 베냐민의 유언은 요셉을 의로움의 가장 완벽한 모델로 제시한다. 또한, '물어뜯는 늑대'라는 자신의 지파의 운명이 장차 **사도 바울**이라는 후손을 통해 '복음을 전하는 여호와의 일꾼'으로 변혁될 것이라는 놀라운 예언을 담고 있다.
- **공통점**: 메시아의 성육신, 수난, 죽음, 부활, 승천, 성령 강림에 대한 가장 완결된 형태로써 메시아의 초림에 대한 예언을 담고 있다.
- **조상들로부터 받은 영향**

    구전/경험: 그의 모든 가르침의 기초에는 형 요셉의 삶과 용서에 대한 직접적인 경험과 증언이 있다. 또한 그는 아버지 야곱의 기도를 통해 요셉의 환상을 보는 신비로운 체험을 했다고 고백한다(10:1).

    문서: 그는 후손들의 배교를 예언하며, 그 근거로 "의인 에녹의 글"(9:1)을 읽었음을 밝힌다.

메시아의 초림에 대한 예언

『열두 족장의 유언』에 나타나는 메시아 예언의 가장 큰 특징 중 하나는 구약의 다른 선지서들이 종종 '그리고'라는 단순한 접속사 하나를 사이에 두고 2천년의 시간 간격이 있는 메시아의 초림과 재림에 대해 묘사하는 것과 마찬가지로 **초림과 재림의 시간적 간격을 명확하게 구분해서 설명하지 않는다는 점**이다. 이로 인해 어떤 구절은 초림을, 어떤 구절은 재림을, 또 어떤 구절은 초림부터 재림까지 이어지는 이방인 교회 시대 전체를 포괄하는 다층적인 의미를 가지게 된다. 이러한 예언의 특징을 이해하는 것은 이 책을 올바로 해석하는 데 매우 중요하다.

초림 예언

다음 구절들은 메시아의 성육신, 침례, 수난, 죽음, 부활, 승천 등, 그의 첫 번째 오심과 직접적으로 관련된 사건들을 놀라울 정도로 명확하게 예언하고 있다.

성육신과 침례
- **레위 2:11** "너와 유다로 말미암아 여호와께서 사람들 가운데 나타나셔서 모든 민족을 구원하시리라."
- **시므온 6:7** "이는 그분께서 육신을 입으시고 사람들과 함께 먹고 사람들을 구원하셨기 때문이라."
- **아셀 7:2b-3a** "지극히 높으신 분께서 땅을 방문하실 때까지 그는 사람으로 오셔서 **사람들과 함께 먹고 마시며**, 물을 통과하여 지나감으로 용의 머리를 부수실 것이다."
- **레위 18:6-7** "**하늘들이 열릴 것이며**, 영광의 성전으로부터 거룩함이 그에게 내려올 것이요, 아브라함이 이삭에게 했던 것처럼 **아버지의 음성이 들리리라**. 지극히 높으신 분의 영광이 그분 위에 선포될 것이며, **물 가운데서 통찰의 영과 거룩케 하는 영이 그분 위에 내려와 머물 것이다.**"

- 유다 24:1 "…내 씨에서 공의의 태양과 같은 한 사람이 일어나 온유함과 의로움으로 사람의 아들들과 함께 행하리니, 그에게서 어떤 죄도 찾을 수 없으리라."

수난과 십자가 죽음
- 요셉 19:11 "… 유다와 레위를 존경하라. 이는 그들로부터 하나님의 어린 양이 일어나 세상의 죄를 제거하고 모든 이방인들과 이스라엘을 구원하실 것이기 때문이다."
- 베냐민 9:3 "그리고 그는 성전 뜰 안으로 들어갈 것이며, 거기서 여호와는 온갖 모욕과 멸시를 당하시고, 마침내 나무 위에 달리실 것이다."
- 레위 4:1 "이는 바위가 갈라지고, 해가 어두워지며… 지극히 높으신 분의 수난으로 음부가 약탈당할 때에도, 사람들은 믿지 않고…"
- 베냐민 3:8 "흠 없는 이가 불법한 자들을 위해 더럽혀지고, 죄 없는 이가 불경건한 자들을 위해 죽으리라."
- 르우벤 6:12 "그의 후손(씨) 앞에 엎드려 절하라. 이는 그의 씨가 우리를 대신하여 보이는 전쟁과 보이지 않는 전쟁에서 죽을 것이며, 너희 가운데 영원한 왕이 될 것임이라."

십자가의 결과와 부활, 승천
- 베냐민 9:4 "성전의 휘장이 찢어질 것이며, 하나님의 영이 불처럼 부어져 이방인들에게 임할 것이다."
- 베냐민 9:5 "그는 무덤에서 일어나 땅에서 하늘로 올라가실 것이다."
- 레위 8:14 "… 이는 유다로부터 한 왕이 일어나 모든 이방 민족을 위해 이방인의 방식에 따라 새로운 제사장 직분을 세울 것이기 때문이다."

재림 예언

다음 구절들은 초림 때의 고난받는 종의 모습과 달리, 영광의 왕이자 심판주로서 다시 오실 메시아의 모습을 명확하게 그리고 있다.

예루살렘으로의 가시적 강림

땅 위에 사람으로 나타나신 다는 표현은 초림을 묘사하는 것이라고 생각하기 쉽다. 그러나 전후 문맥을 통해서 재림을 묘사하는 경우에도 땅 위에 사람으로 나타나시는 것으로 묘사하고 있는 것을 알 수 있다.
- **시므온 6:5** "그때 셈이 영화롭게 되리니, 이는 주 하나님, 곧 이스라엘의 전능하신 분께서 땅 위에 사람으로 나타나셔서 친히 아담을 구원하실 것이기 때문이라."
- **단의 유언 5:13** "예루살렘은 더 이상 황폐함을 겪지 않을 것이며, 이스라엘은 포로로 끌려가지 않을 것이다. 이는 여호와께서 예루살렘 가운데 거하시며 사람들과 어울려 함께 사실 것이고, 이스라엘의 거룩하신 분께서 그들을 다스리실 것이기 때문이다. 그분을 믿는 자는 하늘에서 진리로 다스릴 것이다."

심판을 집행하는 분으로의 귀환
- **레위 18:2** "...많은 날이 지나고 때가 차면 그는 땅에서 의로운 심판을 집행할 것이다."
- **유다 24:6** "...여호와를 부르는 모든 자를 심판하며 구원하리라."

우주적 통치와 평화
- **레위 18:3-5** "그의 별은 왕의 별처럼 하늘에 떠오를 것이며... 그는 땅 위에서 해처럼 빛날 것이며, 하늘 아래 모든 어둠을 몰아내시리니, 온 땅에 평화가 있으리라. 그의 날들에 하늘들은 기뻐하고, 땅은 즐거워하며, 구름들은 환희로 가득하리라. 여호와의 지식이 바다의 물처럼 땅 위로 부어질 것이다. 여호와의 임재의 영광의 천사들이 그분 안에 기뻐하리라."
- **유다 22:2** "...이스라엘의 구원이 임할 때까지, 그리고 야곱과 모든 이방인들이 평화롭게 안식을 누릴 수 있도록 의의 하나님께서 나타나실 때까지이다."

낙원의 문들을 열고 생명나무의 열매를 주심
- **레위 18:10-11** "그리고 그가 낙원의 문들을 열 것이며 아담을 대적하며 위협하는 칼을 제거하리라. 그가 성도들에게 생명나무로부터 먹도록 해주실 것이며 거룩의 영이 그들 위에 머물리라."

악의 세력에 대한 최종 승리
- **레위 18:12** "벨리알은 그에 의해 묶일 것이며, 그는 그의 자녀들에게 악한 영들을 밟을 권세를 주시리라."

초림과 재림이 연결된 예언

다음 구절들은 메시아의 초림 사건을 언급하면서 동시에 그의 사역이 재림 때까지 어떻게 확장되고 완성될 것인지를 함께 보여주는 다층적인 예언들이다. 히브리서 9:26에서 메시아의 초림부터 재림까지의 전 기간을 '세상 끝'이라고 인식하며 그리스도의 속죄 사역을 '세상 끝, 시대의 종말'의 전체 기간에 적용시키는 개념을 볼 수 있다.

초림으로 시작되어 재림으로 완성될 구원 사역 전체를 포괄한다

- **시므온 7:2** "여호와께서 레위로부터 대제사장을, 유다로부터 왕을 일으키시리니, **그는 하나님이자 사람으로서 모든 이방인들과 이스라엘 민족을 구원하시리라.**"

초림을 통하여서 이방 민족들을 돌아오게 하실 것과, 재림 때 예루살렘에서 영광스럽게 나타나실 것을 연결한다

- **스불론 9:8** "그리고 이 일 후에 여호와께서 의의 빛으로 너희에게 떠오르시리니... **그분은 모든 이방 민족들을 그분을 향한 열정으로 돌아오게 하실 것이다.** 너희는 사람의 모습으로 나타나신 하나님을 볼 것이니, 그 장소는 여호와께서 택하실 곳, 그 이름은 예루살렘이다"

초림의 성품과, 교회 시대를 통해 계속되는 그의 가르침과 구원 사역을 묘사한다

- **단의 유언 6:9** "그리하면 **이방인의 구원자 (열국의 아버지)**께서 **너희를 받아주시리니.** 이는 그는 진실하시고 오래 참으시며, 온유하고 겸손하며, **그의 행위로 하나님의 토라를 가르치시기 때문이다.**"

초림부터 시작된 메시아의 사역이 재림 때까지 계속 진행되다 최종 완성되는 예수 그리스도의 전체 사역을 다 묘사하고 있다

- **납달리 8:3** "그들(레위와 유다)의 지파를 통해 하나님께서 땅 위에 사람들 가운데 거하시는 모습으로 나타나셔서 이스라엘 민족을 구원하시고 이방인들 가운데서 의로운 자들을 모으실 것이다."

헤브론에 뿌리내린 부활의 소망

한번 죽는 것은 인간에게 정해진 것이며, 죽음 이후에는 심판이 기다린다. 그리고 그 심판의 결정에 따라 부활의 성격이 달라진다. 우리가 좋은 부활에 참여할 수 있도록 메시아께서 죄를 담당하셔서 단번에 자신의 생명을 드리셨고, 메시아께서 두 번째 나타나실 그 때 첫째 부활에 참여하기에 합당한 모든 믿는 자들은 아담부터 우리까지 다 부활할 것이다(히브리서 9:27-28).

사람이 죽으면, 음부 또는 낙원에서 기다리고 있다가 나중에 부활할 것이라는 이 소망은 첫 사람 아담에게도 알려진 지식이었으며(아담과 하와의 생애), 아담 이후 모든 족장들 또한 이러한 지식과 믿음을 가지고 살았던 믿음의 사람들이었다. 그리고 『열두 족장의 유언』에서 우리는 족장들이 가졌던 부활에 대한 믿음을 그들의 마지막 숨결을 통해 생생하게 들을 수 있다.

열두 족장들의 확고한 부활 신앙이 가장 구체적으로 표현된 행위는 바로 자신의 뼈를 약속의 땅 **헤브론에 있는 막벨라 굴**에 안장해달라는 마지막 유언이다. 그들에게 헤브론은 단순한 매장지가 아니었다. 그들은 조상들로부터 전해들은 전승과 계시에 의해서 인류의 시조인 **아담과 하와가 이중으로 묻힌**(막벨라, '이중 동굴' 또는 '두겹 동굴'이라는 뜻) 거룩한 장소가 헤브론의 막벨라 굴이라는 것을 알았다. 아브라함이 값을 치르고 막벨라 굴을 산 이유는 바로 그곳이 부활의 날을 소망하며 잠든 첫 사람 아담의 무덤임을 알았기 때문이다. 그는 부활의 그 날에 첫 사람 아담과 함께 일어나기를 기대하는 마음으로 막벨라 굴을 자신의 장지(葬地)로 마련했다. 그의 아들 이삭과 손자 야곱, 그리고 야곱의 아들들 또한 그곳에 묻히기를 바랐던 것은 바로 이 동일한 부활의 소망에 동참하기 위한 그들의 믿음의 표현이었다.

『열두 족장의 유언』에 나타난 부활에 대한 증언들

1. 메시아의 부활과 승천

이 책은 장차 오실 구원자가 죽음에 머물지 않고, 부활하여 하늘로 올라가실 것을 명확하게 예언한다. 베냐민은 자신이 사랑하며 존경하던 친 형 요셉이 먼저 죽은 후에 그의 일생을 뒤돌아보며 자녀들에게 유언하는 중에 요셉의 생애와 겹쳐진 메시아의 '가장 낮아지심'과 '가장 높아지심'에 대해서 예언한다.

- **베냐민의 유언 9:5**: **"그는 무덤에서 일어나 땅에서 하늘로 올라가실 것이다.** 이는 그가 땅에서는 얼마나 낮아지실지, 하늘에서는 얼마나 영광스러우실지를 내가 앎이라."

2. 족장 자신의 부활과 지파적 차원으로 일어날 부활에 대한 기대

족장들은 자신들 또한 마지막 날에 다시 일어날 것임을 확신에 차서 고백한다.

- **스불론의 유언 10:2** "나는 너희 가운데서 다시 일어날 것이며, 너희 아들들 가운데서 왕처럼 다시 일어날 것이다. 여호와의 율법과 그들의 아버지 스불론의 계명을 지킨 내 지파의 모든 자들과 함께 나는 기뻐할 것이다."
- **시므온의 유언 6:7** "그때 **나는 기쁨으로 일어나** 하나님께서 놀라운 일을 행하셨음으로 인해 지극히 높으신 분을 송축하리니, 이는 그분께서 육신을 입으시고 사람들과 함께 먹고 사람들을 구원하셨기 때문이라."

3. 조상들과 함께하는 부활

의인들의 부활은 개인적인 사건이 아니라 모든 믿음의 조상들이 함께 참여하는 영광스러운 공동체의 회복이다.

- **유다의 유언 25:1** "그 후 아브라함과 이삭과 야곱이 생명으로 일어나리니, 나와 나의 형제들이 이스라엘의 열두 지파의 우두머리가 될 것이다."
- **베냐민의 유언 10:6** "그때가 되면 너희는 에녹과 노아와 셈, 그리고 아브라함과 이삭과 야곱이 기쁨 가운데 오른편에서 일어나는 것을 보게 될 것이다."

4. 모든 의인의 부활: 위대한 역전

부활은 단순히 다시 사는 것을 넘어 이 땅에서의 모든 고난과 슬픔이 반전되어 축복으로 변화되는 '위대한 역전'의 사건이다.

- **유다의 유언 25:4** "슬픔 가운데 죽은 자들은 **기쁨으로 일어날 것이며**, 여호와를 위하여 가난했던 자들은 부유하게 될 것이요, 여호와를 위하여 죽임을 당한 자들은

생명으로 깨어날 것이다."

5. 전인류적 부활의 순서와 심판

이 책은 먼저 일어나게 될 부활, 즉 조상들과 함께 의인들이 일어날 부활 장면뿐만 아니라 그후에 모든 사람이 영광의 부활로 또는 수치의 부활로 일어날 것을 증언한다.

- **베냐민의 유언 10:8** "그후에 모든 사람이 일어나리니 어떤 이는 영광으로, 어떤 이는 수치로 일어날 것이다. 여호와께서 먼저 이스라엘을 심판하실 것이니 이는 그들이 그분께 저지른 잘못 때문이다."

종말론1: 예언의 눈으로 본 민족의 미래사

『열두 족장의 유언』은 단순히 각 족장의 개인적인 삶을 회고하고 윤리적 교훈을 남기는 책이 아니다. 이 책의 가장 중요한 특징 중 하나는 야곱의 아들들이 자신들의 후손, 즉 이스라엘 민족 전체가 장차 겪게 될 미래의 역사를 놀라울 정도로 상세하고 구체적으로 예언하고 있다는 점이다. 그들은 어떻게 이 모든 것을 알 수 있었을까?

그 해답은 그들이 의존했던 권위의 출처에서 찾을 수 있다. 족장들은 지속적으로 '에녹의 토라'와 '조상들의 책들'을 읽고 연구했음을 증언한다. 특히 『에녹서』에 담긴 '동물 묵시'(인류 역사를 동물에 비유하여 설명)와 '열 이레 묵시'(인류사 7천 년을 10주간으로 나누어 설명)는 그들에게 과거와 현재, 그리고 미래를 꿰뚫어 볼 수 있는 거대한 역사의 시간표를 제공했다.

이집트에 정착하여 살아가던 그들은 이 예언들을 서로 묻고 답하며(하브루타), 때로는 아버지 야곱에게 그 해석을 들으며, 자신들의 가족사가 바로 이 거대한 구속사의 일부임을 깨달았다. 에녹서의 동물 묵시에서 '열두 양을 낳은 흰 수소'가 바로 자신들의 아버지 야곱이며, 그중 '한 양이 야생 나귀들에게 넘겨져 늑대들 사이에서 살아가는 것'이 바로 요셉과 이집트의 이야기였음을, 그리고 '나머지 열한 양도 늑대들 가운데 와서 풀을 먹는 장면'이 바로 현재 이집트에 거주하는 자신들의 모습임을 깨달았을 때 그들은 역사가 현재 어디까지 와 있는지 그 주소를 알게 되었다(에녹1서 89:12-15).

그리고 그들은 이 예언의 시간표를 따라 출애굽 이후 계속 진행될 자손들의 미래사를 내다볼 수 있게 되었다. 이집트에서 살아가던 열두 족장들은 이처럼 자신들이 깨닫고 이해한 만큼 자녀들에게 유언을 남기며 그들의 가까운 미래에서부터 먼 미래까지 어떤 과정을 지나게 될지를 알려주고, 경계하며, 격려하고, 궁극적인 소망을 심어주고 있는 것이다. 이제 그들 각자가 바라보았던 이스라엘의 미래사를 종합하여 따라가 보자.

1. 이집트에서의 압제와 출애굽

족장들은 자신들의 죽음 이후, 이스라엘 자손들이 이집트에서 번성하지만 결국 큰 압제를 받게 될 것을 예고한다. 그러나 그 고난 속에서 하나님께서 그들을 구원하실 것을 내다본다.

- **요셉의 유언 20:1** "내가 죽고 나면 이집트 사람들이 너희를 억압할 것을 안다. 그러나 하나님께서 너희를 변호해 주시고 너희를 조상들에게 약속하신 땅으로 이끄실 것이다."

2. 분열과 흩어짐: 왕국의 비극

족장들은 이스라엘이 가나안 정착 이후 하나님을 떠나 두 왕국으로 분열되고 결국 온 세상으로 흩어지는 디아스포라의 역사를 공통적으로 예고한다. 세 번의 디아스포라가 있었다. 북왕국 이스라엘의 멸망으로 흩어진 10지파의 디아스포라, 1차 성전 멸망으로 흩어진 남유다의 디아스포라, 2차 성전 멸망으로 흩어진 이스라엘의 디아스포라.

- **스불론의 유언 9:5** "나는 내 조상들의 책들에서 너희가 먼 훗날에 여호와를 떠나고 이스라엘 안에서 나뉘어 두 왕을 따르고 온갖 가증한 일을 행하며 각종 우상을 숭배할 것이라고 배웠노라."
- **요셉의 유언 19:2** "열두 마리의 수사슴이 풀을 뜯고 있었다. 그 중 아홉 마리는 흩어져서 땅의 곳곳으로 퍼져 갔다. 나머지 세 마리는 보존되었으나 그 다음 날 그들도 흩어졌다."
- **납달리의 유언 6:7** (배가 파선하는 환상 속에서) "그리하여 우리 모두는 **땅끝까지 흩어졌다.**"

- **아셀의 유언 7:2** "너희 땅은 황폐해지고, 너희 성소는 파괴될 것이며, **너희는 땅의 네 모퉁이로 흩어질 것이다.** 그리고 너희는 흩어진 곳에서 아무 쓸모없게 된 물처럼 여겨질 것이다."

3. 제사장들의 타락과 성전의 파괴

특히 제사장 지파인 레위의 유언은 이스라엘의 타락이 영적 지도자인 제사장들의 부패에서 비롯될 것임을 예고한다.

- **레위의 유언 14:4** "그러나 너희가 만일 불경건함과 범죄함으로 인해 어두워지면 눈먼 상태로 사는 모든 이방인들은 무엇을 하겠느냐? 너희가… **토라의 빛을 파괴하려고 하니** 너희가 우리 민족 위에 저주를 가져올 것이다."
- **레위의 유언 16:1, 3** "너희가 70주간 동안 그릇된 길로 방황하며, 제사장 직분을 더럽히고, 희생제사를 부정하게 할 것이라는 것이다… 토라를 새롭게 하려는 분을 너희는 '미혹하는 자'라 일컬을 것이고… 너희는 '그분의 높으심과 높여지심'을 알지 못한 채 결국 그분을 죽일 것이며, 너희의 사악함으로 말미암아 무죄한 피를 너희 머리 위에 짊어지게 될 것이다."
- **레위의 유언 10:3** "예루살렘이 너희의 악행을 견디지 못할 것이고, 성전의 휘장이 찢어져 너희의 수치를 가려주지 못할 것이다."

4. 고난을 통한 회개와 이스라엘 땅으로, 예루살렘으로 재귀환

이 모든 심판과 흩어짐은 끝이 아니다. 족장들은 이스라엘이 극심한 고난 속에서 비로소 하나님을 기억하고 회개하며, 하나님의 자비로 다시 약속의 땅으로 돌아오게 될 것을 예언한다.

- **납달리의 유언 4:3** "너희가 쇠하여지고 수가 적어진 후에야, 너희는 돌아와 주 너희 하나님을 인정할 것이요, 그분께서 그의 풍성한 자비에 따라 너희를 너희 조상들의 땅으로 다시 데려오실 것이다."
- **단의 유언 5:9** "너희가 주께 돌아올 때 너희는 자비를 얻을 것이며, 그분께서 너희를 그분의 성소로 인도하여 데려가 너희에게 평화를 선포하실 것이다."

5. 메시아의 도래와 최종 회복

이스라엘 역사의 최종적인 회복과 완성은 인간의 노력이 아닌, 하나님께서 보내실 한 분 구원자, 즉 메시아를 통해 이루어진다.

- **성육신**: 아셀의 유언 7:3 "지극히 높으신 분께서 땅을 방문하실 때까지, **그는 사람으로 오셔서 사람들과 함께 먹고 마시며…**"
- **대속적 죽음**: 베냐민의 유언 9:3 "그는 성전 뜰 안으로 들어갈 것이며, 거기서 여호와께서 온갖 모욕과 멸시를 당하시고, **마침내 나무 위에 달리실 것이다.**"
- **부활과 승천**: 베냐민 9:5 "그는 무덤에서 일어나 땅에서 하늘로 올라가실 것이다."
- **보편적 구원**: 시므온의 유언 7:2 "여호와께서 레위로부터 대제사장을, 유다로부터 왕을 일으키시리니, 그는 하나님이자 사람으로서 **모든 이방인들과 이스라엘 민족을 구원하시리라.**"
- **새 시대의 도래**: 유다의 유언 25:5 "야곱의 사슴들은 즐거이 달릴 것이며, 이스라엘의 독수리들은 기쁨으로 날 것이나, 불경건한 자들은 통곡하고 죄인들은 울 것이다. 그리고 모든 민족은 영원토록 여호와께 영광을 돌릴 것이다."

종말론2:

이스라엘의 고난과 이방인의 구원 & 메시아의 강림과 첫째 부활 & 나중 부활

이집트에 정착하여 살아가던 그들은 자신들의 후손, 즉 이스라엘의 미래사뿐만 아니라 이방인의 구속사에 대한 큰 그림도 바라보았던 자들이다. 특별히 이스라엘의 디아스포라와 이방인들의 구원이 어떻게 서로 작용을 하는지를 설명하고 있으며, 모든 것을 완성하실 '완성의 때'에 이스라엘의 구원이 오고, 의의 하나님께서 오셔서 야곱과 모든 이방인들이 평강과 안식의 시대를 누리게 하실 것도 예언하고 있다.

1. 이스라엘의 고난과 이방인의 구원: 역설적 동시성

족장들은 이스라엘의 배교가 결국 그들을 온 세상으로 흩어지게 만드는 '디아스포라'라는 긴 고난의 시간을 가져올 것을 공통적으로 예언한다. 그러나 이 비극적인 이스라엘의 흩어짐의 시기는 역설적으로 이방인들이 하나님께로 돌아오는 '이방인 구원의 시대'와 동시에 일어난다. 이는 이방인의 충만한 수가 채워지기 위해서는 이스라엘이 겪는 고난의 시간이 구속사적 시간표에서 반드시 필요했음이 그들에게 이미 암시되었다는 것이다.

- **납달리의 유언 4:5** "그리고 여호와께서 그들을 온 땅 위에 흩으실 것이니, 이는 여호와의 긍휼이 임하여, **먼 데 있는 자들과 가까운 데 있는 모든 자들에게** 의를 행하고 자비를 베푸는 한 사람이 올 때까지이다."
- **아셀의 유언 7:3** "그분께서 **이스라엘과 모든 이방인들을 구원하실 것이며,** 하나님께서 사람의 모습으로 말씀하실 것이다."
- **단의 유언 6:6-7** "그러나 이스라엘의 불법의 시대에 여호와께서 그들을 떠나 **그분의 뜻을 행하는 이방인들에게로 가시리니**... 그의 이름은 이스라엘의 모든 곳과 **이방인들 가운데 알려질 것이다.**"

특히 납달리의 유언에 나타난 '먼 데 있는 자들'과 '가까운 데 있는 모든 자들'이라는 표현은 제2성전 시대에 **이방인과 유대인**을 가리키는 용어였다. '가까운 데 있는 모든 자들'은 율법과 언약, 성전을 소유하여 하나님께 가까이 있었던 이스라엘을, '먼 데 있는 자들'은 언약 밖에 있어 하나님과 영적으로 멀리 떨어져 있던 이방인들을 의미한다. 사도 바울은 에베소서 2장 13-17절에서 바로 이 개념을 사용하여 그리스도의 십자가가 어떻게 '멀리 있던 이방인'과 '가까이 있던 유대인' 사이의 장벽을 허물고 둘 모두에게 평안을 전하셨는지를 설명한다. 그리스도의 피 안에서 이 둘은 더 이상 적대적인 관계가 아니라 '한 새 사람'을 이루어 하나님과 화목하게 되었다. 이는 이방인의 구원과 유대인-이방인의 통일이라는 신약의 핵심 복음이 이미 족장들의 예언 속에 그 뿌리를 두고 있었음을 보여주는 매우 중요한 증거이다.

2. 구원자의 강림: 영광의 왕, 예루살렘에 서다

이방인의 충만한 수가 차고 마침내 정한 '완성의 때'가 이르면, 구원자께서는 다시 이 땅에 오신다. 초림 때의 '겸손과 가난'의 모습과는 달리 그의 강림은 '영광과 심판의 권세를 가진 왕의 귀환'이다.

유다의 유언 22장은 유다 왕국의 죄악에 대한 하나님의 심판이 '분열'과 '끊임없는 전쟁'으로 나타날 것이며, 그 지상의 유다 왕국은 결국 이방 민족들 가운데서 '끝나게 될 것'이라고 예고한다. 그러나 이 종식은 영원한 멸망이 아니라 "이스라엘의 구원이 임할 때까지, 그리고 야곱과 모든 이방인들이 평화롭게 안식을 누릴 수 있도록 의의 하나님께서 나타나실 때까지"라는 시간적 한계를 둔다. 즉, 의의 하나님이신 메시아의 강림이 인류 역사의 흐름을 바꾸고 전지구적인 샬롬과 안식의 시대를 누리게하는 결정적인 사건이 될 것이다.

유다는 정한 기간 동안 유다의 왕국은 사라지지만 "그분께서 나의 왕권의 권능을 영원히 보존하실 것이니 이는 여호와께서 그 왕권이 나의 씨로부터 영원히 떠나지 않을 것이라고 내게 맹세로 약속하셨기 때문이다"(유다 22:3)라고 증언한다. 이는 창세기 49장 10절의 "규가 유다를 떠나지 아니하며"라는 야곱의 예언과 사무엘하 7장의 다윗 언약을 상기시키는 것으로 유다의 왕국이 무너지지만 유다의 왕권은 계속 보존될 것이며, 부활의 몸으로 다시 나타나실 그분이 강림(降臨)하셔서 예루살렘에서 '하나님-사람의 모습'으로 다시 나타나시면 유다의 왕국은 약속대로 메시아의 왕국을 마침내 이루고 이스라엘은 제사장 나라로써 새 시대를 시작할 것임을 선포하는 것이다.

이 모든 영광스러운 사건의 중심 무대는 바로 예루살렘이다.

> *· 스불론의 유언 9:8 "... 너희는 사람의 모습으로 나타나신 하나님을 볼 것이니, 그 장소는 여호와께서 택하실 곳, 그 이름은 예루살렘이다."*

그의 강림은 추상적인 영적 임재가 아니라 지상의 특정 장소, 즉 예루살렘으로의 물리적인 귀환이다. 이는 스가랴 14장 4절의 "그 날에 그의 발이 예루살렘 앞 곧 동쪽 감람 산에 서실 것이요"라는 예언과 일치한다. 예루살렘에 세워질 그의 보좌는 온 세상의 중심이 될 것이며(렘3:17), 모든 민족이 그의 말씀을 배우고 그의 길을 따르기 위해 예루살렘으로 몰려와 그 왕 앞에 알현해서 엎드려 경배하게 될 것이다(사2:2-4).

3. 첫째 부활과 나중 부활

메시아의 강림과 함께 역사는 최종적인 완성을 향해 나아간다. 그 과정은 다음과 같은 순서로 이루어진다.

첫째 부활: 조상들과 의인들의 일어남

가장 먼저 아브라함부터 시작된 모든 믿음의 조상들과 여호와를 위해 고난받았던, 여호와를 위해서 가난했던, 여호와를 위해서 죽임을 당했던 모든 의인들이 영광 가운데 부활하여 새 시대에 참여하게 된다.

- **유다의 유언 25:1, 4** "그 후 **아브라함과 이삭과 야곱이 생명으로 일어나리니**… 슬픔 가운데 죽은 자들은 기쁨으로 일어날 것이며, 여호와를 위하여 가난했던 자들은 부유하게 될 것이요, 여호와를 위하여 죽임을 당한 자들은 생명으로 깨어날 것이다."
- **베냐민의 유언 10:6** "그때가 되면 너희는 에녹과 노아와 셈, 그리고 아브라함과 이삭과 야곱이 기쁨 가운데 오른편에서 일어나는 것을 보게 될 것이다."
- **한 새 사람, 히브리어가 국제 공용어가 됨**: 부활한 성도들과 구원받은 이스라엘 및 이방인들은 모두 메시아의 통치 아래에서 하나의 백성을 이룬다. 모든 분열과 미혹의 근원이었던 벨리알은 최종적으로 심판받고, 완전한 평화와 통일의 시대, 즉 천년왕국이 시작된다. 그들의 나라와 민족과 방언은 여전히 그대로 유지되지만 하나님 안에서 하나될 것이다. "하나의 언어를 가질 것이다"라는 예언은 모든 민족이 모국어를 버리고 단 하나의 언어만을 사용하게 된다는 의미가 아니다. 오히려 그들의 언어는 그대로 유지되지만 '히브리어'가 모든 하나님의 백성을 위한 거룩한 공용어(Lingua Franca)가 될 것이라는 의미이다. 이는 메시아 왕국 시대에 이스라엘을 중심으로 주변 중동 지역과 온 열방이 영적으로 하나가 될 뿐만 아니라 하나님의 언약의 언어인 히브리어를 통해 소통하며 함께 하나님을 예배하게 될 것을 보여준다(이사야 19:18).
- **유다의 유언 25:3-4** "그리고 여호와의 백성은 **하나될 것이며, 하나의 언어를 가질 것이다.** 벨리알의 미혹하는 영은 더 이상 없을 것이니 그는 영원히 불에 던져질 것이기 때문이다… 너희는 여호와의 백성이 될 것이며, 하나의 언어를 가질 것이다."
- **베냐민의 유언 10:7** "그때 우리 역시 각자의 지파를 다스리며 겸손하게 인간의 모습으로 이 땅에 나타나신 **하늘의 왕께 경배할 것이다.** 땅에서 그분을 믿는 모든 자는 그분과 함께 기뻐하게 될 것이다."

나중 부활(둘째 부활)과 심판

이 평화의 시대의 기쁨의 통치가 지난 후, 모든 인류를 위한 최종적인 부활과 심판이 있을 것이다. 이것은 요한계시록의 '크고 흰 보좌 심판'의 장면으로 이때 부활한 자들은 심판대 앞에서게 될 것인데 먼저는 이스라엘 중에서 불신 자들, 후에는 이방인 중에서 불신 자들이 심판받게 될 것이다.

> • **베냐민의 유언 10:8-10** "그후에 **모든 사람이 일어나리니 어떤 이는 영광으로, 어떤 이는 수치로 일어날 것이다.** 여호와께서 먼저 이스라엘을 심판하실 것이니 이는 그들이 그분께 저지른 잘못 때문이다. 주께서 사람의 아들들 가운데서 방문하셨을 때 그들이 그분을 믿지 않았기 때문이다. 그 후에 그분이 땅에 나타나셨을 때 그분을 믿지 않던 모든 이방인들을 심판하실 것이다."

예수님은 두가지 부활(생명의 부활, 심판의 부활)을 이야기하셨다(요 5:28-29). 생명의 부활은 영생으로 표현되고 심판의 부활은 영벌로 표현된다(마 25:46).

사도 바울도 고린도전서 15:23-26에서 부활의 순서를 세가지로 설명한다. 먼저는 첫 열매인 그리스도의 부활, 그 다음은 그리스도 강림하실 때 그에게 속한 자들의 부활(첫째 부활), 그 후에는 나중 부활인데 첫째 부활에 참여하지 않았던 나머지 모든 자들이 부활하는 심판의 부활이다.

요한계시록20장에서도 천년의 시간차를 두고 첫째 부활과 나중(둘째) 부활이 있을 것을 설명한다. 놀라운 것은 베냐민의 유언에서도 두 가지 종류의 부활이 '기쁨의 통치'를 사이에 두고 있을 것을 가르친다.

첫째 부활은 모두 생명의 부활이다. 그러나 둘째 부활이 모두 영벌의 부활만 있는 것은 아니다. 비록 첫째 부활에 참여하지는 못했으나 둘째 부활 때 부활하여 생명의 부활로 나아갈 자들도 있다. 또 천년왕국 기간 동안 의롭게 죽은 자들 중에서 둘째 부활 때 바로 생명의 부활로 나아갈 자들도 있을 것이다. 그러나 첫째 부활이 복있고 거룩한(독특하고 구별된) 이유는 천년왕국 동안 그리스도와 더불어 왕노릇하며 '기쁨의 통치'에 그때부터 참여하게 될 것이기 때문이다.

결론적으로 『열두 족장의 유언』은 이스라엘의 고난과 이방인의 구원, 그리고 메시아의 강림과 그의 왕국이 어떻게 유기적으로 연결되어 있는지를 보여주는 장엄한 구속사의 시간표를 제시한다. 이는 고난의 시대를 살아가는 모든 성도에게 역사의 최종적인 완성을 향한 흔들리지 않는 소망을 품게 하는 귀중한 계시의 말씀이다.

종말론3: 완성의 때(קֵץ / συντέλεια)의 다층적 의미

'완성의 때'는 헬라어 καιρὸς συντελείας (카이로스 쉰텔레이아스)의 번역이다. '쉰텔레이아'는 '함께(συν) 끝내다(τέλος)'라는 의미의 합성어로, 문자적으로 '함께 완성함'을 뜻한다. 이는 단순한 끝(end)이 아니라 '어떤 과정이 그 목적에 도달하여 모두 함께 완성되는 종말론적 때'를 가리키는 용어이다.

이 개념의 히브리어 뿌리는 קֵץ (케쯔)에서 찾을 수 있다. '케쯔'는 '끝', '종말'을 의미하지만, 다니엘서와 같은 묵시문학에서는 하나님의 계획이 완성되고 악이 심판받으며 역사의 목적이 성취되는 '정해진 종말의 때'를 의미한다. 특히 다니엘서에 나오는 '정한 때 끝'(עֵת קֵץ, 에트 케쯔)이라는 용어는 하나님의 계획에 따라 정해진 역사의 마지막 시점, 즉 최종 심판과 구원이 이루어지는 결정적인 시점을 가리킨다. (참고: 단 8:17; 11:35, 40; 12:4, 9, 13(날들의 끝 קֵץ הַיָּמִין))

이러한 구약의 히브리적 개념은 신약 성경에서 '시대(age)의 완성(consummation)'이라는 표현으로 이어지며 주로 마태복음에 집중적으로 등장하고 심판과 추수, 그리고 시대의 종결과 관련된 종말론적인 때를 가리킨다.

- **마태복음 13장 39-40절, 49절**: 가라지 비유를 설명하시면서 예수님은 추수 때를 '세상 끝'(συντελείας τοῦ αἰῶνος)이라고 명확히 정의하신다. 이때 천사들이 와서 의인 중에서 악인을 갈라내어 심판한다.
- **마태복음 24장 3절**: 제자들이 예수님께 주의 임하심(재림)과 '세상 끝'(συντελείας τοῦ αἰῶνος)의 징조에 대해 질문한다.
- **마태복음 28장 20절**: 예수님께서 제자들에게 지상 대위임령을 주시며, 자신이 '세상 끝'(συντελείας τοῦ αἰῶνος)까지 항상 함께 있을 것이라고 약속하신다.

- **히브리서 9장 26절:** 그리스도께서 '시대들의 완성'에 자신을 단번에 제물로 드려 죄를 없이 하셨다고 기록한다. 히브리서 저자는 여기서 메시아의 초림부터 재림까지의 전 기간을 '세상 끝'이라고 인식하며 그리스도의 속죄 사역을 '세상 끝, 시대의 종말'의 전체 기간에 적용시키고 있다.

이처럼 신약의 저자들은 '세상 끝', '시대의 완성'(συντελείας τοῦ αἰῶνος)이라는 개념을 사용하여, 다니엘 선지자가 'קֵץ'라는 단어를 통해 계시했던 '하나님께서 정하신 역사의 마지막 시기'라는 히브리적 개념을 계승하고 발전시켰다.

스불론의 유언 9:9에서 나오는 '완성의 때'(καιρὸς συντελείας 카이로스 쉰텔레이아스)는 히브리적 종말 개념어 '케쯔 하올라밈' קֵץ הָעוֹלָמִים 또는 '케쯔 하이팀' קֵץ הָעִתִּים을 반영해 주는 단어로써 구약 성경(특히 다니엘서)와 신약 성경에 영향을 미쳤다. 이는 단순한 '시간의 끝, 시대의 끝, 세상 끝'이 아니라, 하나님의 구속사가 그 목적에 도달하여 완성되는 결정적인 때를 가리키는 종말론적 용어이다.

이 단어는 풍부한 종말론적 의미를 정리하면 아래와 같다.

1) 최종 완성의 때 / 구속이 완성되는 때: 하나님의 구속사가 그 절정에 이르러 완성되는 때를 의미한다.

 2) 재림의 때: 스불론의 유언 9:8에서 메시아적 인물(사람의 모습으로 나타나신 하나님)의 등장을 예고한 직후에 나오는 구절이므로, 그의 이방인을 돌아오게 하시는 사역이 완성되고 악이 최종적으로 심판받는 재림의 때와 연결된다.

 3) 추수의 때 / 악인은 심판하고 의인에게는 상급을 주는 때: 히브리 성경에서 '케쯔'(קֵץ)는 종종 여름의 끝을 뜻하는 '카이쯔'(קַיִץ)와 함께 사용되어 악인을 심판하고 의인에게 상급을 주는 '추수'의 이미지를 가진다. 아모스 8:1-2과 마태복음 24:32-33에서도 이 두 단어가 언어유희로 사용되었다.

 4) 이방인과 유대인이 한 새 사람을 이루는 완성의 때: 스불론의 유언 9:8에서 '모든 이방 민족들을 그분을 향한 열정으로 돌아오게 하실 것'이라고 언급한 맥락에서, '완성의 때'는 이방인과 유대인의 구원이 온전히 성취되는 때를 의미한다.

 5) 신부와 신랑이 완전한 연합으로 들어가는 때: 영어 단어 consummation이 법률용어로 사용될 때, '부부 관계를 통해 이루어지는 결혼의 완성 (the completion of marriage by sexual intercourse)'을 의미한다. 이처럼 개인적인 '결혼의 완성'이라는 개념이 한 시대의

종말을 가리키는 거시적인 '완성의 때'와 동일한 단어로 이해되는 것은 하나님을 신랑으로, 그의 백성을 신부로 묘사하는 히브리 성경의 언약적 사고에 깊이 뿌리를 두고 있다. 이러한 배경에서 '완성의 때'란 단순히 역사의 종결이 아니라, 신랑이신 그리스도께서 그의 신부인 구원받은 백성과 온전히 하나가 되어 언약 관계가 절정에 이르는 '우주적 혼인의 완성'으로 이해할 수 있다.

결론적으로 '완성의 때'란 단순히 역사의 종결이 아니라, 이방 민족들이 주님께 돌아오고 이스라엘이 회복되며 심판과 회복을 포함한 모든 종말론적 과정이 마무리되고, 그 궁극에는 하나님과 그의 백성 사이의 가장 친밀한 연합이 최종적으로 성취되는 영광스러운 순간을 담고 있다.

열두 족장들이 읽은 에녹의 토라: 모세 이전의 거룩한 전승

『열두 족장의 유언』을 깊이 있게 이해하기 위한 가장 중요한 열쇠 중 하나는 족장들이 자신들의 가르침과 예언의 권위를 어디에서 찾고 있는지를 파악하는 것이다. 모세의 토라는 그들이 살던 시대에는 존재하지 않았다. 놀랍게도 그들은 모세 시대 이전에 이미 존재했던 더 오래된 거룩한 문헌들, 즉 '에녹의 토라', '조상들의 책들'을 반복적으로 언급하며 자신들의 모든 지혜와 계시가 바로 이 고대의 전승에 뿌리내리고 있음을 증언한다.

이는 당시 야곱의 아들들이 글을 읽고 학문(學文)하며 조상들로부터 내려온 거룩한 책들을 통해 하나님의 뜻을 탐구했던 지적인 신앙 공동체였음을 보여준다. 그들에게는 '토라'가 시내산에서 시작된 것이 아니라 인류의 초기에 특히 노아의 홍수 이전 시대의 의로운 족장 에녹을 통해 주어진 하나님의 영원한 지혜와 계시의 기록이었다.

1. 권위의 핵심 출처: 에녹의 토라

『열두 족장의 유언』에서 가장 빈번하고 권위 있게 인용되는 문헌은 단연 '에녹의 책(글)'이다. 여러 족장들은 자신들의 후손이 겪게 될 구체적인 타락과 심판, 그리고 구원의 과정에 대한 지식을 바로 이 책을 통해 얻었음을 명확히 밝힌다.

- **시므온의 유언 5:4** "내가 **에녹의 책**에 기록된 것을 보았노니 너희 아들들은 음란한 방탕에 빠져 타락할 것이며…"
- **레위의 유언 10:5** "여호와께서 택하실 집은 **의로운 에녹의 책**에 기록된 대로 예루살렘이라 일컬음을 받게 되리라."
- **레위의 유언 14:1** "내가 **에녹의 글**에서 배운 것은 마지막 때에 너희가 여호와를 거역하며…"
- **레위의 유언 16:1** "이제 내가 **에녹의 책**에서 알게 된 바에 의하면, 너희가 70주간 동안 그릇된 길로 방황하며…"
- **유다의 유언 18:1** "나는 **의인 에녹의 책**에서 마지막 때에 너희가 행할 악한 일들을 읽었다."
- **스불론의 유언 3:4** "**에녹의 토라의 책**에 기록되기를 '누구든지 자기 형제의 후손을 세우기 원치 않는 자는 그의 발에서 신발을 벗기고 그의 얼굴에 침을 뱉을 것이라.'고 하였다."
- **단의 유언 5:6** "내가 **의인 에녹의 책**에서 읽은 바에 따르면 너희의 군주(수호천사)는 사탄이며…"
- **납달리의 유언 4:1** "너희 또한 주를 떠나… 행할 것을 내가 **에녹의 거룩한 책**에서 읽었기 때문이다."
- **아셀의 유언 7:5** "이는 내가 하늘의 돌판들, 곧 의로운 에녹의 글에 기록된 것을 읽었기 때문이니 너희가 틀림없이 그분께 불순종하고 철저히 불경건하게 행할 것이며 하나님의 토라가 아닌 사람의 계명에 주의를 기울일 것이다."
- **베냐민의 유언 9:1** "이제 나는 **의인 에녹의 글**을 통해 너희 가운데서도 악행이 있을 것을 안다. 너희는 소돔의 음행과 같은 음행을 저지르게 되고, 소수를 제외하고는 모두 멸망할 것이나 너희는 다시 여자들과 함께 무절제한 정욕을 시작할 것이다. 여호와의 왕권이 너희 가운데 있지 않을 것이니 그분께서 즉시 그것을 거두어 가실 것이다."

이처럼 족장들은 자신들의 가장 중요한 예언적 선포와 가르침의 근거를 '에녹의 토라'와 '조상들의 책들'에서 찾고 있다. 이는 제2성전 시대의 에세네나 쿰란 야하드 공동체 같은 경건주의 유대 분파들이 에녹서를 모세오경 버금가는, 혹은 그 이상의 권위를 가진 경전으로 받아들였던 사상적 배경과 일치한다.

2. 또 다른 권위: 조상들의 글과 하늘의 돌판

에녹의 책 외에도 족장들은 다른 형태의 고대 전승에 의존한다.

- **조상들의 글**: 스불론은 후손들의 분열을 예언하며 그 근거로 "**내 조상들의 책들에서 배웠다**"(스불론 9:5)고 명시한다. 이는 에녹과 노아, 아브라함과 이삭과 야곱을 거쳐 내려온 문서화된 족장들의 가르침이 존재했음을 보여준다.
- **하늘의 돌판들**: 레위와 아셀은 자신들의 가르침이 영원히 변치 않는 '하늘의 돌판들'에 기록된 것이라고 말하며, 그 계시의 신적인 기원과 불변성을 강조한다. 에녹서에서 '하늘의 돌판들'은 에녹이 본 계시가 기록된 곳으로 묘사된다.
- **레위의 유언 5:4** "그리고 나는 그때 하늘의 돌판들에 기록된 대로 하몰의 아들들을 멸하였다."
- **아셀의 유언 2:10** "이는 하나님께서 하늘의 돌판들을 통해서 이와 같이 선포하셨기 때문이다."
- **아셀의 유언 7:5** "이는 내가 하늘의 돌판들, 곧 의로운 에녹의 글에 기록된 것을 읽었기 때문이니…"

3. 의학 지식의 전승: 노아의 책

족장들이 전수한 모세 이전의 거룩한 전승은 예언이나 율법에만 국한되지 않았다. 『열두 족장의 유언』 곳곳에서 드러나는 인체와 질병에 대한 구체적인 지식 또한 그 기원이 되는 고대의 문헌, 즉 '노아의 책'에 뿌리를 두고 있다.

『열두 족장의 유언』 곳곳에서는 실제로 족장들이 상당한 수준의 인체 해부학적, 생리학적 지식을 가지고 있었음을 보여주는 증언들이 발견된다. 납달리의 유언은 머리, 목, 심장, 위, 간, 쓸개, 비장, 신장 등 각 신체 기관의 구체적인 기능을 상세히 나열한다 (납달리 2:8). 또한 여러 유언에서 분노나 싸움, 자비와 같은 감정과 성품이 간, 쓸개, 창자와 같은 특정 내장 기관과 연결되어 설명되며 (르우벤 3:2-4; 시므온 2:4; 스불론 2:4-5), 르우벤의 유언은 생명, 시각, 청각, 후각 등 인간의 일곱 가지 기능을 '일곱 창조의 영'으로 체계화하여 제시한다 (르우벤 2:4-8). 나아가 죄에 대한 하나님의 심판이 허리(르우벤 1:7)나 간(갓 5:9,

11)에 질병으로 나타난다는 고백은 그들의 지식이 영적인 차원과 긴밀히 연결되어 있었음을 보여준다.

희년서 10장은 이 지식의 기원을 명확히 밝힌다. 노아는 아라랏 산지의 루바르 산에서 천사로부터 "땅의 약초들로 질병들을 치료할 수 있도록 질병들에 대한 모든 약들을 오용될 수 있는 유혹의 위험성과 함께" 배웠다. 그리고 그는 천사가 지시한 모든 것을 책에 기록하여 그가 지극히 사랑했던 장자 셈에게 물려주었다(희년서 10:12-14).

이 '노아의 책' 또는 '셈의 책'은 가문의 대외비 문서로서 족장들에게 대대로 전승되었다. 이 사실은 중세 시대 유대인 의사 아싸프에 의해 편찬된 치료법 모음집 『세페르 아싸프 하로페』(Sefer Assaf haRofeh)를 통해 다시 한번 확인된다. 그는 자신의 책 서문에서 이 책의 내용이 "옛적 지혜자들이 '셈의 책'을 보고 필사한 치료법에 대한 책이며, 그 내용은 홍수 후에 아라랏 산의 루바르 산에서 노아에게 전달된 것"이라고 기록했다. 이처럼 족장들이 가졌던 인체와 의학에 대한 지식은 막연한 경험이 아니라, 노아로부터 문서화되어 전수된 구체적인 지식 체계의 일부였다.

결론: 다층적 전승 위에 세워진 신앙

이러한 증거들은 『열두 족장의 유언』이 가진 원형적(原型的, Archetypal) '토라' 개념을 보여준다. 이들에게 토라는 창조 때부터 존재했으며(하늘 돌판들), 에녹과 노아와 같은 거룩한 조상들을 통해 인류에게 점진적으로 계시되어 온 '영원한 하나님의 지혜와 지식'의 가르침이었다.

따라서 우리는 이 책을 읽을 때, 아직 모세의 토라가 존재하지 않았던 시대에 살던 야곱의 아들들은 자신들에게 주어진 권위 있는 계시의 원천들인 '조상들의 책들', 즉 예언과 구속사를 담은 '에녹의 토라', 의학적 지식도 포함된 '노아의 책'에 전념했던 신실한 믿음의 사람들이었음을 이해해야 한다. 이 관점은 이 고대의 문헌들이 모세오경을 포함한 전체 구약과 신약이 형성되는 과정에서 큰 영향을 주었던 중요한 문서 자료였으며 구약과 신약의 히브리적 세계관을 형성하는 기초 자료였음을 이해하게 한다.

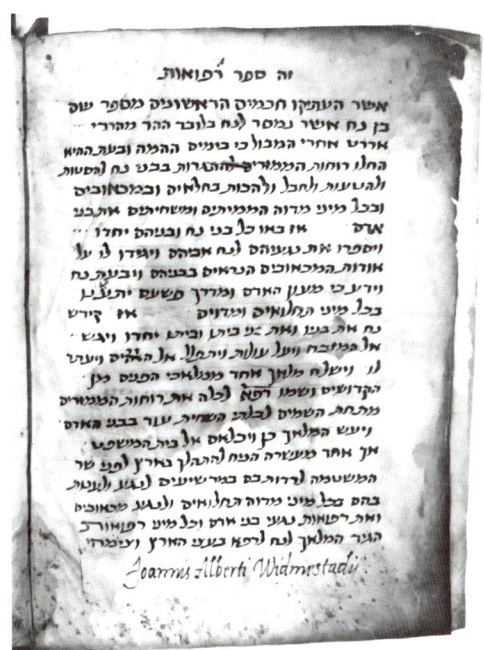

『ספר הרפואות』 (세페르 레푸오트, 의학의 책) 서론. 이스라엘 국립도서관 소장 (시스템 번호 990001278940205171), [7페이지]. Courtesy of the National Library of Israel.

본문의 첫 히브리어 문장:

זה ספר רפואות
אשר העתיקו חכמים הראשונים מספר שם בן נח, אשר נמסר לו בהר מהררי אררט אחרי המבול

한글 번역:

이것은 의학서이다.
이는 첫 현자들이 노아의 아들 셈의 책에서 베낀 것으로, 홍수 후에 아라랏 산맥의 한 산에서 노아에게 전수되었던 것이다.

세겜 학살 사건: 저주받을 폭력인가, 거룩한 심판인가?

창세기 34장에 기록된 디나에 대한 성폭력 사건과 그에 대한 시므온과 레위의 피의 복수는 성경에서 가장 논쟁적 사건 중 하나다. 특히 아버지 야곱이 임종의 자리에서까지 "그 노여움이 혹독하니 저주를 받을 것이요"(창 49:7)라고 선언한 이 사건은 오랫동안 두 아들의 통제되지 않는 혈기와 잔인한 폭력의 결과로만 해석되어 왔다. 레위가 어떻게 이 저주를 극복하고 제사장 지파의 시조가 되었는가는 신학적 난제로 남아 있었다.

그러나 『열두 족장의 유언』, 특히 『레위의 유언』과 관련 문헌들(아람어 레위 문서, 희년서)은 이 사건의 이면에 숨겨진 또 다른 차원의 이야기를 우리에게 들려준다. 이 문헌들을 통해 우리는 이 사건이 단순한 인간의 분노가 아니라, 하나님의 주권적인 계획과 명령에 순종한 거룩한 심판의 행위였음을 마주하게 된다. 이는 같은 사건을 두고 누구의 관점에서 보느냐에 따라 전혀 다른 해석이 가능함을 보여주며, 우리에게 세상과 가족, 심지어 권위자의 반대 속에서도 과연 하나님의 거룩한 뜻에 순종할 수 있는지를 묻는 도전적인 질문을 던진다.

1. 하늘의 명령: 천사의 위임과 하늘 돌판의 기록

『레위의 유언』 5장은 세겜 학살 사건이 일어나기 직전, 레위가 경험한 두 번째 환상을 상세히 묘사한다. 이 환상에서 세겜 복수 사건은 두 가지 신적인 권위에 의해 정당화된다.

천사의 직접 명령: 레위가 하늘 성전에서 제사장으로 임명받은 직후, 천사는 그를 땅으로 데리고 내려와 '방패와 검'을 주며 직접 명령한다. "네 누이 디나를 위해 세겜에 복수를 행하라. 여호와께서 나를 보내셨으니 내가 너와 함께하리라"(레위 5:3). 이는 그의 행동이 개인의 의분이 아니라, 천사를 통해 전달된 하나님의 직접적인 명령이었음을 보여준다.

하늘의 돌판들의 기록: 더 나아가 레위는 자신이 "그때 **하늘의 돌판들에 기록된 대로** 하몰의 아들들을 멸하였다"(레위 5:4)고 증언한다. 이는 세겜 족속에 대한 심판이 이미 하나님의 계획 안에 기록되어 있었으며 자신은 단지 그 기록된 뜻을 이행하는 도구였음을 주장하는 것이다.

이처럼 『레위의 유언』은 세겜 학살을 천사의 명령과 하늘 돌판의 기록이라는 이중의 신적 권위에 근거한, 피할 수 없는 하나님의 심판 집행으로 해석한다.

2. 세겜의 죄악: 누적된 악과 구속사를 향한 위협

레위는 자신의 행위를 변호하며 세겜 족속의 죄가 단순히 디나를 강간한 단회적인 사건이 아니었음을 폭로한다.

역사적으로 누적된 악: 레위의 유언 6장 9-10절에 따르면 세겜 족속은 이미 조상 **아브라함**을 박해하고, 그의 출산을 앞둔 가축과 종을 학대했으며, 나그네들의 아내를 강제로 빼앗고 남편을 쫓아내보내는 등, 그들의 악이 극에 달한 상태였다. 특히 "그들이 우리 누이 디나에게 행했던 것처럼 **사라와 리브가에게도 똑같은 짓을 하려 했기 때문**"(레위 6:8)이라는 증언은 그들의 죄악이 하나님의 언약 혈통 자체를 위협하는 심각하고 중대한 것이었음을 보여준다.

구속사를 향한 위협: 이 사건에서 야곱의 뜻대로 세겜 남자들이 모두 할례를 받아서 이스라엘 가문과의 통혼이 시작되었다면 이는 심각한 영적 위기를 초래했을 것이다. 메시아가 태어나야 할 거룩한 혈통이 가나안의 우상숭배 문화와 혈통과 섞여버렸다면 이는 구속사 전체를 위협하는 일이 되었을 것이다. 레위는 이 사건의 배후에 이스라엘을 오염시키고 멸망시키려는 **악한 영들의 공격**이 있었음을 암시하며(레위 5:6), 자신의 행동이 이 영적인 위기로부터 이스라엘의 거룩함을 지키기 위한 필연적인 조치였음을 변호한다.

따라서 레위의 관점에서 세겜에 대한 심판은 "극에 달한 여호와의 진노가 결국 그들을 덮친 것"(레위 6:11)이며, 다시는 이스라엘의 어느 여인에게도 이런 비극이 일어나지 않도록 본보기를 보인 하나님의 공의로운 심판 행위였다.

3. 야곱의 저주: 인간적 트라우마와 신적 섭리의 긴장

레위의 이러한 신학적 해석과 달리 아버지 야곱은 이 사건에 대해 평생 부정적 태도를 유지하며 결국 저주를 남긴다.

야곱의 트라우마: 야곱의 분노는 자신이 제안한 할례 언약이 아들들에 의해 학살의 명분으로 악용되었다는 배신감과 그로 인해 주변 가나안 족속들의 보복을 받아 가족 전체가 멸절될 수 있었다는 극심한 **공포와 트라우마**에 기인한다. 세겜 사건으로부터 야곱이 죽기

까지 약 45년의 시간이 흘렀음에도 그의 태도가 변하지 않은 것은 이 사건이 그의 리더십과 생존에 얼마나 깊은 상처를 남겼는지를 보여준다.

두 관점의 충돌: 여기서 우리는 **하나님의 관점과 인간의 관점** 사이의 깊은 긴장을 마주하게 된다. 야곱의 분노는 한 가족의 생존을 책임져야 했던 아버지의 인간적인 입장에서 당연한 것이었다. 그러나 레위의 행동은 인간적인 판단을 넘어서는 이스라엘의 영적 순결을 지키려는 하나님의 더 큰 구속사적 계획에 순종한 것이었다.

『레위의 유언』은 바로 이 지점에서 우리에게 도전적인 질문을 던진다. 가족과 권위자의 반대와 예상되는 저주 속에서도 과연 우리는 하나님의 확실한 계시 안에서 그분의 뜻을 분별하고 그분 편에 서서 그분이 집행하시는 심판의 도구가 될 수 있는가? 아무나 하나님의 음성을 들었다고 스스로 착각하고 레위처럼 하겠다고 정당화하는 구실로 이 스토리가 악용되어서는 안 될 것이다. 혹 그런 사례를 방지하기 위해서 이 민감한 배후 이야기는 감추어 두셨을지도 모른다. 이 장면은 구속사에 있어서 중대한 위기의 순간이었으며, 하나님께서 직접 개입하신 심판의 사건이다. 레위가 바로 그 길을 걸었고, 레위의 후손들이 위기의 순간마다 하나님께서 집행하시는 심판의 도구로 쓰임 받았으며, 하나님께서는 결국 저주를 축복으로 바꿔주심으로 그의 순종을 책임져 주셨음을 이 책은 증언하고 있다. 창세기만을 통해 레위를 이해했던 우리에게 이 레위의 유언과 희년서는 레위의 삶과 제사장으로서의 사명을 재평가할 수 있는 귀중한 기회를 제공한다.

요셉의 삶을 통해 본 메시아의 이미지: 고난받는 구원자

『열두 족장의 유언』은 장차 오실 메시아에 대해 레위와 유다의 연합을 통해 나타나는 '제사장 겸 왕'이라는 이미지와 더불어 또 하나의 매우 중요하고 구체적인 초상화를 제시한다. 그것은 바로 **야곱의 아들 요셉의 삶 전체를 통해 예표되는 '고난받는 구원자로서의 메시아'** 이다.

이 책은 '요셉의 아들 메시아'라는 후대의 교리적 용어를 직접 사용하지는 않지만, 그보다 더 근원적인 방식으로 요셉의 생애가 장차 오실 메시아의 성품과 사역, 특히 그의 대속적 고난과 최종적인 영광을 미리 보여주는 가장 완벽한 원형임을 증언한다. 요셉의 삶을 통해 족장들이 후손에게 보여주는 것은 영광스러운 최종 결과뿐만 아니라, 고난과 순결과 용서를 통해 그 영광에 이르는 과정의 신비이다.

1. 죄 없는 자의 고난: 대속의 예표

요셉의 삶은 죄 없이 고난받는 의인의 전형이다. 그는 아무런 죄가 없었음에도 불구하고, 형제들의 시기와 증오로 인해 배신당하고 죽음의 위기에 처한다. 『열두 족장의 유언』은 이 사건이 단순한 가족 비극을 넘어 장차 오실 메시아의 대속적 고난을 미리 보여주는 예표였음을 명확히 한다.

- **베냐민의 유언 3:8** "너(요셉)를 통해 하늘의 예언이 성취될 것이니, 곧 흠 없는 이가 불법한 자들을 위해 더럽혀지고, 죄 없는 이가 불경건한 자들을 위해 죽으리라."

이 구절은 야곱이 요셉의 삶을 보며, 장차 '죄 없는 이가 불경건한 자들을 위해 대신 죽게 될 것'이라는 대속의 신비를 깨닫고 선포하는 장면이다. 죄 없는 요셉이 죄 많은 형제들을 위해 고난받고 그들을 구원한 사건은 죄 없으신 메시아가 죄인들을 위해 죽으심으로 세상을 구원할 사건의 완벽한 예표가 된다.

2. 자기희생적인 용서와 사랑: 구원자의 성품

메시아 사역의 핵심은 그의 자기희생적인 사랑과 용서에 있다. 요셉은 자신을 팔아넘긴 형제들을 복수할 수 있는 절대적인 권력을 가졌음에도 불구하고, 그들의 죄를 묻지 않고 오히려 그들을 위로하며 생명을 구원하는 놀라운 사랑을 보여준다. 이는 인류를 구원하기 위한 메시아의 대속적인 사랑의 성품을 미리 보여주는 것이다.

- **요셉의 유언 17:2** "너희 역시 서로 사랑하고, 오래 참음으로 서로의 잘못과 결점을 덮어주어야 한다."
- **시므온의 유언 4:4** "그는(요셉은) 자비롭고 불쌍히 여기는 사람이었으며, 나에게 악의를 품지 않았고 다른 형제들을 사랑한 것처럼 나를 사랑했다."
- **스불론의 유언 8:5** "그러므로 나의 자녀들아, 너희도 **요셉을 본받아 서로에게 원한을 품지 말고,** 서로 사랑하며 형제가 저지른 악을 마음에 새기지 말라."

이처럼 다른 족장들, 심지어 자신을 가장 괴롭혔던 시므온마저도 요셉의 용서를 그의 가장 중요한 성품으로 증언하며, 후손들에게 바로 그 요셉을 본받으라고 명령한다.

3. 고난을 통한 영광: 부활과 승귀의 모델

요셉의 삶은 '낮아짐을 통한 높아지심'이라는 구속사의 핵심 패턴을 완벽하게 보여준다. 그는 구덩이와 감옥이라는 죽음의 자리까지 내려갔으나, 하나님께서는 그를 그곳에서 건져내시어 이집트의 통치자라는 최고의 영광의 자리로 높이셨다. 이는 메시아가 죽음을 이기고 부활하여 온 우주의 주로 높아지실 것에 대한 가장 강력한 예표이다.

- **요셉의 유언 1:4-7** 그는 죽기 직전 자신의 생애를 돌아보며 자녀들에게 유언을 하면서, 증오 vs. 사랑, 살해 위협 vs. 보호, 구덩이 vs. 일으켜 세우심, 노예 vs. 자유, 감옥 vs. 은혜라는 반복적인 대조를 통해 인간의 모든 악행에도 불구하고 그를 결국 영광으로 이끄시는 하나님의 주권적인 역사를 찬양한다.
- **요셉의 유언 10:3** "...그 안에 거하시는 여호와께서 그의 정결함을 보시고 악에서 건져내실 뿐만 아니라, **나에게 그러하셨듯 그를 높여 영화롭게 하실 것이다.**"

요셉은 자신의 삶이 고난을 통해 영광에 이르는 보편적인 원리의 증거가 되었음을 선포하며, 모든 의인들이 이 소망을 붙들 것을 격려한다.

결론: 두 그림의 조화, 고난을 통한 영광의 길

『열두 족장의 유언』은 레위와 유다를 통해 영광스러운 '제사장 겸 왕'의 모습을, 그리고 요셉을 통해 '고난받는 구원자'의 모습을 보여준다. 족장들은 이 두 그림이 분리된 것이 아니라, 하나의 구원자에 대한 다른 두 측면임을 이해하고 있었다. 그들은 메시아가 요셉처럼 죄 없이 고난받고, 자신을 판 자들을 용서하며, 기꺼이 죽음의 자리로 내려가는 **자기희생의 길**을 걸어야만 한다는 것을 알았다.

요셉의 삶은 이사야 53장의 '고난받는 종'이 어떻게 멸시와 고난을 통해 많은 사람을 의롭게 하고 마침내 영광을 얻게 되는지를 보여주는 가장 생생하고 역사적인 예언이었다. 따라서 이 책은 '십자가의 고난 없이는 부활의 영광도 없다'는 신약의 핵심 진리가 이미 족장들의 유언 속에 깊이 예표되어 있음을 증언한다. 그들은 레위와 유다를 통해 영광의 '무엇'(What)을 보았고, 요셉을 통해 그 영광에 이르는 '어떻게'(How)를 보았던 것이다. 이 두 그림이 하나로 합쳐질 때, 비로소 우리는 자신을 낮추심으로 가장 높아지신 우리의 유일한 구원자 메시아의 온전한 모습을 발견하게 된다. **영원한 대제사장**이시며 만왕의 왕이신 메시아는 가장 낮아지셨고 또한 그곳에서 가장 높아지심으로 비천한 우리를 가장 높고 존귀한 곳으로 이끌어주시는 우리의 구원자이시다.

'은혜의 알리바이'와 '이스라엘의 간곡한 맹세': 요셉의 중보자적 용서와 그리스도 예표론

서론: 마지막 증언과 온전한 용서

야곱의 아들들이 남긴 열두 개의 유언 가운데 야곱의 사랑하는 아내 라헬이 낳은 막내 아들, 『베냐민의 유언』은 독보적인 권위를 지닌다. 그는 열두 형제 중 가장 마지막까지 살아남아 125세의 나이로 유언을 남긴 인물로서, 그의 증언은 족장 시대 전체를 마무리하고 종합하는 신학적 무게를 가진다. 무엇보다 그는 자신의 유일한 동복 형제였던 요셉과 가장 깊은 유대감을 가졌기에, 다른 어떤 형제보다도 요셉의 인격과 신앙의 본질을 가장 깊이 이해하고 증언할 수 있는 특별한 위치에 있었다.

즉, 베냐민의 기록은 앞선 열한 개의 유언을 해석하고 완성하는 열쇠와 같다. 이 마지막 증언을 통해 우리는 비로소 족장 시대의 윤리적, 구속사적 정점에 도달하게 된다.

창세기 본문에서는 찾아볼 수 없는 『베냐민의 유언』에 기록된 요셉의 용서에 대한 놀라운 이야기는 요셉이 단순히 형제들의 죄를 용서하는 것을 넘어 그들의 죄를 덮기 위해 의도적으로 '알리바이'를 만들어 모든 책임을 혼자 지려고 했을뿐만 아니라, 족장 야곱의 맹세를 통해 야곱의 아들들의 죄를 완벽하게 덮어주는 완전한 용서를 '이스라엘의 맹세'로 영원히 확증하는 놀라운 모습을 보여준다.

1. "하나님은 그것을 선으로 바꾸셨나니" (창세기 50:20)

창세기 50장 20절의 고백, "당신들은 나를 해하려 하였으나 하나님은 그것을 선으로 바꾸사 오늘과 같이 많은 백성의 생명을 구원하게 하시려 하셨나니"는 그의 모든 태도를 결정하는 열쇠이다. 이 고백은 요셉이 모든 것을 주관하시는 하나님의 구속사라는 차원에서 사건을 해석하는 탁월한 능력을 소유했음을 보여준다.

요셉은 형들의 악역이 없었다면 자신이 이집트의 총리가 되어 이 모든 구원을 이룰 수 없었음을 이해했다(창 45:5). 그들의 죄악은 분명 '악'이었지만 하나님께서는 바로 그 악을 사용하여 야곱의 온 가족을 기근에서 구원하고 이스라엘이 이집트에서 큰 민족을 이루게 하는 '선'으로 바꾸셨다. 형들의 악역은 하나님의 구원 드라마 속에서 고통스럽지만 '필수불가결한' 과정이었던 셈이다.

이러한 통찰이 있었기에 그는 형들을 개인적인 원한의 대상이 아닌 긍휼과 용서와 보호의 대상으로 품을 수 있었다. 즉, 요셉의 용서는 감정적 반응이 아니라 하나님의 거시적 계획(많은 생명을 구원하심)을 이해하고 그 계획을 성취하기 위해 희생된 미시적 현실(가족 공동체의 붕괴 위기)을 세밀하게 조율하는 전략적 행위이다. 이는 십자가에서 아버지의 뜻을 온전히 이루신 그리스도의 사역을 미리 보여주는 완벽한 예표라 할 수 있다.

2. 형제의 죄를 완전히 그리고 끝까지 덮어주다

『베냐민의 유언』은 창세기에는 기록되지 않은 두 가지 결정적인 행위, 즉 '알리바이 제작'과 '이스라엘의 맹세'를 통해 그의 용서가 얼마나 치밀하게 설계된 용서의 설계도였는지를 보여준다.

A. 알리바이: 죄를 덮는 구속적 행위 (כָּפַר)

『베냐민의 유언』은 요셉이 자신의 유일한 친동생인 베냐민에게 과거의 사건을 설명하는 장면을 상세히 묘사한다. 이 장면에서 요셉은 자신을 판 가해자가 형제들이 아니라 '이스마엘 상인 중 한 명'이라고 말하는 놀라운 이야기를 만들어낸다. 그는 그 상인이 자신의 채색옷을 탐내어 훔쳤다가 얼마 못 가 사자에게 찢겨 죽었고, 그 과정에서 옷에 피가 묻게 되었다고 설명한다. 이 이야기는 형들이 아버지에게 가져갔던 피 묻은 옷의 출처에 대한 완벽한 알리바이를 제공한다. 이로써 형들은 아버지를 속인 파렴치한 죄인들이 아니라 우연히 동생의 비극적인 흔적을 발견하고 비통한 소식을 전한 선량한 목격자가 된다.

요셉의 이 행위는 단순한 용서를 넘어 죄를 가리고 무효화하는 적극적인 사죄 행위이다. 이는 히브리적 속죄 개념인 '카파르(כָּפַר)'의 본질을 보여준다. '카파르'의 문자적 의미는 '덮는다'는 뜻으로 구약의 희생제사는 죄를 '덮어' 하나님의 진노를 가리는 역할을 했다. 이와 같이 요셉은 형제들의 죄를 용서한다고 말하는 데 그치지 않고, 그들의 죄 자체를 '덮어' 버린다. 그는 형제들을 수치와 죄책감, 그리고 아버지의 심판으로부터 보호하기 위해 의도적으로 상황을 재구성한다. 이는 과거 형제들이 아버지를 속여 고통을 주었던 '증오의 기만'과는 정반대인 허다한 죄를 덮는 '사랑의 기만'이다. 요셉은 악을 악으로 갚지 않고, 오히려 그들이 사용했던 악의 도구(거짓말과 피 묻은 옷)를 선용하여 그들의 죄를 덮어주는, '악을 선으로 이기는'(롬 12:21) 적극적 화해의 원리를 완벽하게 실천하고 있다.

B. 이스라엘의 맹세: 거룩한 침묵의 언약

요셉의 이 속죄(כָּפַר)의 계획은 아버지 야곱의 동참으로 완성된다. 요셉으로부터 모든 진실을 듣고 확인한 야곱은 분노하거나 아들들을 책망하지 않는다. 대신 그는 아들 요셉의 그 깊고 희생적인 사랑 앞에서 눈물을 흘리며 요셉에게 입 맞추고 이 비밀을 결코 다른 아들들에게 발설하지 않겠다고 하나님께 엄숙히 맹세한다.

족장 시대의 맥락에서 '맹세'는 단순한 약속이 아니라 돌이킬 수 없는 언약적 효력을 지닌 신성한 행위이다. 언약의 수장인 야곱이 침묵을 맹세함으로써 그는 요셉의 개인적인 용서를 민족 공동체 전체를 위한 공식적이고 법적인 화해로 승인하는 것이다. 이는 아들의 중보를 들으시고 그 뜻을 받아들이시는 하늘 아버지의 모습을 예표하는 감동적인 그림이다. 피해자인 요셉에 의해 시작되고 최고 권위자인 아버지 야곱에 의해 승인된 이 속죄(כָּפַר)의 맹세는 죄로 인해 깨어졌던 가족 공동체의 신뢰와 질서를 온전히 회복시키는 구속적 사건이 된다.

3. 예수 그리스도의 모형으로서의 요셉의 속죄(כָּפַר)

베냐민은 요셉의 완벽한 용서가 단순히 인간적인 관용을 넘어 장차 오실 메시아의 속죄(כָּפַר) 사역을 미리 보여주는 예언적 사건이었음을 명확히 증언한다. 특히 베냐민의 입을 통해 선포되는 예언과 요셉의 구체적인 행위 속에 담긴 중보와 속죄의 원리는 예수 그리스도의 인격과 사역 안에서 그 실체를 드러낸다.

A. 죄인을 위한 의인: 베냐민의 유언에 담긴 고난받는 메시아(베냐민의 유언 3:8)

베냐민의 유언의 신학적 정점은 3장 8절에서 명백한 예언으로 나타난다. 야곱은 요셉의 초월적인 거룩한 사랑에 감복하여 요셉의 삶을 통해 성취될 고난받는 메시아 예언을 선포한다. "흠 없는 이가 불법한 자들을 위해 더럽혀지고, 죄 없는 이가 불경건한 자들을 위해 죽게 될 것"이라는 이 예언은 요셉의 삶(죄 없는 자가 죄 많은 형제들을 위해 고난받고 그들을 구원함)이 장차 오실 메시아의 대속적 죽음을 가리키는 그림자였음을 보여준다.

이 예언은 이사야 53장의 '고난받는 종'의 노래와 그 맥을 같이 한다. 예수님 시대 이전의 유대인의 문헌들에서도 이사야 53장을 고난받는 메시아로 해석한 기록들이 발견되며, 이는 『열두 족장의 유언』에 나타난 이러한 예언들이 후대의 기독교적 첨가가 아니라 족장 시대부터 이어져 온 거룩한 예언의 전승에 속한 것임을 입증한다. 이 예언은 "죄를 알지도 못하신 이를 우리를 대신하여 죄로 삼으신"(고후 5:21) 예수 그리스도를 통해 십자가 위에서 궁극적이고 완전하게 성취되었다.

B. "아버지, 저들을 사하여 주옵소서": 그리스도의 중보자적 성품 (누가복음 23:34)

요셉의 메시아 예표는 고난받는 종의 모습을 넘어, 죄인을 위해 적극적으로 변호하는 중보자의 모습에서 그 절정을 이룬다. 그는 단순히 형들을 용서하는 데 그치지 않고, 지상의 아버지 야곱 앞에서 그들의 죄를 덮어주기 위해 그들이 자신을 알아보지 못했다는 '무지(無知)'를 근거로 한 '은혜의 알리바이'를 만든다. 이는 십자가 위에서 인류의 영적 무지를 근거로 용서를 구하신 예수 그리스도의 중보기도를 예표하는 가장 선명한 그림이다. 요셉이 인간적인 차원에서 형들의 죄를 덮기 위해 '알리바이'를 만들어야 했다면, 그의 신적 원형이신 그리스도는 우리의 실존적 무지, 즉 "자기들이 하는 것을 알지 못함이니이다"(눅 23:34)를 용서의 근거로 삼아 하늘 아버지께 직접 간구하신다. 이 중보의 사역은 십자가에서 완성되었을 뿐만 아니라, 지금도 하나님 보좌 우편에서 우리를 위해 끊임없이 간구하시는(히 7:25) 그리스도의 영원한 대제사장직을 통해 계속되고 있다.

결론: 은혜의 알리바이인 십자가

야곱의 열두 아들들의 기록의 마지막을 장식하는 『베냐민의 유언』은 창세기 본문만으로는 온전히 파악할 수 없는 요셉의 용서에 대한 깊고 풍성한 통찰을 제공한다. 베냐민의 증언을 통해 우리는 요셉이 단순히 관대한 형이 아니라 형들의 죄를 덮기 위해 적극적으로 알리바이를 만들고 그 용서를 가족 공동체의 언약으로 확증시킨 위대한 중보자였음을 알게 된다.

그의 행위는 죄를 '덮는다'는 속죄(כָּפַר)의 개념을 살아있는 이야기로 풀어내며, 죄인을 위해 변호하고, 하나님과 인간 사이를 중재하며, 지금도 우리를 위해 끊임없이 간구하시는 예수 그리스도의 삼중적 사역을 놀랍도록 선명하게 예표한다. '이스라엘의 간곡한 맹세'는 이 은혜의 계획에 동참하는 아버지의 언약적 승인 행위로써 요셉의 용서가 개인적 차원을 넘어 가족 공동체 전체를 다 살리는 사건이었음을 보여준다.

궁극적으로 요셉의 용서는 장차 도래할 새 언약의 은혜를 미리 보여주는 한 폭의 그림과 같다. 그것은 행위나 자격이 아닌 오직 사랑에 근거한 무조건적인 용서이며 죄를 기억하지 않고 완전히 새로운 현실을 창조하는 하나님의 은혜의 방식을 예고한다.

그러나 요셉은 어디까지나 그림자였다. 그는 형제들의 죄를 '지상의 아버지' 앞에서 덮어주었다. 우리의 참된 중보자이신 예수 그리스도는 우리의 죄를 '하늘 아버지' 앞에서 자신의 의로움으로 영원히 덮으시고, 우리에게 완전한 용서와 영원한 생명을 선물하시는 중보자이시다. 요셉의 알리바이가 형제들에게 일시적인 평안을 주었다면 그리스도의 십자가는 우리에게 영원한 화평을 보증하는 궁극적인 '은혜의 알리바이'이다.

마지막 때에 예수님을 증오하고 배척하며 찔렀던 예수님의 형제들인 유대인들이 아버지와 화목하게 하기 위해서 예수님은 유대인 형제들을 위해서 '은혜의 알리바이'로 변호하며 '이스라엘의 간곡한 맹세'를 이루실 것이다.

> *"당신들은 나를 해하려 하였으나 하나님은 그것을 선으로 바꾸사 오늘과 같이 많은 백성의 생명을 구원하게 하시려 하셨나니, 당신들은 두려워하지 마소서! 내가 아버지께 나아가 '이스라엘의 간곡한 맹세의 언약'을 인준받았으니 이제 죄와 더러움을 씻는 샘이 당신들에게 열리고, 은총과 간구의 영이 부어져 영원한 속죄(כָּפַר)가 완성되었으니 이제 우리 이스라엘 모든 지파들이 다 살아나리이다"*
>
> *그리하여 온 이스라엘이 구원을 받으리라 기록된 바 구원자가 시온에서 오사 야곱에게서 경건하지 않은 것을 돌이키시겠고 내가 그들의 죄를 없이 할 때에 그들에게 이루어질 내 언약이 이것이라 함과 같으니라(롬 11:26-27)*

혼론(魂論), 죄론(罪論), 덕론(德論): 혼의 구원을 통한 전인적 구원

서론: 번역의 장벽에 갇힌 '혼'과 전인적 구원의 상실

신약의 사도들이 그토록 강조했던 '혼의 구원'이라는 주제가 오늘날 한국 교회 성도들에게 구체적인 삶의 지침으로 다가오지 못하는 이유는 무엇일까? 베드로는 믿음의 최종 목표가 "곧 혼의 구원을 받음이라"(벧전 1:9)고 선포했고, 야고보는 "능히 너희 혼을 구원할 바 마음에 심어진 말씀을 온유함으로 받으라"(약 1:21)고 권면했으며, 히브리서 기자는 우리를 "뒤로 물러가 멸망할 자가 아니요 오직 혼을 구원함에 이르는 믿음을 가진 자"(히 10:39)라고 정의했다. 이처럼 사도들에게 '혼의 구원'은 신앙 여정의 핵심 목표였다.

그러나 이 중요한 개념이 희미해진 근본적인 원인 중 하나는 우리가 읽는 한글 성경의 번역 문제에서 찾을 수 있다. 히브리어 '네페쉬'(נֶפֶשׁ)와 헬라어 '프쉬케'(ψυχή)는 인간의 지성, 감정, 의지를 포함하는 인격의 중심, 즉 '혼'(soul)을 지칭하는 명확한 단어이다. 그러나 대부분의 한글 성경은 이 단어를 '영'(spirit)의 개념이 포함된 '영혼'(spirit-soul)으로 번역해왔다.

이로 인해 '영'(靈, pneuma)과 '혼'(魂, psyche)의 명확한 구분이 단어에서 사라지게 되었다. 특히 데살로니가전서 5장 23절의 "너희의 온 영과 혼과 몸이"라는 구절처럼 두 단어가 나란히 등장하여 불가피하게 구분해야 하는 경우를 제외하고, '혼'은 언제나 '영혼'이라는 단어 속에 그 실체를 가리게 되었다. 그 결과 한국 교회는 인간 내면의 복잡한 문제를 다룰 때, '혼'의 구체적인 영역, 즉 감정의 동요, 의지의 갈등, 생각의 싸움을 섬세하게 다루기보다 모든 것을 '영적인 문제'라는 하나의 틀로 환원시키는 경향을 갖게 되었다.

결과적으로 구원이 '영의 구원'(거듭남, 칭의)이라는 일회적 사건으로 축소될 위험이 커지게 되고, '혼의 구원', 즉 성화(sanctification)의 과정—감정을 다스리고, 생각을 새롭게 하며, 의지를 훈련하여 그리스도의 인격을 닮아가는 평생의 과정—이 신앙의 중심 주제에서 밀려나 영적인 것에 너무 많은 비중을 두게 되었다. 이러한 이유로 영적으로는 거듭났다고 고백하지만 혼은 여전히 미성숙하고 병든 상태에 머물러 있는 신앙인들을 양산하게 된 것이다. 이는 오늘날 한국 교회가 겪고 있는 윤리적 해이와 신앙 성숙의 정체 현상과 깊은 관련이 있다.

그러나 『열두 족장의 유언』은 우리에게 잃어버렸던 '혼'의 세계를 생생하게 인식시켜 준다. 야곱의 아들들은 자신들의 부끄러운 실패를 통해 죄가 어떻게 '혼'을 공격하고 파괴하며, 그것을 이겨내는 길이 무엇인지를 처절하게 증언한다. 그들의 목소리는 '혼'의 문제를 치열하게 다루는 일을 등한시한 채 신앙의 연약함과 윤리적 문제들로 신음하는 오늘날 한국 교회에 근본적인 질문을 던진다.

1. 혼론(魂論): 영적 전쟁의 중심, 인간의 혼

『열두 족장의 유언』에서 '혼'(נֶפֶשׁ 네페쉬, ψυχή 프쉬케)은 단순히 인간의 비물질적인 부분을 넘어 지성, 감정, 의지, 양심이 모두 합쳐진 인격의 중심을 의미한다. 이곳은 바로 하나님을 향한 '진리의 영'과 인간을 파멸로 이끄는 '미혹의 영'(벨리알)이 치열하게 싸우는 영적 전쟁터이다. 족장들은 자신들의 경험을 통해 이 혼이 어떻게 어두워지고(단 2:4), 고통받으며(단 4:2), 마침내 정결케 되어(베냐민 6:7) 구원에 이르는지를 생생하게 증언한다.

- **두 영의 싸움터:** 아셀의 유언은 인간의 마음속에 '선한 성향'과 '악한 성향'이 존재하며, 어느 쪽을 선택하느냐에 따라 운명이 결정된다는 '두 길 사상'을 제시한다(아셀 1:3-5). 유다의 유언은 이를 '진리의 영'과 '미혹의 영'의 싸움으로 묘사하며, 인간의 마음이 그 둘 사이에서 어느 쪽으로든 기울어질 수 있는 선택의 주체임을 밝힌다(유다 20:1-2).

- **혼의 상태와 그 결과:** 혼이 어떤 상태에 있는지는 그 사람의 얼굴과 삶 전체에 드러난다. 요셉의 아름다운 용모는 그 안에 어떠한 악도 거하지 않았기 때문이며, 혼의 근심과 괴로움은 얼굴에 나타나기 마련이다(시므온 5:1). 악한 성향을 따른 혼은 벨리알에게 지배당하여 선을 행할 능력마저 상실하지만(아셀 1:8-9), 선한 성향을 따른 혼은 죄를 짓더라도 즉시 회개하여 순결함을 회복한다(아셀 1:6-7).

결론적으로 족장들은 혼의 건강과 구원이 영성 생활의 핵심임을 가르친다. 혼을 '순결한 마음'과 '한결같은 마음'으로 지키는 것이야말로 벨리알의 모든 공격을 이기고 하나님과 동행하는 삶의 기초가 된다.

2. 죄론(罪論): 죄의 본질과 그 파괴적인 결과

족장들은 자신들의 부끄러운 과거를 정직하게 고백하며, 죄가 단순한 도덕적 실수가 아니라 인격적인 영의 활동이며, 그것이 어떻게 한 개인과 공동체의 혼을 파괴하는지를 심도 있게 분석한다.

- **음행 (르우벤):** 르우벤은 자신의 죄(빌하와의 동침)의 원인을 인간의 일곱 가지 선한 감각 기관을 통로로 삼아 역사하는 '일곱 미혹의 영'에서 찾는다. 특히 '생식의 영'이 '쾌락에 대한 사랑'과 결합할 때, 젊은이들을 무지 속에서 파멸로 이끄는 가장 첫 번째 통로가 됨을 경고한다(르우벤 2-3장).

- **질투와 증오 (시므온, 갓):** 시므온은 '질투'가 어떻게 혼을 눈멀게 하고 형제를 향한 살의로 발전하는지를 고백한다. 그는 질투가 타인을 파괴하려 할수록 오히려 자기 자신을 쇠퇴하게 만드는 자기 파괴적인 본질을 가졌음을 증언한다(시므온 3:3). 갓

은 '증오'가 '거짓'과 짝을 이루어 진리를 왜곡하고, 가치를 전복시키며, 마음을 '악마의 독'으로 채우는 악임을 고발한다(갓 3-5장).

- **분노와 거짓 (단)**: 단은 '분노'가 인간의 인식을 왜곡하여 부모와 형제마저 알아보지 못하게 하는 '맹목성'을 가지며, 그것이 '거짓'과 동역하여 한 사람의 혼을 완전히 장악하는 '또 다른 혼'이 된다고 경고한다. 분노와 거짓에 사로잡힌 혼은 결국 여호와께서 떠나시고 벨리알이 다스리게 된다(단 2-4장).
- **돈을 사랑함과 술 취함 (유다)**: 유다는 자신의 모든 비극이 '돈을 사랑함'(탐욕)과 '음행', 그리고 그것을 부추긴 '술 취함'에서 비롯되었음을 고백한다. 그는 돈을 사랑함이 곧 '우상 숭배'이며(유다 19:1), 술 취함은 진리에서 마음을 멀어지게 하고 모든 죄의 문을 여는 통로임을 경고한다(유다 14:1).

3. 덕론(德論): 혼을 구원하는 거룩한 성품

족장들은 죄에 대한 경고에만 머물지 않고, 그 모든 죄악을 이겨내고 혼을 건강하게 세울 수 있는 구체적인 덕목과 삶의 방식을 제시한다. 이는 죄론에 대한 명확한 해독제이다.

- **순전함 (잇사갈)**: 잇사갈은 '순전한 마음'을 모든 덕의 기초로 제시한다. 순전한 자는 재물, 음식, 화려한 옷과 같은 세상의 욕망을 탐하지 않으며, 오직 하나님의 뜻만을 구한다. 이 순전함은 모든 미혹의 영들을 이기고 거룩함을 지킬 수 있는 능력의 근원이 된다(잇사갈 4장).
- **긍휼과 연민 (스불론)**: 스불론은 이웃뿐만 아니라 모든 피조물을 향한 '긍휼'을 강조한다. 그의 긍휼은 물질적인 나눔을 넘어 줄 것이 없을 때조차 상대와 '함께 울며 걸어주는' 깊은 공감과 연민을 포함한다. 그는 이러한 긍휼의 삶이 하나님의 풍성한 축복을 이끌어내는 통로임을 증언한다(스불론 5-7장).
- **정결함과 인내 (요셉)**: 요셉의 삶은 '정결함'과 '인내'라는 두 덕목의 위대한 승리를 보여준다. 그는 보디발 아내의 집요하고 교활한 모든 유혹을 인내와 기도, 금식으로 이겨냈다. 그의 삶은 "음행이 너희 마음을 이기지 않는다면, 벨리알도 너희를 이길 수 없을 것"(르우벤 4:11)이라는 원리의 살아있는 증거가 된다.
- **순결한 마음 (베냐민)**: 베냐민은 요셉의 삶을 본받아 '순결한 마음'을 가질 것을 명령한다. 이 순결한 마음은 단순히 죄를 피하는 소극적인 상태가 아니라 마치 태양이 오물을 비추어도 더러워지지 않고 오히려 그것을 정화시키듯, 세상의 더러움 속에

서도 자신을 지키고 주변을 변화시키는 능동적인 힘을 가진다(베냐민 8장).

결론: '혼의 구원'을 회복하여 전인적 구원을 이루라

『열두 족장의 유언』이 보여주듯, 족장들에게 신앙은 '혼'의 구체적인 문제들과 씨름하는 치열한 과정이었다. 그들은 자신의 감정, 생각, 의지의 전쟁터에서 싸우며 '혼의 구원'을 이루어 갔다.

이제 우리는 『열두 족장의 유언』과 같은 고대 문헌의 지혜에 귀를 기울여야 한다. 갈수록 혼이 사나워져가는 이 마지막 때에 족장들의 목소리는 우리에게 '혼'의 문제를 정직하게 직면하고, 말씀의 검으로 우리의 생각과 감정과 의지를 날마다 수술하며, 거룩한 성품을 훈련하는 성화의 과정인 '혼의 구원'의 여정으로 돌아오라고 촉구한다. 이 잃어버린 가르침을 회복하여 영의 구원에만 머무는 것이 아니라 혼의 구원을 통한 전인적인 구원을 두렵고 떨림으로 이룰 때 비로소 한국 교회는 내면의 깊은 성숙을 이루고 세상 속에서 진정한 빛과 소금의 역할을 감당하게 될 것이다.

벨리알과 영적 전쟁(개인적 차원과 인류적 차원)

『열두 족장의 유언』에서 '벨리알'은 단순한 악의 상징을 넘어, 인간의 내면 깊숙이 침투하여 혼을 부패시키고, 하나님의 우주적 질서에 대항하며, 마침내 메시아에 의해 심판받을 운명에 처한 실제적이고 인격적인 대적자다. '벨리알'이라는 존재를 온전히 이해하기 위해서는 그 어원적 뿌리와 용례와 텍스트 안에서 그가 수행하는 고유한 기능에 이르기까지 다층적인 접근이 필요하다.

1. 어원과 용례: '무가치함'의 어둠의 군주

'벨리알'(בְּלִיַּעַל, 블리야알)이라는 히브리어 단어는 '없다' 또는 '~없이'를 의미하는 '블리'(בְּלִי)와 '가치', '유익'을 의미하는 '야알'(יַעַל)의 합성어다. 그 단어 자체의 의미는 '무가치함', '쓸모없음'으로, 도덕적 타락과 사회적 무질서를 야기하는 파괴적인 상태나 특질을 가리킨다.

'벨리알'은 성경에서 사탄, 마귀의 대체어로 사용된다. 민감한 어떤 존재의 이름을 직접 부르기 보다는 다른 단어로 대체하여 부르게 되는 상황을 생각해보라. 유대인들은 바벨론 포로 이후 어느 시점부터 사성(四聖)문자 יהוה도 '그 이름' 또는 '아도나이'로 대체하여 부르기는 관습이 생겼다. '벨리알'은 구약 성경에서 '벨리알의 아들들' 또는 '벨리알의 사람들'이라는 형태로 나타나며, 하나님의 법과 사회 질서를 무시하는 극도로 비열하고 사악한 무리를 지칭하는 경멸적인 표현으로 사용되었다. 예를 들어, 기브아에서 극악무도한 성범죄를 저지른 불량배들(삿 19:22), 성물을 멸시한 대제사장 엘리의 아들들(삼상 2:12), 우상숭배를 부추기는 자들(신 13:13)이 모두 '벨리알의 자식들'로 규정된다. 이처럼 벨리알은 인간 사회 내부에 존재하는 극단적인 무가치함과 혼돈의 상태를 가리키는 단어로도 사용되고 사탄적이고 마귀적인 존재의 대체어로도 사용되었다.

사도 바울은 고린도후서 6장 15절에서 "그리스도와 벨리알이 어찌 조화되며"라고 질문함으로써, 벨리알을 그리스도의 완전한 대척점이자 사탄과 동일시되는 존재로 명확히 규정한다.

1. 쿰란 공동체의 문헌 속 벨리알

벨리알을 이해하기 위해서는 사해 두루마리를 통해 알려진 쿰란 공동체의 세계관을 살펴보는 것이 필수적이다.

A. 쿰란 공동체의 문헌 (사해 두루마리)

사해 두루마리에서 '벨리알'은 악의 군주를 지칭하는 가장 선호되는 이름이었다. 사탄이나 마스테마[59]와 같은 다른 이름들보다 훨씬 더 빈번하게 사용되며, 빛과 어둠의 우주적 전쟁에서 어둠의 세력을 이끄는 총사령관으로 등장한다. 『열두 족장의 유언』은 벨리알을 악의 최고 지도자로 보는 쿰란 공동체의 신학적 세계관과 그 맥을 같이 한다.

---

59. 마스테마(מַשְׂטֵמָה): 마스테마는 '적의, 증오'를 의미하며, 일부 문헌에서는 사탄과 유사한 역할을 수행하거나 사탄과 동일시된다. 희년서 10:7-9에서 마스테마는 귀신들의 우두머리로서 인간을 시험하거나 유혹하는 역할을 맡으며, 하나님의 허락 아래에서 활동하는 심판의 도구로 해석되기도 한다.

전쟁 두루마리(1QM): 이 문헌에서 벨리알은 '어둠의 아들들'을 이끄는 지도자로서, '빛의 아들들'의 지도자인 미가엘 천사장과 최후의 종말론적 전쟁을 벌이는 우주적 대적자로 명확하게 묘사된다. 그는 하나님의 계획에 정면으로 맞서는 악의 군주이다.

다마스쿠스 문서(CD): 특히 쿰란의 '다마스쿠스 문서'(CD 4:15)에 등장하는 '벨리알의 세 가지 그물'이라는 개념은 『열두 족장의 유언』의 윤리적 가르침과 연결된다. 이 세 가지 그물은 각각 음행(간음), 부(재물), 성소 모독이다. 비록 『열두 족장의 유언』에서 '세 가지 그물'이라는 표현이 직접 사용되지는 않지만, 이 세 가지 죄악은 족장들이 가장 강력하게 경고하는 핵심적인 유혹의 통로로 나타난다.

음행: 르우벤의 유언 전체는 음행의 죄가 어떻게 한 개인과 공동체를 파괴하는지에 대한 처절한 고백이다.

부(재물): 유다는 자신의 모든 타락이 '돈을 사랑함'에서 비롯되었음을 고백하며, 이것이 곧 우상숭배임을 경고한다.

성소 모독: 레위는 자신의 후손인 제사장들이 장차 하나님의 제물을 훔치고 성소를 더럽히는 죄로 인해 심판받을 것을 예언한다.

이처럼 쿰란 공동체는 『열두 족장의 유언』과 동일한 신학적 틀 안에서 벨리알의 공격 전략을 이해하고 있다. 그의 유혹은 무작위적인 것이 아니라, 인간의 가장 근본적인 욕망인 성욕, 소유욕, 그리고 종교적 권위를 타락시키는 세 가지 핵심적인 통로를 통해 이루어지는 체계적인 공격이다. 이 연관성을 인식할 때, 우리는 각 유언서의 윤리적 경고들이 하나의 일관된 영적 전쟁의 그림 안에서 어떻게 연결되는지를 더욱 깊이 이해할 수 있다.

B. 희년서

『희년서』는 악의 지도자를 주로 '마스테마'라는 이름으로 부르지만, '벨리알'도 언급된다. 특히 할례를 받지 않은 이방인들을 "벨리알의 아들"이라고 칭하는 구절이 나타나는데, 이는 벨리알의 지배 아래 있는 자들을 하나님의 언약 밖에 있는 자들로 규정하는 용례이다.

C. 이사야의 순교와 승천

이 외경 문헌에서도 벨리알은 중요한 악의 인물로 등장한다.

이처럼 고대 이스라엘의 문헌들 속에서 '벨리알'은 '무가치함'이나 '사악한 자들'이라는 추상적 개념을 넘어, 하나님과 그의 백성을 대적하는 악한 영들의 우두머리이자, 구체적인 전략을 가지고 인류를 유혹하는 인격적인 존재로 뚜렷하게 나타난다. 그는 빛의 세력과 우주적인 전쟁을 벌이는 어둠의 군주이며, 마지막 때에 하나님의 메시아에 의해 최종적으로 패배할 운명을 지닌 존재로 그려진다.

2. 『열두 족장의 유언』에 나타난 벨리알

1. 죄와 씨름하는 곳에 나타나는 이름: 벨리알의 언급 분포

『열두 족장의 유언』에서 벨리알의 중요성을 이해하는 첫 단계는 그 이름이 본문에서 얼마나 자주, 그리고 어떻게 분포하는지를 살펴보는 것이다. 본문 전체에서 '벨리알'이라는 단어는 총 31회 언급된다.

그러나 이 용어는 열두 유언서 전체에 걸쳐 균등하게 분포되어 있지 않다. 특정 족장들의 유언에 집중적으로 나타나는 반면, 다른 족장들의 유언에서는 전혀 언급되지 않는 뚜렷한 경향성을 보인다. 이러한 분포의 불균형은 각 유언서가 다루는 핵심 주제와 '벨리알'이라는 존재 사이에 깊은 연관성이 있음을 시사한다.

표 1: 본문 내 '벨리알' 용어 분포

족장의 유언	벨리알 언급횟수	장절
르우벤	4	2:2, 4:7, 4:11, 6:3
시므온	1	5:3
레위	3	3:3, 18:12, 19:1
유다	1	25:3
잇사갈	2	6:1, 7:7
스불론	1	9:8
단	5	1:7, 4:7, 5:1, 5:10, 5:11
납달리	2	2:6, 3:1
갓	0	-
아셀	4	1:8 (x2), 1:9, 3:2
요셉	2	7:4, 20:2
베냐민	6	3:3, 3:4, 6:1, 6:7, 7:1, 7:2
총계	31	

이 표에서 드러나듯, 벨리알은 르우벤(음행), 시므온(질투), 단(분노와 거짓), 유다(탐욕), 아셀(위선), 베냐민(시기) 등, 인간 내면의 복잡하고 파괴적인 죄악과 씨름하는 족장들의 고백

에 집중적으로 등장한다. 반대로 잇사갈(순전함), 스불론(긍휼), 갓(용서)과 같이 명확한 덕목의 실천을 강조하는 유언서에서는 그의 이름이 거의 혹은 전혀 언급되지 않는다. 이는 『열두 족장의 유언』에서 벨리알이 단순한 악의 대명사가 아니라, 인간의 혼을 내부에서부터 부패시키는 인격화된 악의 근원을 지칭하는 구체적인 진단 도구로 기능하고 있음을 보여준다.

2. 부패한 혼의 조종자: 벨리알의 심리전

벨리알의 가장 두드러진 역할은 인간의 내면, 즉 혼(魂)을 공격하고 장악하는 심리전의 대가로서의 모습이다. 그는 외부에서 강요하는 폭군이 아니라, 내부에서 속삭여 스스로 파멸의 길을 걷게 만드는 교활한 전략가다.

- **미혹의 영들의 근원**: 르우벤의 유언은 벨리알이 인간을 대적하도록 지정된 '일곱 미혹의 영'의 근원임을 밝힌다. 이 영들은 인간의 일곱 가지 감각 기관과 직접 연결되어 선하게 창조된 인간의 기능을 죄의 통로로 변질시킨다.
- **분노와 거짓의 영**: 단의 유언은 벨리알이 '분노의 영'을 통해 어떻게 인간의 인식을 왜곡시키는지를 상세히 분석한다. 분노에 사로잡힌 사람은 진실을 보지 못하고, 결국 그 분노 자체가 그 사람의 주인이 되어 '또 다른 혼'처럼 행세하게 된다.
- **선(善)의 변질자**: 아셀의 유언은 벨리알의 교활함이 그 절정에 이른 모습을 보여준다. 벨리알에게 마음을 내어준 사람은 선한 일을 시도할 때조차, 그를 지배하는 벨리알이 개입하여 그 선한 행위의 동기와 결과를 악으로 변질시켜 버린다. 이는 그 사람의 마음의 보고(寶庫)가 이미 벨리알의 '독'으로 가득 차 있기 때문이다. 이처럼 벨리알은 인간의 의지와 감정, 생각의 가장 깊은 곳을 공격하여 그 인격의 중심을 무너뜨리는 내면의 파괴자이다.

3. 우주적 대적자: 신적 질서에 대한 반역

벨리알은 개인을 유혹하는 존재를 넘어, 하나님의 창조 질서와 구원 계획 전체에 대항하는 우주적인 반역의 주체다. 그의 활동은 개인의 타락을 넘어 공동체의 분열과 신성 모독으로 이어진다.

- **하늘의 반역 군주**: 레위가 환상 중에 본 '셋째 하늘'에는 심판의 날에 '벨리알의 군대'에게 보복을 집행하기 위해 임명된 천사 군단이 정렬해 있다. 이는 벨리알이 하

늘에도 자신을 따르는 영적 군대를 거느린 반역의 군주임을 보여준다.
- **두 길의 제시자:** 인간 앞에는 '여호와의 토라'와 '벨리알의 행위'라는 두 개의 길이 놓여 있으며, 중간 지대는 존재하지 않는다. 벨리알은 하나님과 대등한 대척점으로서 인류에게 반역과 죽음의 길을 제시하는 우주적 대적자다.
- **분열과 배교의 조장자:** 스불론의 유언은 이스라엘이 장차 두 왕을 따르며 분열될 것을 예언하는데, 이는 벨리알의 미혹하는 영이 공동체 내에 분열을 조장한 결과다. 그의 궁극적인 목표는 하나님의 백성을 분열시켜 언약 공동체를 와해시켜서 인간이 영화로운 단계에 이르지 못하도록 훼방 놓는 것이다.

4. 종말론적 패배자: 예정된 심판

『열두 족장의 유언』은 벨리알의 강력한 힘을 인정하면서도, 그의 통치가 영원하지 않으며 그의 운명이 이미 정해져 있음을 분명히 선포한다. 이 책의 종말론적 소망의 핵심은 바로 메시아를 통한 벨리알의 완전한 패배에 있다.

- **메시아에 의한 결박:** 레위의 유언 18장은 장차 나타날 '새로운 제사장', 즉 메시아의 핵심 사역 중 하나가 바로 "벨리알을 결박하는 것"이라고 예언한다. 메시아의 도래는 악의 근원에 대한 직접적인 공격이자 승리를 의미한다.
- **영원한 불못 심판:** 유다의 유언은 새 시대의 도래와 함께 "벨리알의 미혹하는 영은 더 이상 없을 것이니, 그는 영원히 불에 던져질 것"이라고 선포한다. 이는 그의 패배가 완전하고 영원한 심판임을 보여준다.
- **성도들의 승리:** 벨리알의 결박은 권세의 역전을 의미한다. 메시아는 "그의 자녀들에게 악한 영들을 밟을 권세를 주실 것"이다. 이는 메시아의 승리가 곧 그를 따르는 모든 성도의 승리가 되며, 그들이 더 이상 악의 지배를 받지 않고 오히려 그것을 다스리는 권세를 얻게 될 것을 약속한다.

결론적으로 『열두 족장의 유언』에서 벨리알은 인간의 가장 깊은 내면에서부터 우주적 차원에 이르기까지 모든 영역에서 활동하는 악의 총체(總體)다. 그러나 그의 모든 교활함과 권세에도 불구하고, 그는 장차 오실 메시아에 의해 패배하고 영원한 심판을 받도록 예정된 존재다. 무가치한 것을 가치있게 여기며 가치있는 것을 무가치 있게 여기는 이 마지막 때 진행되고 있는 모든 현상들은 벨리알이 얼마나 활개를 치고 있는지를 보게한다. 이처럼 마지막 시대는 벨리알의 특징의 총체적으로 나타나는 세대가 될 것이다. 그리고 예수님의 재림과 과정에서 예수님은 벨리알의 절정의 때에 벨리알의 뿌리를 지구에서 뽑아내시고 천년왕국을 시작하실 것이다.

이스라엘의 두 기둥: 레위와 유다의 역할과 메시아 예언

수많은 주제 가운데 이 유언서 전체의 신학적, 구조적 기둥 역할을 하는 것은 단연 '레위와 유다'라는 두 지파에 부여된 특별한 사명과 그들을 통해 성취될 구원의 약속이다. 다른 족장들의 유언이 주로 개인적인 죄의 고백과 특정 덕목에 대한 권면에 집중하는 반면, 레위와 유다의 유언은 이스라엘 공동체 전체의 영적, 정치적 질서와 미래의 구원자에 대한 장엄한 예언으로 가득 차 있다. 이 두 지파는 단순한 형제 서열을 넘어 이스라엘의 미래를 떠받치는 '두 기둥'으로 제시된다.

먼저 두 지파에 부여된 신적 권위의 기원과 성격, 그리고 두 권위 사이의 위계질서와 이 두 혈통을 통해 나타날 것으로 예언된 미래 구원자의 다양한 이미지—제사장, 왕, 고난받는 종, 그리고 신적 존재—를 살펴보고, 메시아가 가져올 새로운 시대의 모습이 어떻게 그려지는지를 그려보자. 이 과정을 통해 우리는 초기 기독교가 탄생하기 전, 유대교 내에 존재했던, 그리고 이스라엘 종교에 뿌리를 두었던 풍성하고 역동적인 메시아 사상의 한 단면을 명확히 이해하고, 『열두 족장의 유언』이 제시하는 구원 역사의 장대한 파노라마를 온전히 파악하게 될 것이다.

제1부: 이중 권위의 확립 – 레위와 유다의 신적 위임

『열두 족장의 유언』은 이스라엘의 미래 지도력이 레위와 유다 두 지파에게 위임되었음을 강조한다. 흥미로운 점은 두 권위의 기원과 성격이 뚜렷하게 구별된다는 점이다. 레위의 제사장직은 하늘의 직접적인 계시와 제사장 전승을 통해, 유다의 왕권은 땅에서의 영웅적 행위와 권위에 대한 태도 그리고 족장(이삭과 야곱)의 축복을 통해 그 정당성이 설명된다.

1. 제사장직의 하늘 위임 (레위)

다른 족장들의 권위가 주로 아버지 야곱의 축복에 근거하는 반면, 레위의 제사장직은 하늘의 직접적인 계시와 하나님께서 천사들을 통해서 거행된 위임식이라는 독보적인 기원을 가진다. 이는 그의 권위가 인간적인 차원을 넘어 신적인 영역에 뿌리를 두고 있음을 강조한다.

레위의 소명은 인류의 죄악에 대한 깊은 슬픔과 기도로부터 시작되었다. 그는 "모든 사람이 그릇 행하는 것과 불의가 불의 자신을 위한 성벽들을 쌓고 불법이 망대들 위에 올라앉아 있는 것을 보았다"고 고백하며, 이로 인해 "몹시 가슴 아파하며" 구원을 위해 기도한다 (레위 2:3-4). 참된 제사장의 첫 번째 자질이 타인의 죄를 함께 아파하고 그들을 위해 중보하는 마음임을 보여주는 이 기도는 하늘의 문을 여는 열쇠가 된다.

그의 기도에 대한 응답으로 레위는 깊은 잠에 빠져 하늘로 올라가는 신비로운 환상을 경험한다. 천사의 인도를 받아 일곱 하늘을 차례로 통과하며, 그는 심판을 위해 예비된 하늘들(1-3천)과 천상 예배가 이루어지는 거룩한 하늘들(4-7천)의 질서를 목격한다 (레위 2:5-3:8). 이 하늘 여행의 정점에서 천사는 레위에게 그의 사명을 명확히 선포한다. "너는 여호와 곁에 서게 될 것이며, 그분을 섬기는 그분의 제사장이 되어 그분의 신비들을 사람들에게 전하고 이스라엘을 구속하실 그분에 대해 선포하게 될 것이다" (레위 2:10). 이 위임은 그가 단순히 제사를 집전하는 자가 아니라, (1)하나님을 섬기는 종 (2)하나님의 비밀을 가르치는 교사 (3)오실 구원자를 선포하는 선지자의 역할을 모두 감당해야 함을 의미한다.

이 신적 위임은 두 번째 환상에서 구체적인 '제사장 위임식'을 통해 확증된다. 흰 옷을 입은 일곱 천사가 나타나 레위에게 제사장의 거룩한 예복들—'의의 관', '명철의 흉패', '진리의 겉옷' 등—을 입히고 기름을 부으며, 그와 그의 후손이 '영원히 여호와의 제사장'이 될 것을 선포한다 (레위 8:2-10). 이 하늘의 위임식은 레위의 제사장직이 인간의 선택이나 혈통의 권리를 넘어 하나님의 주권적인 부르심과 직접적인 임명에 근거한 것임을 명백히 하며, 그 어떤 지상의 권위와도 비교할 수 없는 거룩한 정당성을 부여한다.

2. 왕권의 지상 위임 (유다)

레위의 권위가 하늘의 신비로운 계시에서 비롯된 것과 대조적으로, 유다의 왕권은 땅에서의 구체적인 행위와 족장 이삭과 야곱의 축복을 통해 그 정당성을 확보한다. 그의 권위는 추상적이지 않고 이스라엘의 역사와 현실 속에 깊이 뿌리내리고 있다.

유다의 왕권은 아버지 야곱의 축복을 통해 처음으로 공인된다. 유다는 자신이 젊었을 때 아버지께 순종하고 어머니와 이모를 공경했으며, 그 결과 "아버지가 나를 축복하며 말씀하셨다. "너는 왕이 될 것이며, 모든 일에서 번영할 것이다" (유다 1:6)라고 증언한다. 이는 창세기 49장의 예언과 맥을 같이하며, 유다가 왕권을 가지게 된 정당성이 '그의 타고난 민첩한 기질'과 '권위에 대한 순종'에 대한 아버지의 축복과 예언에 기초하고 있음을 보여준다.

2장에서 7장에 이르는 긴 분량은 유다가 어떻게 자신의 힘과 용맹으로 왕의 자격을 받기에 합당했는지를 서사적으로 보여준다. 그는 사자, 곰, 멧돼지와 같은 맹수들을 제압하는 '전사 목자'였으며(2장), 나아가 가나안 왕들과의 전쟁에서 거인 왕을 쓰러뜨리고(3장), 견고한 성읍들을 전략적으로 점령하는(4-7장) 뛰어난 군사 지도자였다. 이 영웅적인 행적들은 그가 백성을 보호하고 질서를 세울 실질적인 능력을 갖춘, 왕의 DNA를 갖춘 자임을 증명하는 이야기 구조이다.

그러나, 유다의 이러한 지상의 승리 역시 궁극적으로는 하늘의 인준 아래 있었다. 아버지 야곱은 환상을 통해 "능력의 천사가 어디든지 나를 따라다니며 내가 패하지 않도록 돕는 것을 보셨다" (유다 3:10)고 증언한다. 이는 그의 군사적 힘이 하나님의 보호와 지원을 받는 신성한 권위임을 확증한다. 마침내 유다의 유언은 "여호와께서 그 왕권이 나의 씨로부터 영원히 떠나지 않을 것이라고 내게 맹세로 약속하셨기 때문이다" (유다 22:3)라는 선언으로 마무리되며, 족장의 축복과 개인의 능력을 넘어선 하나님의 영원한 언약으로써 그의 왕권을 확립한다.

3. 권위의 위계 – 제사장직과 왕권

『열두 족장의 유언』은 레위와 유다라는 두 개의 독립된 권위를 확실하게 세우는 동시에, 그 두 권위 사이에 명확한 위계질서가 존재함을 일관되게 강조한다. 그 질서는 바로 영적 권위인 제사장직이 지상의 통치권인 왕권보다 우위에 있다는 것이다.

이 위계질서에 대한 가장 직접적인 증언은 놀랍게도 유다 자신의 입에서 나온다. 그는 후손들에게 레위를 대적하지 말라고 강력하게 명령하며 그 이유를 다음과 같이 설명한다. "여호와께서 나에게는 왕권을 주셨고, 그에게는 제사장직을 주셨으며, 제사장권 아래 왕권을 두셨다"(유다 21:2). 왕권을 부여받은 당사자가 스스로 자신의 권위가 제사장직 아래에 있음을 인정하는 이 고백은, 이 위계질서가 논쟁의 여지가 없는 하나님의 질서임을 선포하는 것이다. 유다는 한 걸음 더 나아가 "하늘이 땅보다 높듯이, 하나님의 제사장 직분은 땅의 왕권보다 높다"(유다 21:4)고 말하며, 이 위계가 우주적인 질서에 근거하고 있음을 역설한다.

이러한 위계질서는 납달리의 환상을 통해 상징적으로 더욱 명확해진다. 납달리는 환상 속에서 해와 달이 멈춰 서 있는 것을 본다. 이삭은 손자들에게 달려가 그것들을 붙잡으라고 명하고 레위는 해를, 유다는 달을 붙잡는다(납달리 5:1-3). 고대 근동의 우주관에서 스스로 빛을 내는 해는 최고의 권위를, 해의 빛을 반사하여 빛나는 달은 그 다음의 권위를 상징했다. 이 환상은 제사장권(레위)이 이스라엘의 영적 빛과 권위의 근원이며, 왕권(유다)은 그 빛을 받아 백성에게 비추는 파생적이고 이차적인 권위임을 명확하게 보여주는 명확한 시각적 표현이다.

이 위계질서는 마지막 때에 있을 부활의 질서에서도 계속 유지된다. 유다는 부활의 때에 열두 지파의 우두머리들이 새로운 순서로 서게 될 것을 예언하는데, 출생 순서가 아닌 신적 직무에 따라 "레위가 첫째, 내가 둘째"가 될 것이라고 말한다(유다 25:1). 종말론적 질서의 재편성을 통해 제사장직의 영원한 우위를 유다 스스로 다시 확증하고 있다.

4. 형제들의 확증 – 집단적 증언

레위와 유다의 이중 지도력은 두 사람의 유언에만 나오는 주제가 아니다. 이는 다른 모든 형제들의 유언을 통해 반복적으로 확인되고 지지받는 이스라엘의 족장들 전체의 합의된 원칙이다. 각 족장들은 자신의 개인적인 죄를 고백하고 후손들에게 윤리적 교훈을 남긴 후, 이스라엘의 미래 소망이 레위와 유다에게 달려있음을 한 목소리로 증언한다.

맏아들 르우벤은 자신의 죄로 장자권을 상실한 후, 후손들에게 "너희는 레위 자손을 시기하여 그들보다 높아지려 할 것이나, 너희는 절대 그렇게 할 수 없을 것이다"(르우벤 6:5-6)라고 경고하며, 이스라엘의 구원이 바로 이 두 지파를 통해 올 것임을 선언한다. 질투의 죄를 고백한 시므온 역시 "레위와 유다에게 순종하고 이 두 지파를 대적하여 그들 위에 너희 스스로를 높이지 말라. 이는 이 두 지파로부터 하나님의 구원이 너희에게 나타날 것이기 때문이다"(시므온 7:1)라고 명령한다.

단순함과 정직함의 덕을 강조한 잇사갈은 자신의 후손들에게 농부의 본분에 충실할 것을 명하며 영적, 정치적 권위는 레위와 유다에게 있으니 그들에게 순종하라고 가르친다(잇사갈 5:7). 심지어 자신의 후손들이 장차 레위와 유다를 대적할 것을 예언하는 단 조차도 그 시도가 실패할 것임을 예견하는데 그 이유는 "여호와의 천사가 그 둘을 인도할 것이기 때문이다. 그들로 말미암아 이스라엘이 설 것이다"(단 5:4)라고 말하며 두 지파에 대한 하나님의 특별한 보호를 증언한다.

이러한 집단적 증언은 아래 표와 같이 정리될 수 있다.

표 1: 레위와 유다의 권위에 대한 족장들의 증언

족장	장절	핵심 증언	문맥적 의의
르우벤	6:5-12	"너희는 레위 자손을 시기하지 말라… 우리를 대신하여 보이는 전쟁과 보이지 않는 전쟁에서 죽을 것이며, 너희 가운데 영원한 왕이 될 것임이라."	장자권 상실 후, 새로운 질서의 중심축으로 레위와 유다를 지목함. 유다의 후손이 대속적 죽음을 통해 영원한 왕이 됨.
시므온	7:1-2	"레위와 유다에게 순종하라… 여호와께서 레위로부터 대제사장을, 유다로부터 왕을 일으키시리니…"	질투의 죄를 회개한 후, 순종의 대상으로 레위와 유다를 제시함.
레위	2:11; 8:14	"너와 유다로 말미암아 여호와께서 사람들 가운데 나타나셔서 모든 민족을 구원하시리라. 유다로부터 한 왕이 일어나… 새로운 제사장 직분을 세울 것이라."	자신의 제사장직과 유다의 왕권이 연합하여 모든 민족의 구원을 이룰 자가 나타남. 유다로부터 일어날 왕은 새로운 제사장 체계(세 번째 체계)를 시작하여 이방인들도 제사장이 되게 함.
유다	21:1-5	"레위를 사랑하라… 제사장권 아래 왕권을 두셨다." "하늘이 땅보다 높듯이, 하나님의 제사장 직분은 땅의 왕권보다 높다." "제사장은 하늘의 일, 왕은 땅의 일"	왕권의 가진 자로서 제사장권의 우위를 스스로 인정하며 자녀들에게 위계를 확립하도록 명령함.

족장	장절	핵심 증언	문맥적 의의
잇사갈	5:7-8	"여호와께서 레위와 유다를 영화롭게 하셨으니... 그들에게 순종하라."	자신의 소명(농업)에 충실하며, 영적/정치적 권위는 두 지파에게 있음을 인정함
스불론	9:1-4	(간접적) "두 머리로 나뉘지 말고 한 머리에 순종하라."	분열을 경고하며, 레위와 유다 중심의 단일한 지도체제를 지지함으로 통합하라.
단	5:04	"너희가... 레위를... 유다를 대적하여 싸울 것이나... 이기지 못할 것이니, 이는 여호와의 천사가 그 둘을 인도할 것이기 때문이다."	자신의 후손이 배교할 것을 예언하면서도 두 지파의 신적 보호와 궁극적 승리를 선포함
납달리	5:1-5; 8:2-3	"레위가 해를 붙잡았으며, 유다는... 달을 붙잡았다... 그들(레위와 유다)을 통해 이스라엘에 구원이 일어날 것이다.""그 둘을 통해 하나님께서 땅 위에 사람들 가운데 거하시는 모습으로 나타나셔서 이스라엘 민족을 구원하시고 이방인들 가운데서 의로운 자들을 모으실 것이다."	해와 달의 환상을 통해 두 지파의 위계와 역할을 상징적으로 보여주고, 그들을 통해 하나님-사람이 나타나서 전인류 구원을 확증함.
갓	8:1	"유다와 레위를 존경하게 하라. 이는 그들로부터 여호와께서 이스라엘에 구원자를 일으키실 것이기 때문이다."	증오의 죄를 경고한 후, 공동체의 화합과 구원의 길로서 두 지파에 대한 존경을 명령함.
아셀	7:2-3	(간접적) "지극히 높으신 분께서 땅을 방문하실 때까지... 그가 이스라엘과 모든 이방인들을 구원하실 것이다."	구원자의 도래를 예언하며, 그 구원자가 레위와 유다를 통해 올 것이라는 전제를 공유함.
요셉	19:11	"유다와 레위를 존경하라. 이는 그들로부터 하나님의 어린 양이 일어나 세상의 죄를 제거하고 모든 이방인들과 이스라엘을 구원하실 것이기 때문이다."	요셉 자신의 탁월함에도 불구하고, 최종적인 구원과 영원한 왕국은 유다를 통해 올 세상의 죄를 제거할 어린 양에게 속했음을 인정함.
베냐민	9:2; 11:2	"하나님의 성전이 너희의 몫에 있을 것이요... 베냐민 지파에서 여호와의 사랑받는 자가 일어나... 새로운 지식으로 모든 이방인들을 비출 것이다."	자신의 지파에서 성전과 사도(바울)가 나올 것을 예언하면서도, 구원의 중심축이 레위와 유다임은 부정하지 않음.

이처럼 『열두 족장의 유언』은 레위와 유다를 이스라엘의 구원 역사를 이끌어갈 두 개의 중심축으로 확고히 세운다. 이 견고한 토대 위에서 이제 이 두 지파를 통해 나타날 미래의 구원자에 대한 구체적인 예언이 펼쳐진다.

제2부: 예언된 미래 – 메시아의 형상과 다가올 구원자

『열두 족장의 유언』은 레위와 유다라는 두 권위의 축을 설정한 후, 그 혈통을 통해 나타날 미래의 구원자에 대한 구체적이고 다채로운 예언을 제시한다. 이 예언들은 제사장, 왕, 고난받는 종, 그리고 신적 존재라는 여러 이미지를 통해 메시아의 다층적인 모습을 그리고 있으며 궁극적으로는 이 모든 역할이 한 인격 안에서 통일될 것을 암시한다(레위 18:3).

1. 레위로부터 올 제사장 메시아 – "새로운 제사장"

레위의 유언 18장은 이 문헌 전체에서 제사장 메시아에 대한 가장 상세하고 영광스러운 예언을 담고 있다. 이 예언은 기존 레위 제사장들의 타락과 그로 인한 직분의 폐지를 예고한 직후에 등장함으로써(레위 14-17장) 이 '새로운 제사장'이 인간적 개혁의 산물이 아닌 위기 상황을 해결하기 위한 하나님의 직접적인 개입임을 분명히 한다.

그의 등장은 신적인 권위로 가득 차 있다. 그는 부패한 제사장 가문에서 세습되는 것이 아니라 여호와께서 일으키실 새 제사장일 것이다(레위 18:2). 그의 사역이 시작될 때 "하늘들이 열릴 것이며, 영광의 성전으로부터 거룩함이 그에게 내려올 것이요... 아버지의 음성이 들리리라" (레위 18:6)는 묘사는 신약성경에 기록된 예수 그리스도의 침례 장면을 놀라울 정도로 정확하게 묘사한다. 또한 "물 가운데서 통찰의 영과 거룩케 하는 영이 그분 위에 내려와 머물 것이다"(레위 18:7)라는 예언은 그가 성령으로 기름 부음 받은 존재임을 명확히 한다.

이 새로운 제사장은 전통적인 제사장의 역할을 초월하여 왕적, 심판적, 우주적 권능을 행사한다. 그는 먼 훗날 때가 차면 "땅에서 의로운 심판을 집행할 것" (18:2)이며, 그 새로운 제사장의 "별은 왕의 별처럼 하늘에 떠오를 것"(18:3)이라고 묘사되어 제사장직과 왕직을 겸비한 인물임을 보여준다. 그의 사역은 지상의 성전을 넘어 닫혔던 "낙원의 문들을 열 것이며... 성도들에게 생명나무로부터 먹도록 해주실 것" (18:10-11)이라는 에덴의 회복을 이루는 우주적인 차원으로 확장된다. 궁극적으로 그는 "벨리알은 그에 의해 묶일 것" (18:12)이라고 예언됨으로써, 악의 근원을 심판하고 제압하는 신적 전사(戰士)의 모습으로 그려진다.

레위의 유언 18장에 나타난 이 '새로운 제사장'의 모습은 제2성전기 유대교 문헌, 특히 쿰란에서 발견된 11Q13(멜기세덱 문서)에 나타난 종말론적 인물과 놀라운 유사성을 보인다. 11Q13에서 멜기세덱은 단순한 역사적 인물이 아니라, 마지막 때에 나타나 하나님의 심판을 집행하고, 포로된 자들에게 속죄를 선포하며, 벨리알의 세력으로부터 그들을 구원할 하늘의 신적 존재로 묘사된다. '새로운 제사장'과 11Q13의 멜기세덱은 (1)하늘의 존재이며 (2)최종 심판을 주관하고 (3)백성을 위한 속죄와 구원을 이루며 (4)악의 세력(벨리알)을 격파한다는 핵심적인 기능에서 거의 동일하다. 이는 『열두 족장의 유언』의 저자가 쿰란 공동체와 직접적인 관련이 있었든 없었든 간에, 제2성전 시대에 존재했던 '하늘의 대제사장' 혹은 '멜기세덱과 같은 종말론적 구원자'에 대한 폭넓은 신학적 전통에 참여하고 있었음을 보여준다. 이 멜기세덱 제사장직은 땅의 레위 제사장직을 넘어서는 더 근원적이고 영원한 제사장직에 대한 소망을 담고 있으며 이는 신약성경이 예수 그리스도를 멜기세덱의 반차를 따르는 대제사장으로 선포하는 신학의 중요한 배경이 된다.

2. 유다로부터 올 왕 메시아 – '야곱의 별'

유다의 유언 24장은 왕으로 오실 메시아에 대한 가장 장엄하고 시적인 예언을 담고 있다. 이 예언은 구약에 나타날 다양한 메시아 예언들에 흩어져 있으며, 이 종합적인 메시아의 예언은 하나의 영광스러운 이미지로 그려진다.

왕 메시아의 등장은 빛과 생명의 이미지로 가득하다. 그는 "야곱에게서 한 별이 평강 가운데 일어날 것"이며, "공의의 태양과 같은 한 사람이 일어나" 어둠을 몰아낼 것이다 (유다 24:1). 이는 각각 민수기 24장 17절의 발람의 예언과 말라기 4장 2절의 예언으로도 반영된다. 또한 그는 "지극히 높으신 하나님의 가지"이자 "너희 뿌리에서 나오는 한 줄기"로 묘사되어(24:4-5), 이사야 11장 1절의 '이새의 줄기' 예언과 연결되며 다윗 왕조적 정통성으로 나타난다.

이 왕의 가장 중요한 특징은 그의 도덕적 완전성이다. "그에게서 어떤 죄도 찾을 수 없으리라" (유다의 유언 24:1)라는 선언은 죄와 실패로 점철될 모든 지상의 왕들과 그를 근본적으로 구별 짓는다. 그의 통치는 이스라엘 민족에게만 국한되지 않는다. 그는 "온 땅에 평화"를 가져올 것이며(레위의 유언 18:4), 그의 "의의 막대기"는 이스라엘의 경계를 넘어 "이방인들을 향해" 뻗어 나가 "여호와를 부르는 모든 자를 심판하며 구원"할 것이다 (유다 24:6). 그의 왕국은 본질적으로 민족주의를 넘어서는 보편적이고 전인류적인 왕국이다.

3. 고난받고 대속(代贖)하는 메시아

『열두 족장의 유언』은 영광스러운 제사장-왕 메시아의 모습과 더불어 그가 백성의 죄를 위해 고난받고 죽임당할 것이라는 예언을 분명하게 제시한다. 여러 족장들의 유언에 흩어져 있는 이 예언들은 메시아의 수난과 대속적 죽음을 암시한다. 르우벤은 유다의 후손이 "보이는 전쟁과 보이지 않는 전쟁에서 죽을 것"(르우벤 6:12)이라고 예언하여, 그의 죽음이 물리적 차원인 보이는 세상과 과 영적 차원인 보이지 않는 세상을 모두 포함하는 싸움임을 보여준다. 레위의 유언은 더욱 구체적이다. 그는 자신의 후손인 제사장들이 장차 메시아에게 "손을 대어 그를 찌를 것" (레위 4:4)이며, "그를 죽여 무죄한 피를 너희 머리 위에 짊어지게 될 것"(레위 16:3)이라고 예언한다.

대속의 개념이 가장 명확하게 드러나는 곳은 베냐민의 유언이다. 야곱은 요셉의 삶을 통해 미래의 구원자를 예견하며, "흠 없는 이가 불법한 자들을 위해 더럽혀지고, 죄 없는 이가 불경건한 자들을 위해 죽게 될 것"(베냐민 3:8)이라고 선포한다. 이는 이사야 53장의 '고난받는 종'의 모습으로 그대로 반영되며, 메시아의 죽음이 타인의 죄를 대신 짊어지는 '대속적 죽음'임을 명백히 하는 구절이다.

이러한 명시적인 예언들의 존재는 '고난받는 메시아'라는 개념이 예수의 죽음을 합리화하기 위해 초기 기독교인들이 사후에 만들어낸 해석학이 아님을 증명하는 강력한 증거가 된다. 비록 제2성전기 유대교에서 지배적인 메시아상은 아니었을지라도, 이사야 53장의 '고난받는 종'을 메시아적 인물로 해석하고 그의 대속적 고난을 예견하는 사상적 흐름이 분명히 존재했음을 『열두 족장의 유언』은 보여준다. 후대의 랍비 문학에서도 '요셉의 아들 메시아'(고난받는 메시아)와 '다윗의 아들 메시아'(승리하는 메시아)라는 두 메시아 사상이 나타나는 것은 이러한 전통의 흔적으로 볼 수 있다. 따라서 초기 기독교인들이 새로운 개념을 창조한 것이 아니라, 기존에 존재하던 유대교의 메시아 사상 중 하나를 예수 그리스도 안에서 성취된 것으로 적용하고 그것을 신학의 중심 주제로 가져온 것이라 할 수 있다.

4. 통일된 메시아 – "하나님이자 사람"

『열두 족장의 유언』은 레위로부터 올 제사장 메시아와 유다로부터 올 왕 메시아라는 두 예언의 흐름을 제시하지만, 궁극적으로 이 두 인물이 별개의 존재가 아니라 한 인격 안에서 통일될 것을 예언한다. 이는 이 문헌의 메시아론이 가진 가장 독특하고 심오한 측면이다.

이 통일된 메시아 상이 가장 명확하게 선포되는 곳은 시므온의 유언이다. 그는 후손들에게 레위와 유다에게 순종할 것을 명한 후, 그 이유를 다음과 같이 밝힌다. "여호와께서 레위로부터 대제사장을, 유다로부터 왕을 일으키시리니, 그는 하나님이자 사람으로서 모든 이방인들과 이스라엘 민족을 구원하시리라" (시므온 7:2). 이 구절은 두 지파로부터 두 가지 직분이 나올 것을 말하면서도, 그 직분을 수행할 주체는 '그'(He)라는 단수 인칭 대명사로 지칭한다. 더 나아가 그를 '하나님이자 사람'(God and Man)'라고 규정함으로써 신성과 인성을 모두 가진 한 분의 구원자가 제사장권과 왕권을 모두 가지실 것임을 명백히 한다.

이러한 통일의 개념은 다른 유언들에서도 암시된다. 레위의 유언 18장에서 '새로운 제사장'은 "왕의 별처럼" 나타나며(18:3), 유다의 유언 24장에서 '왕의 별'은 "모든 자를 심판하며 구원하는"(24:6) 제사장적 역할을 수행한다. 이처럼 두 직분의 기능과 이미지가 서로 교차하며 한 인물에게 집중되는 것은, 저자가 두 개의 분리된 메시아가 아닌, 두 직분을 통합한 하나의 메시아를 염두에 두고 있음을 보여준다.

이러한 통일된 메시아상은 쿰란 공동체의 '두 메시아 사상'과 비교할 때 그 독창성이 더욱 두드러진다. 쿰란 공동체는 '공동체 규율서'(1QS)와 같은 문헌에서 마지막 때에 올 두 명의 분리된 인물, 즉 '아론의 메시아'(제사장 메시아)와 '이스라엘의 메시아'(왕 메시아)를 기다렸다. 그들은 제사장 메시아가 왕 메시아보다 우위에 있다고 보았지만, 두 인물을 명백히 구분하였다.

『열두 족장의 유언』은 쿰란 공동체와 마찬가지로 제사장직과 왕권의 중요성을 모두 인정하고 그 위계질서를 설정한다는 점에서 공통점을 가진다. 그러나 이 두 권위를 두 명의 다른 인물이 아닌, '하나님이자 사람인 한 분'의 초월적 인격 안에서 통합시킴으로써 쿰란의 이원론적 메시아 사상을 넘어서는 더욱 발전되고 통일된 형태의 메시아론을 제시한다. 이는 제2성전기 유대교 내에 존재했던 다양한 메시아 사상의 스펙트럼을 보여주는 동시에 신약성경이 예수 그리스도를 영원한 왕이시자 대제사장으로 고백하는 신학적 선언으로 나아가는 중요한 신학적 다리 역할을 한다.

제3부: 메시아 시대의 본질

『열두 족장의 유언』이 그리는 미래는 단순히 이스라엘의 정치적 회복을 넘어온 우주의 질서가 재편되고 하나님의 통치가 온전히 실현되는 영광스러운 새 시대를 향한 소망을 담고 있다. 이 메시아 시대는 이방인의 구원, 에덴의 회복, 그리고 두 가지 부활(첫째 부활과 나중(둘째) 부활)과 최종 심판이라는 세 가지 핵심적인 특징으로 요약될 수 있다.

1. 보편적 구원 – 이방인의 포용

족장들의 예언에서 가장 두드러지는 특징 중 하나는 장차 올 구원이 이스라엘 민족의 경계를 넘어 모든 이방인들에게까지 확장될 것이라는 점이다. 이는 이 문헌의 구원론이 민족주의를 넘어서는 보편적인 성격을 가지고 있음을 보여준다.

열두 족장들은 한 목소리로 이방인의 구원을 예언한다. 시므온은 메시아가 "모든 이방인들과 이스라엘 민족을 구원하실 것"(시므온 7:2)이라고 선포하고, 레위는 "여호와께서 그의 아들의 부드러운 자비로 모든 이방인들을 찾아가실 것"(레위 4:4)이며, 새로운 제사장의 사역(제사장권)을 통해 이방인들이 지식을 얻고 깨달음을 얻어 구원에 이르게 될 것을 예언한다(레위 18:9). 유다의 유언에서도 메시아의 "의의 막대기"는 "이방인들을 향해" 뻗어 나갈 것이며(유다 24:6), 납달리는 하나님께서 "이방인들 가운데서 의로운 자들을 모으실 것"(납달리 8:3)이라고 말한다. 아셀은 구원자가 "이스라엘과 모든 이방인들을 구원하실 것"(아셀 7:3)이라고 증언하며, 베냐민은 메시아의 죽음의 결과로 "하나님의 영이 불처럼 이방인들에게 부어질 것"(베냐민 9:4)이라고 예언하여, 오순절 성령 강림 사건을 통해 교회가 탄생하고 복음이 이방 세계로 확장될 것을 명확히 보여준다. 이처럼 이방인의 구원은 일부 족장의 특별한 예언이 아니라 『열두 족장의 유언』 전체를 관통하는 핵심적인 종말론적 소망이다.

2. 에덴의 회복과 우주적 평화

메시아가 가져올 새 시대는 죄와 타락으로 잃어버렸던 태초의 창조 질서가 회복되는 시대이다. 족장들의 예언은 이 회복을 '에덴의 회복'이라는 구체적인 이미지로 그리고 있다.

새 시대의 도래와 함께 악의 세력은 완전히 종식된다. "죄가 종식되고"(레위 18:9), "벨리알의 미혹하는 영은 더 이상 없을 것이니, 그는 영원히 불에 던져질 것이기 때문이다"(유다 25:3). 메시아는 친히 "벨리알을 결박하고"(레위 18:12), 그의 백성에게 악한 영들을 짓밟을 권세를 주실 것이다.

악의 세력이 사라진 자리에는 회복된 낙원의 모습이 펼쳐진다. 새로운 제사장은 "낙원의 문들을 열 것이며, 아담을 대적하며 위협하는 칼을 제거하리라"(레위 18:10). 성도들은 마침내 "에덴에서 안식하며"(단 5:12), "생명나무로부터 먹도록"(레위 18:11) 허락받을 것이다. 이는 구원이 단순히 죄의 용서를 넘어 하나님과 인간 사이의 완전한 교제가 회복되고 영원한 생명을 누리는 태초의 상태로 복귀하는 것을 의미한다.

이 회복은 인간을 넘어 온 우주에 영향을 미친다. 메시아의 통치 아래 "온 땅에 평화가 있을 것"(레위 18:4)이며, "하늘들은 기뻐하고, 땅은 즐거워하며, 구름들은 환희로 가득하리라"(레위 18:5). 아브라함과 이삭과 야곱과 같은 믿음의 조상들마저도 이 광경을 보고 "크게 기뻐할 것"(유다 25:5)이며, 모든 성도들이 "기쁨으로 옷 입을 것"(유다 25:14)이다. 이처럼 메시아 시대는 하나님과 인간, 그리고 모든 피조물이 조화를 이루는 우주적인 평화와 기쁨의 시대이다.

3. 부활과 최후의 심판

메시아 왕국 시대(천년왕국)는 의인의 부활로 시작하고 최후의 심판으로 완성된다. 『열두 족장의 유언』은 부활과 심판의 질서에 대한 구체적인 예언을 담고 있다.

첫째 부활: 첫째 부활은 새로운 질서의 시작이다. 마지막 때에 에녹, 노아, 셈, 그리고 아브라함, 이삭, 야곱을 필두로 한 모든 믿음의 조상들이 기쁨 가운데 오른편에서 부활한 모습을 서로 보게 될 것이다 (베냐민 10:6-7). 그 뒤를 이어 열두 아들들이 이스라엘의 우두머리로 부활하는데, 이때의 서열은 출생 순서가 아닌 신적 직무에 따라 레위가 첫째, 유다가 둘째가 된다 (유다 25:1). 이는 새 시대가 땅의 질서가 아닌 하늘의 질서에 따라 재편될 것임을 보여준다. 의인들은 부활하여 "겸손하게 인간의 모습으로 오신 하늘의 왕"이신 메시아와 함께 기쁨의 통치에 참여하게 될 것이다 (베냐민 10:7).

나중 부활: 첫째 부활에 참여한 자들이 기쁨의 통치에 참여하는 시간을 보내고 천년왕

국이 끝나 인류역사 7천년이 다 마감하고 새 하늘 새 땅이 시작하기 직전에 모든 사람들이 부활할 것이다. 이때 어떤 자들은 영광스럽게 부활하여 영생으로 들어가지만, 어떤 자들은 수치스럽게 부활하여 모두 심판대 앞에 서게 될 것이다.

최후 심판의 순서: 베냐민의 유언은 그 심판의 순서와 기준을 명확히 제시한다. 심판은 "이스라엘 먼저, 그 후 모든 이방인들"의 순서로 진행될 것이다 (베냐민 10:8-9). 심판의 기준은 "육신을 입은 하나님으로 나타나신 구원자"를 믿었는가 하는 것이다. 이스라엘이 먼저 심판받는 이유는 그들이 구원자를 먼저 만났음에도 불구하고 믿지 않았기 때문이다.

여기서 『열두 족장의 유언』은 매우 급진적인 장면을 보여주는데, 하나님께서는 택함 받은 이방인들을 통해 믿지 않는 이스라엘을 꾸짖고 책망하실 것 (베냐민 10:11)이라는 것이다. 이는 신약에서 예수께서 니느웨 사람들과 남방 여왕이 이 세대를 정죄할 것이라고 말씀하신 것과 그 맥을 같이한다(마 12:41-42; 눅 11:31-32).

이처럼 열두 족장들이 이해하고 있으면서 자녀들에게 가르치던 종말론은 단순히 이스라엘의 민족적 회복을 넘어 메시아를 통해 이방인까지 포용하는 보편적 구원을 이루고, 죄로 파괴된 에덴의 질서를 회복하며, 마침내 의인의 부활과 최후의 심판을 통해 완성되는 우주적 하나님 나라에 대한 소망이었다.

결론: 두 기둥 위에 세워진 하나의 소망

『열두 족장의 유언』에 대한 본 분석을 통해 우리는 레위와 유다라는 두 지파가 이 문헌 전체의 구속사적, 종말론적 구조를 떠받치는 핵심적인 두 기둥임을 확인하였다. 이 두 지파에게 부여된 제사장직과 왕권이라는 이중 권위는 단순한 역할 분담을 넘어 이스라엘의 구원이 어떻게 하늘의 권위(레위)와 땅의 통치(유다)의 조화로운 연합을 통해 이루어질 것인지를 보여주는 청사진이다.

열두 족장들의 증언을 통해 이 두 권위의 흐름이 어떻게 하나의 구원자 안에서 합류하는지를 살펴보았다. 레위의 유언은 하늘로부터 직접 위임받은, 죄를 중보하고 하나님의 비밀을 가르치는 '새로운 제사장'을 예언한다. 유다의 유언은 땅에서의 순종과 용맹을 통해 왕권을 약속받고, 평화와 공의로 세상을 다스릴 '야곱의 별'을 예고한다. 이 두 예언의 흐름은 처음에는 별개인 것처럼 보이지만, 점차 서로의 이미지를 공유하고 기능을 통합하며, 마침내 시므온의 유언에서 '하나님이자 사람이신 한 분'의 통일된 메시아상으로 귀결된다.

더 나아가, 이 유언서는 고난받는 메시아에 대한 명확한 예언을 담고 있다는 점에서 고대 이스라엘 문헌 가운데 독보적인 위치를 차지한다. 메시아가 자신의 백성에 의해 거부당하고 대속적인 죽음을 맞이할 것이라는 예언은 당장이라도 제국을 무찌르고 이스라엘에게 영원한 승리를 안겨줄 승리하는 왕 메시아를 기다렸던 당시의 주류 사상과는 다른, 그러나 이사야 53장의 '고난받는 종'의 전통에 깊이 뿌리내린 또 다른 메시아적 소망이 존재했음을 증명한다.

결론적으로 『열두 족장의 유언』이 그리는 미래는 레위와 유다라는 두 기둥 위에 세워진 하나의 소망, 즉 메시아를 통해 성취될 하나님 나라이다. 이 문헌이 제시하는 메시아는 제사장인 동시에 왕이며, 고난받는 종인 동시에 신적인 구원자이다. 그의 사역은 이스라엘의 회복을 넘어 모든 이방인들을 포용하는 전인류적 구원을 이루고, 죄와 죽음의 권세를 깨뜨리며, 잃어버렸던 에덴을 회복하고, 마침내 부활과 심판을 통해 영원한 통치를 완성한다. 이처럼 복합적이고 심오한 메시아상은 초기 기독교가 예수 그리스도를 이해하고 선포하는 데 있어 얼마나 풍부한 신학적 자산을 유대교 전통으로부터 물려받았는지를 보여주는 가장 강력하고 중요한 증거 중 하나라 할 수 있을 것이다.

이방인 중에서도 제사장을 세우는 제3의 제사장 직분. 세 가지 제사장 체계: 멜기세덱, 레위, 그리고 새 언약

고대 문헌인 레위의 유언은 인류 구속사를 관통하는 하나님께서 제정하신 세 가지 제사장 직분 계획에 대한 심오한 계시를 담고 있다. 레위의 유언 8장에서 레위는 그의 생애 두 번째 환상을 통해 제사장으로 위임받는 영적 위임식을 체험한다. 이 과정에서 일곱 천사는 레위에게 제사장으로서 필요한 일곱 가지 덕목과 권위를 부여하고, 마지막으로 그의 손에 향을 가득 채워주며 하나님을 섬기는 제사장 직무를 시작하게 한다. 이 위임식의 절정에서 천사들은 세 가지 종류의 제사장 직분에 대한 중요한 가르침과 예언을 전달한다.

레위가 환상을 통해 받은 이 가르침은 하늘과 땅, 그리고 혈통과 민족을 아우르는 거대한 제사장 직분의 청사진을 보여준다. 이 계획은 각각 하늘의 체제, 땅의 혈통적 체제, 그리고 모든 민족을 위한 새로운 체제를 통해 드러난다. 이 세 제사장 체제는 서로 구별되면서도 긴밀하게 연결되어 있으며, 하나님의 우주적 예배 시스템을 구성한다.

1. 첫 번째 직분: 멜기세덱 제사장 직분

가장 첫 번째이며 그보다 더 위대한 것이 없는 **최상의 제사장 직분은 하늘의 제사장 체제인 '멜기세덱 직분'**이다. 여기서 멜기세덱은 특정 인물의 이름이 아니라 **하늘 성소에서 수행되는 영원한 제사장 직분**의 이름이다. 멜기세덱 계열의 제사장은 동물의 **피 희생이 아닌 중보의 향**을 통해 땅의 의인들이 부지중에 지은 죄를 속죄하는 역할을 수행한다. 이 직분은 영원하고 최종적이며, 다른 모든 제사장 직분의 완전한 원형이 되는 것이고, 땅에 속한 제사장직인 두번째와 세번째 제사장직도 종국에는 하늘의 제사장직으로 나아가게 된다.

쿰란에서 발견된 멜기세덱 문서(11Q13)는 이 개념을 구체적으로 뒷받침한다. 11Q13는 멜기세덱을 종말에 나타나 하나님의 백성을 구원하고 원수들에게 심판을 집행하는 하늘의 존재, 즉 '엘로힘'으로 묘사한다. 여기서 엘로힘은 지극히 높으신 여호와 엘로힘보다는 낮은 존재이지만, 천상 세계의 다른 모든 천사들보다는 높은 권위를 가진 존재들을 의미한다.

11Q13는 하늘 제사장(멜기세덱) 직무를 통해 속죄일에 속죄가 집행되고, 하나님의 백성을 죄에서 깨끗하게 할 것을 언급한다. 이처럼 멜기세덱의 직분은 시간과 공간을 초월한 가장 위대한 제사장 직분이자 모든 제사장 직분과 제사장 직무의 원형이다.

2. 두 번째 직분: 레위 제사장 직분

두 번째 직분은 땅에서 섬기는 혈통적 제사장 직분이다. 이 직분은 하나님께서 레위와 맺으신 언약에 따라 그의 후손들에게 계승되었다. 그러나 땅의 제사장 역할 자체가 레위로부터 시작된 것은 아니다. 아담 시대로부터 에녹, 므두셀라, 노아, 아브라함, 이삭과 같은 족장들은 각 시대에 땅에서 하나님께 제사를 드리는 제사장의 역할을 감당해왔다.

레위의 직분은 이 고대의 족장 제사장 직분을 **선민 이스라엘 민족 안에서 공식화하고 이후에 체계화한 직분**이라 할 수 있다. 이 직분은 제단과 성막, 성전에서 피의 제사를 포함한 여러 제사를 통해 이스라엘 백성의 죄를 속죄하는 구체적인 임무를 맡았으며, 장차 오실 영원한 대제사장의 그림자 역할을 했다.

3. 세 번째 직분: 새로운 이름의 제사장 직분 (새 언약의 제사장 직분)

가장 놀라운 계시는 14절에서 세 번째 직분에 관한 예언에 담겨 있다. 레위의 유언은 "세 번째 직분은 새로운 이름으로 불릴 것이니 이는 유다로부터 한 왕이 일어나 모든 이방 민족을 위해 이방인의 방식에 따라 새로운 제사장 직분을 세울 것이기 때문이다"라고 기록한다. 이 예언은 다음의 세 가지 중요한 사실을 드러낸다.

왕이면서 제사장이신 메시아: 왕의 가문인 유다 지파에서 한 왕이 일어나 새로운 제사장 직분을 세운다. 이는 유다의 왕권과 레위의 제사장직이 한 인물, 즉 왕적 메시아를 통해 연합될 것을 의미한다.

새로운 이름과 방식: 이 제사장 직분은 '**새로운 이름**'으로 불리며, 레위의 혈통을 따르지 않고, 제단에서 제물과 예물을 통해서 드려지는 제사 규례가 아닌 '**이방인의 방식**'을 따른다. 이는 제사장 직분이 혈통과 민족의 경계를 넘어 보편적인 성격을 띠게 될 것을 의미한다. '이방인의 방식'이란 이교도의 방식을 따른다는 부정적 의미가 아니라, 레위 제사장 직분처럼 혈통과 엄격한 율법과 제사의 세부 지침에 국한되지 않고 모든 민족 중에서 하나님께 헌신하는 자들이 참여할 수 있는 **새로운 모델의 제사장 직분**임을 뜻한다.

모든 민족을 위한 제사장 직분: 이 새로운 제사장 직분은 궁극적으로 "모든 이방 민족을 위해" 세워진 제도이며 **새 언약으로 세워진 새로운 제사장 체제**이다. 이는 구원이 이스라엘을 넘어온 이방 세계로 확장되는 과정에서 반드시 필요한 제사장의 역할을 구원받은 이방인들 중에서 예수님께서 친히 세우셔서 어떤 이는 레위인처럼 어떤 이는 제사장처럼 직무를 수행하게 하시려는 하나님의 계획이다. 이는 태초부터 존재했으나, 하나님의 시간표에 따라 아담 이후 약 4천년에 새 언약을 통해서 적용되기 시작했다.

이 세 번째 제사장 직분의 개념은 성경 전체에서 확증된다. 이사야는 장차 이방인들 중에서도 하나님께서 제사장과 레위인을 삼으실 것이라고 예언했으며(사 66:21), 신약성경은 예수 그리스도를 믿는 모든 성도가 "왕 같은 제사장들"이 되었다고 선포한다(벧전 2:9). 이들은 부활하여서 하나님 앞에서 나라와 제사장이 되어 천년왕국 동안 땅에서 왕 노릇 할 존재들이다(계 5:10, 20:6). 구약에서 이방인인 고레스 왕을 '기름 부음 받은 자'(메시아)라고 칭하신 것처럼(사 45:1), 예수님께서는 자신의 주권으로 민족의 경계를 넘어 이방인 중에서 당신의 제사장들을 기름부어 세우신다.

결론적으로 레위의 유언 8장은 하늘의 영원한 멜기세덱 제사장 직분, 땅의 혈통적 레위 제사장 직분, 그리고 장차 유다의 왕을 통해 세워질 모든 민족을 위한 새 언약의 제사장 직분이라는 세 가지 차원의 제사장 체계를 명확히 구분하여 보여준다. 이는 하나님의 우주적 예배 시스템을 구축할 계획이 하늘에 이미 이루어져 있고, 땅에서 본격적으로 한 개인(레위)으로부터 시작하여 한 민족(이스라엘)을 거쳐 마침내 온 인류에게로 확장되는 거대한 구속사의 파노라마를 제시하는 심오한 계시이다.

『열두 족장의 유언』이 이스라엘 역사에서 불편한 책이된 이유

서론: 정치(유다지파)와 종교(레위지파) 사이

『열두 족장의 유언』은 이스라엘의 이상적인 권력 구조를 제시하는 심오한 문서이지만, 바로 그 이상 때문에 각 시대의 정치적, 종교적 현실 속에서 끊임없이 뜨거운 감자가 될 수밖에 없었다. 특히 이 책의 핵심 주장, 즉 영적 권위를 상징하는 '레위의 제사장직'이 세속적 통치권인 '유다의 왕권'보다 우위에 있다는 사상은 권력의 질서가 재편되던 격동의 시기마다 특정 세력에게는 불편한 진실이자 위험한 사상이 되었다.

이 글은 먼저 '레위 우위 사상'이 어떻게 유다 왕조 시대부터 하스모니안 왕조 시대를 거치며 첨예한 갈등의 원인이 되었는지를 추적한다. 나아가, 이러한 정치적 민감성으로 인해 이 책이 왜 공식적인 역사에서 사라져 사독 계열 제사장 중심의 쿰란 공동체에서만 비밀리에 보존되었으며, 주류 유대교의 전신인 바리새파에게는 외면받았는지 그 역사적 개연성을 탐구하고자 한다.

한편 헬레니즘 시대 70인역이 번역되던 그 어느 시기에 이 민감한 책도 헬라어로 번역되었던 것으로 보인다. 이스라엘에서는 환영받지 못했던 책이지만 이방에서는 헬라어 번역본들 덕택에 알려지고 읽히는 책이 되었다. 시간이 지나면서 이스라엘은 모르는 책, 이방인들은 아는 책이 되었다. 기독교가 신흥 종교로 급부상하던 초기 기독교 시절에 이 책은 여러 교부들로부터 사랑받았다. 헬라어 사본이 다시 다른 헬라어 사본으로 필사되고 다른 몇몇 언어로 번역되어 니케아 이전 교부 시대까지는 의심 없이 높은 신뢰도를 받으며 읽혔지만, 니케아 이후부터는 점점 관심 밖으로 밀려났다.

1. 흔들리지 않는 위계: 『열두 족장의 유언』 속 '레위 우위'의 명백한 근거

『열두 족장의 유언』은 레위와 유다의 권위 관계를 명확하게 설정하고 있다. 이 책은 두 권위를 모두 인정하면서도 그 사이에 존재하는 신적 질서, 즉 제사장직의 우월성을 반복적이고 다층적으로 강조한다.

왕의 입을 통한 인정 (유다의 유언): 가장 강력한 근거는 왕권의 시조인 유다 자신이 직접 레위의 우위를 인정하는 대목이다. 그는 후손들에게 "여호와께서 나에게는 왕권을 주셨고, 그에게는 제사장권을 주셨으며, 제사장권 아래 왕권을 두셨다"(유다 21:2)고 증언한다. 이는 권력의 하위 주체가 상위 주체의 권위를 인정하는 가장 확실한 선언이다. 나아가 "하늘이 땅보다 높듯이, 하나님의 제사장 직분은 땅의 왕권보다 높다"(유다 21:4)는 비유는 이 질서가 인간의 합의가 아닌, 창조 질서에 뿌리박은 우주적 원리임을 선포한다.

상징으로 드러난 서열 (납달리의 유언): 납달리의 환상은 이 위계를 시각적이고 상징적으로 각인시킨다. 레위가 빛나는 '해'를, 유다가 그 빛을 받아 반사하는 '달'을 붙잡는 장면(납달리 5:1-3)은 두 권력의 본질적 차이를 보여준다. 제사장권(레위)은 신으로부터 직접 오는 영적 권위의 근원이며, 왕권(유다)은 그 신적 권위를 바탕으로 백성을 다스리는 파생적이고 이차적인 권위임을 명확히 한다.

종말론적 질서의 확증 (유다의 유언): 이 위계는 현세뿐만 아니라 부활 이후에서도 확인된다. 유다는 부활의 때에 출생 순서가 아닌 신적 직무에 따라 "레위가 첫째, 내가 둘째"(유다 25:1)가 될 것이라고 예언한다. 이는 레위의 제사장직이 가진 영적 우위가 일시적인 것이 아니라 영원한 질서임을 최종적으로 확증하는 것이다.

이처럼 『열두 족장의 유언』은 유다의 직접적인 고백, 상징적인 환상, 그리고 종말론적 질서를 통해 '레위 우위'라는 명제를 확고부동한 신의 질서로 제시한다.

2. 왕조 시대의 갈등: 불편한 책

이처럼 명백한 '레위 우위 사상'은 유다 지파의 다윗 왕조가 강력한 중앙 집권적 왕권을 확립한 시대에는 필연적으로 불편한 사상일 수밖에 없었다.

다윗 왕조 시대의 불편함: 솔로몬 왕이 성전을 건축하고 사독을 대제사장으로 임명하며 왕권과 제사장권의 협력 체제를 구축했지만, 그 권력의 중심은 명백히 '왕'에게 있었다. 왕이 제사장을 임명하고 국가 최고 지도자인 현실 속에서, '제사장권이 왕권보다 높다'는 『열두 족장의 유언』의 가르침은 왕권의 절대성에 대한 잠재적 도전으로 인식될 수 있었다. 이 문서는 공식적으로 낭독되거나 백성에게 널리 알려지기 어려운, 민감한 내용을 담고 있었다. 따라서 이 문서는 왕실의 공식 자료에서 배제된 채, 성전의 실무를 책임지며 고대 문서 보관의 의무를 가졌던 사독 계열 제사장들에 의해서만 보관되고 전승되었을 것이다.

하스모니안 왕조 시대의 '뜨거운 감자': 이 문서가 가진 정치적 폭발력은 하스모니안 왕조 시대에 이르러 최고조에 달했다. 마카비 혁명을 통해 등장한 하스모니안 가문은 두 가지 측면에서 정통성 시비에 직면했다.

왕권의 정통성 문제: 그들은 레위 지파 제사장 가문이었으나 유다 지파가 아니었기에 다윗의 혈통을 잇는 왕이 아니었다. 이는 다윗 언약을 중시하던 세력과 특히 유다 지파에게 큰 반발을 샀다.

제사장직의 정통성 문제: 동시에 그들은 전통적인 대제사장 가문인 사독 계열이 아니었음에도 스스로 대제사장직을 차지했다. 이는 다윗 시대부터 이어져 온 사독 계열의 권위를 정면으로 부정한 행위였고, 기존 제사장 세력들의 극심한 반발을 불러일으켰다.

이러한 상황에서 『열두 족장의 유언』은 모든 세력에게 '불편한 책'이 되었다.

하스모니안 왕조에게: 이 책은 '왕권은 유다에게'라고 명시함으로써 그들의 왕위 찬탈을 비판하는 근거가 되었다.

다윗 왕통 지지자들에게: 이 책은 '레위가 유다보다 우위'라고 주장함으로써 그들이 중시하는 왕권의 절대성을 약화시켰다.

사독 계열 제사장들에게: 이 책은 '레위의 우위'를 주장하여 그들의 신학적 입지를 어느정도 강화해주었지만, 동시에 '왕권은 유다에게'라고 말함으로써 레위 지파인 하스모니안 왕가의 통치 자체를 부정하는 위험한 근거가 되었다.

결국 『열두 족장의 유언』은 어느 편도 전적으로 수용할 수 없는, 그러나 모든 편을 비판할 수 있는 강력한 논리를 담고 있었기에 공개적인 논의의 장에서 사라져 공공연한 '금서'처럼 취급되었을 가능성이 매우 높다.

3. 쿰란의 보존과 바리새파의 외면: 엇갈린 운명

이러한 역사적 배경 속에서『열두 족장의 유언』의 운명은 극명하게 갈렸다.

하스모니안 왕조에 의해 예루살렘 중앙 성전에서 밀려난 사독 계열 제사장들은 광야로 물러나 그들만의 공동체, 즉 쿰란 야하드 공동체를 형성한 것으로 보인다. 이들은 자신들이야말로 타락한 성전을 떠나 참된 언약을 지키는 '의의 교사'의 후예라 믿었다. 바로 이 쿰란 공동체에게『열두 족장의 유언』은 자신들의 정체성을 확증하는 핵심적인 문서였다. 레위 제사장직의 우월성을 선포하고, 현실의 타락한 권력(하스모니안 왕조)을 비판하는 이 책의 내용은 그들의 신념과 정확히 일치했다. 그들이 이 문서를 소중히 보존하고 필사했던 것은 너무나 당연한 일이었으며, 실제로 사해사본에서 이 책의 아람어, 히브리어 단편들이 발견된 것은 이 사실을 강력하게 뒷받침한다.

쿰란의 야하드 공동체는 레위의 유언이 계시하는 세 번째 제사장 체제, 즉 장차 유다 지파의 왕이 '이방인의 방식'에 따라 이방인들을 제사장과 레위인으로 세울 것이라는 예언을 잘 알고 있었다. 예루살렘 성전 제사장의 부패와 로마 제국에 의해 민족 전체가 멸망으로 향하는 암울한 현실 속에서 그들은 이 '이방 민족을 위한 새로운 제사장 직분'의 의미를 깊이 숙고했을 것이다. 물론 이 예언은 한편으로 선민의 후예인 그들에게는 불편한 진실이었을 수 있다. 그러나 다른 한편으로 야하드 공동체의 지도자들은 자신들이 열방으로 흩어지게 될 운명을 예감하고, 이방인들 가운데 새로운 제사장 직분이 세워질 시대가 다가오고 있음을 감지했던 것으로 보인다. 역사 속으로 사라지기 전, 그들은 바로 이러한 모든 고대 지식 체계(에녹의 토라, 조상들의 책들, 각종 유언서와 희년서)를 먼 훗날의 세대들을 위해 간절히 기도하며 건조한 동굴 게니자(보관소)에 보관한 것이다.

반면, 훗날 랍비 유대교의 주류를 형성하게 된 바리새파에게 이 문서는 외면받았다. 여기에는 여러 복합적인 이유가 있다. 첫째, 앞서 언급했듯 이 책이 가진 극도의 정치적 민감성 때문이다. 둘째, 이 책이 사독 계열 제사장 중심의 특정 분파(쿰란 공동체)와 깊이 연관되어 있었기 때문이다. 셋째, 바리새파는 성전 중심의 제사장 권위보다는 율법(토라)의 해석과 실천을 중심으로 공동체를 재편해나갔기에, 제사장직과 왕권의 위계 논쟁은 그들의 핵심 관심사에서 벗어나 있었다. 결국『열두 족장의 유언』은 그 분파적, 정치적 성격으로 인해 주류 유대교에서는 철저히 배제되어 그들의 기억속에 완전히 사라졌던 것으로 보인다.

결론: 갈등의 역사 속에서 살아남은 이상

『열두 족장의 유언』은 단순한 고대 문서가 아니다. 그것은 '레위의 제사장권'과 '유다의 왕권'이라는 이스라엘의 두 기둥 사이의 이상적인 질서를 제시했지만, 그 이상은 현실 정치의 격랑 속에서 끊임없이 갈등을 유발하는 '뜨거운 감자'였다. 다윗 왕조의 절대 왕권 아래서는 불편한 진실이었고, 하스모니안 왕조의 정통성 없는 권력 아래서는 모든 세력을 비판하는 위험한 칼날이었다.

결국 이 책은 공식적인 이스라엘의 역사의 뒤안길로 사라져 타락한 시대를 등지고 광야에서 언약의 순수성을 지키려 했던 사독 계열 제사장들의 후예, 쿰란 공동체의 손에서만 비밀리에 보존될 수 있었다. 『열두 족장의 유언』의 엇갈린 운명은 진실과 이상이 이스라엘 역사 속에서 어떻게 살아남고 또 어떻게 배제되는지를 보여주는 생생한 증거다.

『열두 족장의 유언』이 교회에서 금서처럼 된 이유

이 고대 문헌은 야곱의 열두 아들들이 임종을 앞두고 남긴 유언을 기록한 책으로, 심오한 윤리적 깊이와 놀라운 예언적 통찰을 담고 있어 초대 교회에서 널리 읽히고 사랑받았다. 그러나 오랜 세월이 흐르며 이 책은 신학 연구의 중심에서 밀려나 변방의 유물이 되었다.

『열두 족장의 유언』이 '불편한 책'이 될 수밖에 없었던 이유, 바로 그 불편함의 요소들이야말로 이 책의 영속적인 신학적 가치의 원천이다. 다윗 왕조와 하스모니안 왕조의 권력 구조를 뒤흔드는 독특한 정치 신학 때문에 불편한 책이었고, 주후 4세기에 기독교 신학을 정리하고 정경을 확정하는 과정에서 신약을 미리 보는 듯한 이 책의 구체적인 그리스도 예언들은 신약성경의 기록과 너무나도 닮아 있어 후대 교회가 정경의 경계를 확립하는 과정에서 이 책을 구약의 예언으로 받아들이기에는 너무 기독교적이었고, 신약으로 받아들이기도 어려운 '위험한 책'으로 간주될 수밖에 없었다. 그러나 현대의 본문 비평과 고고학적 발견에 기반한 재평가에 따르면 이 책은 단순히 구약의 배경을 설명하는 자료를 넘어 신학적 핵심 저작으로 재인식되고 있으며, '족장 시대의 야훼 신앙(Yahwism)'에서 출발하여 '이스라엘 종교', '고대 유대교', 나아가 '기독교 사상 발달사'의 중심축으로 복원할 필요성이 강하게 제기되고 있다.

제1장 정경을 향한 도전: 교회의 신학적 불편함

『열두 족장의 유언』과 교회의 관계는 역설 그 자체였다. 처음에는 강력한 예언적 증거로 환영받았으나 교회의 신학과 정경의 틀이 확립되면서 점차 불편한 존재가 되어 결국 변방으로 밀려났다.

니케아 공의회 이전의 환대: 이레네우스, 터툴리안, 오리겐의 예언적 증거

2-3세기, 아직 신약 정경이 완전히 확립되지 않았던 니케아 공의회 이전 시대의 교부들에게 『열두 족장의 유언』은 매우 귀중한 문헌이었다. 그들은 이 책을 후대의 기독교인이 만든 위작이 아니라 그리스도가 오시기 전에 기록된 유대 문헌으로 아무 의심 없이 확신했다. 리옹의 이레네우스와 카르타고의 터툴리안은 이 책의 사상과 논증에 친숙했으며, 특히 오리겐은 자신의 저서에서 『열두 족장의 유언』이라는 책의 이름을 직접 언급하며 그 권위를 인정했다.

그들에게 이 책의 가치는 무엇보다 변증적인 데 있었다. 유대인들이 '예수는 고난받고 죽었기 때문에 메시아가 될 수 없다'고 비판할 때, 교부들은 바로 이 책을 들어 '보라, 너희의 조상들조차 고난받는 메시아를 예언하지 않았는가?'라고 반박할 수 있었다. 이것이 진정한 고대 유대 문헌이라고 한다면 그것은 그리스도의 초림에 대한 기독교 주장의 정당성을 입증하는 가장 강력한 증거였다. 13세기 이 책을 라틴어로 번역한 로버트 그로세테스테는 유대인들이 바로 이 명백한 그리스도 예언 때문에 이 책을 의도적으로 숨겨왔다고 말했다.

니케아 공의회 이후의 강등: 히에로니무스와 '외경'이라는 낙인

그러나 4세기에 들어서며 교회의 상황은 급격히 변했다. 니케아 공의회(325년)를 기점으로 로마 제국은 교리를 제국의 이데올로기로 통일하고 정경의 경계를 분명히 할 필요를 느꼈다. 이 과정에서 서방 교회의 정경 확립에 결정적인 영향을 미친 히에로니무스는 『열두 족장의 유언』을 '아포크리파'(Apocrypha), 즉 외경으로 분류했다.

외경(外經)은 apocrypha를 한글로 번역한 것이며, 이는 그리스어 apókryphos(숨겨진)에서 유래했고, 처음에 이 용어가 사용되는 때는 '비밀히 전해지던 글'이란 뜻으로 필사본을 제한된 집단끼리만 서로 공유할 때 쓰이던 중립적 용어였다. 위경(僞經) pseudepigrapha은 헬라어 pseudé (거짓된) + epígraphē (저자 표기)에서 유래하여 '저자를 허위로 표기한 글'이라는 뜻으로 당시에 진짜 저자를 숨기거나 유명 인물을 빌려 책을 저술하는 관행때문에 생긴 용어였다. 이처럼 원래는 '숨겨진 글', '허위 저자 글'을 가리키는 중립적 용어였지만, 후대 교회 권위가 필수적 성경 목록을 확정하면서 '정경이 아닌', '신적 영감이 부족한', '의심스러운', '위험한 교리의', '이단적인'이라는 부정적인 함의를 갖게 되었다.

이 낙인은 『열두 족장의 유언』을 수 세기 동안 교회의 공식적인 신학 논의에서 사실상 추방하는 효과를 가져왔다. 정경의 틀이 확고해진 교회에게 『열두 족장의 유언』의 기독론은 비록 심오했지만 공의회의 정교한 철학적 언어로 다듬어지지 않았고, 족장들이 전하는 에녹서에 기반한 묵시적 세계관은 낯설고 위험하게 느껴질 수 있었다. 이 책을 외경으로 분류하는 것은 그 복잡한 신학적 주장과 직접 씨름하지 않고도 그 권위를 무력화시키는 가장 효과적인 방법이었다.

비평 시대의 삭제: '기독교적 첨가설'이라는 메스

19세기에 이르러 근대 성서 비평학의 시대가 열리면서 『열두 족장의 유언』은 새로운 국면을 맞았다. 로버트 싱커와 R. H. 찰스와 같은 학자들은 이 책이 본래 유대교 문헌이었으나 후대의 기독교 필사자들이 의도적으로 기독교적 내용을 삽입했다는 '기독교적 첨가설(Christian Interpolation Theory)'을 발전시켰다. 이 이론에 따르면 고난받는 메시아, 이방인의 구원, 성육신 등 명백하게 기독교적인 구절들은 모두 후대의 '첨가'로 간주되어야 했다.

이 이론은 『열두 족장의 유언』의 예언적 권위를 완전히 거세하는 결과를 낳았다. 만약 이 모든 놀라운 예언들이 단지 후대의 기독교인이 꾸며낸 '사후(事後) 예언' Vaticinium ex eventu에 불과하다면, 이 책은 더 이상 그리스도에 대한 유대교의 선행 증언이 될 수 없다. 그것은 기독교의 주장을 정당화하기 위해 만들어진 '경건한 위조문서'가 되고 만다. 이로써 『열두 족장의 유언』은 학문적으로는 '위경'이라는 틀 안에서는 '안전하게' 연구할 수 있는 대상은 되었지만, 신학적으로는 그 생명력을 잃어버린 '불편한' 텍스트로 남게 되었다.

　이처럼 『열두 족장의 유언』의 수용사는 교회가 자신의 유대적 뿌리와 정경의 경계라는 문제에 대해 시대마다 어떻게 고심했는지를 보여주는 거울과 같다. 초대 교회는 유대교와의 연속성을 증명하기 위해 이 책을 끌어안았지만, 제도화된 권력있는 교회는 자신만의 고유한 권위를 확립하기 위해 이 책을 밀어냈으며, 근대 비평학은 '과학적 학문'이라는 명분 아래, 그 예언의 심장을 도려냈다. 각 시대는 저마다의 방식으로 이 강력하고 불편한 문헌을 각기 다른 방식으로 길들이고, 통제하려 했던 것이다.

제2장 증거의 재평가: 영속적인 신학적 가치

　오랫동안 이 책을 불편하게 했던 바로 그 요소들이 사실은 이 책의 심오한 가치를 여는 열쇠이다. 현대의 고고학적 발견과 새로운 본문 연구 방법론은 이 잊혀진 유산을 재평가하고 그 본래의 가치를 회복할 것을 강력하게 요구한다.

첨가에서 해석으로: 동굴의 증언
아람어 레위 문서와 기독교 이전 유대교적 모체의 확증

　19세기 학자들이 이 책을 기독교 시대의 창작물로 단정했던 가장 큰 이유는 그 때에는 그것을 뒷받침할 만한 기독교 이전 시대의 사본이 없었기 때문이다. 그러나 20세기 중반, 사해 연안의 쿰란 동굴에서 발견된 두루마리들은 이 모든 논쟁의 판도를 완전히 뒤바꿔 놓았다. 특히 기원전 3세기의 스크롤로 추정되는 「아람어 레위 문서」(Aramaic Levi Document)와 「납달리의 유언」 등[60] 히브리어 단편의 발견은 『열두 족장의 유언』이 기독교 이전에 이미 아람어와 히브리어로 존재했음을 명백히 증명했다.

　이 발견은 가히 혁명적이었다. 더 이상 『열두 족장의 유언』을 막연히 기독교 시대의 산물로 치부할 수 없게 된 것이다. 이제 우리는 이 책을 '족장 시대의 야훼 신앙(Yahwism)'과 '이스라엘 종교'라는 본래의 토양 위에서 먼저 이해해야만 한다. '기독교적 첨가'라는 낡은 프레임은 이제 그 설득력을 잃었으며, 오히려 이 책에 나타나는 기독론적 요소들이 어

---

[60] 야곱의 유언(4Q537), 레위의 유언(1Q21; 4Q213; 4Q213a; 4Q214), 유다의 유언(3Q7), 요셉의 유언(4Q539), 베냐민의 유언(4Q538), 납달리의 유언(4Q215), 고핫의 유언(4Q542), 아므람의 유언(4Q543; 4Q544; 4Q545; 4Q546; 4Q547; 4Q548; 4Q549), 그외 확인되지 않은 유언(4Q526; 4Q580; 4Q581; 4Q582)

떻게 구약적 배경에서 자라날 수 있었는지를 설명해야 하는 새로운 과제가 학자들 앞에 놓이게 되었다.

'첨가'를 넘어서: 신학적 번역, 교정, 조화의 틀

쿰란 발견 이후, 『열두 족장의 유언』에 나타나는 기독론적 표현들을 단순히 후대의 삽입으로만 보는 것은 더 이상 타당하지 않다. 그 구절들은 책 전체의 신학적 구조와 너무나 긴밀하게 연결되어 있기 때문이다. 따라서 우리는 더 정교한 분석의 틀을 도입해야 한다. 그것은 바로 『열두 족장의 유언』의 헬라어 사본이 원본에 없던 내용을 의도를 가지고 첨가(interpolation)한 결과가 아니라, 원본에 이미 존재했던 구약의 메시아 사상을 초기 기독교 공동체가 자신들의 신앙 안에서 번역하고, 교정하며, 조화시킨 역동적인 과정의 산물로 보는 것이다.

복음서 이전의 메시아: 더 풍성한 기독론의 발견

『열두 족장의 유언』에 나타난 메시아 예언들은 후대의 첨가라는 의심을 벗고, 그 자체로 기독교 이전 시대에 존재했던 풍성하고 다양한 구약 메시아 사상의 한 줄기를 보여주는 귀중한 증거로 재평가되어야 한다.

레위와 유다로부터 온 제사장-왕, 고난받는 종과 하나님의 어린 양, 대속代贖을 위해 나무에 달리신 전인전신全人全神이신 메시아… 등 앞에서 다룬 주제글을 참고하라.

거룩한 혼을 위한 영성 훈련 지침서

윤리적, 영적 깊이를 가진 『열두 족장의 유언』의 가치는 단지 예언에만 국한되지 않는다. 이 책은 인간의 내면과 죄의 본질에 대한 깊은 통찰과 건강한 혼을 위한 전인적 구원의 메시지를 담은 탁월한 족장들의 '서신서'이자 '영성 훈련 지침서'이다.

제3장 잃어버린 유산의 복원: 현대 교회를 위한 『열두 족장의 유언』의 필요성

앞선 분석들을 종합할 때 『열두 족장의 유언』은 더 이상 신학의 변방에 머물러 있어서는 안 된다. 이 책은 구약과 신약의 세계를 이해하고 오늘날 교회의 신앙을 풍성하게 하는 데 필수적인 유산이다.

신약의 세계를 비추는 빛

『열두 족장의 유언』은 단순히 신약성경의 '배경 자료'가 아니라 신약의 저자들이 호흡했던 신학적, 언어적 세계의 일부이다. 왕 같은 제사장이신 메시아(히브리서), 이방인의 구원, 대속의 언어, 두 길 윤리, 정교한 천사론과 귀신론 등 신약의 핵심적인 사상들이 이미 이 책에서 풍성하게 나타나고 있다. 『열두 족장의 유언』은 복음서나 바울 서신 외에, 1세기 유대-기독교 공동체에 존재했던 '높은 기독론'을 보여주는 독자적인 증거로써, 기독교의 핵심 교리가 순수한 이방의 헬라 철학의 영향이 아니라 유대교 사상에 깊이 뿌리내리고 있음을 증명하는 데 결정적인 역할을 한다.

오늘을 위한 예언적 목소리

『열두 족장의 유언』이 제시하는 종말론적 비전은 21세기 교회에도 여전히 유효하고 강력한 메시지를 던진다.

이스라엘과 이방인: 이 책은 마지막 때에 회복될 이스라엘의 중심적 역할과 함께, 이방인들이 온전히 구원의 역사에 동참하는 모습을 그리고 있다. 이는 오늘날 교회가 이스라엘과 맺어야 할 신학적 관계를 정립하는 데 중요한 통찰을 제공한다.

하나님 나라의 본질: 메시아가 가져올 보편적 평화, 낙원의 회복, 그리고 악의 세력에 대한 최종적인 승리의 비전은(레위 18; 유다 25) 현대 교회가 소망해야 할 하나님 나라의 모습을 더욱 풍성하고 성경적으로 그리게 돕는다.

완성의 때: 『열두 족장의 유언』이 사용하는 '완성의 때'(καιρὸς συντελείας)와 같은 종말론적 용어는 신약성경의 종말론과 직접적으로 연결되어 구속의 역사가 하나님의 정하신 때를 향해 나아가고 있다는 공동의 신앙을 확인시켜 준다.

결론: 문제적 텍스트에서 값진 가보로

'족장 시대의 야훼 신앙'(Yahwism)의 사상과 신학을 반영하고 있는 『열두 족장의 유언』은 그 안에 담긴 도전적인 정치 신학과 놀랍도록 명시적인 기독론 때문에 역사 속에서 '고대 이스라엘 종교'와 '고대 유대교'와 '기독교' 모두에게 '불편한' 책이었다. 역사적 편견과 비평 이론들은 이 책을 신학의 변방으로 밀어냈고, 그 예언적 목소리를 억눌렀다.

그러나 사해사본의 발견과 더욱 정교해진 문헌 연구는 이 책의 히브리적 뿌리가 얼마나 깊은지, 그리고 그 신학적 가치가 얼마나 심오한지를 명백히 증명했다. 이제 교회는 '외경'이나 '위경', '기독교적 첨가'라는 낡은 꼬리표를 떼어내고 『열두 족장의 유언』을 본래의 자리로 되돌려 놓아야 한다. 이 책은 더 이상 문제가 많은 텍스트가 아니라, 창세기에서 요한계시록까지 흐르는 위대한 구원의 이야기를 증언하는 강력하고, 영감 넘치며, 필수적인 '값진 가보'이다. 학자들과 목회자, 그리고 모든 성도들이 이 귀한 유산을 다시 발견하고 그 풍성함에 참여할 때, 우리의 신앙과 신학과 세계관은 더욱 깊고 넓어질 것이다.

고핫의 유언 4Q542 - 4Q TKohath (TQahat)

아므람의 유언(비전) 4Q547

출처: 본서에서 사용된 사해 사본의 모든 이미지는 Israel Antiquities Authority에서 운영하는 Dead Sea Scrolls DIGITAL LIBRARY (www.deadseascrolls.org.il)에서 가져왔다.

레위와 유다의 지파를 통해 하나님께서 땅 위에 사람들
가운데 거하시는 모습으로 나타나셔서 이스라엘 민족을 구원하시고
이방인들 가운데서 의로운 자들을 모으실 것이다.
- 납달리의 유언 8:3 -

제4부

『부 록』

I am the angel who mediates on behalf of the nation of Israel,
in order that they may not be completely destroyed;
for every evil spirit attacks Israel.

나는 어느 누구도 이스라엘 백성을 완전히 멸망시키지 못하도록
이스라엘 백성 편에서 중재하는 천사이다.
이는 모든 악한 영들이 이스라엘을 공격하기 때문이다.
- 레위의 유언 5:6 -

부록1. 고핫의 유언과 아므람의 유언
　　　　레위에서 아론과 모세까지

제1장: 레위의 유산 – 고핫과 아므람의 유언

신성한 유산의 수호자들 – 고핫의 유언(4Q542)

쿰란에서 발견된 『고핫의 유언』(Testament of Qahat)은 레위로부터 시작된 제사장적 유산이 고핫에서 아므람으로 전수되는 장면을 보여준다. 이 유언의 핵심 명령은 키워드 네 단어로 요약되는데 '유산'과 '제사장직'과 '조상들의 책'과 '섞임의 경고'이다.

1. 유산과 조상들의 책: 땅이 아닌 거룩한 전승

고핫이 그의 아들 아므람에게 목숨처럼 지키라고 명령하는 아람어 '유산'(ירתתכון(1), 야루트콘)은 물리적인 영토나 재산이 아니다. 이 유언에서 그것은 '조상들의 책들'과 그 안에 담긴 거룩한 가르침이라 명시한다. 고핫은 "나의 자녀들아, 너희에게 맡겨진 너희의 유산을 주의하여 지키라. 너희 조상들이 너희에게 물려준 그 유산을…"이라고 명령하며, 이 유산의 기원이 '조상들'에게 있음을 분명히 한다.

그는 유언의 마지막 부분에서 이 전승의 연속성을 명확히 증언한다. "그들이 레위 내 [아버지]에게 주셨던 그 책들을, 레위 내 아버지가 내게 주셨다. 그리고 그들이 내게 명령한 모든 것을 나 또한 내 아들 아므람 네게 명령한다." 이는 아브라함, 이삭, 야곱, 그리고 레위를 거쳐 내려온 거룩한 기록들이 그의 손에 있었으며, 이것이 그가 물려줄 유산의 실체임을 선언하는 장면인 것이다. 이 책들은 단순한 기록물이 아니라 하나님의 뜻과 우주의 비밀, 제사의 규례, 그리고 이스라엘의 미래에 대한 예언이 담긴 살아있는 계시 그 자체였다.

2. 섞임(ערבוביא)의 경고: 유산을 위협하는 이중적 위험

고핫은 이 신성한 유산에 대한 가장 큰 위협을 '섞임'(ערבוביא, 이르부바이아)이라는 한 단어로 요약한다. 그는 "너희가 받은 유산을 이방인들에게 내주지 말고, 너희가 가지고 있는 것(소유)이 그들과 섞이게 하지 말라"고 강력하게 경고한다.

- **첫째, 혈통의 섞임:** 이방인과의 통혼을 통해 제사장 가문의 거룩한 혈통적 순수성을 더럽히지 말라.
- **둘째, 가르침의 섞임:** 조상들의 거룩한 지식을 이방인의 지혜나 사상과 혼합하여 계시의 순수성을 훼손하지 말라.

고핫은 이 '섞임'의 결과가 정체성의 혼란을 넘어 사회적 지위의 하락과 정치적 종속으로 이어질 것이라고 냉철하게 경고한다. 그들이 전수받은 거룩한 유산을 잃어버리고 세상과 섞이게 되면 더 이상 세상 앞에서 존귀함을 유지할 수 없으며, 결국 자신들이 동경했던 이방 문화의 노예가 되고 말 것이라는 준엄한 경고이다. 『고핫의 유언』에서 '경건'이란 이 '유산'을 왜곡이나 변질 없이 다음 세대에 그대로 물려주는 행위 그 자체와 동일시된다.

3. 제사장직(כהונתא): 유산의 수호자로서의 사명

그렇다면 이 '섞임'이라는 실존적 위협으로부터 '거룩한 유산'을 어떻게 지켜낼 수 있는가? 『고핫의 유언』은 그 해답을 '제사장직'(כהונתא)이라는 사명에서 찾는다. 이 문헌에서 제사장직은 단순히 제단에서 제의를 집전하는 직무에 국한되지 않는다. 오히려 그것은 거룩한 유산을 보존하고, 연구하며, 다음 세대에 온전히 전수해야 하는 서기관적, 교육적 사명과 깊이 연결된다.

고핫이 아들에게 물려줄 유산의 목록(진리, 의, 정직, 완전함, 순결, 거룩함)의 마지막에 '제사장직'을 포함시켰다는 사실은 매우 의미심장하다. 이는 제사장직이 단순히 유산을 지키는 '수단'이 아니라, 유산의 핵심 내용임을 보여준다. 즉, 제사장직을 올바르게 수행하는 것이 곧 유산을 지키는 길이다.

제사장은 물려받은 '조상들의 책들'을 단순히 보관하는 사서가 아니라 그 책들을 깊이 연구하여 진리를 깨닫고, 그것을 다음 세대에게 정확하게 가르쳐야 하는 교사이자 학자다. 그들은 '두 마음이 아닌 순결한 마음'으로, '진리를 붙들고 정직하게 행함'으로써, '모든 섞임'으로부터 자신과 공동체를 지켜내야 할 영적 파수꾼이다.

4. 고핫의 유언 (4Q542) 첫째 단편 1-2열

1. [신]들의 하나님께서 영원토록 너희 위에 그분의 빛을 비추시고, 너희로 하여금 그분의 위대한 이름을 알게 하시기를 원하노라. 그리하여 너희가 그분을 알게 될 것이니 그분이야말로 영원의 하나님이시요 모든 행위의 주인이시며, 그분의 뜻대로 만민을 행하게 하시는 모든 것의 통치자이시기 때문이다. 그분께서 너희와 너희 자손에게, 진리의 세대들 안에서 영원한 기쁨과 환희를 주시기를.
2. 이제 나의 자녀들아, **너희에게 맡겨진 너희의 유산을 주의를 기울여 간직하여라. 너희 조상들이 너희에게 물려준 그 유산을** 이방인들에게 내주지 말고, **너희의 소유가** 그들과 섞이게 하지 말아라. 그리하여 너희가 그들의 눈에 천하고 어리석게 되어 그들의 멸시를 받지 않도록 하라. 만일 그리하면 그들이 너희의 주인이 되고 너희를 다스리게 될 것이기 때문이다.
3. 그러므로 너희 아버지 야곱의 명령을 붙들고, 아브라함의 의와 레위와 나의 의를 굳게 지키라. 모든 섞임으로부터 **스스로를 거룩하고 순결하게 지키며, 진리를 붙들고, 정직하게 행하며,** 두 마음이 아닌 오직 **한결같은 마음과 선하고 진실한 영으로 행하라.**
4. 그렇게 하면 너희가 나 고핫에게 명예로운 이름을 돌려주고, **레위에게는** 기쁨을, **야곱에게는** 즐거움을, **이삭에게는** 행복을, **아브라함에게는** 찬양을 돌리게 될 것이니, 이는 **너희가 너희 조상들이 남겨준 유산, 곧 진리와 의와 정직과 완전함과 순결함과 거룩함과 제사장 직분을 지키고 전수함이라.**
5. 내가 너희에게 명령한 모든 것과 내가 너희에게 진리로 가르친 모든 것에 따라 이제부터 영원토록 그리하라.
6. 진리의 모든 계명들이 너희에게 임하고 영원한 축복이 너희 위에 머물리니 너희가 영원한 모든 세대 동안 거룩한 씨가 될 것이다. 그리고 너희에게는 다시는 징계가 없으리라. 너희는 일어나 모든 죄인들의 죄악을 심판하며, 불과 심연과 온갖 깊은 구렁(음부, 곧 스올에 대한 대체 표현) 속에서 그 죄를 살펴볼 것이니, 이는 진리의 세대에게 두려움을 일으킬 것이며 악의 모든 자손은 멸망하리라.

> **7.** 이제 너 아므람아, 내 아들아, 내가 네게 명령하고, [너와 네 아들들]과 그들의 아들들에게 명령한다. 조상들이 레위 내 [아버지]에게 주셨던 그 책들을 레위 내 아버지가 내게 주셨다. 그리고 그들이 내게 명령한 모든 것을 나 또한 내 아들 아므람 네게 명령한다. 그리고 너 내 아들 아므람아, [네 아들들과 그들의 아들들에게] 명령하라.

이제 족장들의 유언을 읽은 독자에게 묻는다. 과연 이 모든 내용이 제2성전 시대의 이름 모를 어떤 제사장들이 자신의 상상력으로 꾸며낸 창작물일까? 만약 그렇다면 우리는 스스로를 세상과 구별하며 하나님의 말씀을 목숨처럼 지키려 했던 그토록 경건한 야하드 공동체가 가장 근본적인 진실을 속이는 행위를 저질렀다고 가정해야 한다. 그들이 에녹이나 족장들이 기록하지도 않은 문서를 스스로 창작하여 그들의 이름을 도용하여 문서를 창작하고, 심지어 그 위작을 '거룩한 책' 또는 '토라'로 받들며 목숨처럼 지키며 필사하고 자신들의 신앙과 삶의 근간으로 삼았다는 것이 과연 가능한 일인가?

그러나 계몽주의 이후 19세기부터 본격화된 현대 성서 비평학과 고고학계는 바로 그 '불가능해 보이는 가정'을 기정사실로 받아들였다. 그들은 이 기록들을 제2성전 시대의 창작물로 규정하고, 그 전제 위에 수많은 논증을 쌓아 올려 거대한 학문의 성채를 구축해왔으며, 오늘날의 주류 학계를 형성했다.

환상의 절정 – 아므람의 비전(4Q543-548)

『아므람의 비전』(Visions of Amram)은 레위-고핫으로 이어지는 제사장적 전승의 연속성을 모세와 아론의 세대로 연결하는 결정적인 문서이다. 이 유언의 중심에는 아므람이 임종 직전에 자신이 헤브론에서 보았던 빛과 어둠의 두 영적 통치자에 대한 장엄한 환상이 있다. 이 환상은 유대 문헌에 나타나는 이원론적 세계관 중 가장 구체적이고 원시적인 형태이다.

아므람은 꿈 속에서 자신을 두고 다투는 두 천사를 본다. 하나는 빛과 의를 다스리는 존재이며, 다른 하나는 어둠과 악을 다스리는 존재이다. 이 환상은 쿰란 공동체의 『공동체

『규율』(1QS)에 나타나는 '두 영 교리'와 놀라울 정도로 유사하다. 두 문헌 모두 인류가 빛과 어둠이라는 두 운명으로 나뉘어 있으며, 각 운명은 대립하는 두 천사적 존재의 지배 아래 있고 이 두 세력 간의 우주적 투쟁이 역사의 종말에 빛의 세력의 최종 승리로 끝날 것이라고 가르친다.

표 : 아므람의 비전에 나타난 두 천사 (4Q544)

빛의 감찰자 (The Watcher of Light)	어둠의 감찰자 (The Watcher of Darkness)
외모: "그의 모습은 눈같이 희고, 그의 머리카락은 흰 양털 같았다…"	외모: "그의 모습은 독사와 같았고… 그의 얼굴은 표범과 같았다…"
이름: 멜기세덱(מלכי־צדק), 빛의 군주, 의의 왕	이름: 벨리알(בליעל), 멜키레샤(מלכי־רשע, 악의 왕), 어둠의 군주
권세: 모든 빛과 빛의 아들들을 다스림	권세: 모든 어둠과 어둠의 아들들을 다스림

이 환상에서 빛의 군주는 '멜기세덱'으로 불린다. 쿰란에서 발견된 멜기세덱 문서(11Q13)에서 멜기세덱은 마지막 때에 하나님의 심판을 집행하고 의인들을 위해 하늘 성전에서 속죄하는 존재로 묘사된다. 『아므람의 비전』은 선과 악의 우주적 투쟁을 하늘의 대제사장 멜기세덱과 땅을 부패시키는 벨리알의 불의한 세력 사이의 싸움으로 묘사한다. 이로써 이 영적 지식 체계를 이어받는 아므람의 아들들, 즉 아론과 모세에게는 하늘의 대제사장 멜기세덱의 편에 서서 싸워야 할 우주적인 사명이 부여된다.

제2장: 갈라지는 길 - 제사장 전승과 메시아 사상의 비교

『희년서』와 연결된 세계관

『열두 족장의 유언』과 『레위의 유언』 그리고 『고핫의 유언』과 『아므람의 비전』에서 나타나는 제사장적 세계관은 바로 그 다음 세대인 모세가 기록한 『희년서』와 깊은 연관성을 보인다. 이들의 공통점은 다음과 같다.

첫째, 제사장으로서의 족장들: 『희년서』 역시 아브라함, 이삭, 야곱과 같은 족장들이 시내산 율법이 주어지기 이전에 이미 제사장적 직무를 수행하고 율법을 준수했던 인물들로 묘사한다.

둘째, 하늘의 돌판들로부터 기록된 책들: 『희년서』는 그 내용이 모세가 시내산에서 천사에게 받아 기록한 '하늘의 돌판'에 담긴 계시로 간주되기 때문에 권위를 지닌다. 이는 에녹이 하늘의 돌판들을 보았으며 또한 천사들로부터 지식을 전수받아 책을 기록했다는 에녹 계열 책들과 열두 족장의 유언에서도 동일하게 증언하는 바이다.

결론: 에녹에서부터 모세와 아론에게까지 전달된 에녹의 지식 체계와 제사장직

『고핫의 유언』과 『아므람의 비전』은 에녹으로부터 시작된 신성한 지식 체계와 제사장직이 어떻게 모세와 아론에게까지 계승되었는지를 보여주는 핵심적인 연결고리이다. 이 문헌들은 다음의 전승 과정을 입증한다.

기원과 홍수 이후의 전승: 제사장직의 전승과 에녹의 지식 체계는 노아와 셈을 통해 홍수 이후 세계로 넘어왔다.

족장 시대로의 계승: 이 유산은 아브라함에게 이어졌고, 이삭과 야곱을 거쳐 열두 아들들에게 전수되었다. 열두 족장들은 이 가르침을 그들의 유언에 반영했다.

레위의 상속: 열두 아들 중 레위는 이삭으로부터 제사장 직무를, 야곱으로부터 조상들의 책과 가르침을 공식적으로 상속받았다.

모세와 아론에게 최종 전달: 레위는 이집트에서 아들 고핫에게, 고핫은 아들 아므람에게, 그리고 아므람은 그의 아들들인 아론과 모세에게 이 모든 유산을 성공적으로 전수했다.

결론적으로 『고핫의 유언』과 『아므람의 비전』은 에녹의 신성한 유산이 여러 세대를 거쳐 모세와 아론에게까지 온전히 전달되었음을 확인시켜 주는 중요한 고대 문헌으로서의 가치를 지닌다.

부록2. 오류로 가득한 연대기:
　　　고대 히브리 문헌의 존재를 부정하는 학문적 프레임워크의 모순

제1장: 견고한 불신의 성채: 주류 학계 프레임워크의 해부

문제 제기: 전제부터 잘못된 패러다임

　　현대 주류 학계가 모세 이전 시대의 히브리어 저작물은 존재할 수 없다고 단정하는 것은 바로 '진화론적 연대기에 따른 히브리어 문자 등장 시기'와 '히브리어 문자의 기원'에 대한 확고부동하지만 심각한 오류를 내포한 가설 때문이다. 견고한 프레임워크는 에녹의 책이나 열두 족장들의 유언과 같은 고대 문헌들을 원본 그대로 받아들이기를 거부하고, 모두 제2성전 시대의 위작(僞作)으로 규정하여 그 틀 안에서만 해석하려는 방법론적 편견을 낳았다. 이는 안타까운 현실이며, 진리를 찾는다고 주장하는 학문이 오히려 진리를 가로막는 방법론적 자기모순에 빠진 것이다.

첫 번째 무너진 기둥: 메소포타미아 연대기의 허상

　　그들이 절대적인 확고한 기준으로 여기는 메소포타미아 연대기(특히 수메르 왕명록에서 비롯된)부터가 문제다. 이 수메르 연대기는 거의 동시대에 존재했던 도시 국가들을 시간 순서대로 배치하는 과정에서 이미 수백 년의 오차가 발생했다는 사실을 많은 학자들이 인지하고 있다. 그럼에도 불구하고 이 불확실한 연대기를 성경의 연대기를 재단하는 절대적 기준으로 사용하고 있다. 결국 스스로도 신뢰하지 않는 불완전한 잣대를 가지고 노아 홍수나 바벨탑 사건과 같은 성경의 기록들을 '역사적 사실'이 아닌 신화의 영역으로 밀어내는 명백한 방법론적 모순을 범하고 있는 것이다.

사례 연구: 홍수 기록과 연대기 왜곡의 지적 속임수

　　메소포타미아 전역에서 발견되는 길가메쉬 서사시, 아트라하시스 서사시 등 수많은 홍수 관련 기록들은 '대홍수'가 특정 민족의 신화가 아니라, 고대 근동 전체에 걸쳐 공유된

거대한 '역사적 기억'이었음을 강력하게 시사한다. 오히려 학문적 정직성이 있다면, 이러한 다수의 교차 증거들을 통해 성경의 홍수 기록이 가진 역사적 신빙성을 더욱 높게 평가해야 마땅하다. 즉, 고고학적 증거는 노아 홍수 사건을 부정하는 것이 아니라 오히려 그 실재(實在)를 뒷받침하는 방향으로 작용한다.

여기서 주류 학계의 '지적 속임수'가 발생한다. 그들은 논점을 '홍수 사건의 실재 유무'에서 '연대기의 일치 여부'로 교묘하게 옮겨간다. 성경은 족보와 통치 기간을 통해 홍수가 발생한 시점을 비교적 명확하게 제시한다. 반면, 우리가 이미 논의했듯 수메르 왕명록은 동시대 왕조들을 순차적으로 나열하여 실제 역사보다 수백 년 이상 연대를 부풀려 놓았다. 결국 인위적으로 늘려놓은 '잘못된 자'를 가지고, 정확한 기록을 가진 '성경'을 측정하려는 시도 자체가 근본적인 오류이다. 당연히 두 연대기는 충돌할 수밖에 없다.

이 잘못된 전제에서 비롯된 결론은 파멸적이다. 학자들은 성경이 제시하는 연대기 안에 발생했어야 할 홍수와 바벨탑 사건의 흔적을 오류로 가득한 수메르 연대기 안에서 찾으려 하지만 당연히 찾을 수 없다. 애초에 시간 기준 자체가 뒤틀려 있기 때문이다. 그리고 그들은 이 '찾을 수 없음'을 근거로 "성경 기록은 역사적 사실이 아니다"라고 선언한다. 이것은 마치 시계가 고장 난 사람이 정확한 시간을 알려주는 사람에게 "네 시간이 틀렸다"고 주장하는 것과 같은 논리적 비약이다.

진짜 문제는 '왜 성경의 기록을 고고학적으로 증명할 수 없는가?'가 아니다. 우리가 던져야 할 진짜 질문은 이것이다. '스스로도 오류가 있음을 인정하는 메소포타미아 연대기를 가지고, 어떻게 감히 성경 기록의 역사성을 판단하는 절대적 기준으로 삼을 수 있는가?' 결국 노아 홍수와 바벨탑 사건은 '증거가 없어서' 부정당하는 것이 아니라, '오류로 가득한 연대기라는 잘못된 프레임' 때문에 의도적으로 외면당하고 있는 것이다. 이것이 바로 우리가 파헤쳐야 할 지적 기만이자, 학문적 우상숭배의 실체이다.

두 번째 무너진 기둥: 왜곡된 언어와 문자의 역사

이러한 오류는 언어학으로까지 번졌다. 수백 년의 오차를 가진 연대기를 바탕으로 추정된 수메르나 아카드어의 연대는 이 두 언어가 창조의 언어로써 에덴–동산에서부터 사용된 히브리어보다 앞선 언어라는 확고한 프레임을 만들었다. 나아가 히브리어 문자는 기원전 9-10세기경 페니키아 문자의 영향을 받아 파생된, 비교적 후대의 문자라는 이론을 불변의 진리처럼 확정해 버렸다.

반박할 수 없는 증거: 세라빗 엘카딤의 시나이 문자

이러한 언어학적 프레임의 모순은 기원전 19-18세기경 이집트의 세라빗 엘카딤 광산에서 발견된 시나이 문자에서 가장 명확하게 드러난다. 이집트의 통제하에 있던 이 지역에서 셈족 노동자들에 의해 기록된 이 비문들은 문자 발달의 계보상 명백한 히브리어의 원형이다. 더욱이 발견된 시기와 장소는 성경이 증언하는 이스라엘의 이집트 체류 기간과 정확히 일치한다. 따라서 이 문자는 사실상 이스라엘 민족이 사용했던 초기 형태의 팔레오-히브리어로 보는 것이 지극히 합리적이다. 하지만 주류 학계는 이 문자를 '원시 시나이 문자'라는 중립적 용어로 명명하며 '히브리어'라는 명칭을 의도적으로 회피한다. 이는 '그 시대 이스라엘에게는 문자가 없었다'는 자신들이 이미 내려놓은 전제를 지키기 위해, 명백한 증거의 본질을 의도적으로 외면하는 고집스러운 태도이다.

이러한 결정이 무엇을 의미하는지 우리는 직시해야 한다. 이는 아브라함, 이삭, 야곱과 그의 아들들이 문자를 몰랐으며, 어떤 기록도 남길 수 없었다는 결론으로 직결된다.

제2장: 감추어진 역사-에녹에서 시작된 문자 전승

'선사시대'라는 허구?: 족장들의 문자 세계

현대 학계의 일반적인 연대기 구분에 따르면 인류 역사는 문자 기록의 유무를 기준으로 '선사시대'(Prehistory)와 '역사시대'(History)로 나뉜다. 이 기준에 따르면 선사시대는 문자 기록이 존재하지 않는 신화적 시기를, 역사시대는 문헌을 통해 실제 사건을 확인할 수 있는 기록 시대를 의미한다. 일반 학문과 신학교에서 별 의심 없이 아브라함을 기준으로 아브라함 이전은 선사시대이고(창세기 1-11), 아브라함 이후부터 역사 시대라는 설정 위에 모든 것을 쌓아 올린다.

그러나 문자 기록 시대의 시작은 철기 시대의 시작처럼 지역과 민족에 따라 수백 년의 차이를 보일 수 있다는 점을 염두에 두어야 한다. 다시 말해, 특정 지역이 전반적으로 선사시대에 속해 있다 할지라도, 일부 민족이나 가계에서는 문자 사용이 일찍부터 이루어졌을 가능성이 충분히 존재한다.

그 대표적인 예가 에녹에서 아브라함에 이르는 족장 가계이다. 에녹은 이미 홍수 이전부터 저술 활동을 시작했으며, 에녹이 많은 양의 저술 활동을 할 수 있었던 이유는 에녹 이전 세대 때부터 이미 그 가문 안에 히브리어 문자를 읽고 쓰는 기술이 전수되어 왔기 때문이다. 이 기술은 노아에게로, 다시 셈에게로, 그리고 셈의 아들 아르박삿과 그의 후손 가이난에게로 이어졌으며, 아브라함 역시 14세 때부터 히브리어 문자를 배운 것으로 전해진다.

이러한 계보적 흐름에 따라 에녹에서 아브라함까지 약 1천 년 동안 히브리어 문자를 통한 기록과 교육 전통이 족장들의 가문 안에서 지속적으로 보존되었으며, 이를 통해 조상들의 가르침(토라) 또한 함께 전승되었다. 따라서 인류 전체의 역사적 관점에서는 이 시기를 선사시대로 분류할 수 있을지라도 히브리 족장들의 계보에서는 문자 기록이 실재하였던 역사 시대의 범주에 속한다고 볼 수 있다. 즉, 문자 기록의 유무를 기준으로 시대를 나눈다는 학문적 정의를 그대로 적용할 경우 에녹부터 아브라함까지의 족장들은 선사시대의 개념에서 예외로 간주되어야 한다.

단순한 지식 너머: 세계관의 충돌과 영적 전쟁

에녹과 노아가 방대한 양의 기록을 히브리어로 남겨 셈과 아브라함에게 전수했고, 그들이 그 토라(가르침)로 학문하며 자녀들을 가르쳤다는 고대 문헌들의 수많은 증언은 다수의 학자들에게는 들을 가치도 없는 허무맹랑한 소리가 되어버렸다. 안타깝게도 수많은 신학자, 성경학자, 목회자들까지도 학문계의 대가들이 설정해 놓은 이 프레임에서 벗어나지 못한 채, 이 권위 있는 고대 문서들을 '제2성전 문헌'이라는 틀 안에서만 재해석하려는 헛된 시도를 반복하고 있다.

이것은 단순한 학문적 견해 차이가 아니라 세계관의 충돌이며 지성적인 세계에서 일어나는 영적 전쟁이다. '에녹의 토라'라는 개념을 받아들이게 되면 기존의 세계관이 깨지고 확장되는 과정에서 자신이 가르치고 믿어왔던 많은 연결고리가 뒤섞이며 한동안 혼란을 겪을 수 있다. 그러나 이러한 과정을 거쳐야만 비로소 우리는 성경을 기록했던 원저자의 세계관에 더 가까워질 수 있으며, 진정한 의미에서 히브리적인 세계관으로 성경을 읽어낼 수 있게 될 것이고, 우리에게 주어진 신구약 정경을 통해 드러난 구속사를 더 깊은 경외함으로 바라볼 수 있게 된다.

제3장: 반복되는 오류와 그 뿌리-방법론적 우상숭배

또 하나의 증거: 이집트 연대기의 오류와 출애굽

동일한 문제는 이집트 연대기에서도 발견된다. 고왕국과 중왕국 연대에 수백 년의 오차가 존재한다는 것은 공공연한 사실이다. 학문계는 이 문제를 인식하면서도 이 오류투성이 연대기를 표준으로 삼아 출애굽 사건을 기원전 13세기에 끼워 맞추려 한다. 그 결과는 자명하다. 13세기 지층에서는 이스라엘의 이집트 거주 흔적도, 열 가지 재앙의 증거도, 홍해 도하의 기록도, 심지어는 가나안 정복 전쟁의 고고학적 증거도 찾을 수 없다는 비논리적이고 비합리적인 결론에 도달하는 것이다. 이는 첫 단추부터 잘못 끼워놓고 옷이 맞지 않는다고 불평하는 격이다.

결국 수백 년의 오차가 있는 이집트 연대기는 모세의 출애굽 관련 모든 사건에서 역사성을 박탈하는 근거가 되었고, 역시 수백 년의 오차가 있는 메소포타미아 연대기는 수메르와 아카드 문명의 연대를 부풀려 성경의 민족 분산과 바벨탑 사건, 그리고 노아 홍수를 역사적 맥락에서는 설명될 수 없는 '역사성이 없는 신화적 서사'로 격하시켰다.

문제의 근원: 단편적 고고학 지식을 우상으로 숭배하는 시대

이 연대기들을 세우는 과정에서 사용된 고고학 자료들은 대부분 단편적이고 흩어져 있어, 추론과 가정을 통해 조합해야만 했다. 그러나 성경은 인류 역사의 시작인 아담부터 아브라함, 이삭, 야곱을 거쳐 약속의 땅에 들어간 여호수아 세대에 이르기까지 핵심 인물들의 장자를 낳은 나이와 수명을 통해 단절되지 않는 연대기를 제공하는 세상에 유일무이한 기록이다.

안타깝게도 현대 고고학, 특히 이집트와 앗수르학의 권위 아래 성서 고고학계의 **최소주의**(Minimalism) 흐름을 따르는 많은 학자들에게서 이중적인 태도가 발견된다. 그들은 이교 문명의 신화적 서사와 선전용(propaganda) 수치들에 대해서는 별다른 고고학적 증거 없이도 신뢰하는 **최대주의**(Maximalism)적 관대함을 보이면서 유독 성경 기록에 대해서만큼은 '단편적인 외부 증거 하나만으로는 불충분하며, 여러 출처에서 교차 검증이 가능할 만큼 압도적인 고고학적 증거가 뒷받침되기 전까지는 결코 역사로 인정할 수 없다'는 최소주의의 엄격하고 회의적인 잣대를 들이댄다. 이는 일차적 증언(primary testimony)인 텍스트(성경)를 이차적 해석 도구(secondary tool)인 고고학의 권위 아래 종속시키는 명백한 '주객전도'(主客顚倒)이다.

더 큰 문제는 그들 스스로가 이러한 '방법론적 우상숭배'(methodological idolatry)의 위험성을 인지하지 못한 채 그것을 객관적인 학문 활동이라 믿는다는 점이다. 증거를 해석하는 도구가 증거 자체보다 더 높은 권위를 차지하게 된 것, 이것이 현대 성서 비평이 빠진 가장 깊은 함정이다.

그것은 바로 바벨론 신화와 이집트의 과장된 기록 앞에서는 너그러우면서 살아있는 하나님의 말씀인 성경 앞에서는 의심의 칼을 먼저 드는 이중적인 태도이다. 그들은 인간의 학문인 고고학을 성경의 권위 위에 두고 사실상 그것을 숭배하고 있는 것이다. 가장 비극적인 사실은 돌과 나무로 만든 형상 앞에 절하는 것만이 우상숭배가 아님을 그들 스스로 깨닫지 못한다는 점이다. 인간의 지식을 하나님의 자리에 올리는 것, 그것이야말로 이 시대의 지성인들이 저지르는 우상숭배의 실체이다.

결론: 고대의 경고와 오늘의 사명

조상들의 목소리

고대의 경고는 시간을 넘어 바로 오늘날을 향해 울리고 있다.

> "자, 나는 이 신비를 알고 있는데 이 신비는 많은 죄인들이 온갖 방법으로 진리의 말씀들을 변개시키고 왜곡시킬 것이며 사악한 말들과 거짓말을 하며 엄청난 속임수들을 꾸며낼 것이고 그들 자신의 말들로 책들을 쓸 것이라는 것이다."(에녹1서 104:10)

> "그(프네무에: 타락한 천사 중 하나)는 인류에게 잉크와 종이로 저술하는 기술을 지도했고 이로 인해 많은 자들이 바른 길에서 벗어나 잘못된 길로 빠져들게 되었다. ... 인간은 그들이 펜과 잉크로 그들의 신념을 이런 식으로 강화하라고 창조되지 않았다."(에녹1서 69:9-10)

> "이제 나의 자녀들아, 너희에게 맡겨진 너희의 유산을 주의를 기울여 간직하여라. 너희 조상들이 너희에게 물려준 그 유산을 이방인들에게 내주지 말고, 너희의 소유가 그들과 섞이게 하지 말아라. 그리하여 너희가 그들의 눈에 천하고 어

리석게 되어 그들의 멸시를 받지 않도록 하라. 만일 그리하면, 그들이 너희의 주인이 되고 너희를 다스리게 될 것이기 때문이다."(고핫의 유언 4Q542)

우리의 응답과 사명

수천년의 시간을 달려와 당신에게 외치는 이 경고의 외침은 믿음의 조상들이 기록하여 전해준 하나님의 말씀을 지키라는 외침이다.

즉, 오류로 가득한 인간의 학문적 프레임워크에 속아 이 거룩한 유산을 저버리는 것은 우리 스스로를 그들의 멸시 아래 두는 어리석은 일이 되는 것이며, 우리 스스로를 그들의 지적 노예로 전락시키는 가장 어리석은 일이 되는 것이다. 이제는 하나님을 대적하여 높아진 학문계의 그 견고한 진을 파하고, 진리의 말씀 위에 역사를 바로 세울 때이다.

세 번째 직분은 새로운 이름으로 불릴 것이니 이는 유다로부터
한 왕이 일어나 모든 이방 민족을 위해 이방인의 방식에 따라 새로운
제사장 직분을 세울 것이기 때문이다.
- 레위의 유언 8:14 -

에필로그1: 믿는 것과 아는 것의 분리, 그 영적 성장의 덫

핵심 진단: 분열된 신앙

현대 신앙의 근본적인 병증은 '믿는 것'(신앙)과 '아는 것'(지식)이 강제적으로 분리된 현상이다. 이 지적 분열은 신앙과 영성의 깊이가 그리스도의 분량에 이르기까지 자라가지 못하게 막는 영적 성장의 결정적 장애물이다.

원인 규명: 세속적 학문의 프레임워크

이 분열을 야기하고 고착시키는 원인은 성경 연대기보다 이집트와 메소포타미아의 세속 연대기를 더 신뢰하는 기준으로 삼는 학문적 프레임워크에 있다. 이러한 틀 안에서 어떤 이는 다윗 이전, 어떤 이는 모세 이전, 어떤 이는 아브라함 이전의 성경 기록이 역사적 사실이라기보다는 신화적 서술이라고 정의되고 가르쳐진다.

결과 분석: 영적 성장의 정체

이러한 학문적 환경에 입문하는 신학도와 신앙인들은 필연적으로 혼란을 경험하다가, 대부분 아는 것과 믿는 것을 분리시키는 타협을 받아들일 수밖에 없게 된다. 그 결과, 신앙생활의 영적 성장은 발목이 잡히고 그리스도의 충만하심의 경지에까지 영성이 성장하는 길이 애초부터 차단당하게 되었다. 그리하여 정해진 틀 안에서만 허우적거리며 만족하지 못하고, 다른 이론들에 기웃거리며 마치 다람쥐 쳇바퀴 돌듯이 세월을 낭비하게 된다.

우리가 다 하나님의 아들을 믿는 것과 아는 일에 하나가 되어 온전한 사람을 이루어 그리스도의 장성한 분량이 충만한 데까지 이르리니 이는 우리가 이제부터 어린 아이가 되지 아니하여 사람의 속임수와 간사한 유혹에 빠져 온갖 교훈의 풍조에 밀려 요동하지 않게 하려 함이라(엡 4:13-14)

해결책 제시: 히브리적 세계관의 회복

이 문제에 대한 유일하고 근본적인 해결책은 세상이 제공해준 세계관의 틀을 부수고, 진정한 히브리적 세계관으로 우리의 관점을 확장하는 것이다. 『에녹서』와 『열두 족장의 유언』과 『희년서』 같은 고대 문헌들은 바로 이 잃어버린 세계관으로 들어가는 문을 열어준다. 족장들의 생생한 목소리를 통해 믿음과 지식이 분리되지 않았던 온전한 신앙의 세계를 마주할 때, 늘 읽어오던 성경 본문이 전혀 다른 깊이와 넓이로 다가오기 시작한다.

이렇게 믿는 것과 아는 것이 다시 하나가 될 때, 비로소 우리는 사람의 속임수와 온갖 교훈의 풍조에 흔들리지 않는 견고한 믿음 위에 설 수 있다. 그리고 우리를 창조하신 분이 정해놓으신 높은 부르심의 푯대를 향하여 달려가는 그 여정 속에서 마침내 그리스도의 충만하심의 경지에까지 온전히 자라게 될 것이다.

에필로그2: 이스라엘을 향한 교회의 적극적 지지: 구속사적 관점

열방을 구원하기 위해 택함받고 고난받는 이스라엘

이방인 성도가 유대인과 이스라엘에 대해 가져야 할 마음은 구속사의 큰 그림 안에서 이해해야 한다. 이스라엘 민족은 그 시작부터 마지막 때에 이르기까지 이방인의 구원에 깊이 헌신되어 있기 때문이다.

첫째, 이스라엘의 선택은 처음부터 열방을 위한 것이었다. 하나님께서 구약 시대에 아브라함과 그의 후손을 택하신 것은 그들만을 위한 배타적인 특권이 아니라, 그들을 통해 온 세상에 구원(예슈아)이 흘러가게 하기 위함이었다. 『열두 족장의 유언』은 이 사실을 분명히 증언한다. 시므온의 유언은 장차 오실 구원자가 "모든 이방인과 이스라엘 민족을 구원하실 것"이라고 선포하며, 아셀의 유언 역시 그가 "이스라엘과 모든 이방인을 구원하실 것"이라고 예언한다. 이처럼 이스라엘은 처음부터 온 세상을 위한 구원의 통로로써 부름받았다.

둘째, 이스라엘이 복음의 관점으로 보면 오랫동안 유기된 상태에 있는 것 또한 이방인 구원을 위한 하나님의 정하신 섭리 때문이다. 이스라엘이 초림 메시아를 거부하고 흩어지는 고난의 시기는 역설적으로 이방인에게 구원의 문이 활짝 열리는 계기가 되었다. '단의 유언'은 "이스라엘의 불법의 시대에 여호와께서 그들을 떠나 그분의 뜻을 행하는 이방인들에게로 가시리니"라고 예언했으며, '레위의 유언'은 이스라엘이 메시아를 배척하는 바로 그 시점부터 "여호와께서 그의 아들의 부드러운 자비로 모든 이방인을 찾아가실 것"이라고 기록한다. 이스라엘의 넘어짐이 세상의 부요함이 된 것이다.

이 두 가지 측면을 볼 때, 이방인인 우리는 유대인과 이스라엘에 대해 깊은 감사를 드려야 마땅하다. 그들의 순종을 통해서는 약속된 구원(예슈아)이 왔고, 그들의 불순종을 통해서는 구원의 기회가 우리에게 주어졌다. 그러므로 우리는 유대인들을 향해 고마워하고, 그들을 축복하며, 이스라엘을 적극 지지하고 협력해야 할 영적인 빚을 지고 있다.

특별히 마지막 때에 이스라엘은 메시아의 재림을 준비하는 데 다시 한번 결정적인 역할을 감당하게 될 것이다. 그리고 이 마지막 때, 이방인 신자들의 역할 또한 예언되어 있다. 결국 이방인 신자들은 이스라엘에게 없어서는 안 될 '완전한 도움과 완벽한 조력자'가 되어 마지막 때 짐승들이 어린 양을 대적하여 일으키는 '어린 양의 전쟁'에서 이스라엘과 함께 어린 양의 승리에 동참하게 될 것이다(요셉의 유언 19:7). 마지막 때 교회는 이 사실을 결코 잊지 말고, 하나님의 구원 계획의 중심에 있는 이스라엘을 위해 기도하며, 안티세미티즘(반유다주의)를 바로잡아주고, 이스라엘 국가를 적극적으로 지지하는 사명을 감당해야 한다.

야훼 신앙과 메시아: 옛적 그 선한 길과 한 새 사람(One New Man)

고대 '야훼 신앙'(Yahwism)은 메시아의 초림과 재림에 대한 선명한 그림을 가지고 있었다. 그러나 1차 성전 시대의 종말과 바벨론 유배를 거쳐 2차 성전 시대의 고대 유대교로 전환되면서, 이 온전한 이해는 부분적인 상실을 겪게 되었다. 이사야 선지자가 예언했듯(사 6:9-10), 이스라엘 백성들은 초림 메시아의 고난과 대속에 대해서는 '들어도 깨닫지 못하고 보아도 알지 못하는' 영적 둔감함에 빠지게 되었다. 이러한 경향은 랍비 유대교로 이어져, 유대교는 주로 영광의 왕으로 오실 '다윗의 아들 메시아'(재림)에 대한 풍성한 기대를 발전시키는 방향으로 나아갔다.

반면, 예수 그리스도의 십자가와 부활, 승천, 성령 강림으로 시작된 기독교는 고난받는 '요셉의 아들 메시아'(초림)에 대한 풍성한 계시를 중심으로 이방인 구원의 시대를 열었다. 그러나 시간이 흐르면서 기독교 역시 메시아의 재림을 통해 이 땅에 실제적으로 임할 '다윗 왕국'의 회복과 그 구체적인 모습에 대한 이해가 점차 희미해지는 경향을 보였다.

결국 유대교는 초림을, 기독교는 예루살렘을 중심으로 전지구적으로 이루어질 재림 왕국의 실재를 부분적으로 놓치게 된 것이다. 『열두 족장의 유언』과 같은 고대 문헌은 바로 이 분열된 이해를 다시 하나로 묶어주는 열쇠가 된다. 초림과 재림 모두를 풍성하게 증언하는 '족장 시대의 야훼 신앙'의 온전한 계시를 회복할 때, 유대교는 고난받는 메시아 예슈아를 받아들일 수 있는 신학적 다리를 얻게 되고, 기독교는 장차 도래할 메시아 왕국을 더욱 실제적으로 준비하며 이스라엘의 회복을 지지할 근거를 얻게 된다.

이처럼 옛적 그 선한 길, 즉 야훼 신앙의 온전한 계시로 돌아가는 것이야말로 사도 바울이 말한 유대인과 이방인이 그리스도 안에서 '한 새 사람'(One New Man)을 이루는(엡 2:15) 든든한 신학적 기초가 될 것이다.

그런데 참올리브 나무 가지들 가운데서 얼마를 잘라 내시고서,
그 자리에다 돌올리브 나무인 그대를 접붙여 주셨기 때문에,
그대가 참올리브 나무의 뿌리에서 올라오는 양분을 함께 받게 된 것이면,
그대는 잘려나간 본래의 가지들을 향하여 우쭐대지 말아야 합니다.
비록 그대가 우쭐댈지라도, 그대가 뿌리를 지탱하는 것이 아니라,
뿌리가 그대를 지탱한다는 것을 명심해야 합니다.
그러므로 "본래의 가지가 잘려 나간 것은,
그 자리에 내가 접붙임을 받게 하시려는 것이었다" 하고
그대는 말해야 할 것입니다.
롬 11:17-19(새번역)

. "이 일들은 이스라엘이 많은 고난을 겪은 후,
그 일들의 정한 때에 반드시 성취될 것이다."
납달리의 유언 7:1

에필로그3: 그들의 이야기, 우리가 새 예루살렘이 되는 이야기

번역과 주해의 과정에서 4천여 년의 시간을 뛰어넘어 족장들의 진솔하고 간절한 목소리는 마치 그 현장에서 듣는 것처럼 생생하게 그려졌습니다. 그들의 고백과 유언 속에서 저는 시간을 초월하여 일하시는 예수 그리스도의 얼굴과 마주하며 한 편의 거대한 구속사가 펼쳐지는 것을 보았습니다.

형제들을 향한 요셉의 용서에서 죄인을 위해 변호하시는 그분의 십자가를, 레위와 유다의 연합 속에서 영원한 왕 되신 대제사장의 직분을, 그리고 흩어진 자들을 다시 모으시겠다는 약속에서 모든 민족을 품으시는 그분의 뜨거운 심장을 느꼈습니다.

영원 전부터 계획된 그분의 이야기, 이스라엘을 향한 사랑과 이방인을 향한 구원, 그리고 마침내 이스라엘과 이방인이 함께 예루살렘에서 경배할 평화와 안식의 시대... 이 모든 위대한 계시가 족장들의 깊은 영성 안에 이미 씨앗처럼 담겨 있었습니다.

이스라엘의 열두 아들은 단순히 한 민족의 조상이 아니었습니다. 그들은 새 예루살렘의 열두 문이며, 구원받을 하나님 나라 백성의 영원한 기초입니다. 그들이 각자의 인생에서 겪었던 죄와 실패와 절망과 회개, 안타까운 미래를 향한 예언과 구원의 소망과 아름다운 덕목의 이야기는 인류를 구원할 구속사의 초석을 놓기 위한 거룩한 연단의 시간이었습니다.

그러므로 죄인 된 인간이 어떻게 거룩한 성의 문으로 들어가는지를 보여주는 그들의 이야기는 오늘을 살아가는 우리 모두의 거울입니다. 결국 그들의 이야기는 바로 나의 이야기이며, 모든 시작과 끝이 되시는 예수님의 이야기이고, 마침내 새 예루살렘이 될 우리 모두의 영원한 소망에 관한 기록입니다.

우리는 지금 아브라함과 이삭과 야곱과 족장들이 묻힌 헤브론의 막벨라 굴에 와서 족장들이 남긴 유언을 다 읽고 이 원고의 마침표를 찍고 있습니다. 그들과 우리가 함께 부활할 그 날의 부활 능력에 나의 영과 혼과 몸이 사로잡힘을 느낍니다. 그리고 이곳에서 그들과 함께 새 예루살렘을 맛봅니다.

아담 이후 5785년 아브월 9일
헤브론 막벨라 굴에서
고대히브리관점연구소
육예녹

참고문헌

Charles, R. H. *The Greek Versions of the Testaments of the Twelve Patriarchs, Edited from Nine MSS Together with the Variants of the Armenian and Slavonic Versions and Some Hebrew Fragments.* Oxford: Clarendon, 1908.

———. *The Testaments of the Twelve Patriarchs, Translated from the Editor's Greek Text and Edited with Introduction, Notes, and Indices.* London: Adam and Charles Black, 1908.

———. *The Testaments of the Twelve Patriarchs.* London: Society for Promoting Christian Knowledge, 1917.

———, ed. *The Greek Versions of the Testaments of the Twelve Patriarchs.* 2nd ed. Oxford: Oxford University Press, 1960.

Davila, James R. "Aramaic Levi: A New Translation and Introduction." Pages 1–55 *in Old Testament Pseudepigrapha: More Noncanonical Scriptures.* Vol. 1. Edited by Richard Bauckham, James R. Davila, and Alexander Panayotov. Grand Rapids: Eerdmans, 2013.

De Jonge, M. *The Testaments of the Twelve Patriarchs: A Critical Edition of the Greek Text.* Pseudepigrapha Veteris Testamenti Graece 1.2. Leiden: Brill, 1978.

———. *Pseudepigrapha of the Old Testament as Part of Christian Literature: The Case of the Testaments of the Twelve Patriarchs and the Greek Life of Adam and Eve.* Leiden: Brill, 2003.

———. "Jewish Eschatology, Early Christian Christology and the Testaments of the Twelve Patriarchs." *Novum Testamentum Supplements.* Leiden: Brill, 2014.

Greenfield, Jonas C., Michael E. Stone, and Esther Eshel, eds. *The Aramaic Levi Document: Edition, Translation, Commentary.* Studia in Veteris Testamenti Pseudepigrapha 19. Leiden: Brill, 2004.

Hollander, H. W., and M. de Jonge. *The Testaments of the Twelve Patriarchs: A Commentary.* Studia in Veteris Testamenti Pseudepigrapha 8. Leiden: Brill, 1985.

Kee, H. C. "Testaments of the Twelve Patriarchs." Pages 775–828 in *The Old Testament Pseudepigrapha.* Vol. 1, *Apocalyptic Literature and Testaments.* Edited by James H.

Charlesworth. Garden City, NY: Doubleday, 1983.

Kugel, James L. "Testaments of the Twelve Patriarchs." Pages 1439–1530 in *Outside the Bible: Ancient Jewish Writings Related to Scripture.* Vol. 2. Edited by Louis H. Feldman, James L. Kugel, and Lawrence H. Schiffman. Philadelphia: The Jewish Publication Society, 2013.

Kugler, Robert A. *The Testaments of the Twelve Patriarchs.* Guides to the Apocrypha and Pseudepigrapha. Sheffield: Sheffield Academic Press, 2001.

Roberts, Alexander, and James Donaldson, eds. *Ante-Nicene Fathers.* Vol. 8, *The Twelve Patriarchs, Excerpts and Epistles, The Clementina, Apocrypha, Decretals, Memoirs of Edessa and Syriac Documents, Remains of the First Ages.* Buffalo, NY: Christian Literature Publishing Co., 1886.

Sefer Refu'ot (Book of Medicines). Jerusalem, The National Library of Israel. System No. 990001278940205171.

Sinker, Robert. *The Testaments of the Twelve Patriarchs: An Attempt to Estimate Their Historic and Dogmatic Worth.* Cambridge: Deighton, Bell, and Co., 1869.

Stone, Michael E. *The Testament of Levi: A First Study of the Armenian Manuscripts of the Testaments of the Twelve Patriarchs in the Convent of St. James, Jerusalem.* Jerusalem: St. James Press, 1969.

———. *The Armenian Version of the Testament of Joseph: Introduction, Critical Edition, and Translation.* Society of Biblical Literature Septuagint and Cognate Studies 6. Missoula, MT: Scholars Press, 1975.

———. *The Armenian Version of the Testaments of the Twelve Patriarchs: Edition, Apparatus, and Indexes.* Jerusalem: Israel Academy of Sciences and Humanities, 1981.

———. *Armenian Apocrypha Relating to Patriarchs and Prophets.* Jerusalem: The Israel Academy of Sciences and Humanities, 1982.

———. *An Editio Minor of the Armenian Version of the 'Testaments of the Twelve Patriarchs'.* Monographs of the Orion Center for the Study of the Dead Sea Scrolls and Associated Literature. Jerusalem: Hebrew University of Jerusalem, 2012.

VanderKam, James C. *An Introduction to Early Judaism.* Grand Rapids: Eerdmans, 2001.

———. *The Dead Sea Scrolls Today.* 2nd ed. Grand Rapids: Eerdmans, 2010.

진리의 집 출판 도서

성경과 함께 읽는
에녹1서
육에녹 지음 / 진리의 집 / 385 쪽

구약과 신약의 사상적 배경이 되어준 비밀의 책
이 시대에 일어나게 될 미래사의 시나리오!
홀로코스트와 1948년 이스라엘 재건부터 메시아 재림과 천년왕국까지

에녹서는 지금 이 시대에 우리가 정경을 읽고 더 깊이 이해할 수 있도록 돕는 배경 지식들을 제공해 줍니다. 마지막 시대를 살아가는 성도들이 읽도록 기록된 에녹1서를 많은 성도들이 읽고 유익을 얻기를 바라며 에녹과 같이 하나님과 동행하다가 죽음을 보지 않고 하늘로 들려 올라가는 '에녹의 세대'로 준비되어지길 축복합니다.

예루살렘에서 히브리적 관점으로 읽는
토라포션 증보 개정판
육에녹, 백에스더 지음 / 진리의 집

- 창세기-베레쉬트 בראשית 380 쪽
- 출애굽기-쉐모트 שמות 380 쪽
- 레위기-봐이크라 ויקרא 240 쪽
- 민수기-베미드바르 במדבר 288 쪽
- 신명기-드바림 דברים 298 쪽

진리의집 토라포션은 히브리원어에 담긴 의미를 영적 메세지로 쉽게 풀어 깊이 있는 묵상을 할 수 있도록 안내합니다. 토라 포션을 통해 원문의 뜻과 말씀의 해석을 넘어 말씀의 본질로 들어가 믿는 자들이 깨달아야 할 '시세 時勢'와 '마땅히 행해야 할 것'을 알게 될 것입니다.

모세가 시내산에서 본 인류의 과거와 미래 역사
희년서

육에녹 지음 / 고대 히브리 관점 연구소×진리의 집 / 195 쪽

인류 역사를 희년과 안식년 단위로 구분하여 천사의 관점으로 설명한 '작은창세기'
히브리적 관점의 폭넓은 이해와 영적 통찰 제공하는 필독서!

"작은 창세기"로 불리는 희년서는 아담으로부터 시작하여 출애굽한 이스라엘 자손이
가나안 땅에 들어간 후 51번째 희년을 선포할 때까지를 희년과 안식년 단위로
구분하여 모세가 천사들로부터 보고 들은 내용을 담은 '역사책'입니다

AHPI 온라인 성경공부

에녹 세계관 스쿨

"에녹 세계관 스쿨"은 성경의 배경이 되는 세계관을 고대 이스라엘 문헌들을
통해 연구하고 히브리적 관점과 종말론적 관점으로 말씀을 바라봄으로 다시
오실 예수님을 맞이하는 준비를 할 수 있도록 교회와 성도들을 그리스도의 군사
로서 무장하게하고, 이스라엘과 함께 서는 신부로서 단장하게 하는 학교입니다.

토라미찌온 학교

토라미찌온 תורה מציון 스쿨은 에스라 시대부터 오늘날까지 전세계 유대인들이
매년 같은 주간, 같은 본문으로 말씀을 읽는 토라포션으로 함께 공부하고 삶을
나누는 학교입니다. 이사야 2:3의 하나님의 나라(메시아닉 킹덤)가 온
지구에 완전히 임하는 의와 평강의 시대 때, "율법(토라: 가르침)이 시온에서부터"
나올 것이다는 말씀의 히브리어 어구로써 "시온으로부터의 토라"라는 뜻입니다

*신청: www.ahpi.space